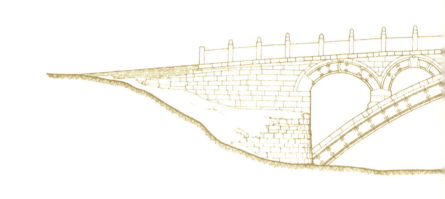

[增补版]

中国古建筑调查报告

中

梁思成

THE REPORTS ON CHINESE
TRADITIONAL ARCHITECTURE

生活·讀書·新知 三联书店

Copyright © 2024 by SDX Joint Publishing Company.
All Rights Reserved.

本作品版权由生活·读书·新知三联书店所有。
未经许可，不得翻印。

图书在版编目（CIP）数据

中国古建筑调查报告 / 梁思成著. —增补版. —北京：生活·读书·新知三联书店，2024.7
（梁思成作品）
ISBN 978-7-108-07592-5

Ⅰ.①中… Ⅱ.①梁… Ⅲ.①古建筑－调查报告－中国 Ⅳ.①K928.71

中国国家版本馆CIP数据核字(2023)第007050号

梁思成测绘安济桥时留影（摄于1933年）

目录

导言　建筑史的基石　　王　南

上　册

蓟县独乐寺观音阁山门考 · · · 1

宝坻县广济寺三大士殿 · · · 105

平郊建筑杂录 · · · 175

正定古建筑调查纪略 · · · 207

大同古建筑调查报告 · · · 277

中　册

云冈石窟中所表现的北魏建筑 · · · 517

山西应县佛宫寺辽释迦木塔 · · · 569

赵县大石桥即安济桥——附小石桥、济美桥 · · · 761

晋汾古建筑预查纪略 · · · 793

曲阜孔庙建筑之研究 · · · 901

下 册

清文渊阁实测图说 ··· 1041

西南建筑图说 ··· 1075

 四川部分 ··· 1079

 云南部分 ··· 1337

浙江杭县闸口白塔及灵隐寺双石塔 ··· 1427

记五台山佛光寺建筑 ··· 1457

广西容县真武阁的"杠杆结构" ··· 1555

云冈石窟中所表现的北魏建筑

梁思成、林徽音、刘敦桢

* 本文原载1933年《中国营造学社汇刊》第四卷第三、四期。——孙大章注

目 录

绪 言 ··· 519

一、洞名 ··· 522

二、洞的平面及其建造年代 ··· 524

三、石窟的源流问题 ··· 528

四、石刻中所表现的建筑形式 ··· 530

　　（一）塔　（二）殿宇　（三）洞口柱廊

五、石刻中所见建筑部分 ··· 544

　　（一）柱　（二）阑额　（三）斗栱　（四）屋顶
　　（五）门与拱　（六）栏杆及踏步　（七）藻井

六、石刻的飞仙 ··· 549

七、云冈石刻中装饰花纹及彩色 ··· 553

八、窟前的附属建筑 ··· 559

九、结论 ··· 567

绪 言

廿二年九月间，营造学社同仁趁着到大同测绘辽金遗建华严寺、善化寺等之便，决定附带到云冈去游览、考察数日。

云冈灵严石窟寺，为中国早期佛教史迹壮观。因天然的形势，在绵亘峭立的岩壁上，凿造龛像，建立寺宇，动伟大的工程，如《水经注》"漯水"条所述："……凿石开山，因岩结构，真容巨壮，世法所希，山堂水殿，烟寺相望……"又如《续高僧传》中所描写的："……面别镌像，穷诸巧丽，龛别异状，骇动人神……"则这灵岩石窟更是后魏艺术之精华——中国美术史上一个极重要时期中难得的大宗实物遗证。

但是或因两个极简单的原因，这云冈石窟的雕刻，除掉其在宗教意义上频受人民香火，偶遭帝王巡幸礼拜外，十数世纪来直到近三十余年前，在这讲究金石考古学术的中国，却并未有人注意及之。

我们所疑心的几个简单的原因，第一个浅而易见的，自是地处边僻、交通不便。第二个，或是因为云冈石窟诸刻中没有文字。窟外或崖壁上即使有，如《续高僧传》中所称之碑碣，却早已漫没不存痕迹，所以在这偏重碑拓文字的中国金石学界里，便引不起什么注意。第三个原因，是士大夫阶级好排斥异端，如朱彝尊的《云冈石佛记》即其一例，宜其湮没千余年，不为通儒硕学所称道。

近人中，最早得见石窟，并且认识其在艺术史方面的价值和地位，发表文章记载其雕饰形状、考据其兴造年代的，当推日人伊东[1]和新会陈援庵先生[2]，此后专家做有统系的调查和详细摄影的，有法人沙畹[3]，日人关野贞、小野[4]诸人，各人的论著均以这时期因佛教的传布，中国艺术固有的血脉中忽然渗杂旺而有力的外来影

[1] 伊东忠太:《北清建筑调查报告》，见《建筑杂志》第一八九号。伊东忠太:《支那建筑史》。——作者注

[2] 陈垣:《山西大同武州山石窟寺记》。——作者注

[3] Edouard Chavannes: *Mission archeologique dans la Chine Septentrionale*。——作者注

[4] 小野玄妙:《极东之三大艺术》。——作者注

响，为可重视。且西域所传入的影响，其根苗可远推至希腊古典的渊源，中间经过复杂的途径，迤逦波斯，蔓延印度，更推迁至西域诸族，又由南北两路犍陀罗（及西藏）以达中国。这种不同文化的交流濡染，为历史上最有趣的现象，而云冈石刻便是这种现象极明晰的实证之一种，自然也就是近代治史者所最珍视的材料了。

根据云冈诸窟的雕饰花纹的母题（motif）及刻法，佛像的衣褶容貌及姿势（图一），断定中国艺术约莫由这时期起走入一个新的转变，是毫无问题的。以汉代遗刻中所表现的一切戆直古劲的人物车马花纹（图二），与六朝以还的佛像饰纹，和浮雕的草叶、璎珞、飞仙等等相比较，则前后判然不同的倾向，一望而知。仅以刻法而论，前者单简冥顽，后者在质朴中忽而柔和生动，更是相去悬殊。

但云冈雕刻中，"非中国"的表现甚多。或显明承袭希腊古典宗脉，或繁复地掺杂印度佛教艺术影响，其主要各派元素多是囫囵包并，不难历历辨认出来的。因此又与后魏迁洛以后所建伊阙石

图一
云冈造像

图二
武梁祠汉代画像（右页上）

图三
龙门造像（右页下）

窟——即龙门——诸刻（图三）稍不相同。以地点论，洛阳伊阙已是中原文化中心所在；以时间论，魏帝迁洛时，距武州凿窟已经半世纪之久。此期中国本有艺术的风格，得到西域袭入的增益后，更是根深蒂固，一日千里，反将外来势力积渐融化，与本有的精神冶于一炉。

云冈雕刻既然上与汉刻迥异，下与龙门较又有很大差别，其在中国艺术史中，固自成一特种时期。近来中西人士对于云冈石刻更感兴趣，专程到那里谒拜鉴赏的，便成为常事，摄影翻印，到处可以看到。同仁等初意不过是来大同机会不易，顺便去灵岩开开眼界，瞻仰后魏艺术的重要表现；如果获得一些新的材料，则不妨图录笔记下来，作一种云冈研究补遗。

以前从搜集建筑实物史料方面，我们早就注意到云冈、龙门及天龙山等处石刻上"建筑的"（architectural）价值，所以造像之外，影片中所呈示的各种浮雕花纹及建筑部分（若门楣、栏杆、柱塔等等），均早已列入我们建筑实物史料的档库。这次来到云冈，我们得以亲自抚摩这些珍罕的建筑实物遗证，同行诸人，不约而同的第一转念便是作一种关于云冈石窟"建筑的"方面比较详尽的分类报告。

这"建筑的"方面有两种：一是洞本身的布置、构造及年代，与敦煌、印度之差别等等，这个倒是比较简单的；一是洞中石刻上所表现的北魏建筑物及建筑部分，这后者却是个大大有意思的研究，也就是本篇所最注重处，亦所以命题者。然后我们当更讨论到云冈飞仙的雕刻，及石刻中所有的雕饰花纹的题材、式样等等。最后当在可能范围内，研究到窟前当时、历来及现在的附属木构部分，以结束本篇。

一、洞名

云冈诸窟，自来调查者各以主观命名，所根据的，多倚赖于传闻，以讹传讹，极不一致。如沙畹书中未将东部四洞列入，仅由中部算起；关野虽然将东部补入，却又遗漏中部西端三洞。至于伊东最早的调查，只限于中部诸洞，把东、西二部全体遗漏，虽说时间短促，也未免遗漏太厉害了。

本文所以要先厘定各洞名称，俾下文说明，有所根据。兹依云冈地势分云冈为东、中、西三大部。每部自东迤西，依次排号；小洞无关重要者从略。再将沙畹、关野、小野三人对于同一洞的编号及名称，分行列于底下，以作参考。

东部	沙畹命名	关野命名（附中国名称）	小野调查之名称
第一洞		No.1（东塔洞）	石鼓洞
第二洞		No.2（西塔洞）	寒泉洞
第三洞		No.3（隋大佛洞）	灵岩寺洞
第四洞		No.4	
中部			
第一洞	No.1	No.5（大佛洞）	阿弥陀佛洞
第二洞	No.2	No.6（大四面佛洞）	释迦佛洞
第三洞	No.3	No.7（西来第一佛洞）	准提阁菩萨洞
第四洞	No.4	No.8（佛籁洞）	佛籁洞
第五洞	No.5	No.9（释迦洞）	阿佛闪洞
第六洞	No.6	No.10（持钵佛洞）	毗卢佛洞
第七洞	No.7	No.11（四面佛洞）	接引佛洞
第八洞	No.8	No.12（椅像洞）	离垢地菩萨洞
第九洞	No.9	No.13（弥勒洞）	文殊菩萨洞
西部			
第一洞	No.16	No.16（立佛洞）	接引佛洞
第二洞	No.17	No.17（弥勒三尊洞）	阿闪佛洞
第三洞	No.18	No.18（立三佛洞）	阿闪佛洞
第四洞	No.19	No.19（大佛三洞）	宝生佛洞
第五洞	No.20	No.20（大露佛）	白佛耶洞
第六洞		No.21（塔洞）	千佛洞

本文仅就建筑与装饰花纹方面研究，凡无重要价值的小洞，如中部西端三洞与西部东端二洞，均不列入，故篇中名称，与沙畹、关野两人的号数不合（图六）。此外云冈对岸西小山上，有相传造像工人所凿、自为功德的鲁班窑二小洞和云冈西七里姑子庙地

方，被川水冲毁仅余石壁残像的尼寺石祇洹舍，均无关重要，不在本文范围以内。

二、洞的平面及其建造年代

云冈诸窟中，只是西部第一到第五洞，平面作椭圆形或杏仁形，与其他各洞不同。关野、常盘合著的《支那佛教史迹》第二集《评解》，引《魏书》兴光元年与五缎大寺为太祖以下五帝铸铜像之例，疑此五洞亦为纪念太祖以下五帝而设，并疑《魏书·释老志》所言昙曜开窟五所，即此五洞，其时代在云冈诸洞中为最早。

考《魏书·释老志》卷百十四原文："……兴光元年秋，敕有司于五缎大寺内，为太祖以下五帝铸释迦立像五，各长一丈六尺……太安初，有师子国胡沙门邪奢遗多、浮陁难提等五人，奉佛像三到京都，皆云备历西域诸国，见佛影迹及肉髻，外国诸王相承，咸遣工匠摹写其容，莫能及难提所造者。去十余步视之炳然，转近转微。又沙勒胡沙门，赴京致佛钵并画像迹。和平初，师贤卒，昙曜代之，更名沙门统。初昙曜以复法之明年，自中山被命赴京，值帝出，见于路……帝后奉以师礼。昙曜白帝，于京城西武州塞，凿山石壁，开窟五所，镌建佛像各一，高者七十尺，次六十尺。雕饰奇伟，冠于一世……"

所谓"复法之明年"，自是兴安二年（公元453年），魏文成帝即位的第二年，也就是太武帝崩后第二年。关于此节，有《续高僧传·昙曜传》中一段记载，年月非常清楚："先是太武皇帝太平真君七年，司徒崔皓……令帝崇重道士寇谦之，拜为天师，弥敬老氏。虔刘释种，焚毁寺塔。至庚寅年（太平真君十一年），太武感疠疾，方始开悟……帝心既悔，诛夷崔氏……至壬辰年（太平真君十三年亦即兴安元年）太武云崩，子文成立，即起塔寺，搜访经典。毁法七载，三宝还兴；曜慨前陵废，欣今重复……"由太平真君七年毁法，到兴安元年"起塔寺""访经典"的时候，正是前后七年，故有所谓"毁法七载，三宝还兴"的话；那么无疑的"复法之明年"，即是兴安二年了。

所可疑的只是：（一）到底昙曜是否在"复法之明年"见了文成帝便去开窟，还是到了"和平初，师贤卒"他做了沙门统之后，才"于京城西……开窟五所"？这里前后就有八年的差别，因魏文成帝于兴安二年后改号兴光，一年后又改太安，太安共五年，才改号和平的。（二）《释老志》文中"后帝奉以师礼，曜白帝于京城西……"这里"后"字，亦颇蹊跷。到底这时候，距昙曜初见文成帝时候有多久？见文成帝之年固为兴安二年，他禀明要开窟之年（即使不待他做了沙门统）也可在此后两三年、三四年之中，帝奉以师礼之后！

总而言之，我们所知道的只是昙曜于兴安二年（公元453年）入京见文成帝，到和平初年（公元460年）做了沙门统。至于武州塞五窟，到底是在这八年中的哪一年兴造的，则不能断定了。

《释老志》关于开窟事，和兴光元年铸像事的中间，又记载那一节太安初师子国（锡兰）胡沙门难提等奉像到京都事，并且有很恭维难提摹写佛容技术的话。这个令人颇疑心与石窟镌像有相当瓜葛。即不武断地说，难提与石窟巨像有直接关系，因难提造像之佳"视之炳然……"而猜测他所摹写的一派佛容，必然大大地影响当时佛像的容貌，或是极合理的。云冈诸刻虽多犍陀罗影响，而西部五洞巨像的容貌衣褶，却带极浓厚的中印度气味的。

至于《释老志》"昙曜开窟五所"的窟，或即是云冈西部的五洞，此说由云冈石窟的平面方面看起来，我们觉得更可以置信。（一）因为它们的平面配置自成一统系，且自左至右五洞，适相连贯。（二）此五洞皆有本尊像及胁侍，面貌最富异国情调（图四），与他洞佛像大异。（三）洞内壁面列无数小龛小佛，雕刻甚浅，没有释迦事迹图。塔与装饰花纹亦甚少，和中部诸洞不同。（四）洞的平面由不规则的形体进为有规则之方形或长方形，乃工作自然之进展与要求。因这五洞平面的不规则，故断定其开凿年代必最早。

《支那佛教史迹》第二集《评解》中，又谓中部第一洞为孝文帝纪念其父献文帝所造，其时代仅次于西部五大洞。因为此洞平面前部虽有长方形之外室，后部仍为不规则之形体，乃过渡时代最佳之例。这种说法，固其动听，但文献上无佐证，实不能定谳。

中部第三洞，有太和十三年铭刻；第七洞窗东侧，有太和十九年铭刻，及洞内东壁曾由叶恭绰先生发现之太和七年铭刻。文中有"邑义信士女等五十四人……共相劝合为国兴福，敬造石庙形像九十五区（躯）及诸菩萨，愿以此福……"等等。其他中部各洞全无考。但就佛容及零星雕刻作风而论，中部偏东诸洞仍富于异国情调（图六）；偏西诸洞，虽洞内因石质风化过甚，形像多经后世修葺，原有精神完全失掉，而洞外崖壁上的刻像，石质较坚硬，刀法伶俐可观，佛貌又每每微长，口角含笑，衣褶流畅精美，渐类龙门诸像。已是较晚期的作风无疑。和平初年到太和七年，已是二十三年，实在不能不算是一个相当的距离。且由第七洞更偏西去的诸洞，由形势论，当是更晚的增辟，年代当又在太和七年后若干年了。

西部五大洞之外，西边无数龛洞（多已在崖面成浅龛），以作风论，大体较后于中部偏东四洞，而又较古于中部偏西诸洞。但亦偶有例外，如西部第六洞的洞口东侧，有太和十九年铭刻，与其东

图四
云冈中部第四洞门拱西侧像

侧小洞，有延昌年间的铭刻。

我们认为最稀奇的是东部未竣工的第三洞。此洞又名灵岩，传为昙曜的译经楼，规模之大，为云冈各洞之最。虽未竣工，但可看出内部佛像之后，原计划似预备凿通，俾可绕行佛后的。外部更在洞顶崖上凿出独立的塔一对（图四十六），塔后石壁上又有小洞一排，为他洞所无。以事实论，颇疑此洞因孝文帝南迁洛阳，在龙门另营石窟，平城（即大同）日就衰落，故此洞工作半途中辍，但确否尚须考证。以作风论，关野、常盘谓第三洞佛像在北魏与唐之间，疑为隋炀帝纪念其父文帝所建。新海、中川合著之《云冈石窟》竟直称为初唐遗物。这两说未免过于武断。事实上，隋唐皆都长安、洛阳，决无于云冈造大窟之理，史上亦无此先例，且即根据作风来察，这东部大洞的三尊巨像的时代，也颇有疑难之处。

我们前边所称，早期异国情调的佛像，面容为肥圆的；其衣纹细薄，贴附于像身（所谓湿褶纹者）；佛体呆板、僵硬，且权衡短促；与他像修长微笑的容貌、斜肩而长身、质实垂重的衣裾褶纹相较起来，显然有大区别。现在这里的三像，事实上虽可信其为云冈最晚的工程，但相貌、衣褶、权衡，反与前者——所谓异国神情者——同出一辙，骤反后期风格。

不过在刀法方面观察起来，这三像的各样刻工，又与前面两派不同，独成一格。这点在背光和头饰的上面，尤其显著。

这三像的背光上火焰，极其回绕柔和之能事，与西部古劲挺强者大有差别；胁侍菩萨的头饰则繁复精致（ornate），花纹更柔圆，近于唐代气味（论者定其为初唐遗物，或即为此）。佛容上，耳、鼻、手的外廓刻法，亦肥圆避免锐角，项颈上三纹堆叠，更类他处隋代雕像特征。

这样看来，这三像岂为早期所具规模，至后（迁洛前）才去雕饰的，一种特殊情况下遗留的作品？不然，岂太和以后某时期中云冈造像之风暂敛，至孝文帝迁都以前，镌建东部这大洞时，刻像的手法乃大变，一反中部风格，倒去摹仿西部五大洞巨像的神气？再不然，即是兴造此洞时，在佛像方面，有指定的印度佛像作模型镌刻。关于这点，文献上既苦无材料帮同消解这种种哑谜。东部未竣工的大洞兴造年代与佛像雕刻时期，到底若何，怕仍成为疑问，不是从前论断者所见得的那么简单——"洞未完竣而辍工"。近年偏西次洞又遭凿毁一角，东部这三洞，灾故又何多？

现在就平面及雕刻诸点论，我们可约略地说：西部五大洞建筑年代最早，中部偏东诸大洞次之，西部偏西诸洞又次之。中部偏西各洞及崖壁外大龛再次之。东部在雕刻细工上，则无疑地在最后。

离云冈全部稍远，有最偏东的两塔洞，塔居洞中心，注重于建筑形式方面，瓦檐、斗栱及支柱，均极清晰显明，佛像反模糊无甚特长，年代当与中部诸大洞前后相若；尤其是释迦事迹图，宛似中部第二洞中所有。

就塔洞论，洞中央之塔柱雕大尊佛像者较早，雕楼阁者次之。详下文解释。

三、石窟的源流问题

石窟的制作受佛教之启迪，毫无疑问，但印度 Ajanta[1] 诸窟之平面（图五）比较复杂，且纵穴甚深，内有支提塔，有柱廊，非我国所有。据 von Le Coq[2] 在新疆所调查者（图五），其平面以一室为最普通，亦有二室者。室为方形，较印度之窟简单，但是诸窟的前面用走廊连贯，骤然看去，多数的独立小窟团结一气，颇觉复杂，这种布置，似乎在中国窟与印度窟之间。

敦煌诸窟，伯希和书中没有平面图，不得知其详。就相片推测，有二室连接的，有塔柱、四面雕佛像的。室的平面，也是以方形和长方形居多。疑与新疆石窟属于一个系统，只因没有走廊联络，故更为简单。

[1] 即阿旃陀。——编者注

[2] 即阿尔伯特·冯·勒柯克，德国探险家，20世纪初曾参与组织前往我国新疆吐鲁番的探险活动，破坏并攫取了大量文物。——编者注

图五
印度阿旃陀石窟与新疆石窟平面图

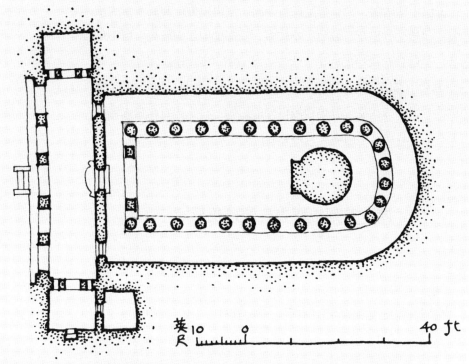

印度 Ajanta 第二十九支提窟平面
(Fergusson)

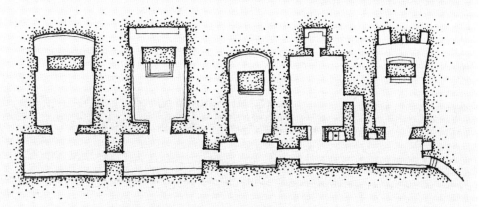

新疆 Kumtura 石窟平面
(Von Le Coq)

云冈中部诸洞，大半都是前后两间。室内以方形和长方形为最普通。当然受敦煌及西域的影响较多，受印度的影响较少。所不可解者，昙曜最初所造的西部五大窟，何以独作椭圆形、杏仁形（图六），其后中部诸洞始与敦煌等处一致？岂此五洞出自昙曜及其工师独创的意匠？抑或受了敦煌西域以外的影响？在全国石窟尚未经精密调查的今日，这个问题又只得悬起待考了。

四、石刻中所表现的建筑形式

（一）塔

云冈石窟所表现的塔分两种：一种是塔柱，另一种便是壁面上

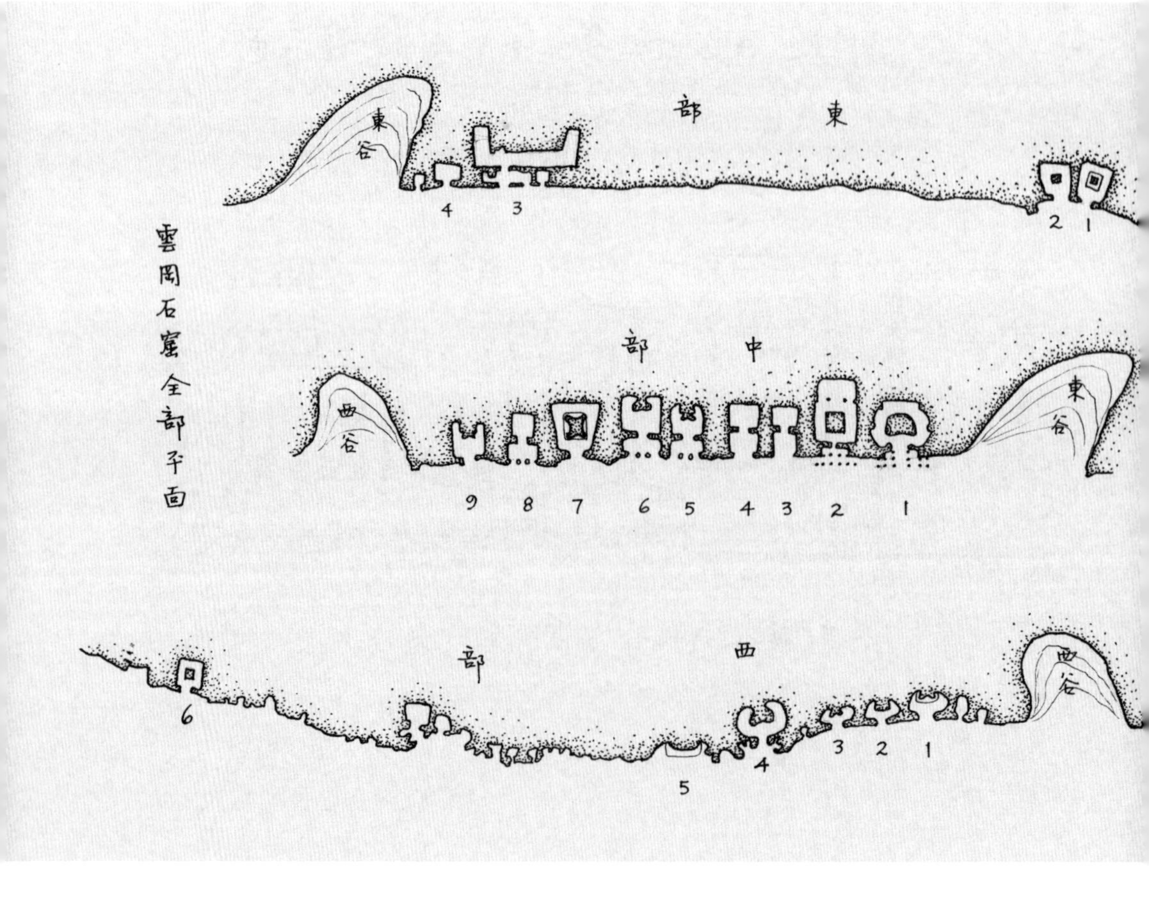

图六
云冈石窟全部平面图

图七 支提塔

浮雕的塔。

（甲）塔柱是个立体实质的石柱，四面镂着佛像，最初塔柱是模仿印度石窟中的支提塔（图七），纯然为信仰之对象。这种塔柱立在中央，为的是僧众可以绕行柱的周围，礼赞供养。伯希和《敦煌图录》中认为北凉建造的第一百十一洞，就有塔柱，每面皆琢佛像。云冈东部第四洞[1]及中部第二洞、第七洞，也都是如此琢像在四面的，其受敦煌影响，当没有疑问。所宜注意之点，则是由支提塔变成四面雕像的塔柱，中间或尚有其过渡形式，未经认识，恐怕仍有待于专家的追求。

稍晚的塔柱，中间佛像缩小，柱全体成小楼阁式的塔，每面镂刻着檐柱、斗栱，当中刻门拱形（有时每面三间或五间），浮雕佛像即坐在门拱里面。虽然因为连着洞顶，塔本身没有顶部，但底下各层，实可作当时木塔极好的模型。

与云冈石窟同时或更前的木构建筑，我们固未得见，但《魏书》中有许多建立多层浮图的记载，且《洛阳伽蓝记》中所描写的木塔，如熙平元年（公元516年）胡太后所建之永宁寺九层浮图，

[1] 东部有塔柱之洞为第一洞及第二洞。——孙大章注

距云冈开始造窟仅五十余年,木塔营建之术则已臻极高程度。可见半世纪前,三五层木塔,必已甚普通。至于木造楼阁的历史,根据史料,更无疑地已有相当年代;如《后汉书·陶谦传》说:"笮融大起浮屠寺,上累金盘,下为重楼。"而汉刻中,重楼之外,陶质冥器中,且有极类塔形的三层小阁,每上一层面阔且递减(图八)。故我们可以相信云冈塔柱,或浮雕上的层塔,必定是本着当时的木塔而镌刻的,决非臆造的形式。因此云冈石刻塔,也就可以说是当时木塔的石仿模型了。

属于这种的云冈独立塔柱,共有五处,平面皆方形(《洛阳伽蓝记》中木塔亦谓"有四面"),列表如下:

东部第一洞　　　　　　　　　　二层　每层一间（图九）

东部第二洞　　　　　　　　　　三层　每层三间（图十）

中部东山谷中塔洞　　　　　　　五层？每层？间

西部第六洞　　　　　　　　　　五层　每层五间（图十一）

中部第二洞（中间四大佛像四角四塔柱）九层　每层三间（图十二）

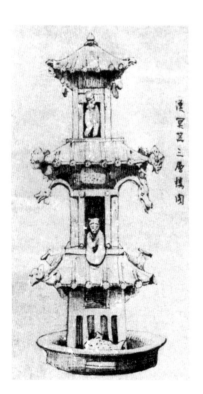

图八
汉冥器三层楼阁图

图九
云冈东部第一洞二层塔柱

图十
东部第二洞三层塔柱（左上）

图十一
西部第六洞五层塔柱（右上）

图十二
中部第二洞九层塔柱（右下）

上列五例，以西部第六洞的塔柱为最大，保存最好。塔下原有台基，惜大部残毁不能辨认。上边五层重叠的阁，面阔与高度成递减式，即上层面阔同高度，比下层每次减少，使外观安稳隽秀。这个是中国木塔重要特征之一，不意频频见于北魏石窟雕刻上，可见当时木塔主要形式已是如此，只是平面似尚限于方形。

日本奈良法隆寺，借高丽东渡僧人监造，建于隋炀帝大业三年（公元607年），间接传中国六朝建筑形制。虽较熙平元年永宁寺塔晚几一世纪，但因远在外境，形制上亦必守旧，不能如文化中区的迅速精进。法隆寺塔（图十三）共五层，平面亦是方形；建筑方面已精美成熟，外表玲珑开展。推想在中国本土，先此百余年时，当已有相当可观的木塔建筑无疑。

至于建筑主要各部，在塔柱上亦皆镌刻完备，每层的阁所分各间，用八角柱区隔，中雕龛拱及像（龛有圆拱、五边拱两种间杂而用）。柱上部放坐斗，载额枋，额枋上不见平板枋。斗栱仅柱上用一斗三升；补间用"人字栱"；檐椽只一层，断面作圆形，椽到阁的四隅作斜列状，有时檐角亦微微翘起。椽与上部的瓦陇间隔，则上下一致。最上层因须支撑洞的天顶，所以并无似浮雕上所刻的刹柱、相轮等等。除此之外，所表现

各部，都是北魏木塔难得的参考物。

又东部第一洞、第二洞的塔柱，每层四隅皆有柱，现仅第二洞的尚存一部分。柱断面为方形，微去四角。旧时还有栏杆围绕，可惜全已毁坏。第一洞廊上的天花作方格式，还可以辨识。

中部第二洞的四小塔柱，位于刻大像的塔柱上层四隅。平面亦方形。阁共九层，向上递减至第六层。下六层四隅，有凌空支立的方柱。这四个塔柱因平面小，故檐下比较简单，无一斗三升的斗栱、人字栱及额枋。柱是直接支于檐下，上有大坐斗，如同多立克式柱头（doric order），更有意思的，就是檐下每龛门拱上，左右两旁有伸出两卷瓣的栱头，与奈良法隆寺金堂上"云肘木"（即云形栱）或玉虫厨子柱上的"受肘木"极其相似，唯底下为墙，且无柱，故亦无坐斗（图十四）。

这几个多层的北魏塔型，又有个共有的现象值得注意的，便是底下一层檐部，直接托住上层的阁，中间没有平坐。此点即奈良法隆寺五层塔亦如是。阁前虽有勾栏，却非后来的平坐，因其并不伸

图十三
日本奈良法隆寺五重塔图（左）

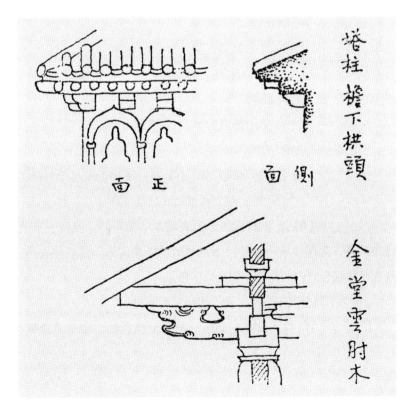

图十四
中部第二洞塔柱檐下栱头与奈良法隆寺金堂云肘木图

出阁外，另用斗栱承托着。

（乙）浮雕的塔，遍见各洞，种类亦最多。除上层无相轮，仅刻忍冬草纹的，疑为浮雕柱的一种外（伊东因其上有忍冬草，称此种作哥林特式柱，corinthian order），其余列表如下：

一层塔——（一）上圆下方，有相轮五重。（图十五）

见中部第二洞上层，及中部第九洞。

（二）方形，见中部第九洞。

三层塔——平面方形，每层间数不同。（图十六）

（一）见中部第七洞，第一层一间，第二层二间，第三层一间，塔下有方座，脊有合角鸱尾，刹上具相轮五重及宝珠。

（二）见中部第八、第九洞，每层均一间。

（三）见西部第六洞，第一层二间，第二、第三层各一间，每层脊有合角鸱尾。

（四）见西部第二洞，第一、第二层各一间，第三层二间。

五层塔——平面方形。

（一）见东部第二洞，此塔有侧脚。

（二）见中部第二洞，有台基，各层面阔、高度，均向上递减（图十七）。

（三）见中部第七洞。

七层塔——平面方形（图十八）。

见中部第七洞，塔下有台座，无枭混及莲瓣。每层之角悬幡，刹上具相轮五层及宝珠。

以上（甲）（乙）两种的塔，虽表现方法稍不同，但所表示的建筑式样，除圆顶塔一种外，全是中国"楼阁式塔"建筑的实例。现在可以综合它们的特征，列成以下各条。

（一）平面全限于方形一种，多边形尚不见。

（二）塔的层数，只有东部第一洞有个偶数的，余全是奇数，

图十五
一层塔（左）

图十六
云冈石窟浮雕三层塔四种图（右）

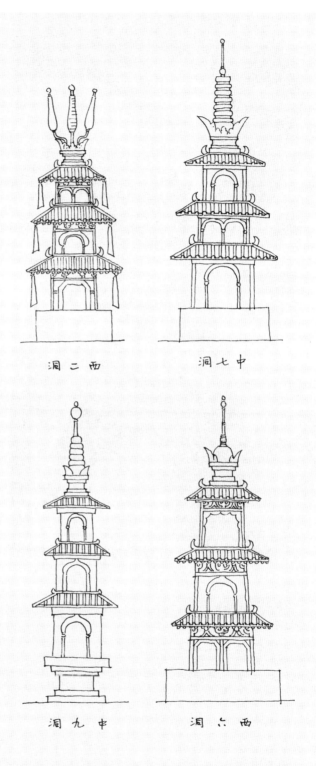

雲岡石窟浮彫三層塔四種

西二洞　　中七洞

中九洞　　西六洞

图十七（一）
中部第一洞浮雕五层塔

图十七（二）
中部第二洞浮雕五层塔

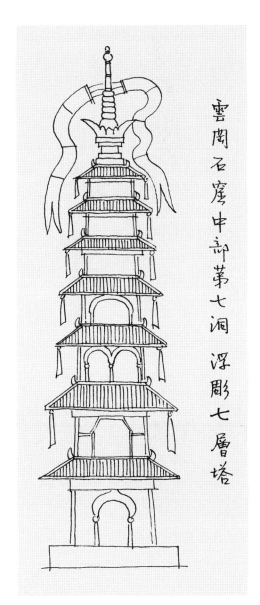

图十八
云冈石窟中部第七洞浮雕七层塔图

与后代同。

（三）各层面阔和高度向上递减，亦与后代一致。

（四）塔下台基没有曲线枭混和莲瓣，颇像敦煌石窟的佛座，疑当时还没有像宋代须弥座的繁缛雕饰。但是后代的枭混曲线，似乎由这种直线枭混演变出来。

（五）塔的屋檐皆直檐（但浮雕中殿宇的前檐，有数处已明显地上翘），无里角法，故亦无仔角梁、老角梁之结构。

（六）椽子仅一层，但已有斜列的翼角椽子。

（七）东部第二窟之五层塔浮雕，柱上端向内倾斜，大概是后世侧脚之开始。

（八）塔顶之形状（图十九）：东部第二洞浮雕五层塔，下有方座。其露盘极像日本奈良法隆寺五重塔，其上忍冬草雕饰，如日本的受花，再上有覆钵，覆钵上刹柱饰，相轮五重顶，冠宝珠。可见法隆寺刹上诸物，俱传自我国，分别只在法隆寺塔刹的覆钵在受花下，云冈的却居受花上。云冈刹上没有水烟，与日本的亦稍不同。相轮之外廓，上小下大（东部第二洞浮雕），中段稍向外膨出。东部第一洞与中部第二洞之浮雕塔，一塔三刹，关野谓为"二宝"之表征，其制为近世所没有。总之根本全个刹即是一个窣堵坡（stupa）。

（九）中国楼阁向上递减，顶上加一个窣堵坡，便为中国式的木塔。所以塔虽是佛教象征意义最重的建筑物，传到中土，却中国

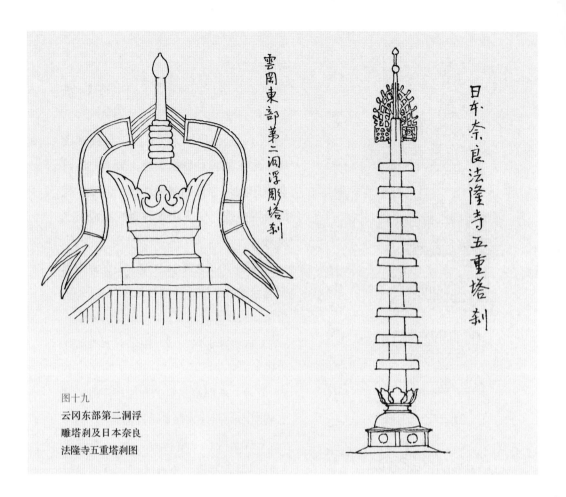

图十九
云冈东部第二洞浮雕塔刹及日本奈良法隆寺五重塔刹图

化了,变成这中印合璧的规模,而在全个结构及外观上,中国成分实又占得多。如果《后汉书·陶谦传》所记载的不是虚伪,此种木塔,在东汉末期,恐怕已经布下种子了。

(二) 殿宇

壁上浮雕殿宇共有两种:一种是刻成殿宇正面模型,用每两柱间的空隙,镌刻较深佛龛而居像(图二十一,图二十二);另一种则是浅刻释迦事迹图中所表现的建筑物(图二十)。这两种殿宇的规模,虽甚简单,但建筑部分,固颇清晰可观,和浮雕诸塔同样,有许多可供参考的价值,如同檐柱、额枋、斗栱、房基、栏杆、阶级,等等。不过前一种既为佛龛的外饰,有时竟不是十分忠实的建

图二十
中部第二洞佛迹图

图二十一
中部第八洞东壁浮雕佛殿

图二十二 中部第八洞西壁浮雕佛殿

筑模型，檐下瓦上，多增加非结构的花鸟，后者因在事迹图中，故只是单间的极简单的建筑物，所以两种均不足代表当时的宫室全部规矩。它们所供给的有价值的实证，故仍在几个建筑部分上。（详下文）

（三）洞口柱廊

洞口因石质风化太甚，残破不堪，石刻建筑结构，多已不能辨认。但中部诸洞有前后两室者，前室多作柱廊，形式类希腊神庙前之茵安提斯（inantis）柱廊之布置。廊作长方形，面阔约倍于进深，前面门口加两根独立大支柱，分全面阔为三间。这种布置，亦见于山西天龙山石窟，唯在比例上，天龙山的廊较为低小，形状极近于木构的支柱及阑额。云冈柱廊（最完整的见于中部第八洞，图二十三，图四十五）柱身则高大无伦。廊内开敞，刻几层主要佛龛。惜外面其余建筑部分，均风化不稍留痕迹，无法考其原状。

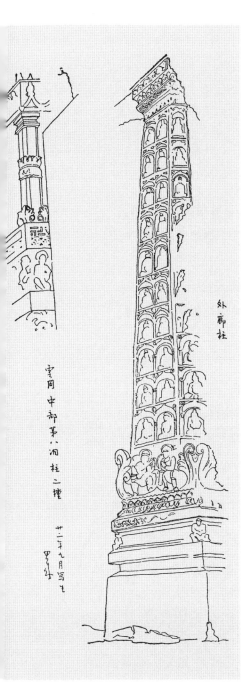

图二十三
云冈中部第八洞柱
二种图

图二十四
中部第八洞爱奥尼
亚及哥林特式柱并
万字栏杆

五、石刻中所见建筑部分

（一）柱

柱的平面虽说有八角形、方形两种，但方形的亦皆微去四角，而八角形的亦非正八角形，只是所去四角稍多，"斜边"几乎等于"正边"而已。

柱础见于中部第八洞的，也作八角形，颇像宋式所谓櫍。柱身下大上小，但未有 entasis 及卷杀。柱面常有浅刻的花纹，或满琢小佛龛。柱上皆有坐斗，斗下有皿板，与法隆寺同。

柱部分显然得外国影响的，散见各处：如（一）中部第八洞入口的两侧有二大柱，柱下承以台座，略如希腊古典的 pedestal[1]，疑是受犍陀罗的影响。（二）中部第八洞柱廊内墙东南转角处，有一八角短柱立于勾栏上面（图二十三）。柱头略像方形小须弥座，柱

[1] 柱或雕塑的基座。——编者注

图二十五 希腊爱奥尼亚式柱头图

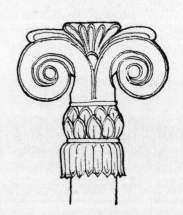

希腊古 IONIC 式柱头

中段绕以莲瓣雕饰，柱脚下又有忍冬草叶，由四角承托上来。这个柱的外形，极似印度式样，虽然柱头、柱身及柱脚的雕饰，严格地全不本着印度花纹。（三）各种希腊柱头（图二十四）：中部第八洞有爱奥尼亚式柱头，极似 Temple of Neandria[1]柱头（图二十五）。散见于东部第一洞，中部第三、第四等洞的，有哥林特式柱头，但全极简单，不能与希腊正规的 order 相比；且云冈的柱头乃忍冬草大叶，远不如希腊 acanthus[2] 叶的复杂。（四）东部第四洞有人形柱，但极粗糙，且大部已毁。（五）中部第二洞龛拱下，有小短柱支托，则又完全作波斯形式，且中部第八洞壁面上，亦有兽形栱与波斯兽形柱头相同（图二十六）。（六）中部某部浮雕柱头，见于印度古石刻（图二十七）。

[1] 即尼安德里亚神庙。——编者注

[2] 即柱头上的莨苕叶装饰。——编者注

（二）阑额

阑额载于坐斗内，没有平板，额亦仅有一层。坐斗与阑额中间有细长替木，见中部第五、第八洞内壁上浮雕的正面殿宇（图二十一）。阑额之上又有坐斗，但较阑额下柱头坐斗小很多，而与其

图二十六 波斯式兽形柱头图

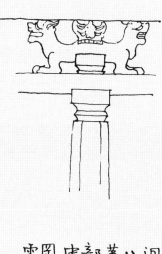
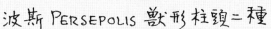

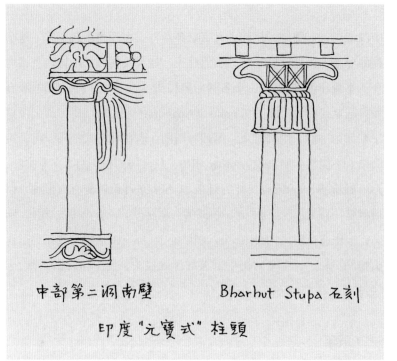

图二十七 印度"元宝式"柱头图

所承托的斗栱上三个升子斗大小略同。斗栱承柱头枋，枋则又直接承于椽子底下。

（三）斗栱（图二十一，图二十二及各塔柱图）

柱头铺作一斗三升放在柱头上之阑额上，栱身颇高，无栱瓣，与天龙山的例不同。升有皿板。

补间铺作有人字形栱，有皿板，人字之斜边作直线，或尚存古法。

中部第八洞壁面佛龛上的殿宇正面，其柱头铺作的斗栱，外形略似一斗三升，而实际乃刻两兽背面屈膝状，如波斯柱头（图二十六）。

（四）屋顶

一切屋顶全表现四注式，无歇山、硬山、挑山等。屋角或上翘，或不翘，无子角梁、老角梁之表现（图二十一，图二十二）。

椽子皆一层，间隔较瓦轮稍密，瓦皆筒瓦。屋脊的装饰，正脊两端用鸱尾，中央及角脊用凤凰形装饰，尚保留汉石刻中所示的式样。正脊偶以三角形之火焰与凤凰，间杂用之，其数不一，非如近代，仅于正脊中央放置宝瓶。见中部第五、第六、第八等洞。

（五）门与拱

门皆方首。中部第五洞（图二十八）门上有斗栱檐椽，似模仿木造门罩的结构。

拱门多见于壁龛。计可分两种：圆拱及五边拱（图二十九）。圆拱的内周（introdus）多刻作龙形，两龙头在拱开始处。外周（extrodus）作宝珠形。拱面多雕趺坐的佛像。这种拱见于敦煌石窟及印度古石刻，其印度的来源甚为明显。所谓五边拱者，即方门抹去上两角；这种拱也许是中国固有。我国古代未有发券方法以前，有圭门圭窦之称；依字义解释，圭者尖首之谓，宜如△形，进一步在上面加一边而成⌂，也是演绎程序中可能的事。在敦煌无这种拱龛，但壁画中所画中国式城门却是这种形式，至少可以证明云冈的

图二十八
中部第五洞内门

图二十九
拱龛及三层塔

五边拱不是从西域传来的。后世宋代之城门、元之居庸关，都是用这种拱。云冈的五边拱，拱面都分为若干方格，格内多雕飞天；拱下或垂幔帐，或悬璎珞，作佛像的边框。间有少数佛龛，不用拱门，而用垂幛的（图三十）。

（六）栏杆及踏步

踏步只见于中部第二洞佛迹图内殿宇之前（图二十）。大都一组置于阶基正中，未见两组、三组之例。阶基上的栏杆，刻作直棂，到踏步处并沿踏步两侧斜下。踏步栏杆下端，没有抱鼓石，与南京栖霞山舍利塔雕刻符合。

中部第八洞有万字栏杆（图二十四）[1]，与日本法隆寺勾栏一致。

[1] 万字栏杆即后来通称的"勾片栏杆"，由拐棂与直棂组合成的纹样，较简单。明清以后的万字栏杆是由卍字纹组成的纹样，与此不同。——孙大章注

图三十
垂幛龛

这种栏杆是六朝、唐宋间最普通的做法，图画见于敦煌壁画中；在蓟县独乐寺、应县佛宫寺塔上则都有实物留存至今。

（七）藻井

石窟顶部，多刻作藻井（图三十二至图三十四），这无疑的也是按照当时木构在石上摹仿的。藻井多用"支条"分格，但也有不分格的。藻井装饰的母题，以飞仙及莲花为主，或单用一种，或两者掺杂并用。龙也有用在藻井上的，但不多见（图三十五）。

藻井之分划，依室的形状，颇不一律（图三十一），较之后世齐整的方格，趣味丰富得多。斗八之制，亦见于此。

窟顶都是平的，敦煌与天龙山之囗形天顶，不见于云冈，是值得注意的。

六、石刻的飞仙

洞内外壁画与藻井及佛后背光上，多刻有飞仙，作盘翔飞舞的姿势，窈窕活泼，手中或承日月宝珠，或持乐器，有如基督教艺术中的安琪儿。飞仙的式样虽然甚多，大约可分两种：一种是着印度湿褶的衣裳而露脚的（图四）；一种是着短裳曳长裙而不露脚，裙末在脚下缠绕后，复张开飘扬的（图三十六）。两者相较，前者多肥笨而不自然，后者轻灵飘逸，极能表现出乘风羽化的韵致，尤其是那开展的裙裾及肩臂上所披的飘带，生动有力，迎风飞舞，给人以回翔浮荡的印象。

从要考研飞仙的来源方面来观察它们，则我们不能不先以汉代石刻中与飞仙相似的神话人物（图二）和印度佛教艺术中的飞仙，两相较比着看。结果极明显的，看出云冈的露脚，肥笨作跳跃状的飞仙，是本着印度的飞仙摹仿出来的无疑，完全与印度飞仙同一趣

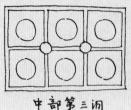
中部第三洞

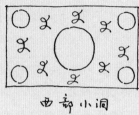
西部小洞

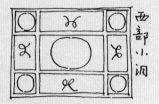
西部小洞

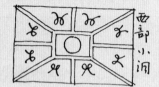
西部小洞

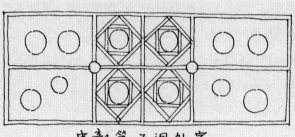
中部第五洞外室

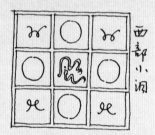
西部小洞

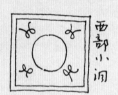
西部小洞

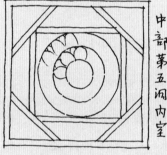
中部第五洞内室

符號 ○蓮花 ꖳ飛仙 ꝛ龍

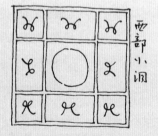
西部小洞

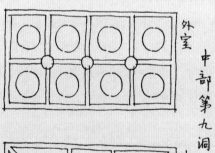
外室 中部第九洞 内室

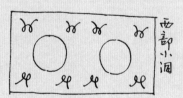
西部小洞

雲岡石窟藻井分劃法數種
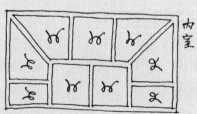

图三十一
云冈石窟藻井分化法数种图（左页）

图三十二
西部某小洞藻井之一

图三十三
西部某小洞藻井之二

图三十四
西部某小洞藻井之三

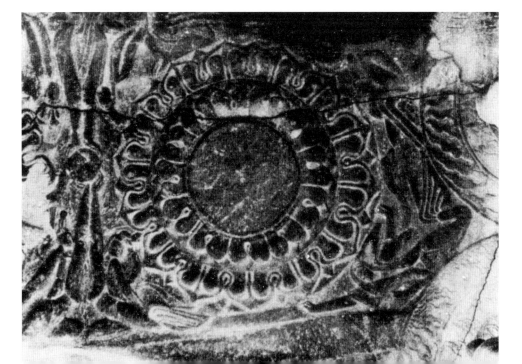

图三十五
中部第八洞龙纹藻井

图三十六
拱面飞仙

味。而那后者,长裙飘逸的,有一些并着两腿,望一边曳着腰身,裙末翘起,颇似人鱼,与汉刻中鱼尾托云的神话人物,则又显然同一根源(图三十四)。后者这种屈一膝作猛进姿势的,加以更飘散的裙裾,多脱去人鱼形状,更进一步,成为最生动灵敏的飞仙,我们疑心它们在云冈飞仙雕刻程序中,必为最后最成熟的作品。

天龙山石窟飞仙中之佳丽者,则是本着云冈这种长裙飞舞的,但更增富其衣褶,如腰部的散褶及裤带。肩上飘带,在天龙山的,亦更加曲折回绕,而飞翔姿势,亦愈柔和浪漫,每个飞仙加上衣带彩云,在布置上,常有成一圆形图案者(图三十七)。

曳长裙而不露脚的飞仙,在印度西域佛教艺术中俱无其例,殆亦可注意之点。且此种飞仙的服装,与唐代陶俑美人甚似,疑是直接写真当代女人服装。

飞仙两臂的伸屈,颇多姿态;手中所持乐器亦颇多种类,计所见有如下各件:鼓 ◌ 状,以带系于项上。◌ 腰鼓、笛、笙、琵琶、筝,◌ ▰(类外国 harp)◢,但无钹。其他则常有持日、月、宝珠及散花者。

总之飞仙的容貌、仪态亦如佛像,有带浓重的异国色彩者,有后期表现中国神情美感者。前者身躯肥胖,权衡短促,服装简单,上身几全袒露,下裳则作印度式短裙,缠结于两腿间,粗陋丑俗。后者体态修长,风致娴雅,短衣长裙,衣褶简而有韵,肩带长而回绕,飘忽自如,的确能达到超尘的理想。

七、云冈石刻中装饰花纹及彩色

云冈石刻中的装饰花纹种类奇多,而十之八九为外国传入的母题及表现(图三十八,图三十九)。其中所示种种饰纹,全为希腊的来源,经波斯及犍陀罗而输入者,尤其是回折的卷草,根本为西方花

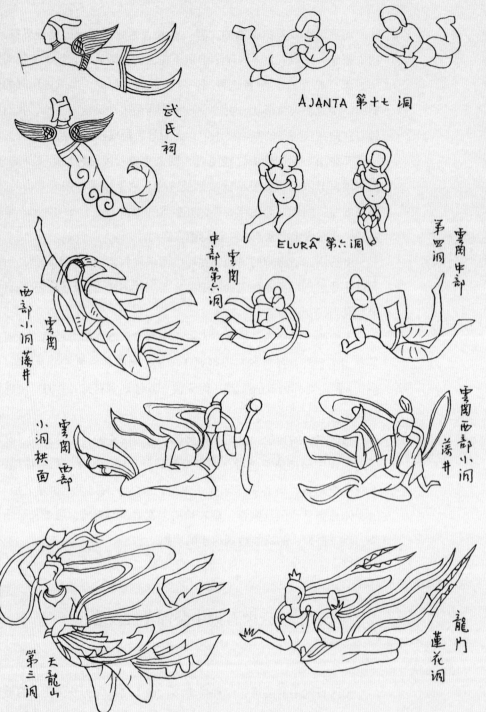

图三十七
印度、汉、魏飞仙比较图

图三十八
云冈中部诸窟雕饰纹样数种图（右页）

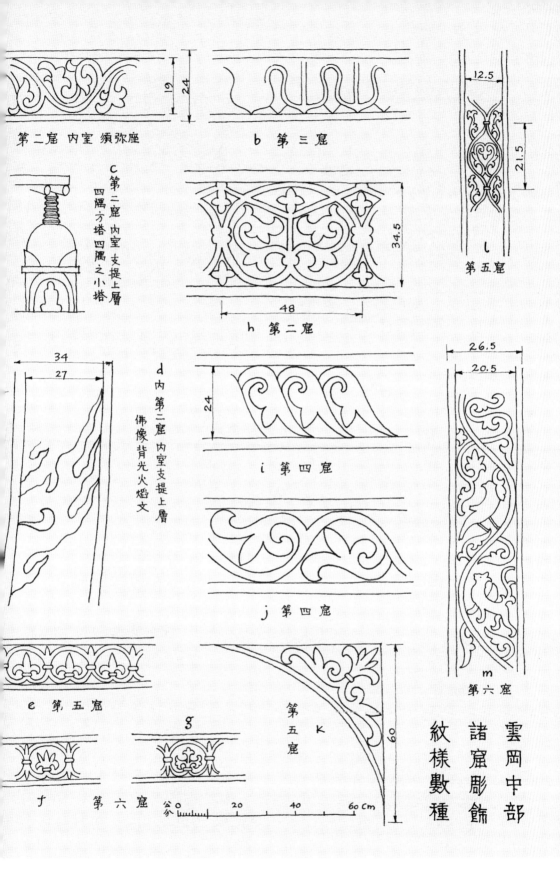

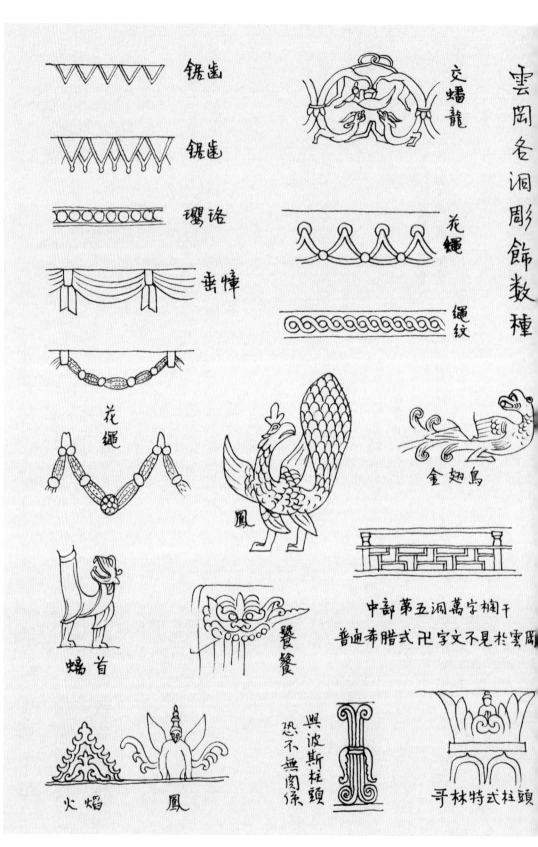

样之主干，而不见于中国周汉各饰纹中。但自此以后，竟成为中国花样之最普通者，虽经若干变化，其主要左右分枝回旋的原则，仍始终固定不改。

希腊所谓 acanthus 叶，本来颇复杂，云冈所见则比较简单；日人称为忍冬草，以后中国所有卷草、西番草、西番莲者，则全本源于回折的 acanthus 花纹。

图中所示的"连环纹"，其原则是每一环自成一组，与他组交结处，中间空隙再填入小花样；初望之颇似汉时中国固有的绳纹，但绳纹的原则，与此大不相同，因绳纹多为两根盘结不断；以绳纹复杂交结的本身作图案母题，不多借力于其他花样。而此种以三叶花为主的连环纹，则多见于波斯、希腊雕饰。

佛教艺术中所最常见的莲瓣，最初无疑根源于希腊水草叶，而又演变成为莲瓣者。但云冈石刻中所呈示的水草叶，则仍为希腊的本来面目，当是由犍陀罗直接输入的装饰。同时佛座上所见的莲瓣，则当是从中印度随佛教所来重要的宗教饰纹，其来历却又起源于希腊水草叶者。中国佛教艺术积渐发达，莲瓣因为带着象征意义，亦更兴盛，种种变化及应用迭出不穷，而水草叶则几绝无仅有，不再出现了。

其他饰纹如璎珞（beads）、花绳（garlands）及束苇（reeds）等，均为由犍陀罗传入的希腊装饰无疑。但尖齿形之幕沿装饰，则绝非希腊式样，而与波斯锯齿饰或有关系（图三十九）。真正万字纹未见于云冈石刻中，偶有万字勾栏，其回纹与希腊万字却绝不相同。水波纹亦偶见，当为中国固有影响。

以兽形为母题之雕饰，共有龙、凤、金翅鸟（garuda）、螭首、正面饕餮、狮子，这些除金翅鸟为中印度传入、狮子带着波斯色彩外，其余皆可说是中国本有的式样，而在刻法上略受西域影响的。

汉石刻砖纹及铜器上所表现的中国固有雕纹，种类不多，最主要的如雷纹、斜线纹、斜方格、斜方万字纹、直线或曲线的水波纹、绳纹、锯齿、乳、箭头叶、半圆弧纹等，此外则多倚赖以鸟兽

图三十九
云冈各洞雕饰数种

人物为母题的装饰，如青龙、白虎、饕餮、凤凰、朱雀及枝柯交纽的树、成列的人物车马及打猎时奔窜的犬鹿兔豕，等等。

对汉代或更早的遗物有相当认识者，见到云冈石刻的雕饰，实不能不惊诧北魏时期由外传入崭新花样的数量及势力！盖在花纹方面，西域所传入的式样，实可谓喧宾夺主，从此成为十数世纪以来中国雕饰的主要渊源。继后唐、宋及后代一切装饰花纹，均无疑义地，无例外地，由此展进演化而成。

色彩方面最难讨论，因石窟中所施彩画全是经过后世的重修，伧俗得很。外壁悬崖小洞，因其残缺，大概停止修葺较早，所以现时所留色彩痕迹当是较古的遗制，但恐怕绝不会是北魏原来面目。佛像多用朱，背光绿地；凸起花纹用红或青或绿。像身有无数小穴，或为后代施色时用以钉布布箔以涂丹青的。

图四十
西部第五洞大佛背光装饰

八、窟前的附属建筑

论到石窟寺附属殿宇部分，我们得先承认，无论今日的石窟寺木构部分所给予我们的印象为若何，其布置及结构的规模为若何，欲因此而推断千四百余年前初建时的规制，及历后逐渐增辟建造的程序，是个不可能的事。不过距开窟仅四五十年的文献，如《水经注》里边的记载，应当算是我们考据的最可靠材料，不得不先依其文句，细释检讨点事实，来作参考。

《水经注》"㶟水"条里，虽无什么详细的描写，但原文简约清晰，亦非夸大之词。"凿石开山，因岩结构。真容巨壮，世法所希。山堂水殿，烟寺相望。林渊锦镜，缀目新眺。"关于云冈巨构，仅这四句简单的描述而已。这四句中，首、次、末三段，句句皆是个真实情形的简说。至今除却河流干涸、床沙已见外，这描写仍与事实相符，可见其中第三句"山堂水殿，烟寺相望"当也是即景说事。不过这句意义，亦可作两种解说。一个是：山和堂、水和殿、烟和寺，各各对望着，照此解释，则无疑地有"堂"、"殿"和"寺"的建筑存在，且所给的印象，是这些建筑物与自然相照对峙，必有相当壮丽，在云冈全景中，占据重要的位置的。

第二种解说，则是疑心上段"山堂水殿"句，为含着诗意的比喻，称颂自然形势的描写。简单说便是：据山为堂（已是事实）、因水为殿的比喻式，描写"山而堂，水而殿"的意思，因为就形势看山崖临水，前面地方颇近迫，如果重视自然方面，则此说倒也逼切写真，但如此则建筑部分已是全景毫无，仅剩烟寺相望的"寺"，而这寺到底有多少是木造工程，则又不可得而知了。

《水经注》里这几段文字所以给我们附属木构殿宇的印象，明显的当然是在第三句上，但严格说第一句里的"因岩结构"，却亦负有

图四十一 中部第一、第二、第三各洞外部木构正面

相当责任的。观现今清制的木构，殿阁（图四十一），尤其是由侧面看去，实令人感到"因岩结构"描写得恰当真切之至。这"结构"两字，实有不止限于山岩方面，而有注重于木造的意义蕴在里面。

现在云冈的石佛寺木建殿宇（图四十一至图四十三），只限于中部第一、第二、第三三大洞前面；山门及关帝庙在第二洞中线上。第一洞、第三洞，遂成全寺东西偏院的两阁，而各有其两厢配殿。因岩之天然形势，东、西两阁的结构、高度、布置均不同。第二洞洞前正殿高阁共四层，内中留井，周围如廊，沿梯上达于顶层，可平视佛颜。第一洞同之。第三洞则仅三层（洞中佛像亦较小许多），每层有楼廊通第二洞。但因第二洞、第三洞南北位置之不相同，使楼廊微作曲折，颇增加趣味。此外则第一洞西，有洞门通崖后，洞上有小廊阁。第二洞后崖上，有斗尖亭阁，在全寺的最高处。这些木建殿阁厢庑，依附岩前，左右关联，前后引伸，成为一组；绿瓦巍峨，点缀于断崖林木间，遥望颇壮丽，但此寺已是云冈石崖一带现在唯一的木构部分，且完全为清代结构，不见前朝痕迹。近来即此清制楼阁，亦已开始残破，盖断崖前风雨侵凌，固剧于平原各地，木建损毁当亦较速。

关于清以前各时期中云冈木建部分到底若何，在雍正《朔平府志》中记载左云县云冈堡石佛寺古迹一段中，有若干可注意之点。

《府志》里讲："……规制甚宏，寺原十所：一曰同升，二曰灵光，三曰镇国，四曰护国，五曰崇福，六曰童子，七曰能仁，八曰华岩，九曰天宫，十曰兜率。其中有元载所造石佛二十龛；石窟千孔，佛像万尊。由隋唐历宋元，楼阁层凌，树木翁郁，俨然为一方胜概……"这里的"寺原十所"的寺，因为明言数目，当然不是指洞而讲。"石佛二十龛"亦与现存诸洞数目相符。唯"元载所造"的"元"，令人颇不解。雍正《通志》同样句，却又稍稍不同，而曰"内有元时石佛二十龛"。这两处恐皆为"元魏时"所误。这十寺既不是以洞为单位计算的，则疑是以其他木构殿宇为单位而命名者。且"楼阁层凌，树木翁郁"，当时木构不止现今所余三座，亦

图四十二
中部第二洞外部木构侧面

图四十三
中部第三洞外部
木构

恰如当日树木蓊郁，与今之秃树枯干，荒凉景象，相形之下，不能同日而语了。

所谓"由隋唐历宋元"之说，当然只是极普通的述其历代相沿下来的意思。以地理论，大同、朔平不属于宋，而是辽金地盘；但在时间上固无分别。且在雍正修《府志》时，辽金建筑本可仍然存在的。大同一城之内，辽金木建，至今尚存七八座之多。佛教盛时，如云冈这样重要的宗教中心，亦必有多少建设。所以《府志》中所写的"楼阁层凌"，或许还是辽金前后的遗建，至少我们由这《府志》里，只知道"其山最高处曰云冈，冈上建飞阁三重，阁前有世祖章皇帝（顺治）御书'西来第一山'五字及康熙三十五年西征回銮幸寺赐匾额"，而未知其他建造工程。而现今所存之殿阁，则又为乾嘉以后的建筑。

在实物方面，可作参考的材料的，有如下各点：

一、龙门石窟崖前，并无木建庙宇。

二、天龙山有一部分有清代木建，另有一部分则有石刻门洞；楣、额、支柱极为整齐。

三、敦煌石窟前面多有木廊（图四十四），见于伯希和《敦煌图录》中。前年关于第一百三十洞前廊的年代问题，有伯希和先生与

图四十四
敦煌石窟外部木构

思成通信讨论，登载本刊（《中国营造学社汇刊》——编按）三卷四期，证明其建造年代为宋太平兴国五年的实物。第一百二十窟Ａ的年代是宋开宝九年，较第一百三十洞又早四年。

四、云冈西部诸大洞，石质部分已天然剥削过半，地下沙石填高至佛膝或佛腰，洞前布置、石刻或木建，盖早已湮没不可考。

五、云冈中部第五至第九洞，尚留石刻门洞及支柱的遗痕（图四十五），约略可辨当时整齐的布置。这几洞岂是与天龙山石刻门洞同一方法，不借力于木造的规制的？

六、云冈东部第三洞及中部第四洞崖面石上，均见排列的若干栓眼，即凿刻的小方孔（图四十六），殆为安置木建上的椽子的位置。

图四十五
中部第八洞外柱

图四十六
东部第三洞崖上椽孔（右页）

察其均整排列及每层距离，当推断其为与木构有关系的证据之一。

七、因云冈悬崖的形势、崖上高原与崖下河流的关系，原上的雨水沿崖而下，佛龛壁面不免频频被水冲毁。崖石崩坏堆积崖下，日久填高，底下原积的残碑断片，反倒受上面沙积的保护，或许有若干仍完整地安眠在地下，甘心作埋没英雄，这理至显，不料我们竟意外地得到一点对于这信心的实证。在我们游览云冈时，正遇中部石佛寺旁边兴建云冈别墅之盛举，大动土木之后，建筑地上，放着初出土的一对石质柱础（图四十七），式样奇古，刻法质朴，绝非近代物。不过孤证难成立，云冈岩前建筑问题，唯有等候于将来有程序的科学发掘了。

图四十七
云冈别墅兴建时出土的莲瓣柱础

九、结论

总观以上各项的观察所及，云冈石刻上所表现的建筑、佛像、飞仙及装饰花纹，给我们以下的结论。

云冈石窟所表现的建筑式样，大部为中国固有的方式，并未受外来多少影响，不但如此，且使外来物同化于中国，塔即其例。印度窣堵坡方式，本大异于中国本来所有的建筑，及来到中国，当时仅在楼阁顶上，占一象征及装饰的部分，成为塔刹。至于希腊古典柱头如 ionic order 等虽然偶见，其实只成装饰上偶然变化的点缀，并无影响可说。唯有印度的圆拱（外周作宝珠形的），还比较地重要，但亦止是建筑部分的形式而已。如中部第八洞门廊大柱底下的高 pedestal（图二十三），本亦是西欧古典建筑的特征之一，既已传入中土，本可发达传布，影响及于中国柱础。孰知事实并不如是，隋唐以及后代柱础，均保守石质覆盆等扁圆形式，虽然偶有稍高的筒形如图四十七，亦未见多用于后世。后来中国的种种基座，则恐全是由台基及须弥座演化出来的，与此种 pedestal 并无多少关系。

在结构原则上，云冈石刻中的中国建筑，确是明显表示其应用构架原则的。构架上主要部分，如支柱、阑额、斗栱、椽、瓦、檐、脊等，一一均应用如后代；其形式且均为后代同样部分的初型无疑。所以可以证明，在结构根本原则及形式上，中国建筑二千年来保持其独立性，不曾被外来影响所动摇。所谓受印度、希腊影响者，实仅限于装饰、雕刻两方面的。

佛像雕刻，本不是本篇注意所在，故亦不曾详细做比较研究而讨论之。但可就其最浅见的趣味派别及刀法，略为提到。佛像的容貌衣褶，在云冈一区中，有三种最明显的派别。

第一种是带着浓重的中印度色彩的，比较呆板僵定，刻法呈示在摹仿方面的努力。佳者虽勇毅有劲，但缺乏任何韵趣；弱者则颇多伧丑。引人兴趣者，单是其古远的年代，而不是美术的本身。

第二种佛容修长，衣褶质实而流畅。弱者质朴庄严；佳者含笑超尘，美有余韵，气魄纯厚，精神栩栩，感人以超人的定、超神的动；艺术之最高成绩，荟萃于一痕一纹之间，任何刀削雕琢，平畅流丽，全不带烟火气。这种创造纯为汉族本其固有美感趣味在宗教艺术方面的发展。其精神与汉刻密切关联，与中印度佛像，反疏隔不同旨趣。

飞仙雕刻亦如佛像，有上面所述两大派别：一为摹仿，以印度像为模型；一为创造，综合摹仿所得经验与汉族固有趣味及审美倾向，做新的尝试。

这两种时期距离并不甚远，可见汉族艺术家并未奴隶于摹仿，而印度犍陀罗刻像、雕纹的影响，只作了汉族艺术家发挥天才的引火线。

云冈佛像还有一种，只是东部第三洞三巨像一例。这种佛像雕刻艺术，在精神方面乃大大退步，在技艺方面则加增谙熟繁巧，讲求柔和的曲线、圆滑的表面。这倾向是时代的，还是主刻者个人的，却难断定了。

装饰花纹在云冈所见，中外杂陈，但是外来者，数量超过原有者甚多。观察后代中国所熟见的装饰花纹，则此种外来的影响势力范围极广。殷、周、秦、汉金石上的花纹，始终不能与之抗衡。

云冈石窟乃西域印度佛教艺术大规模侵入中国的实证。但观其结果，在建筑上并未动摇中国基本结构。在雕刻上只强烈地触动了中国雕刻艺术的新创造——其精神、气魄、格调，根本保持着中国固有的。而最后却在装饰花纹上，输给中国以大量的新题材、新变化、新刻法，散布流传直至今日，的确是个值得注意的现象。

山西应县佛宫寺辽释迦木塔

目 录

写在《山西应县佛宫寺辽释迦木塔》调研报告之前　林洙　…　571

壹　史略　…　575

贰　外观　…　579

叁　全寺总平面　…　586

肆　木塔平面　…　591

伍　构架概略　…　601

陆　材栔　…　604

柒　斗栱　…　605

捌　柱　…　722

玖　阑额及普拍枋　…　723

拾　梁栿 – 承重及楼板 –
　　屋盖及其干架　…　724

拾壹　槫椽及角梁　…　730

拾贰　瓦　…　731

拾叁　刹　…　731

拾肆　藻井　…　735

拾伍　装修　…　737

拾陆　勾栏　…　740

拾柒　楼梯　…　741

拾捌　墙壁　…　746

拾玖　彩画　…　746

贰拾　壁画　…　747

贰拾壹　塑像　…　750

贰拾贰　匾额　…　758

写在《山西应县佛宫寺辽释迦木塔》调研报告之前

1933年梁思成、刘敦桢等人赴大同考察古建筑，他们计划在完成大同的工作后顺便到应县去考察释迦塔。但当时应县交通十分不便，只怕千里迢迢跑到应县见到的只是一堆废墟，或是明清重修的塔。因此梁思成写了一封信给应县的照相馆，信内附上一元钱，封面写：应县最大的照相馆　收。其实那也是应县唯一的照相馆。请他们拍一张应县塔的图片寄来。果然不久就收到一张木塔的照片，梁公看了兴奋不已，于是决定在完成大同的古建考察工作后前往应县。

1933年9月下旬梁思成、刘敦桢、莫宗江共同出发赴应县，刘敦桢先生参观之后即回北平。梁思成、莫宗江在应县留了两周，对木塔做了详尽的测绘。1935年他们又赴应县补测了第一次疏漏的部位，直到年底才完成了全部图纸及调查报告。报告说明释迦塔是当时全世界最高的木构建筑，据文献记载塔建于公元936年，它的珍贵可想而知。

1935年学社决定将历年调查的古建筑调查报告编辑专刊发行，已完成的有：

第一辑《塔》，内容有应县木塔，杭州六和塔、闸口及灵隐寺宋石塔，定县开元寺塔，苏州罗汉院双塔及其他宋辽塔等。

第二辑《元代建筑》，内容有正定的关帝庙、山西赵县广胜寺、安平圣姑庙、曲阳北岳庙、宣平延福寺等六组建筑。

此外还准备出一个晋祠的专辑。这些文稿图版已于1936年底送印刷厂。但因抗日战争未及印刷，文稿图片也散失了。

1946年以后梁思成因忙于清华大学建筑系的建系工作及赴美

讲学等工作亦未顾及寻找上述诸文稿。

20世纪80年代及90年代末由于编辑《梁思成文集》及《梁思成全集》的需要，曾两次与文化部文物研究所联系，请求查阅当年营造学社移交给文研所的资料，希望能从中找到上述文稿，但因当时研究所的全部资料档案均封存在丰台的某军用仓库中，无法查阅。

直至2006年4月才在文研所刘志雄等先生的努力下，在繁多的文献中清查到尚珍藏在文研所的应县木塔的誊写稿，应县木塔文稿的失而复得当慰梁公在天之灵。建工出版社的同志也积极配合，决定将该文与其他新发现的文稿，还有梁先生离美前的日记，与1949年后的几篇工作日记一并整理编辑成《梁思成全集》第十卷出版。

由于应县木塔只找到文稿，全文尚绘有插图六十余幅及照片一百一十余张，在文研所同志的努力下只找到插图三十二张。因此梁全集十卷中只能选用当年保存在清华建筑系的原始测稿及照片。营造学社的测稿及照片因抗日战争时期曾遭水残，已损失了很大部分。如文中提到的佛像及壁画，保留下来的图片不能满足文字所述，其他亦是如此。为使这些图纸能和读者见面，建工出版社的同志付出了努力。

这里特别要感谢的是中国图片社的专家们，当我第一次把七十多年前学社经过水残的测绘草图呈现在他们面前时，他们惊呆了。这哪里是什么图呀！一张张被水泡黄了的皱皱巴巴的纸，上面污迹斑斑，有一些几乎看不见的铅笔线条及数字。我告诉他们这是梁思成先生1933年赴应县花了两周的时间测绘的应县木塔的原始记录；应县木塔是当今世界上最高的木构建筑；应县木塔的调查报告怎样失而复得；这些图纸又怎样在抗日战争中被毁成这样。再大的困难，我也要克服，一定要让读者读到这篇调查报告，由于当年画的图几乎全部丢失，我只能寄希望于这批测稿，只能求救于专家们了。专家们被感动了。他们调动了各方面的力量，摄影的、显影的、放大的……众多的人一起工作，每张图纸都经过反复的试验，几乎是一秒钟、半秒、1/10 秒地做实验，努力把模糊不清的线条数字显示出来，但是他们不敢留下图稿，怕万一有什么闪失，于是我每天小心翼翼地带着这批图纸奔波在清华及中国图片社之间。大约经过一个月的努力，这些图纸终于说话了！

本文在《梁思成全集》第十卷发表之后，又发现了十余张先生当年亲自绘制的插图。这就又补充了十卷中的不足。

从梁思成 1933 年测绘木塔至今已整整七十五年过去了，我也成了八十岁的老人。今天再次面对先生的手迹，仿佛又看到先生当年的音容笑貌，真是如见其人，如闻其声，百感交集，不禁泪下。

感谢北京三联书店，他们决定将这篇重要的著作再版，这是对建筑界、学术界的一大贡献。

林　洙
2008 年元旦

"应州木塔"的名声，在北方几乎无人不晓。塔寺名佛宫，在应县城内西半偏北。塔八角五层，距县城三四十里已遥遥见之。塔全部木造，为海内唯一孤例。立在重层阶基上；第一层重檐，以上各层皆下为平坐，上出檐。第一层塔心供释迦坐像，内廊有扶梯可登。直登顶层，扶栏俯瞰，全城在望，城北一片平原，桑干逶迤；城南为翠微、雁门诸山，长城及雁门关所在，气象至为雄伟。塔前左右为配殿、钟鼓楼、山门。塔后高台上，立大雄宝殿，左右杂殿及配殿，并左右钟鼓亭，成为一部独立的局面。

壹 史略
（图壹-1）

关于佛宫寺之创建，乾隆五十二年岁次丁未重修碑记名宝宫寺之创建晋天福间（公元936—943年）。但天福元年应州□□□□宋太宗太平兴国二年应州宝宫寺之创建，当属于辽人功□□□所谓建于"后晋天福间"之说，即使年代可靠，于年号之用殊欠正确。明通政使田蕙万历七年《重修木塔记》碑，则称"仅得石一片，上书'辽清宁二年田和尚奉敕募建'，数字而已"。按清宁二年为公元1056年，所募建的是寺还是塔，却未提到。此后许多关于寺和塔的年代，凡称清宁二年者，无疑都是根据这一块残石的。

雍正四年《应州志·寺观志》说：

> 佛宫寺初名宝宫寺，在州治西。辽清宁二年（公元1056年）田和尚奉敕募建。金明昌四年（公元1193年）增修益完。塔曰释迦（按《山西通志》称有"木塔，道宗赐额曰'释迦'"），高三百六十尺，围之半；六层八角，玲珑宏敞，宇内浮图，足称第一。元延祐二年（公元1315年），避御讳敕改"宝宫"为"佛宫"。（按元仁宗名爱育黎拔力八达，蒙语称"宝"，曰"额尔德尼"，避讳之说待考。）顺帝时，地大震七日，塔屹然不动。明永乐帝驻跸塔上，亲书"峻极神工"四字悬之。正德三年（公元1508年），武宗游幸至州，登塔宴赏，御题"天下奇观"，出帑金命太监周善修补。万历七年（公元1579年），寺僧明慈（按田蕙碑作明赟）募赀重修。年久倾圮，国朝康熙六十一年（公元1722年），知州章弘重修垩藻绘，金碧辉煌。虽塔院上下无不备美，而塔后大雄殿九间，有

志未逮，终属美中不足。至雍正四年，知州萧纲捐俸首倡，士民乐助，殿宇峥嵘，门楼高耸，前后相配，允称巨观。

除上录志载外，现在塔第二层南面檐下悬木牌"释迦塔"三大字两侧各有小字三行。

右三行曰：

□□甲辰（？）年七月十五日重建
□□明昌五年七月十五日建金城县北□□薄施　木匠李庆（？）许（？）禄（？）施工
大明正统元年岁次丙辰七月□□□□□成化七年岁次辛卯七月吉日功德主闰（？）

左三行曰：

大辽清宁二年敕（？）建宝塔大金明昌六年□□□□……
　　昭信校尉西京路盐使判官王□狱书
惟大元□延祐七年岁次庚申四月辛巳朔□日庚（？）戌（？）特奉　敕建造官荣禄（？）大夫平章政事阿里伯重建

牌上共有七个年号，除去第一行甲辰（？）年不明外，由文义上看，这牌当是金明昌重修后所制。其后元延重修时，阿里伯就在原牌上加题"重建"的字。明正统元年（公元1436年）及成化七年（公元1471年）的题字，大概也是重修后所加。

明正德十二年（公元1517年）七月十五日重妆佛像，在二层南面东乳栿下有牌题名，但木塔本身上并无关系。

清康熙六十一年知州章弘重修木塔，在南月台之南面勒石为记，在塔内同年号的匾共计二十一块，大概都是重修后所悬挂。

图壹-1
释迦塔渲染图

雍正四年所修，以塔后大雄宝殿为主。乾隆三十一年，曾有一次重修，工程大概不很大。载在《应州续志》卷四。

道光二十四年，知州文润重修，题名见三层南檐西侧。

同治五年大规模重妆佛像，塔前《重修佛宫寺碑记》说：

> ……自辽清宁二年……至同治二年，塔上之檐台，已就残伤；寺内之墙垣，已多颓败。……甲子岁，乡耆孙廷弼等，慨然有重修之志……由是补塑神像彩画塔上……而寺塔后九（七？）间殿，新立看墙，又添门楼……大清同治五年，岁次丙寅，嘉平月，上浣吉日。

当时施彩画人的题名版，尚悬各层乳栿下。上下共计十二方。

光绪十三年，因"二檐佛像坐下暗檐中椽损坏"曾重修。二十年，张某"重贴金神，彩装佛像一殿"均在二层内题名。

民国十五年，国民军自南口退五原，取道晋北，大同、应县、雁门一带，沦为战场。佛宫寺塔便作了一个方便的炮靶，幸而炮火不太猛烈（或不太准确），未危及全塔之存在。这次战事，"塔之上下，被炮轰二百余弹，柱、梁、栏杆、墙壁、檐台无不受其毁坏"并"炸毁塔顶之云罗宝盖等等"。民国十七年，田某等"募款兴工……檐、台、柱、梁焕然一新"。翌年张某等六百余人，又"募集布施，鸠工大作，缺者添之，破者补之；佛像金身焕然一新"。第二层西北面内额上横匾及第五层南面阑额背面横匾所记录的便是这两次的重修。

民国二十五年木塔遭受了最大的厄运，邑绅们将各层灰墙及其内斜戗拆除，全数换安格子门，不唯各壁内原有的壁画全成尘土，而且直接影响到塔身之坚固上，若不及早恢复，则将不堪设想了。

贰 外观

（图贰-1 至图贰-13）

由怀仁县或山阴县向应县行，在桑干河平原上，距应县三四十里，即可遥见木塔。我们所得塔第一个印象，是在一个九月中旬的下午，先在二十余里外，隐约见塔屹立。到夕阳西斜时，距城约十二三里，塔身反映成金黄色，衬着深紫的远山，灿烂闪烁着。暮色苍茫时，距城五六里，已不见远山，而木塔伟大的轮廓由四面平凡的低矮中突兀矗立；塔顶放出微光一点。我们到城下时，塔影便消失在迎面城墙黑影的背后。翌晨，在光耀的晨光里，天是蓝得一片云都没有，由庭院中可以望见屹立的塔身上段。塔身的木构架，油饰全脱落，显出纯润的古檀香色；构架间的灰墙，反映着带红色的晨曦；而塔顶上的铁刹，更不住地闪烁，庄严美丽，无与比伦。

图贰-1
释迦塔外观

木塔所呈现的印象是他塔所无；在庄严稳重里带玲珑豪放。全塔所呈第一个印象是庄严，是稳重，因为是木材构架，为求横直榫接的坚固计，在平面上须要相当地舒展；因为上下各层是各自成为完整的构架而相叠的，故各层是低扁的，而层数共只五层。因为每个接榫处皆有活动的余地，使塔对于地震和风压皆有"逆来顺受"的可能，但同时因而不宜做得太高，故构成了这庄严稳重的轮廓。

但同时又因为塔是木构，檐椽、柱额、斗栱及其他所有的部分，都呈露豪放的姿势，尤其是深远的檐、各构材间玲珑的孔隙、轻盈的格子门等，最为砖石塔所没有。

图贰-2
释迦塔南面像

塔平面八角形，每面三间；高五层，但外观出檐共六重，因为第一层周匝副阶成为重檐的局面，以上各层皆有平坐及檐。第五层檐八角攒尖顶，上立铁刹。各檐覆布瓦。各檐均用斗栱，但大小轻重不同。副阶用五铺作偷心双杪卷头造。第一、第二两层檐用双杪双下昂，第一及第三跳偷心重栱造。第三、第四、第五层不施下昂，均用卷头，其铺作数为六、五、四。二、三、四层平坐，均六铺作计心重栱造，第五层减一跳。各斗栱因地位之不同，各异其形制；当在下文详细分析。

塔身木构部分，油饰彩画完全脱落，呈深赭色，至为纯润。墙壁部分则二层以上，垩上旧题字迹，本尚清晰可见。但二十五年墙壁拆换格子门后，全塔已大改原形了。塔下阶基用略经斫凿的石块砌成，颇饶雅致。

图贰-3
释迦塔东面像

图贰-4
释迦塔西面远观

图贰-5
释迦塔塔身上部

图贰-6
释迦塔塔身中部

图贰-7
释迦塔塔身下部(右页上)

图贰-8
释迦塔东南角台基
(右页左下)

图贰-9
释迦塔西南角台基
(右页右下)

图贰-10
释迦塔台基正面八卦石

图贰-11
释迦塔台基角兽之一

图贰-12
释迦塔台基角兽之二

图贰-13
释迦塔副阶地面

叁　全寺总平面

（图叁-1至图叁-10）

佛宫寺位于应县城内北部，略偏西；东距县政府约里许。寺前牌坊立在西门内大街上。牌坊之北，路长约一里，乃达山门。山门五间，前立铁狮一对；左右辟掖门；门内东西为钟楼、鼓楼。钟鼓楼之北，为东、西配殿各三间。山门内空院之北，巍然高耸者为释迦塔——全寺的中心，立在高阔的重层石阶基上。西配殿之北，与之并列而东面者，尚有平顶土房五间，为寺僧栖居之所。塔之北，复有高台耸起，与塔基间用券桥相联。台上正殿七间，为大雄宝殿，殿前东、西为配殿，其前最南为影壁门，门内立木坊，左右为钟亭及鼓亭。

全寺之配置，以塔为中心，其他一切殿堂全处于陪衬地位，然皆隘小，不称塔形。单由其大小之不相衬上，即可知当初全寺之规模，绝不如今日之狭隘；不唯所占面积较现有的宽广，而且各座殿堂必颇雄大。塔院四周绕以回廊，亦大有可能。塔后的大殿，当较今殿更大。可惜旧迹不存，文献无考。宝宫寺创建时的规模形制恐要成为一个永久的谜。

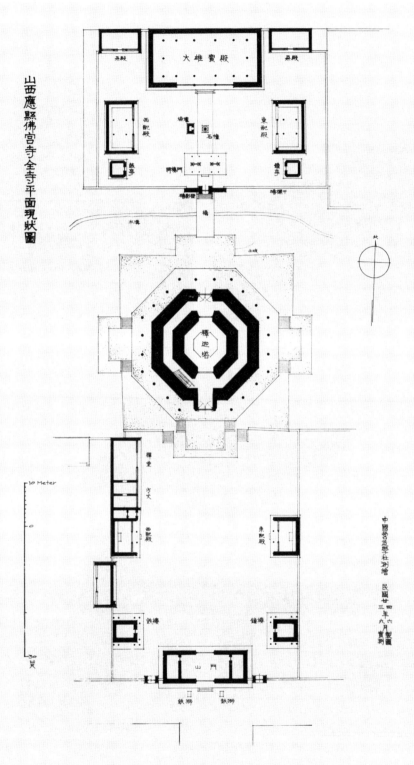

图叁-1
佛宫寺总平面图

图叁-2
佛宫寺临街牌楼（左页左上）

图叁-3
佛宫寺山门（左页右上）

图叁-4
佛宫寺鼓楼（左页下）

图叁-5
佛宫寺东配殿

图叁-6
佛宫寺西配殿及禅堂

图叁-7
佛宫寺大雄宝殿前券桥及牌楼门

肆　木塔平面

（图肆－1至图肆－12，原图不全，
此处所用部分为原始测绘图稿）

塔平面作八角形，立在重层阶基之上。阶基上层随塔形，下层正方。东、南、西三面，在八角形上层阶基之外，又向外砌出近于方形的月台，由月台两侧，有踏道下达下层阶基。在北面则月台、踏道均缺。下层方阶基，在四面皆有长方部分向外加出，东、西、南三面用以承托月台，北面则平而空。在南部此台之左右，有踏道引达下层，北面踏道虽无，但土坡斜下颇似原有踏道者；东、西两面则均无踏道。

上层阶基既随塔身作八角形，其大小乃随副阶出檐宽度而定。较檐出略逊，以免檐头雨水滴落阶基边上。因石块不甚方正，故基之八面尺寸亦略异，平均每面长约一四・五六公尺。南面月台阔九・三七公尺，深六・六七公尺；东、西两面则较小，平均约为五・二五×七公尺半，尺寸各部不同，施工亦欠准确。

至于下层阶基，虽大致作正方形，但极不规则。北面长四一・九三公尺，而南面仅三九・五五公尺，相差竟达二・三八公尺；东面长四一・〇六公尺，而西面则四〇・一五公尺；且每面阶基边沿，并不成一直线，其不规则殊甚，但人立阶上，并不觉其如此。

八角形的塔身，在平面上乃由内外两周柱重套构成。第一层外周柱之外，尚有廊柱一匝，成为副阶。内两周柱间砌以雄厚的砖墙，使塔内成为八角形的小室——塔心。其外为内廊，亦绕以八角形墙，墙外便是副阶廊。内廊及副阶廊柱每面均分三间。

内外两重砖墙皆只在南、北两面正中辟门。外墙南门更砌墙至

图叁－8
佛宫寺大雄宝殿
（左上）

图叁－9
佛宫寺大雄宝殿前
经幢（右上）

图叁－10
佛宫寺大雄宝殿前
木牌楼（下）

廊檐柱，成为 vestibule[1] 状。门内之左，在内外两层砖墙之间——即内廊内之西南面——置扶梯，向西北方斜上。塔心之内则供庞大的释迦像，趺坐在八角形的须弥座上。

[1] 即前厅、门厅。——编者注

沿扶梯上，先达第一层上檐内暗层地位的憩脚台（landing）。台支于两层之间，长约等于一间，除承托上一层扶梯的下端外，仅可容一二人转身。在这层高度上，可以得见第一层上檐的柱头由墙肩上露出，表示着下层雄厚的砖墙不过是隔离墙（partition wall），并不担负上面多层的荷载，墙内另有柱子檐当着重负。由这层往上的扶梯，位置在正西面，可达到第二层平坐。

第二层平坐的平面由平坐内外柱的地位定出。内柱与下层内柱同在一中线上，外柱则较下层向内收入约三十公分。故上下两层塔心尺寸大致相同，而内廊一周则上层较狭于下层。平坐之内并不全部安装楼板。唯在上下两道扶梯相连处，铺板两间半，其大小亦仅容数人而已。由下面上来的梯口，在此层正西面之北端，而由此层上达第二层的梯口，则在西北面之东南端。平坐楼板，全由下层斗栱上的梁栿承托。在不安楼板的部位，外槽的一部却有藻井。

第二层塔心之内，置方形佛坛，广约如一间，上供释迦趺坐像，胁侍菩萨四尊，二立二趺坐。塔心各柱间施叉子（栅栏）。内廊一周，每面三间。东、南、西、北四面当心间均辟门，梢间及各斜面、各间柱间均扎树枝抹灰墙。内廊之外为平坐，可绕行一周。梯口往下者在西北面之东北端，往上者在东北面之西北端。

第三、第四两层并其平坐平面大致与第二层相同。塔心大小相若，佛像也全在方坛之上。主要不同之点乃在内廊宽度向上递减。此外则扶梯的位置各层不同。佛像则第三层趺坐像四尊，各面四方坐；第四层则佛向南，菩萨、罗汉胁侍。

第五层平坐内外柱皆较下层者向内移植，内柱移少而外柱移多。柱向左右两邻面以正向外投出各一柱，向两邻面相交之斜角线上出一柱。故内槽一角柱，在外槽则称以三柱。至于第一层副阶，则在外槽以外每角更加三柱而成。第二层以上无副阶，而代以周围平坐。线上尚加一角柱,将每面分作三间。故塔心一角柱,在内廊周围则称以三柱。至于第一层副阶,则与内廊柱取中,每面也分作三间。第二层以上没有副阶,而代以周围平坐。

由平面上可以看出内槽尺寸在下四层中大致相同,柱只侧脚,而位置不移动。故塔心东西之广,在第一层柱头为十三公尺,至第四层为一二·二六公尺,减少甚微。至第五层,乃将内柱向内移二十七公分,外柱则内移四十七公分。顶层内柱的移入,大概是为避免使内廊过于狭窄。各层平面配置即略同,故将尺寸表列,以免赘述。

层位	塔心广	内廊宽	内柱内移	外柱内移	向上梯位置
一	一三·〇〇	五·一八			西南
一暗	一二·八四	四·九九			西
二平	一二·八四	四·七〇		〇·三〇	西北
二	一二·七八	四·七三			东北
三平	一二·五五	四·五〇		〇·三二	东南
三	一二·三七	四·六三			西北
四平	一二·三六	四·〇九		〇·四〇	东北
四	一二·二四	四·一五			东南
五平	一一·五四	三·九二	〇·二七	〇·四七	
五	一一·五五	三·九〇			

由上表所列数目可以约略看出外柱连侧脚及移入总计,在约略四二·五〇公尺的高度中,每面收入约二公尺整,成为将近百分之五的收分。内柱由第一至第四层,(收分)在三公尺。

经凿琢的粗石卵墁铺,上、下两层阶基角上的角石均雕角兽,至为生动。明清以后,角兽之用便极少见。南面上层月台南壁嵌石两片,为清康熙六十一年重修记。下层南壁正中嵌八角形石一片,隐出双鱼太极及八卦文。

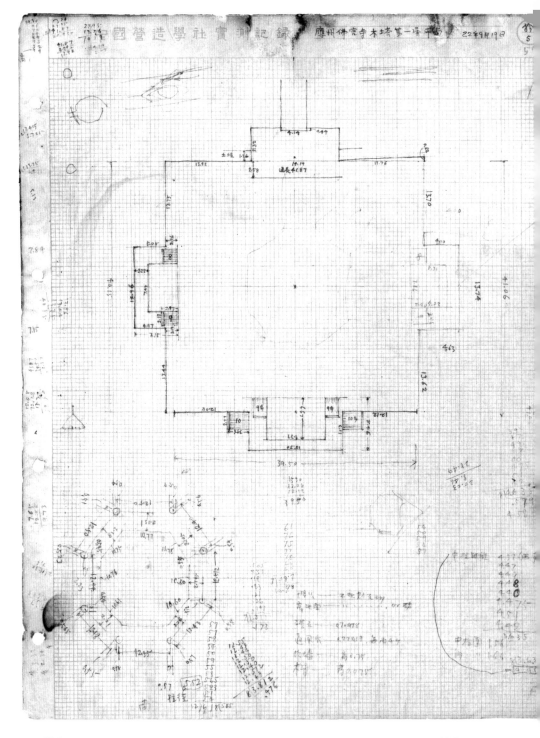

图肆-1
释迦塔底层方形阶基图(测稿)

图肆-2
释迦塔第一层平面图(右

图肆-3
释迦塔第二层平面及平面图(右页下)

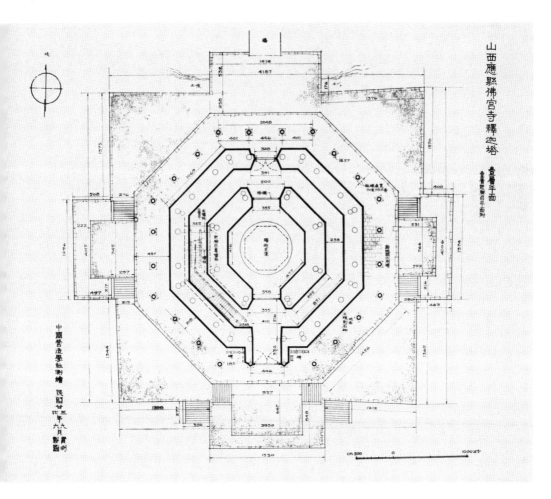

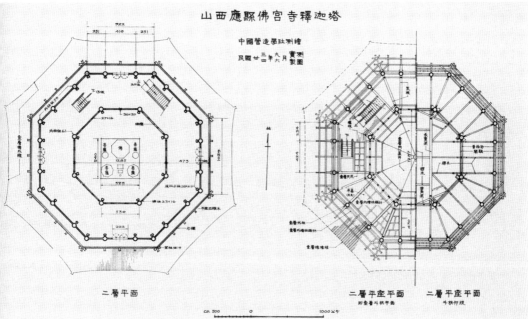

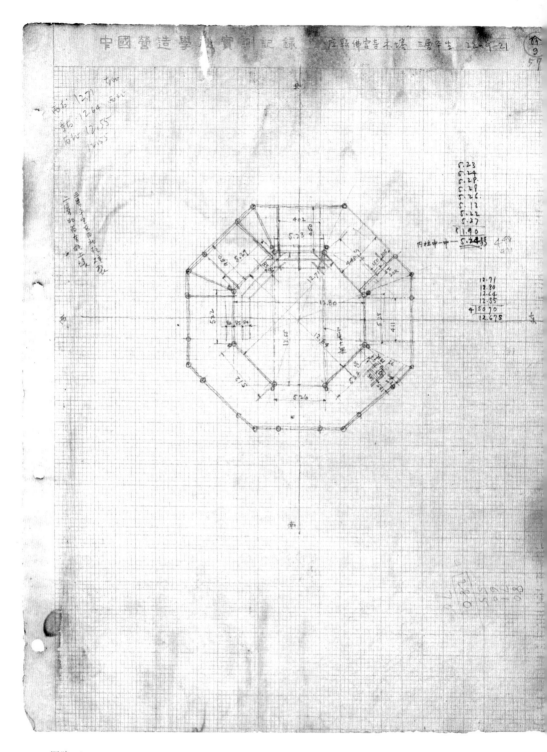

图肆-4
释迦塔第三层平坐平面图（测稿）

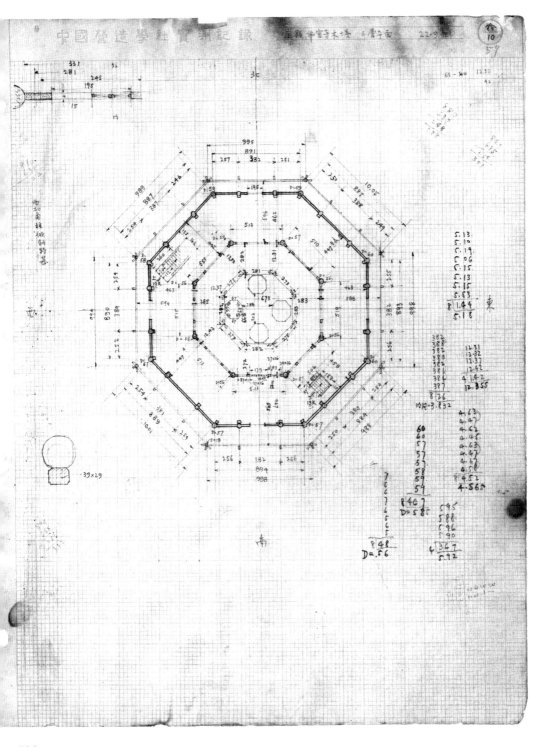

图肆-5
释迦塔第三层平面图（测稿）

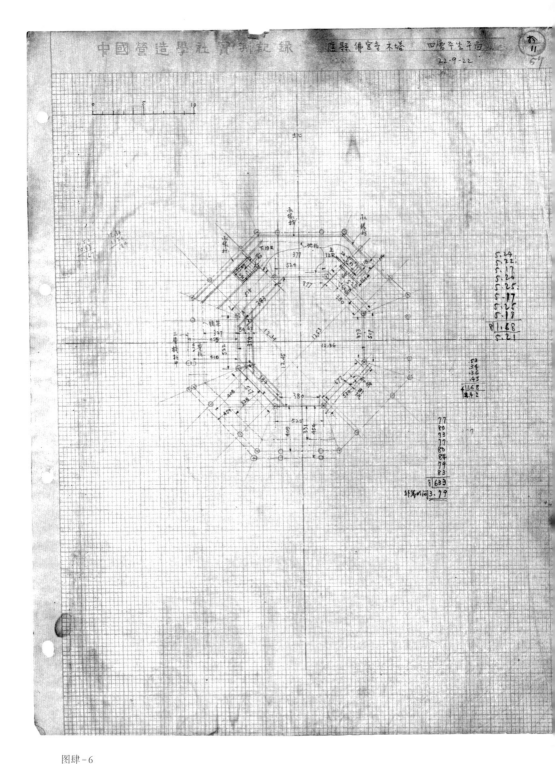

图肆-6
释迦塔第四层平坐平面图(测稿)

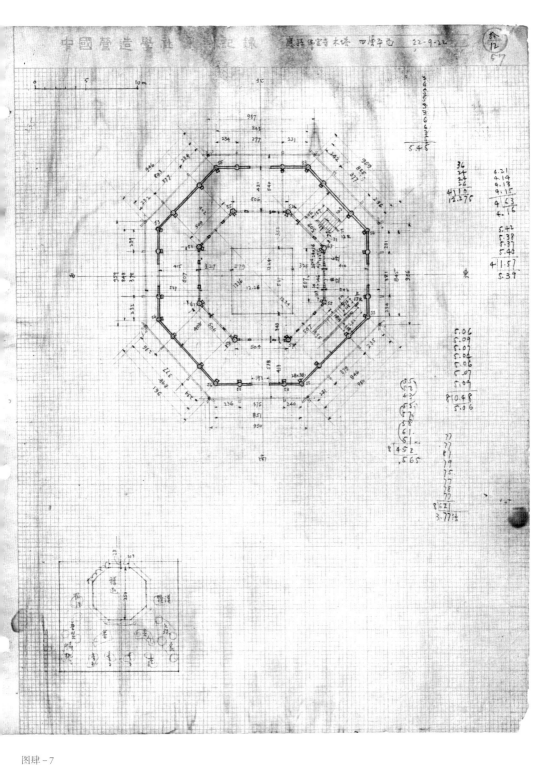

图肆-7
释迦塔第四层平面图（测稿）

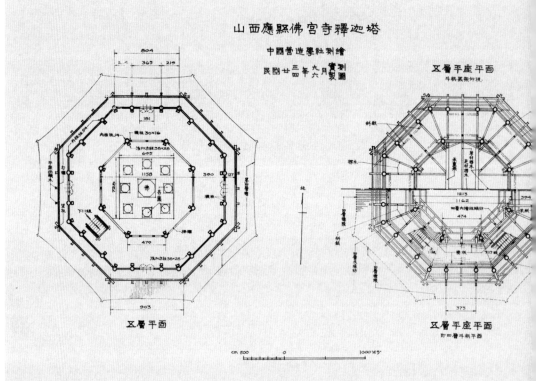

图肆-8
释迦塔第五层平面及平坐平面图

伍　构架概略
（图伍-1）

佛宫寺木塔的构架与我们以往所见许多的构架有许多异同之点，值得特别注意。我们所调查过的辽、宋、金、元木建筑大多单层，重层者寥寥可数，唯蓟县独乐寺观音阁、大同善化寺普贤阁、正定隆兴寺转轮藏与慈氏阁而已。至于多层木建筑，这塔是现有唯一的孤例。

木塔与独乐寺观音阁，虽然平面，一是八角，一是长方，但皆由内外两周柱构成。各层本身自成其完备的构架，堆叠在下一层之上，略如欧洲建筑所谓 superposed order 者。各层的柱，每周圈在柱头上皆以阑额或内额并普拍枋相联。各柱头上施斗栱，内外斗栱之间以乳栿或枋相联络，而使各层各自成为完整之构架。由断面上一望而此点了然。

最下第一层柱身特高，外加副阶廊檐柱一周，成为重檐的局势。第二、第三、第四三层皆各由平坐及主层合成。各层的内柱皆叉立在下一层斗栱之上，上下中线连贯，而微有侧脚。外柱则每层平坐柱较下一层外柱向内退入约三十余公分，骑在草栿之上。其主层外柱则又立在这平坐斗栱柱头铺作之上。平坐内柱上不施斗栱，而将未施斤斧之材栔相叠，紧放在内额及普拍枋之上，其高与外柱上斗栱同，将普拍枋以上、地板以下的地完全填满，如同木壁一样，材栔之间，亦不以散斗间隔。这些构材与许多长似华栱的构材相交，以代斗栱。长似华栱构材之中，有两材特别延长，与外柱上斗栱相联络。第五层平坐内外柱均较下层移入，大概是为避免内廊过于狭窄，在论平面时已申述过。

这些内外柱间取得联络的枋栿，视各层地位之不同而异其数目

山西應縣佛宮寺遼釋迦木塔

及排列方法。最下一层起副阶，与外柱之间用明栿及缴背各一道，自副阶斗栱第二跳上引出，以达第一层外柱。第一至第四层主层内外柱斗栱之间，均用明栿一道，单材素枋一道，草栿一道，互相"枝撑固济"。其中第一、第二、第三层，明栿外端施于外檐斗栱第二跳之上，而内端则在内檐斗栱第一跳之上；故内柱净高较外柱净高实高一足材之高；而内斗栱之地位亦随之举高。至第四层，则内外两端皆施于斗栱第一跳上。第五层亦在第一跳上，但只有明栿、草栿，而素枋却省去了。下四层明栿与素枋的功用专在取内外柱及斗栱间的联络。其上草栿则专以承托上一层平坐的叉柱者；尤其因为外柱每层向内退入，非有坚强的草栿，不足以胜任。

至于各层平坐内柱与外柱之间，均用单材素枋两道相联络。外斗栱唯外面卷杀作栱头，后尾则不卷杀；内斗栱亦如之，但用长似华栱的木材交叠以代斗栱。第二、第三层平坐，皆将第二、第四两跳后尾引长达内柱一周上，以资固济，第四层平坐则将第三、第四两跳后尾引长；至于第五层所引则为第二、第三两跳。上述各层引长华栱后尾之居上者，即为承托各层地板的铺版枋。

塔心八角形之内在每层平坐内额上重叠的枋子之上，南北向安置承重梁两道，以承托楼板及其上佛像。这两道承重梁并不直接放在内柱中心线上，而略在柱之旁，与相交的内额成正角，为的是避免柱头上各方面构材相交者过于密集，而致互相损毁其卯榫的强度。（因此之故，内廊上的栿枋，除去外端在外角柱上者由内外两角柱直接承托外，凡外端在平柱上者，其内端均由斗栱及柱头枋承托，然后将其荷载转移到柱头上去。其交接的方法，在下文斗栱分析中当另述。）塔心两承重梁之两端除与重叠的枋子相交外，更有抹角梁一道在其下分担荷载，抹角梁的两端则与替代补间铺作的短材在额枋上正中相交。此外在柱头及每间中线的地位，更伸出一材，一端直达承重梁上以作承托楼板的楞木。各层楼板的构架大致相同，无须逐层赘述了。

除去上述柱子、栿枋、阑额而外，在二、三、四、五四层平坐

图伍-1
释迦塔总断面图

的内廊之内，尚有辅材斜戗，以匡构架之不足。在每层平坐里面下一层主层的草栿上，近的两端离平坐柱中五十至六十余公分的分位，安枋各一，大如足材与斗栱上素枋或罗汉枋相似。由这枋之中心，向上立戗柱三根，一直两斜，分别顶在上面楼板下三根铺版枋之下，而成略如 truss[1] 之形式。在各层内柱头至外柱脚间，或内柱脚至外柱头之间，亦皆加安斜戗。所以各层主层之内，虽全用正角的结构，在每层平坐之内却用有多数的三角形构架单位。这部分多加的斜戗，是否为原构之一部，尚属疑问；即使不是原有，其安装亦必甚早。其于全塔的坚固上有极大的关系，若不是因它的支撑，这塔在今日也许不能如此完整。为避免混乱，故断面图中将斜戗省去以醒眉目。蓟县独乐寺观音阁平坐之内，亦施用这种斜戗。

在各层柱的旁边多有辅柱并立，顶在枋或华栱之下，如清代所谓樆柱。这种辅柱固可辅主柱之不足，但其更要的功用仍在挽救那些不胜重载的华栱。

[1] 即人字柁架。——编者注

陆　材契

清式建筑以斗口定一切比例。宋式则"以材为祖"。在李明仲《营造法式》卷四大木作制度中，开章第一句便说明。由许多与木塔约略同时的辽代建筑中，已证明辽代大木亦以材为标准单位，见思成所著《蓟县独乐寺观音阁山门考》、《宝坻广济寺三大士殿》及敦桢、思成合著《大同古建筑调查报告》诸文中。

木塔用材最大者一七 × 二六公分，小者一六 × 二四公分，而以一六 × 二五公分者为最多，其广（即高）与厚之比，为十五与一〇·四；较清式十五与十之比略肥，兹与著者等所曾实测辽金遗物比较如下：

殿名	面阔	材广（公分）	材厚	厚合广之?/15	栔广	栔合材广之?/15
华严寺大雄宝殿	九间	三〇·〇	二〇·〇	一〇	一四·〇	七
善化寺大雄宝殿	七间	二六	一七	九·八	二一·五	六·六
善化寺三圣殿	五间	二六·五	一六·五	九·五	一〇·五	六
佛宫寺木塔	三间（八角每层）	二五	一六	一〇·四	一二	七·二
独乐寺山门	三间	二四·五	一六·八	一〇·三	一二·三	七·五
独乐寺观音阁	五间	二四	一六·五	一〇·三	一〇	六·三
善化寺山门	五间	二四	一六	一〇	一〇·五	六·六
广济寺三大士殿	五间	二三·五	一六	一〇·二	一二·五	七·六
华严寺薄伽教藏	五间	二三·五	一七	一〇·九	一〇·五	六·七
华严寺海会殿	五间	二三·五	一六·五	一〇·五	一一	七
善化寺普贤阁	三间	二二·五	一五·五	一〇·三	一一	七·三

由上表数字中，可知木塔材栔，与辽金时代其他遗物的尺寸权衡均约略相同。以尺寸论，在大同善化寺三圣殿与蓟县独乐寺山门之间，可算属于较大的尺寸。以与柱高的比例论，则在独乐寺山门观音阁及华严寺海会殿之间。以我们近数年来所知，则此塔材栔，与这时代正相符，将我们所知者更加一个充实的证物。其材（广与厚）之比例，约略为三与二，近于《营造法式》所规定，而栔之高，为材高之十五分之七·二，较大于《法式》所定，而与其他同时之惯例相同。

柒 斗栱
（图柒-1至图柒-118）

斗栱（图柒-1至图柒-3）在这木塔上与结构及装饰两方面，皆占了极重要的位置。重重叠叠在各层不同的地位上，各将上面广布的荷载，归纳于下面柱头之上。因地位及功用之不同，全塔计有斗栱三十五种，"各司其事"，蔚为大观。

木塔斗栱各件的尺寸和比例，都极标准化；除材栔的大小已在上节叙述外，在将各朵铺作的组成分析以前，先将分件长短制为尺寸图并表列如下：

件别	长（公分）	广（公分）	厚（公分）	长（材分）	《法式》规定长
材		二五	一六		
栔		一二			
华栱		三七	一六	随跳	随跳
泥道栱	一一六	二五	一六	七二·五	六二
上层泥道栱	一〇〇	二五	一六	六二·五	六二
瓜子栱	九一	二五	一六	五六·九	六二
令栱	一〇四	二五	一六	六五	七二
慢栱	一八四	二五	一六	一一五	九二
上层慢栱	一八〇	二五	一六	一一二·五	
替木	一八二	一二	一六	一一三·七	一〇四（单栱上用）
耍头出头	三八	二五	一六	三一·六	二五
驼峰	一一六			七二·五	

除去瓜子栱及令栱外，各栱长度均较大于《营造法式》的规定。驼峰的长度为一一六或一一七公分，承托蜀柱者较高，直接安斗者较扁。栌斗有两种大小：在柱头上者方约合三十二分半，略同《法式》所规定，补间者约合二十六分强，小于柱头铺作，是与《法式》不同处。

耍头的样式可分三大类：直截、斜截（批竹昂式）、翼形。翼形有简繁两种，简者翼下入一瓣，繁者入三瓣。各层乳栿尾均斫作入一瓣翼形。

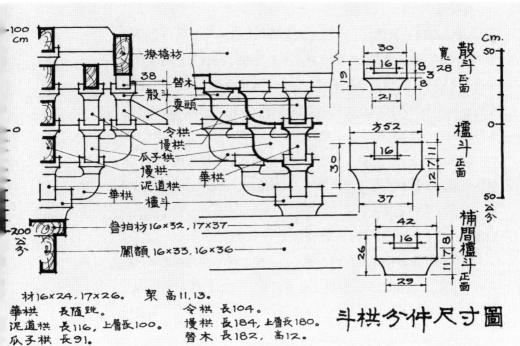

图柒-1
释迦塔斗栱分件尺寸图

图柒-2
释迦塔耍头卷杀图

图柒-3
释迦塔驼峰、蜀柱图

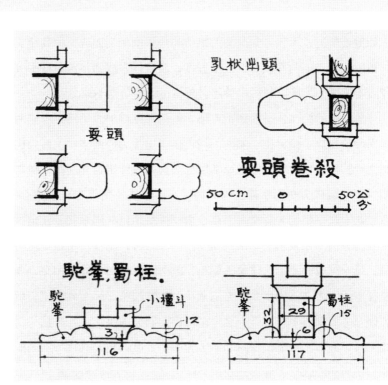

一、副阶斗栱（图柒-4至图柒-14）

（甲）副阶柱头铺作　　栌斗放在普拍枋上。自栌斗口向外伸出华栱两跳。第一跳偷心。第二跳跳头施令栱，与批竹形斜杀耍头相交。令栱上安三散斗，以承替木；其上为狭而高的橑檐枋。替木在当心间一面与补间铺作上替木连续不分；在梢间一面则卷杀如通常替木头。

与华栱相交者，在栌斗口内安泥道栱，其上施柱头枋三层、承椽枋一层。下层柱头枋上隐出慢栱，中层隐出令栱，上层又隐出慢栱。上层柱头枋上又安三散斗，但三斗间的距离甚近，似按令栱长短排列，斗上安替木，其上安承椽枋。

柱头铺作里转出华栱两跳，偷心造。第二跳承托乳栿之下。跳头施令栱，与乳栿相交，令栱上施罗汉枋。乳栿外端出头即为耍头，与外跳令栱相交。乳栿上另施缴背一层，大小如一材，扁置栿上。缴背上施叉手，叉手上端插入砖墙内。

（乙）副阶转角铺作　　木塔的转角铺作，在结构原则上虽然也如他处所见，由正、侧两面的栱枋与角栱栿相交而成，但其相交的角度，正、侧两面成一百三十五度，而角栱中线则将这角度平分作六十七度半。所以列栱出跳处，颇与正角的角栱不同。

角柱上的栌斗，平面作正方形。但斗身纵横中线不随正、侧两面而随角栱成正角，正、侧两面泥道栱各出跳为邻面华栱，与角栱相交于栌斗口内；正、侧两面下层柱头枋则各伸出为邻面第二跳华栱。第二层柱头枋则右伸出为邻面耍头。华栱及角栱第一跳偷心；第二跳上之令栱则为鸳鸯交手栱，由华栱及角栱共同承托，在角栱上且与邻面令栱及第三层角栱相交。至于里转，则唯出角栱没尾两跳，第一跳偷心，第二跳跳头施正、侧两面令栱，与乳栿相交，令栱在本间内之一端为栱头，上施散斗以承罗汉枋，但与乳栿相交后而伸至邻面则卷杀作翼形。这许多伸出至邻面的栱，凡在柱头□线上者，伸出之一端，俱随邻面斫作四十五度斜角，其跳头上之散斗，平面亦随之成为菱形；在里外跳上者，则就本身斫成正角；形体随结构而变化至为合理。

（丙）副阶次间补间铺作　　每间只施一朵，结构至为简单。在普拍枋之上施驼峰，驼峰上施侏儒柱以承栌斗。栌斗内所承第一层柱头枋与第一跳华栱相交。跳头施翼形短栱，与第二跳华栱相交。第二跳跳头只施散斗以承与转角铺作并列的替木，而不用令栱。因为出跳地位较柱头铺作高出一层，故第二跳跳头可不用令栱。这种抬高一层始出跳的补间铺作，是属于较早时期的，如河北蓟县独乐寺山门、宝坻广济寺三大士殿等处皆已曾见先例，但是驼峰及翼形栱之如此用法在辽及金代建筑中又最盛行，在这里却见着过渡的办法。

（丁）副阶当心间补间铺作（图失）　　当心间虽亦只施补间铺作一朵，但其结构则较同层其他铺作均复杂。栌斗不直接放在普拍枋上，而用扁长的驼峰承托。这种驼峰之施用，虽说富于装饰性，但可帮着将栌斗所承托的荷载匀分在阑额、普拍枋之上，不使过于集中，在力学上亦有多少的补助。栌斗上泥道栱与第一层华栱相交；泥道栱上承托通长的柱头枋，其上隐出慢栱形；以上重重的柱头枋，均与柱头铺作相连着。第一层华栱跳头上施瓜子栱（或令栱？）一道，与第二层华栱相交；瓜子栱上既非慢栱，亦非素枋，而是由全朵中心伸出的斜栱两道。在中心上，斜栱与第二层柱头枋及耍头相交；耍头外端与令栱相交，令栱上的三散斗与斜栱头的散斗并列着，把连贯柱头铺作的替木承托住。这两道斜栱头皆斫与柱头枋平行，其上的散斗一面随斜栱一面随橑檐枋，其平面遂成为菱形。耍头端斫作翼形，为后世麻叶云的先驱。

补间铺作的里转与前面大致相同。唯一不同之点乃在第二跳跳头；前面用令栱三散斗与耍头相交，承托着替木，后面却用翼形短栱及单个散斗承托着里跳罗汉枋，而没有出头的耍头。

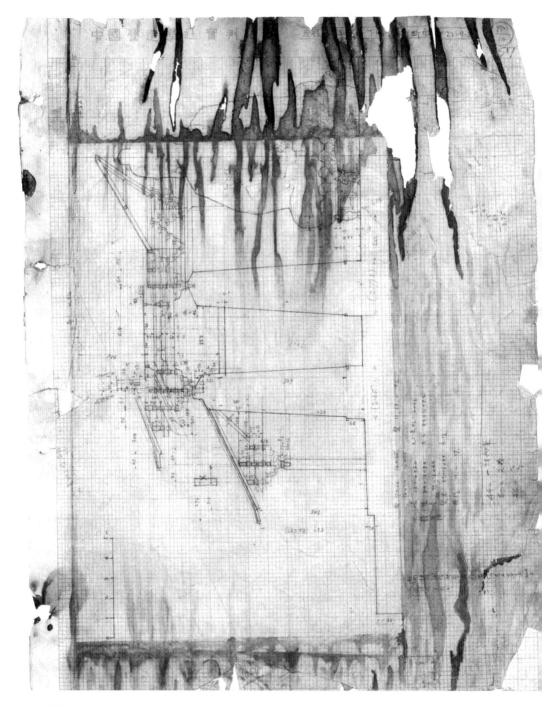

图柒-4
释迦塔下层基副阶断面图(测稿)

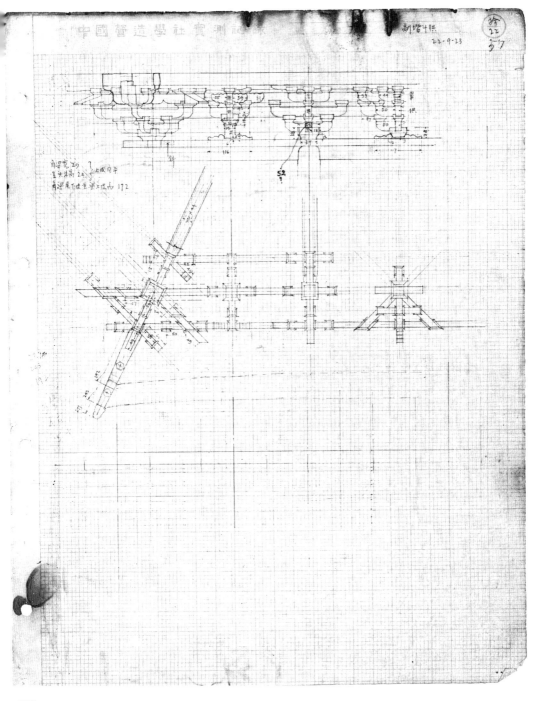

图柒-5
释迦塔副阶斗栱平立面图（测稿）

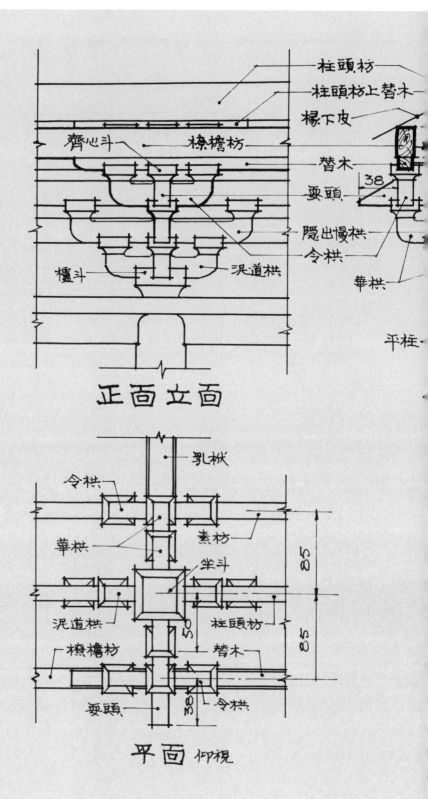

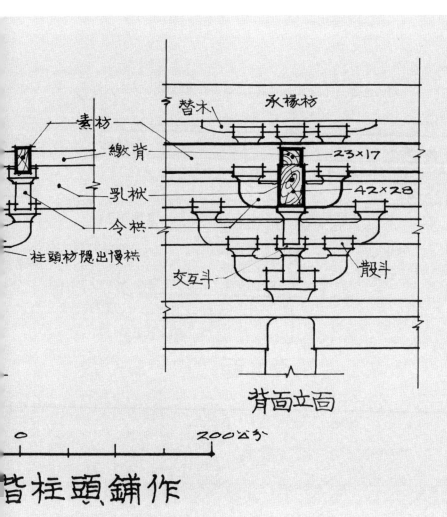

图柒-6
释迦塔副阶柱头铺作图

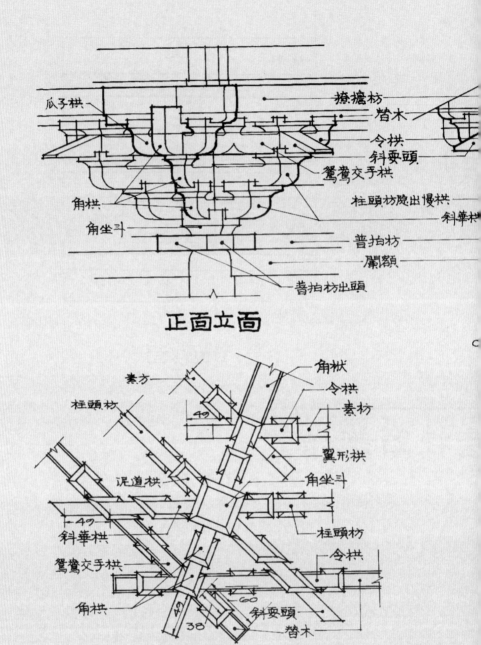

正面立面

平面仰視

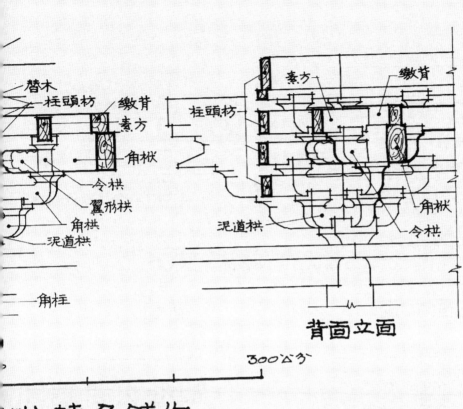

图柒-7
释迦塔副阶转角铺作图

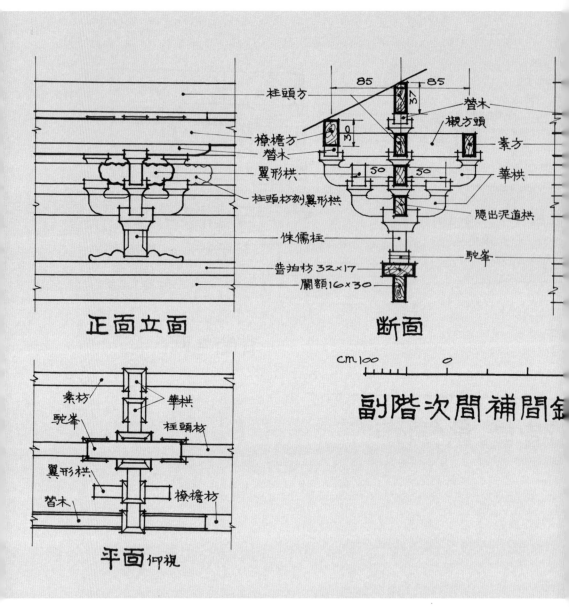

图柒-8
释迦塔副阶次间补间铺作图

图柒-9
释迦塔副阶铺作北面

图柒-10
释迦塔副阶铺作西南面

图柒-11
释迦塔副阶转角铺作

图柒-12
释迦塔副阶柱头铺作

图柒-13
释迦塔副阶补间
铺作后尾

图柒-14
释迦塔副阶转角
铺作后尾

二、第一层檐斗栱（图柒-15至图柒-23）

在副阶屋顶之上，才是第一层正檐；檐下施用雄伟的斗栱，将第一层做成重檐的局面。第一层正檐的斗栱是出双杪双下昂重栱造第一及第三跳偷心。柱头转角及补间各铺作，因地位之不同，各有其特殊的结构。内柱及额上则施卷头斗栱，以承藻井。

（甲）第一层外檐柱头铺作　　栌斗口内出华栱，与泥道栱相交。泥道栱上承托着柱头枋五层。华栱头直斫，亦不分瓣卷杀，至为奇特，除此塔外，他处还未得见过同样的做法。第一层华栱头偷心，其上承托第二层华栱。第二层华栱与隐出慢栱的第一层柱头枋相交；跳头重栱——瓜子栱及慢栱——与第一层下昂相交。重栱上施罗汉枋一道，其上又施替木，替木上为高约一材两栔的大枋一道，承托着檐椽的中段。第一层下昂头偷心，第二层昂头施令栱与直斫的耍头相交。令栱上施替木，紧贴地承托着橑檐枋。昂头平斫作批竹昂，如蓟县独乐寺观音阁上檐所见。

至于这斗栱与内柱上的联络，则用两栿一枋；栿高约两材，枋为单材素枋。乳栿放在第二层华栱里转跳头上，与重栱罗汉枋一缝相交，栿上背着一暗栔一散斗，与栿之高合计为两材两栔，这样便使重栱上之罗汉枋与栿上平行之素枋在同一高度上相接。第一层昂的下皮乃在里跳、柱头、外跳三缝上不同高度的斗口内伸出斜放着；乳栿到与柱头枋相交处便斫成一足材之高，但到伸出柱头枋以外，便依着昂底的角度斜杀，而将最外端刚好施在华栱第二层跳头斗内。在里跳上罗汉枋、乳栿上素枋、昂尾，亦同在一点上相交着。素枋上隔着一栔之高便是草栿。草栿不单是联络内柱和外柱，并且压着挑起的昂尾，使维持其均衡；其外端向外直出至橑檐枋后，在上层昂尾的地位上，又骑栿安着二层平坐柱；同时平坐地板也是由草栿负担着。

（乙）第一层外檐转角铺作　　角柱上的栌斗也是随着角梁的方向安排的。其主要的出跳乃角华栱及角昂各两层；在耍头的分位上更伸出由昂一道。在正、侧两面，各面的泥道栱及柱头枋均伸出到邻面，成为各层斜华栱。这些华栱及昂第一跳均偷心，第二跳施重栱；但在第二跳斜栱之上又加出正、华栱两跳，成为第三、第四跳。第二跳重栱下层在角栱与斜栱上施鸳鸯交手瓜子栱；上层用慢栱，其正面一端与柱头铺作第二跳上慢栱连栱交隐，而在邻面一端则斫在翼形头，不承托任何栱枋。第四跳角昂上有两面令栱与由昂相交，令栱上承着替木；但在第四跳华昂上则不用令栱，而使跳头斗直承替木，因为华栱是平置而昂是下垂斜置的，所以到了第四跳跳头，在高低上便有这一材的差别。因为相距甚近，所以柱头铺作和转角铺作的替木也是相连的。由昂头的平盘斗上，不用角神或宝瓶，而用一块方整的木头承托在老角梁下面。

（丙）第一层外檐补间铺作　　自第一层主檐以上，各层均只当心间用补间铺作一朵，梢间均不用。

第一层主檐的外檐补间铺作，先在普拍枋上施扁长的驼峰及短矮的侏儒柱；侏儒柱上用小于柱头栌斗而大于散斗的栌斗，托着最下层柱头枋。柱头枋则按层隐出泥道栱、慢栱等形。自大斗出跳者，计华栱两层、下昂两层。第二跳跳头施单栱，承托罗汉枋；第四跳跳头交互斗上施替木，承托着橑檐枋。因为华栱第一跳出跳的地位较柱头铺作上的高出一跳，所以第二、第四跳头皆须减去一栱，以便承托全面相连的罗汉枋及橑檐枋。

后尾华栱两跳，第二跳跳头施令栱，以承里跳罗汉枋。至于下昂则与柱头枋相交后，昂尾便切断，后面并没有交代；全部斗栱显然呈露外重内轻的倾向。由结构方面着眼，在一座诚实的建筑物上发现这种□强的部分，实在是很可惜的。

（丁）第一层内转角铺作　　塔心因地面狭小，故每两角柱间不用平柱，只有转角铺作而无柱头铺作；两转角铺作间则用补间铺作一朵。

木塔各层内转角铺作的担负比外檐转角铺作的担负实在重得多。外檐角柱及其两旁平柱上所承托的梁，向里一端均集中在内柱转角铺作之上。由地至顶，层层都是如此分配。

第一层内柱立在台基上面，较外柱尚长一材一栔。但因内外柱间的乳栿是平置的，故外柱上铺作用华栱两跳承托栿下，而内柱上则只用一跳。内柱上栌斗口内左右不出泥道栱，而用柱头枋隐出泥道栱形；其在角栌斗彼面伸出部分则为斜华栱。因为外面三道乳栿的内端虽全集中在这转角铺作上，而同时不能完全集中在栌斗口内，故角柱上乳栿尾由栌斗承托，而左、右两平柱上乳栿尾则放在泥道栱上；从邻面伸出的斜华栱也帮同分担这部分责任。因为有这样沉重且集中的荷载，泥道栱将不胜其任，故其代以柱头枋乃结构上所必需的。

外檐铺作以向外一面为正面，向里一面为背面，内铺作则以向内一面为正面，向外一面为背面，内外斗栱皆以向内廊一面为背面，而乳栿则为横跨内廊的联络材。

角柱上乳栿在正面伸出为第二跳角华栱，其上素枋伸出为第四跳角华栱；第二跳跳头施重栱素枋，第四跳跳头则直接施素枋一层，以承斗八藻井。平柱上乳栿后端与第二层柱头枋相交，施于第一层柱头枋上所隐出泥道栱头散斗口内。栿尾伸出部分，斜斫略如耍头，但隐出翼形雕饰。

内角柱上的结构实为木塔结构上一大弱点，当时的匠师虽然已以柱头枋替代泥道栱冀以补救，但荷载仍过于集中，非所胜任。在将来的保护上，这是颇难解决的问题。

（戊）第一层内补间铺作　每面只用一朵。普拍枋上施扁长的驼峰，以承栌斗。自栌斗口内向正面伸出华栱四跳，第一、第三两跳偷心，第二跳跳头施重栱罗汉枋，第四跳跳头散斗承素枋以承藻井。最上层柱头枋及第二跳、第四跳上素枋上皆施小楞，其上平铺遮椽版。

补间铺作后尾亦只出两跳。第一跳偷心，第二跳跳头施令栱素枋，以承平棊或第二层平坐楼板。各层华栱均与各层柱头枋相交，在各层柱头枋上，也按照高下位置隐出各种栱形。

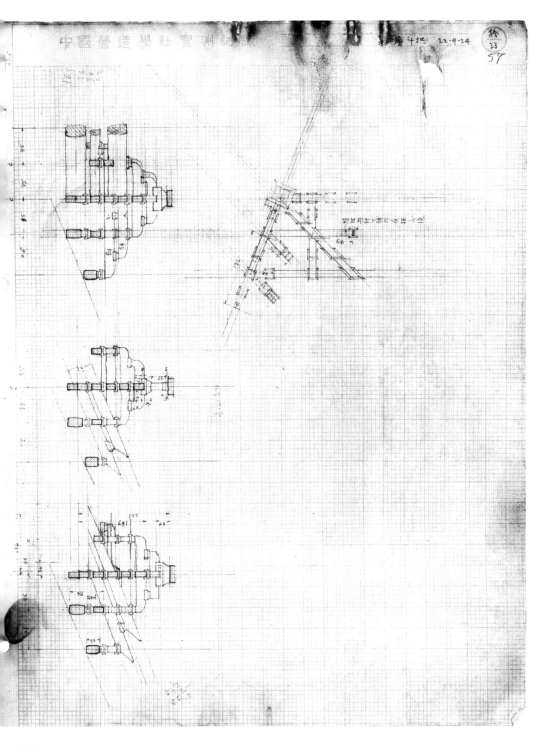

图柒-15
释迦塔第一层斗栱立面图（测稿）

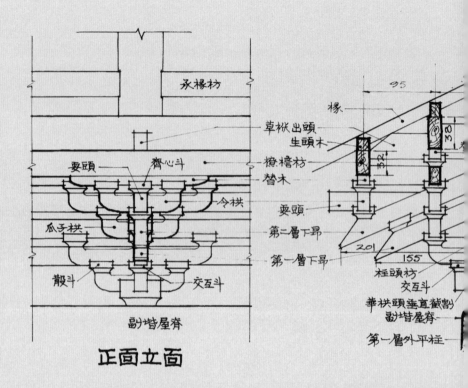
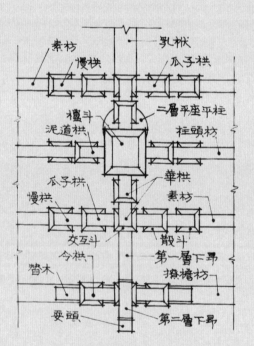

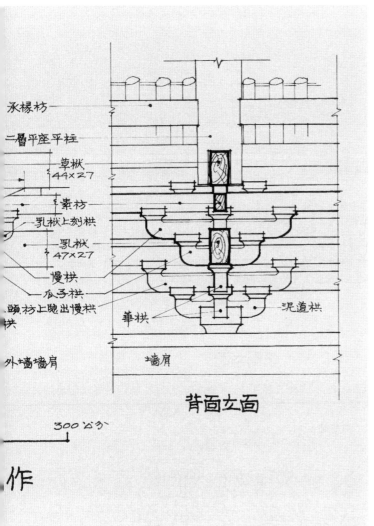

图柒-16
释迦塔第一层外柱头铺作图

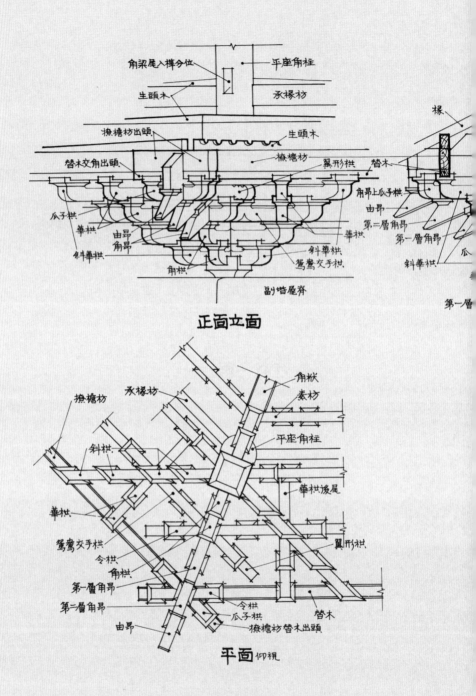

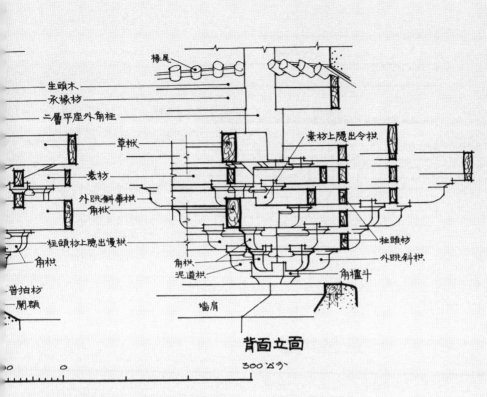

图柒-17
释迦塔第一层外转角铺作图

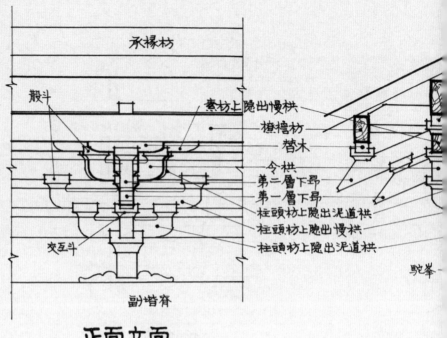

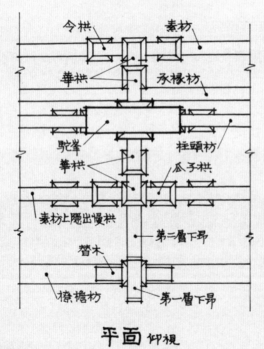

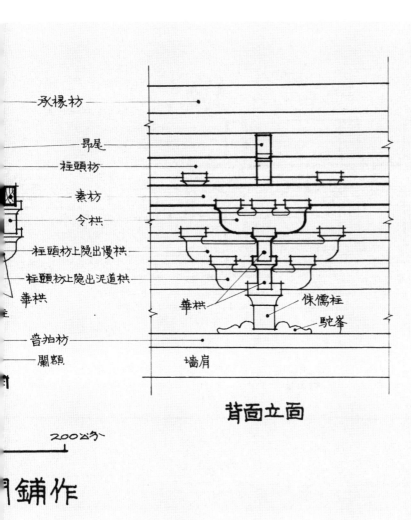

图柒-18
释迦塔第一层外补间铺作图

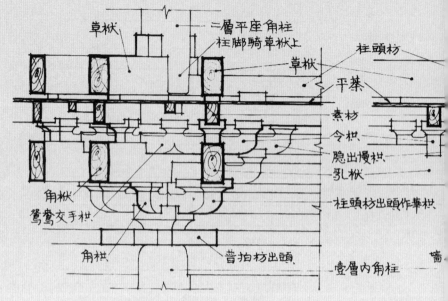

背面立面

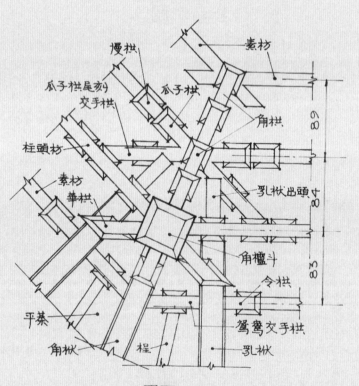

平面仰視

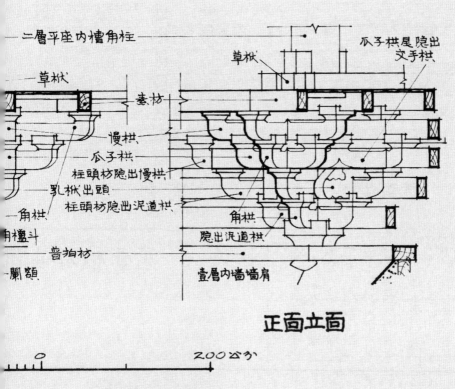

图柒-19
释迦塔第一层内转角铺作图

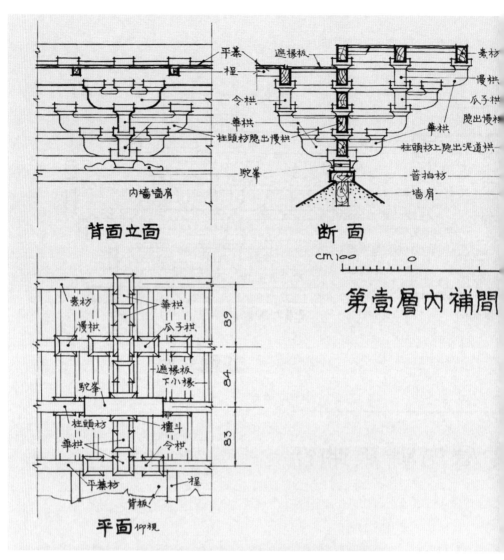

图柒-20 释迦塔第一层内补间铺作图

图柒-21 释迦塔第一层转角铺作

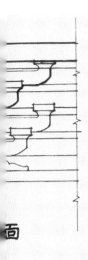

图柒 – 22
释迦塔第一层补间铺作

图柒 – 23
释迦塔第一层补间铺作后尾

三、第二层平坐斗栱（图柒-24至图柒-31）

（甲）第二层平坐外柱头铺作　　平坐柱下端骑在草乳栿上，较下一层柱中线略向后退，以促成塔身的收分。平坐柱头亦施阑额、普拍枋。普拍枋上施栌斗，斗口内顺施柱头枋，四层相叠；出华栱三跳，计心造。第一跳施重栱素枋，第二跳施单栱素枋，第三跳不用栱施素枋。这三道素枋在同一高度上，承托平坐楼板。第四跳出直斫的出头木，与三道素枋相交。

斗栱后尾第一、第三两层华栱，尾皆齐斫无卷杀，第二、第四两层则将栱尾引出，与内柱上诸枋相交搭；第四层枋并且担负二层楼板的荷载。

除去这平面上十字相交的枋栱之外，在这平坐柱头铺作之上，尚有第二层的檐柱叉立着。

（乙）第二层平坐外转角铺作　　正面及邻面柱头枋相交之后，即伸出为斜华栱三跳，在角上亦施角栱三跳。第一跳跳头瓜子栱与切几头相列，撞在第二层角栱之上而不伸出。其上慢栱在邻近柱头铺作一端与柱头铺作上慢栱连栱交隐，其他一端亦不伸出，只至角栱而止。第二跳斜栱头与角栱头上两令栱并列，为鸳鸯交手栱，伸出至邻面一端，帮同承托在最外一跳素枋之下。

转角铺作后尾亦将第二及第四两层角栱延长，交搭在内角柱上。

（丙）第二层平坐外补间铺作　　结构与柱头铺作差不多完全相同，唯一不同之点只是栌斗较小，其下用驼峰承托，而第一跳上的慢栱不与邻近铺作上的慢栱连栱交隐而已。后尾的构造亦与柱头铺作相同。因为上面没有立柱，故没有叉柱。

（丁）第二层平座内转角铺作　　平坐内柱一周上不用正式斗栱，而将多层构材相叠交搭。栔的分位用"□栔"填垫以代斗。材与材相搭出头处直斫无卷杀。这种结构不免有过于笨重之嫌。

第二层承托楼板的承重梁的位置，与外槽平柱上梁的位置相同，不是直接放在内柱中线上的，每层如是，这也是这塔结构上的一个大缺点。

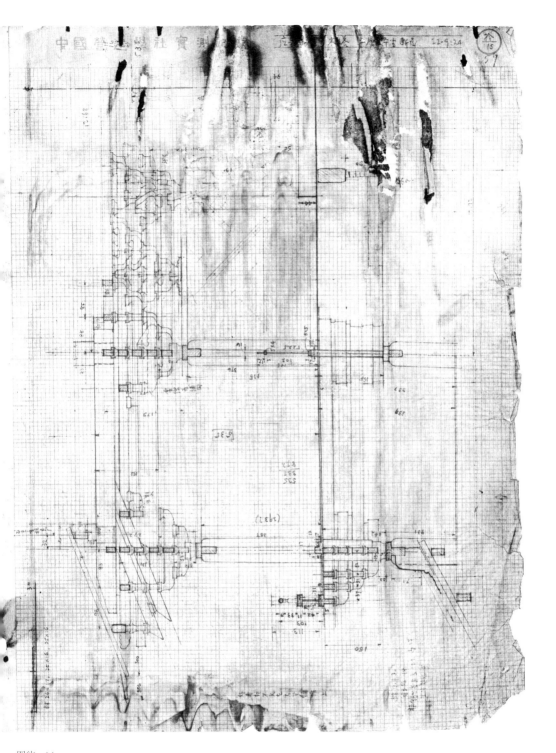

图柒-24
释迦塔二层及平坐断面图（测稿）

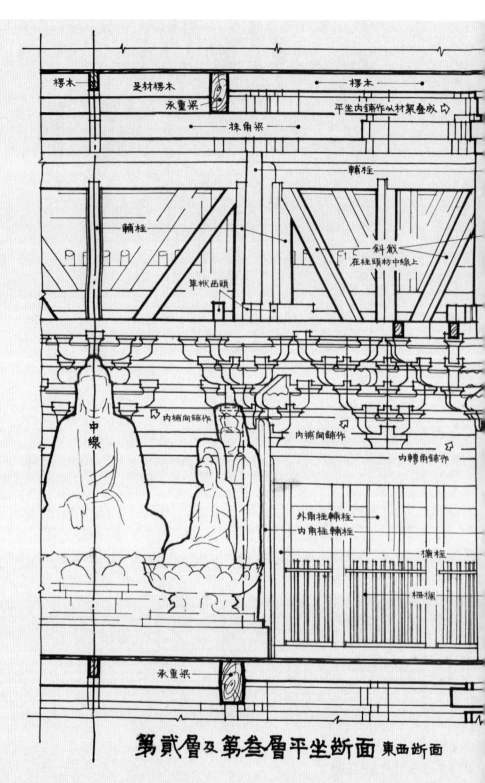

图柒-25
释迦塔第二层及第三层平坐断面（东西断面）图

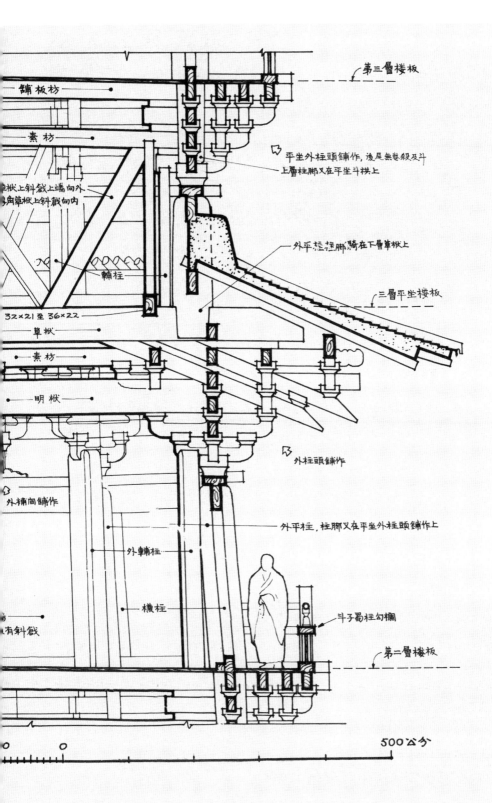

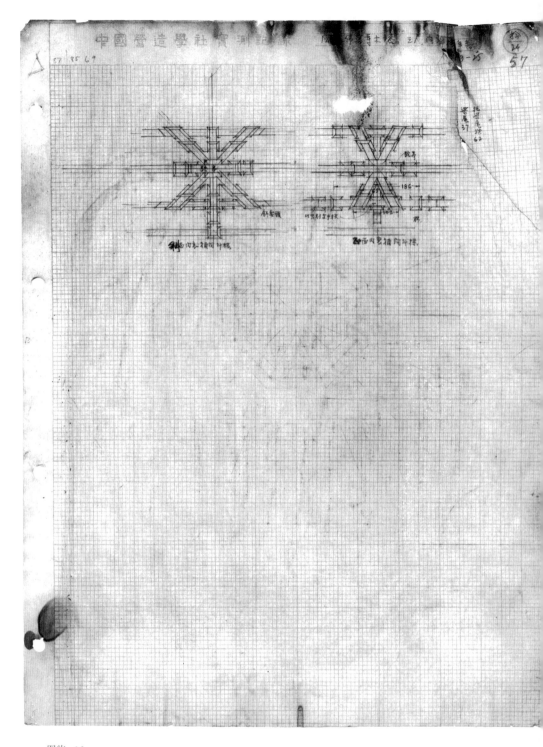

图柒-26
释迦塔第二层斗栱平面图（测稿，第三层斗栱平面同此）

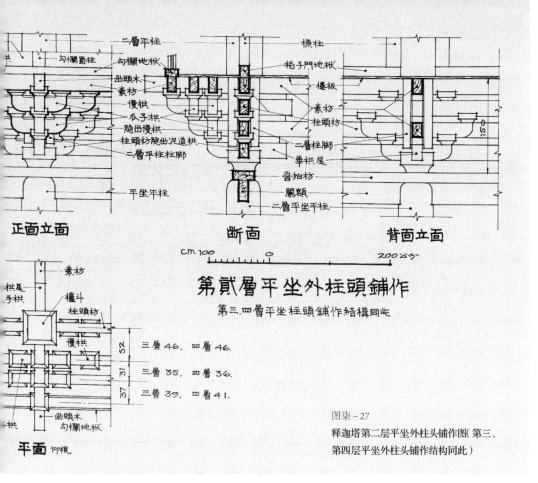

图柒-27 释迦塔第二层平坐外柱头铺作图（第三、第四层平坐外柱头铺作结构同此）

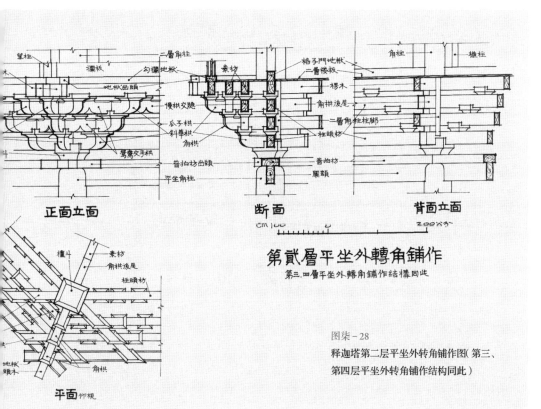

图柒-28 释迦塔第二层平坐外转角铺作图（第三、第四层平坐外转角铺作结构同此）

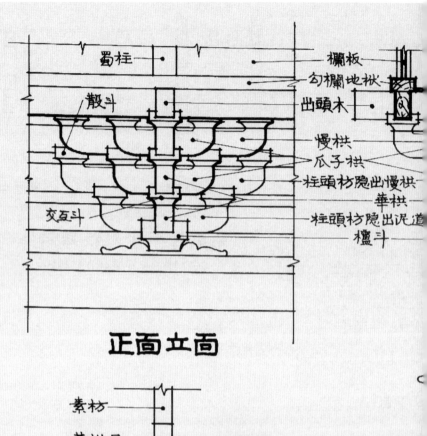

正面立面

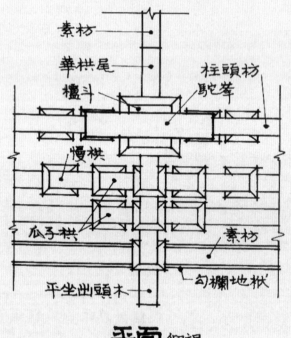

平面仰視

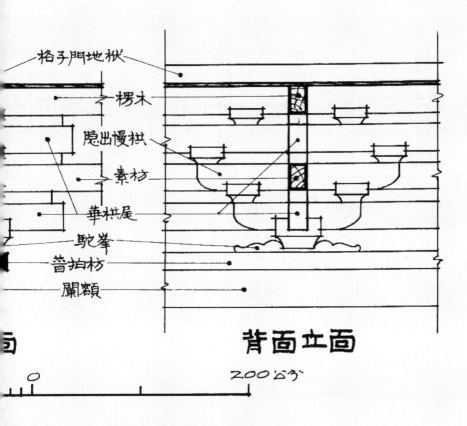

图柒-29
释迦塔第二层平坐外补间铺作图

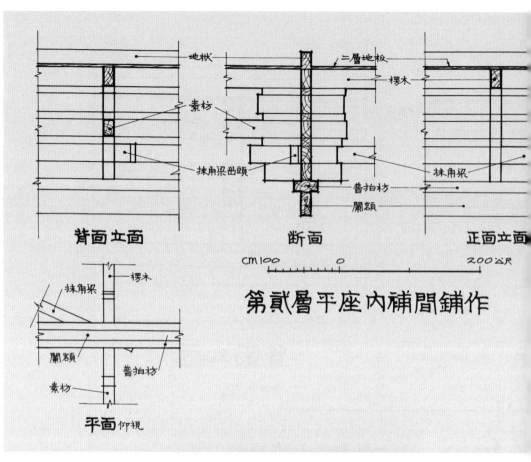

图柒-30
释迦塔第二层平坐内补间铺作图

图柒-31
释迦塔第二层平坐柱头及转角铺作

四、第二层斗栱（图柒-32至图柒-47）

（甲）第二层外柱头铺作　出双杪双下昂，第一、第三跳偷心，第二跳跳头上施重栱，第四跳跳头施单栱。在结构上与第一层柱头铺作几乎完全相同，不同唯数点：（一）第一跳华栱头卷杀如常栱，不似第一层的立斫；（二）第二跳重栱素枋之上不用替木及中段的承椽枋；（三）耍头之上又出耍头一件，斫杀作翼形；（四）草乳栿外端伸出不到橑檐枋；（五）后尾第二跳在乳栿上只施单栱素枋而不用重栱素枋，其余各部结构与第一层柱头铺作完全相同，无须赘述。

（乙）第二层外转角铺作　与第一层的比较，两层的转角铺作虽然杪、昂、跳数相同，但也有许多变化的余地。除去第一跳华栱头的卷杀而外，角栱、角昂及其上交搭的各层栱，第一、第二两层是完全相同的。但在斜栱跳头上却生出有趣的变化。在第二层转角铺作上，泥道栱与慢栱在邻面伸出为斜栱两跳，第三、第四跳上不出斜栱，但向正面出下昂两层。上一层昂头施翼形栱以承橑檐枋，昂尾并不压在栿下，与柱头枋相交后即斫齐，如第一层外檐补间铺作的做法。昂下向内出华栱两栱，跳头施素枋以承昂尾。转角铺作与内柱上转角铺作之间，亦用乳栿、素枋及草栿以相联络。

（丙）第二层外补间铺作　结构甚为简单。栌斗甚小，在第一层柱头枋之下，其下用蜀柱及驼峰，放在普拍枋上。栌斗口内，与各层柱头枋相交者，唯斜栱两缝，缝各两跳，第一跳偷心，第二跳施令栱并列以承罗汉枋。里外跳完全相同；但外跳有翼形耍头，为里跳所无。在荷载的分配上，橑檐枋的重量并没有由补间铺作分担着。

（丁）第二层内柱头铺作（图失）　与第一层内柱头铺作完全相同。没有重要的差别。

（戊）第二层内补间铺作　驼峰栌斗承托着最下层柱头枋。柱头枋五层，与之相交的华栱正面（即向塔心一面）出四跳，第一跳偷心，第二跳先施翼形栱，其上施令栱以承罗汉枋，不似第一层之

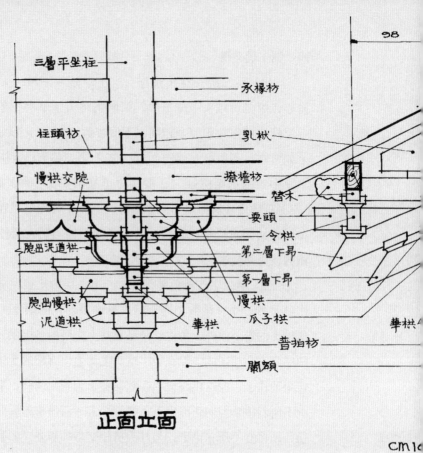

正面立面

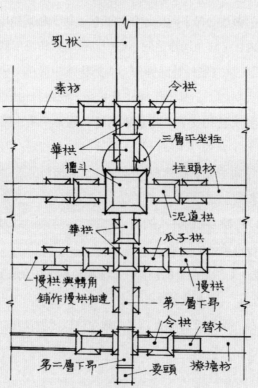

平面仰視

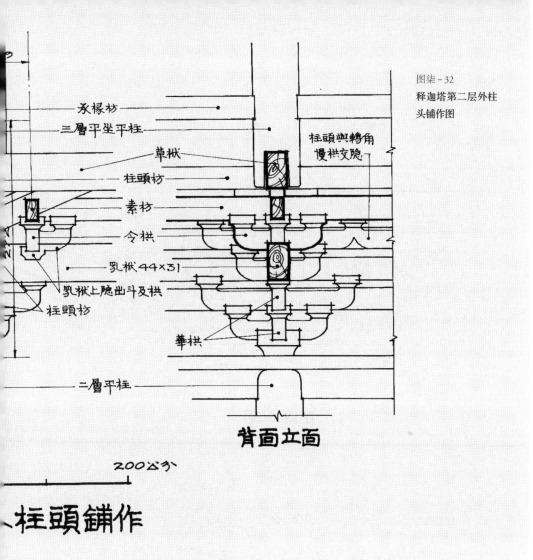

图柒-32 释迦塔第二层外柱头铺作图

用重栱；第四跳跳头散斗直托在素枋之下，如第一层之制。在第二层这地位上两柱间的距离已减少很多，所以第二跳跳头已不能施重栱了。后尾一面只出两跳，第一跳施翼形栱，第二跳施令栱承素枋。

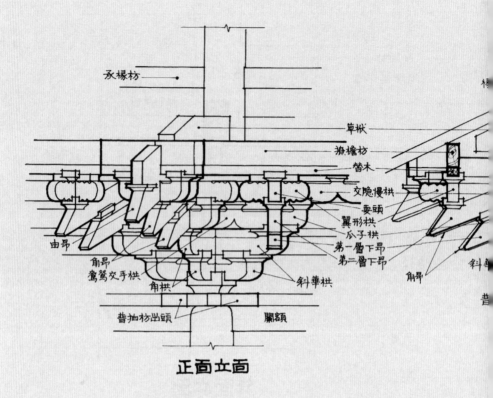

正面立面

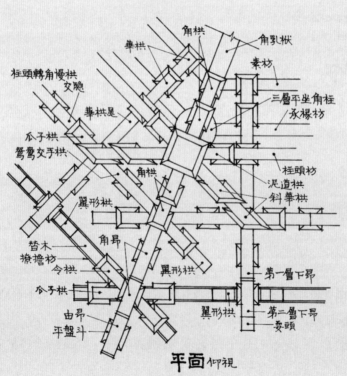

平面仰視

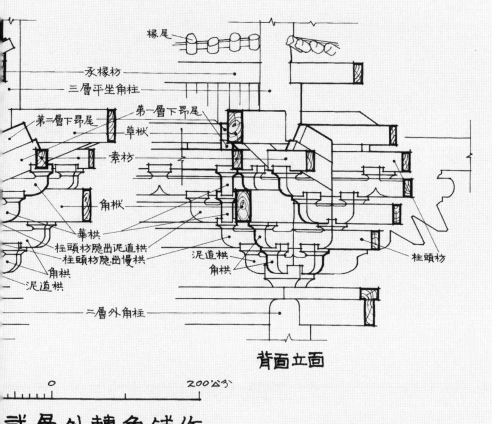

图柒-33
释迦塔第二层外转角铺作图

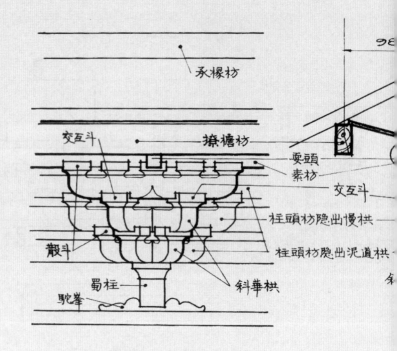

正面立面

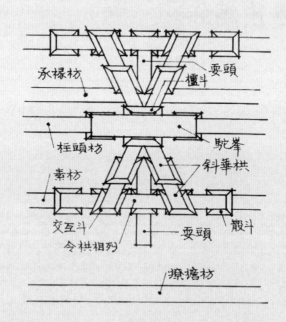

平面 仰視

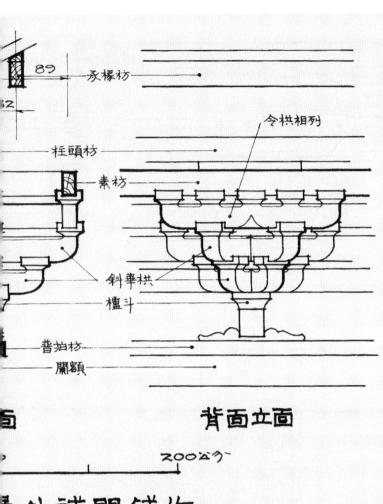

图柒-34
释迦塔第二层外补间铺作图

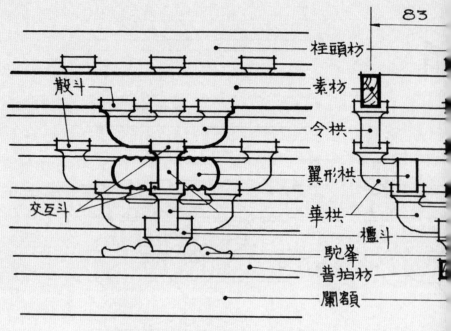
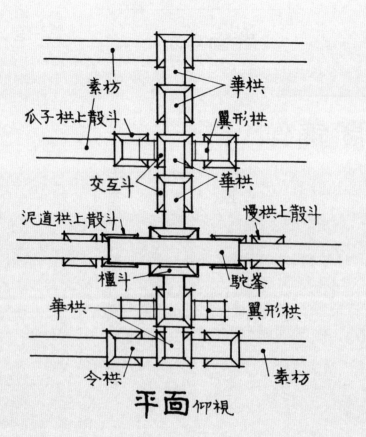

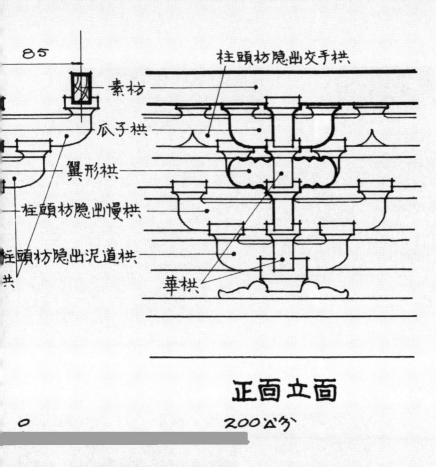

图柒-35
释迦塔第二层内补间铺作图

图柒-36
释迦塔第二层外檐铺作

图柒-37
释迦塔第二层外檐转角铺作,画面中人物为莫宗江

图柒-38
释迦塔第二层外檐
柱头铺作之一

图柒-39
释迦塔第二层外檐
柱头铺作之二

图柒-40
释迦塔第二层外檐补间铺作

图柒-41
释迦塔第二层外檐补间铺作

图柒-42
释迦塔第二层内槽椽栿

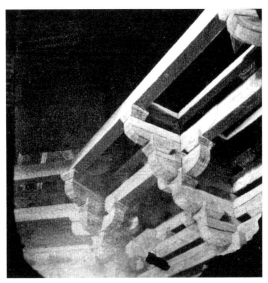

图柒-43
释迦塔第二层内槽
补间铺作之一

图柒 44
释迦塔第二层内槽
补间铺作之二

图柒-45
释迦塔第二层内槽
转角铺作之一

图柒-46
释迦塔第二层内槽
转角铺作之二

图柒-47
释迦塔第二层内槽
转角铺作之三

五、第三层平坐斗栱（图柒-48至图柒-59）

（甲）（乙）第三层平坐外柱头铺作及转角铺作与第二层平坐者完全相同，不赘述。

（丙）第三层平坐四正面补间铺作　在塔之四正面（即东、西、南、北四面）所用。普拍枋上施栌斗，出华栱三跳；第一跳跳头施瓜子栱，托着由铺作中心向外左右出的两斜栱。斜栱与第二跳跳头上短令栱共同承其上素枋。后尾第二、第四跳华栱引长为枋子两道，与内柱上诸枋相固济，其不引长之华栱，则只直截，不卷杀作栱头形。

（丁）第三层外柱头铺作与第二层平坐补间铺作大致相同。但栌斗不缩小是因为不用驼峰承托。

（戊）第三层平坐内柱上铺作与第二层者相同，不赘述。

图柒-48
释迦塔第三层及平
坐断面图（测稿）
（右页）

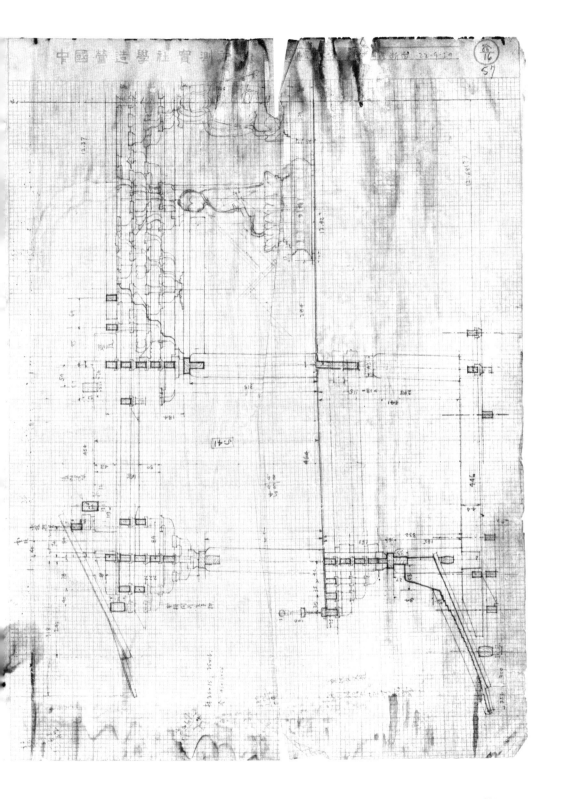

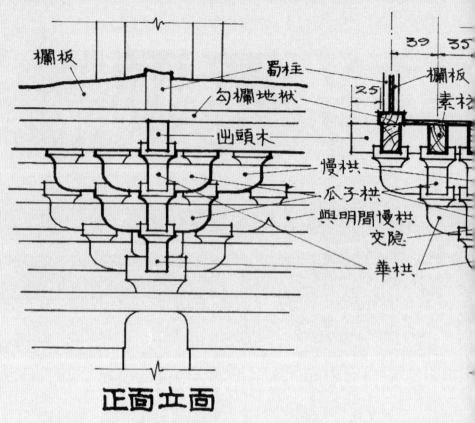
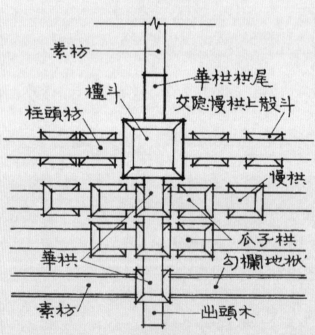

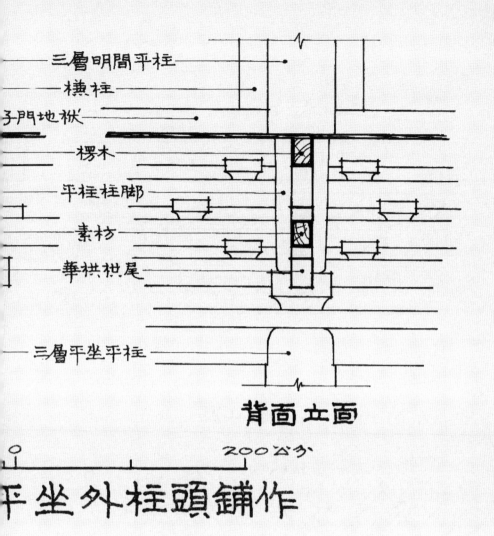

图柒-49
释迦塔第三层平坐外柱头铺作图

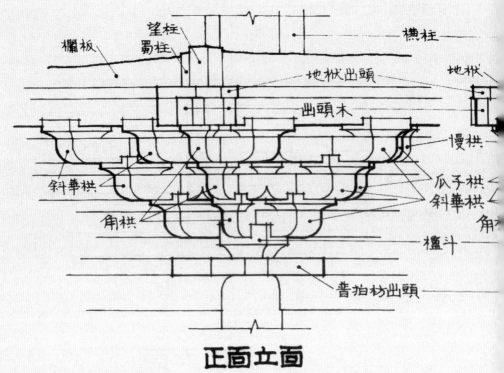

正面立面

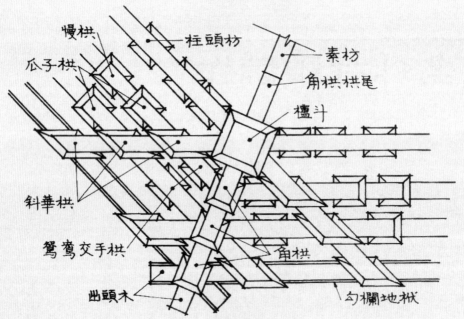

平面仰視

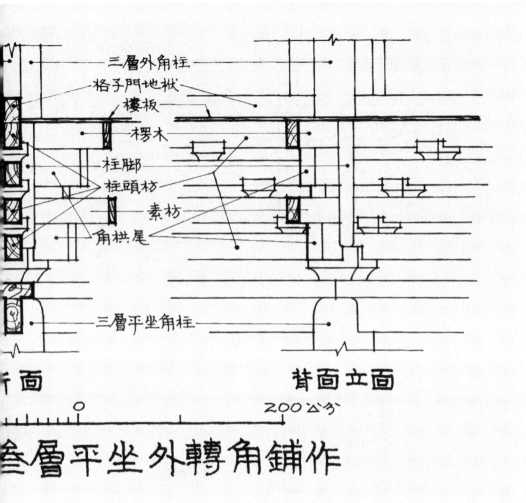

图柒-50
释迦塔第三层平坐外转角铺作图

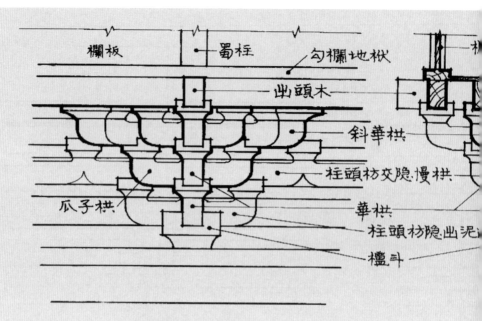

正面立面

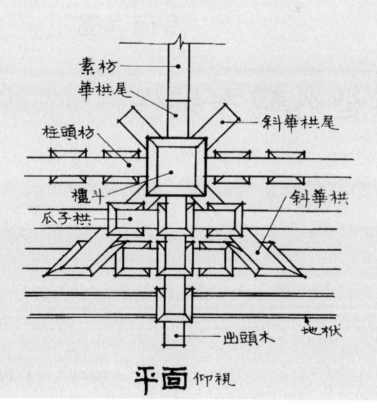

平面仰視

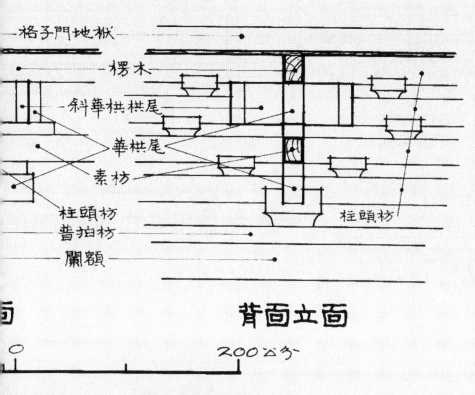

图柒-51
释迦塔第三层平坐四正面补间铺作图

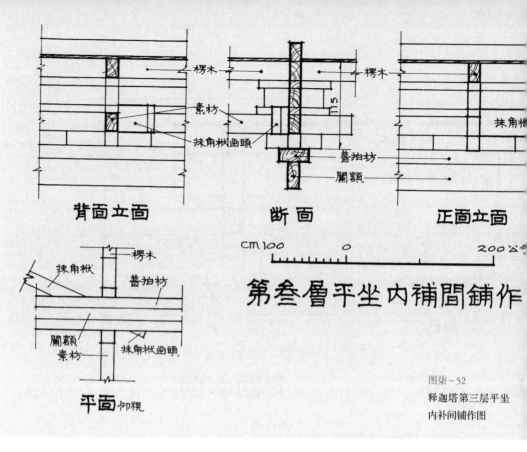

图柒-52
释迦塔第三层平坐内补间铺作图

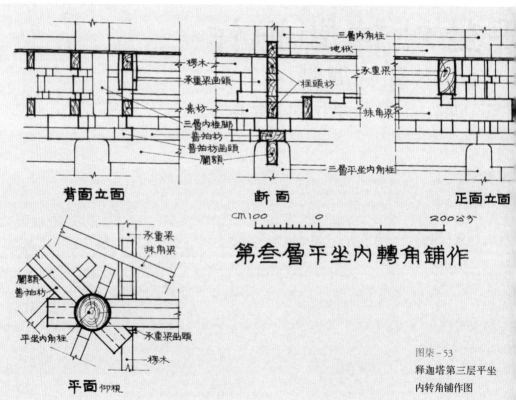

图柒-53
释迦塔第三层平坐内转角铺作图

图柒-54
释迦塔第三层平坐柱头及转角铺作

图柒-55
释迦塔第三层平坐补间铺作

图柒-56
释迦塔第三层平坐补间铺作后尾

图柒-57
释迦塔第三层平坐梁架结构

图柒-58
释迦塔第三层平坐梁架结构之二

图柒-59
释迦塔第三层平坐梁架结构之三

六、第三层斗栱（图柒-60 至图柒-71）

（甲）第三层外柱头铺作　自第三层以上正檐斗栱即不出下昂，唯用卷头华栱。柱头铺作栌斗口内，泥道栱上为柱头枋五层。与之相交者，出华栱三跳。第一跳偷心。第二跳跳头为瓜子栱一层，其上慢栱近角柱一端与转角铺作上慢栱为鸳鸯交手栱，近补间铺作一端则与素枋相列，故虽在形式上尚留半个慢栱，实际上乃枋一道，其上承罗汉枋，遂成重枋之形。第三跳跳头施令栱，栱上为替木，近角柱一端与转角铺作上替木相连。替木之上为橑檐枋。与令栱相交者有批竹形斜杀耍头。

后尾华栱两跳，第一跳偷心，第二跳施瓜子栱与乳栿相交。瓜子栱上素枋两层，下一层近角柱一端隐出慢栱形；上一层与乳栿上素枋相交。

乳栿及草栿之上，更有草栿一道，与最上层柱头枋相交，其上骑栿安上一层平坐柱，向内稍退，如下层之制。

（乙）第三层外转角铺作　栌斗上出相交的斜华栱及角栱；斜栱乃自邻面泥道栱及柱头枋引出。第一跳均偷心。第二跳跳头瓜子栱，斜栱上者与角栱上者相列，而成鸳鸯交手栱；在斜栱缝上与第三跳斜栱相交；在角栱缝上，与邻面同栱及第三跳角栱相交，伸出到邻面后，即为角栱第二跳跳头上斜栱。第三跳跳头之上，在令栱分位施长栱一；其近柱头铺作一端，斫作翼形头，不与柱头铺作上令栱相列或相犯；在两斜栱缝间，作鸳鸯交手栱，与耍头相交，然后再伸至角栱第四跳上，相交后至邻面出令栱。这栱上承替木及橑檐枋。

后尾唯角栱出两跳。第一跳偷心。第二跳跳头施瓜子栱，正侧两缝，与乳栿相交；瓜子栱越过相交点伸至彼面后即斫作翼形。瓜子栱上为素枋两层，下层隐出慢栱形。

乳栿之上亦用素枋及草栿各一；草栿上骑栿立上层平坐角柱。

（丙）第三层外补间铺作　在普拍枋上施驼峰栌斗。栌斗之上，泥道栱与华栱相交；泥道栱上柱头枋五层，华栱向外出三跳。

与柱头铺作不同，第一跳华栱是计心的；跳头施瓜子栱以承托与第三跳同高度的斜栱。斜栱长两跳，平面与柱头枋约略成正角，所以第二跳华栱头的令栱（或瓜子栱？）刚夹在斜栱角内。这令栱与斜栱头共同负着一素枋；这素枋若非因斜栱之存在，便是慢栱。这素枋与柱头铺作上慢栱相连处，没有隐出慢栱或作鸳鸯交手栱形。素枋之上才是罗汉枋。第三跳跳头施令栱，老老实实地与斜斫耍头相交，其上则为替木及橑檐枋。

铺作后尾只出两跳：第一跳跳头施瓜子栱承托斜栱；第二跳跳头施令栱与翼形耍头相交，和斜栱共同承托素枋两层。两层素枋间用一个散斗垫托。

后尾翼形耍头之外端即为第三跳华栱。至于外耍头及衬枋头内端，只至两层素枋而止。

（丁）第三层内转角铺作　　与第二层内转角铺作大致相同，出跳在正面亦为四跳，在背面亦只用一跳，承托着外铺作上过来的乳栿角栿。乳栿尾的位置及泥道栱之由通长枋上隐出，与下层完全一样。两层的差别只有极微的几点。在正面华栱出跳的长度，因向上塔身递减，内槽面积缩小，故跳之长度，第三层较第二层减少约一材的宽度。在正面角栱第二跳上所施慢栱，在第二层为单独的慢栱，但在第三层，因与补间铺作迫近，故与邻近慢栱连栱交隐。正面角栱第二跳上所施瓜子栱，在越过角栱之后，即斫成翼形栱头。除此以外，第二、第三两层的内转角铺作是没有差别的。

（戊）第三层内正面补间铺作　　第三层内补间铺作有两种，正面（东、西、南、北四面）者较简，而隅面（东南、西南、东北、西北四面）者较繁，结构亦稍有不同，故分述之。

正面补间铺作在驼峰及栌斗之上，为柱头枋五层，第一、第二两层隐出泥道栱及慢栱形，与之相交者则斜华栱两缝。每缝向前面（内）、背面（外）均出两跳。第一跳偷心。第二跳跳头每缝各施令栱，但因相近，故两令栱连栱交隐。两令栱上承素枋；但在正面，在两令栱共同的散斗上，出翼形耍头，与素枋相交。

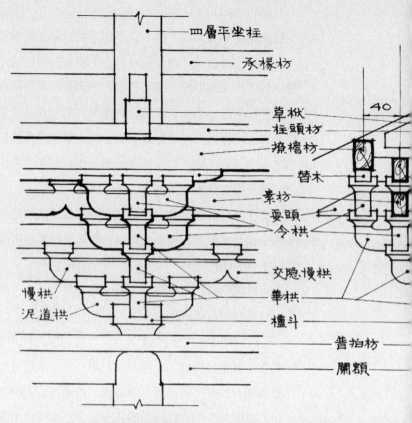

正面立面

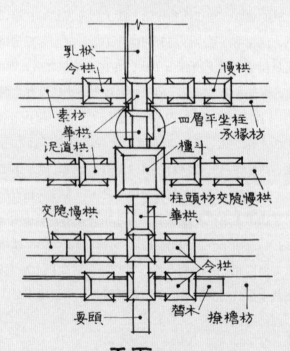

平面仰視

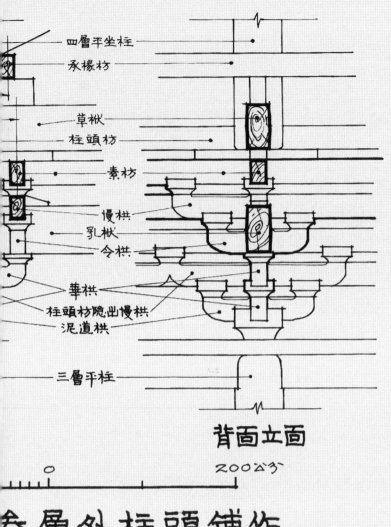

图柒-60
释迦塔第三层外柱头铺作图

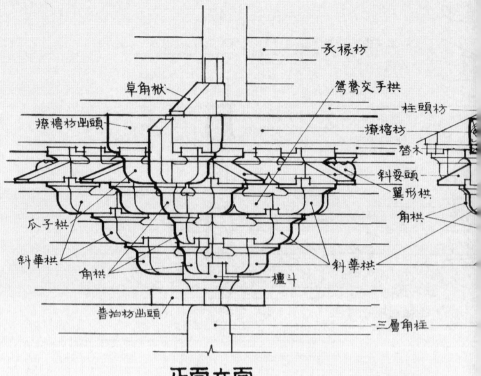

正面立面

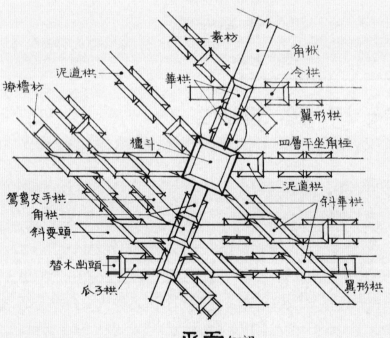

平面仰視

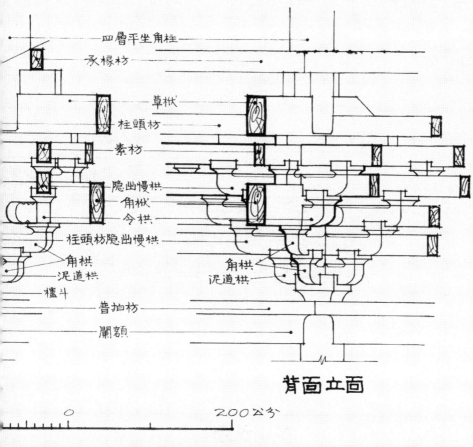

背面立面

叁层外转角铺作

图柒-61
释迦塔第三层外转
角铺作图

（己）第三层内隅面补间铺作　　较正面补间铺作稍繁，驼峰及栌斗之上，在前面及背面，各出正华栱一缝，斜华栱二缝与柱头枋相交于栌斗之上。各缝栱第一跳均偷心，第二跳三缝共同承托一材，在正华栱跳头上部分隐出翼形栱头，在斜华栱跳头则在左缝之左及右缝之右出头斫作批竹昂式耍头形。其上在各缝上又施散斗，散斗上为素枋一层。这下两跳的结构，铺作之前面及背面是相同的。但在前面，正华栱第二跳以上，更出华栱两跳，共为四跳。第三跳与隐出翼形栱两端作耍头形之材相交，第四跳与其上枋一层相交，枋上且隐出令栱形。第四跳跳头上以一散斗承罗汉枋。

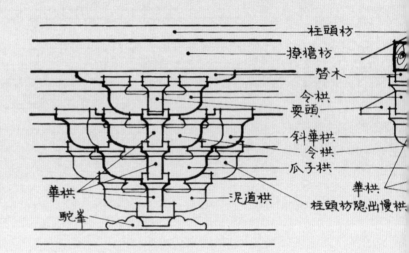

正面立面

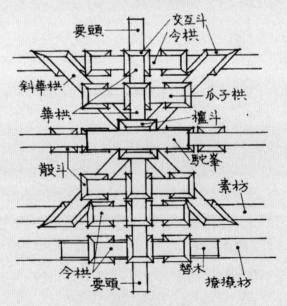

平面 仰視

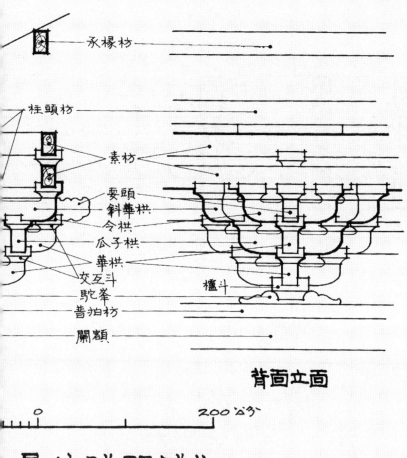

图柒-62
释迦塔第三层外补间铺作图

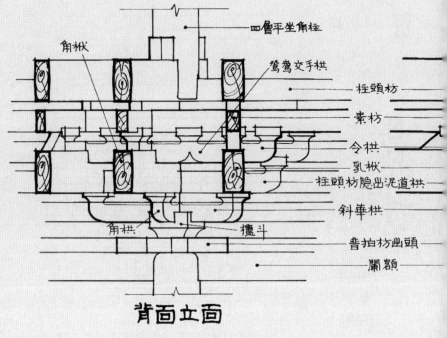

背面立面

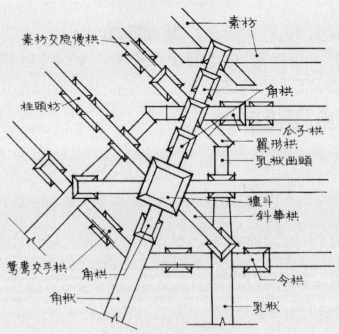

平面仰视

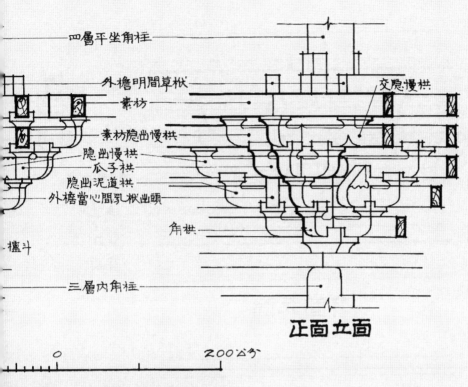

叁層內轉角鋪作

图柒-63
释迦塔第三层内转角铺作图

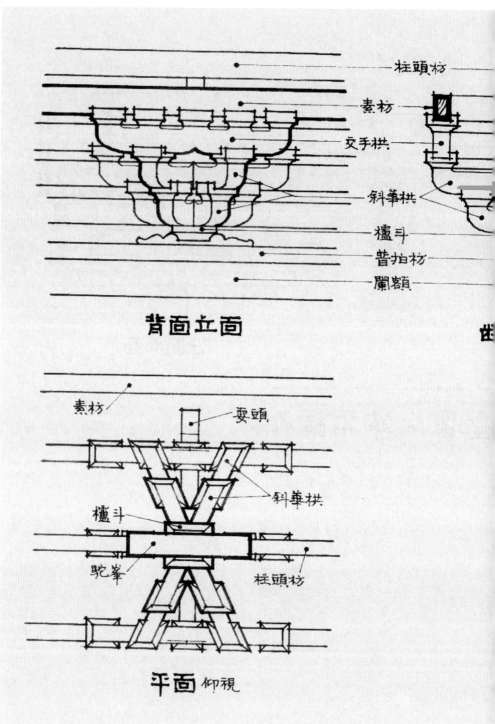

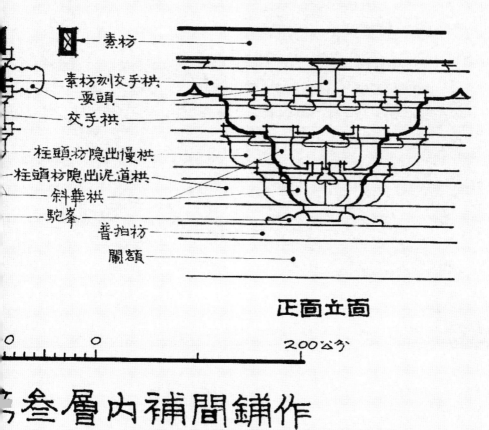

图柒-64
释迦塔第三层内补间铺作图

图柒-65
释迦塔第三层外檐
柱头及补间铺作

图柒-66
释迦塔第三层外檐
转角铺作

图柒-67
释迦塔第三层内槽
结构

图柒-68
释迦塔第三层内槽
转角铺作

图柒-69
释迦塔第三层内槽
梁架

图柒-70
释迦塔第三层内槽
补间铺作

图柒–71
释迦塔第三层内槽梁架顶部

七、第四层平坐斗栱（图柒–72 至图柒–79）

（甲）（乙）第四层平坐斗栱，外柱头铺作及转角铺作与第二、第三两层完全相同，详第二层平坐斗栱（甲）（乙）两条。

（丙）第四层平坐外四正面补间铺作　即在塔之东、西、南、北四面者，与第三层平坐外四正面补间铺作完全相同，详第三层平坐斗栱（丙）条。

（丁）第四层平坐外四隅面补间铺作　即在塔之东南、西南、东北、西北四面者，除正出华栱三跳外，其左右更各出斜华栱两跳，与正华栱第二、第三跳在铺作中心上与慢栱及其上柱头枋相交；第二跳斜栱头则与正华栱第二跳跳头上令栱共同承托着平坐的中间一道枋子。第一跳跳头之上，因斜栱的阻碍，不能如柱头铺作之施重栱，故只施翼形栱头，略如清式三福云状，其向里一面，且将角斜抹以免与斜栱相犯。后尾唯将正华栱第三、第四（出头木）两层引伸为枋子两道，与内柱上诸枋相固济。其余正斜诸栱后尾均直研，不卷杀作栱头形。

图柒–72
释迦塔第四层及平坐断面图（测稿）
（右页）

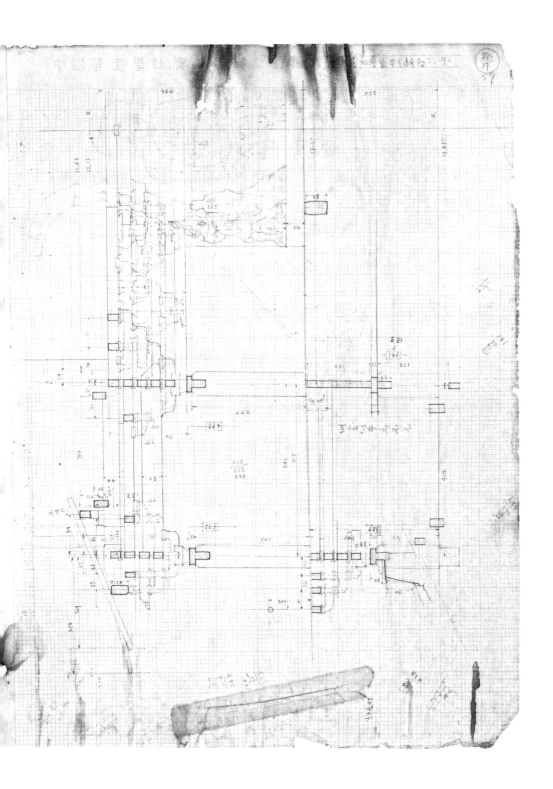

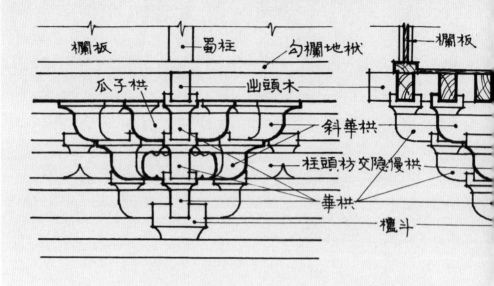

正面立面

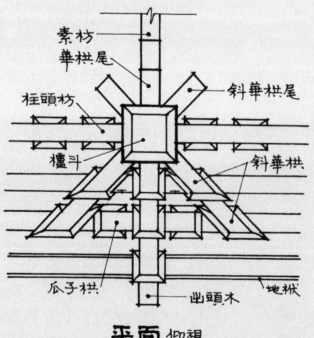

平面仰視

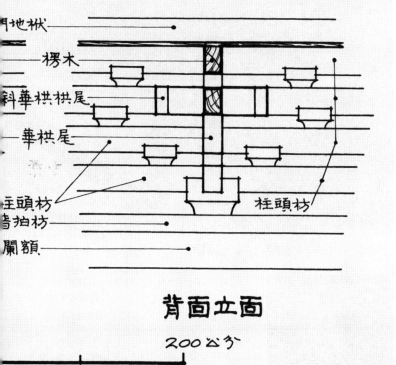

图柒-73
释迦塔第四层平坐外补间铺作图

图柒-74
释迦塔第四层平坐柱头铺作

图柒-75
释迦塔第四层平坐转角铺作

图柒-76
释迦塔第四层平坐梁架之一

图柒-77
释迦塔第四层平坐梁架之二

图柒-78
释迦塔第四层平坐梁架之三

图柒-79
释迦塔第四层平坐梁架顶部

八、第四层斗栱（图柒-80至图柒-94）

（甲）第四层外檐柱头铺作（图失）　自第三层以上外檐斗栱即不用下昂，但用卷头，而跳数则逐层向上递减。第四层外檐较第三层减一跳，计华栱两跳，与泥道栱及隐出慢栱之柱头枋相交。慢栱却又与补间铺作上的慢栱连栱交隐。华栱第一跳跳头施重栱及罗汉枋，第二跳跳头施令栱替木以承橑檐枋。令栱与耍头相交，耍头作批竹昂式。与大同善化寺大雄宝殿极相似。

柱头铺作后尾只用华栱一跳，偷心，直接承在乳栿之下。乳栿外端即是第二跳华栱。在乳栿两侧隐出第二跳华栱及其上交互斗形，并在交互斗分位上骑栿施令栱，以承罗汉枋。此外更在栿侧隐出第三跳华栱之下半，其上半则用木补足，跳头上施斗，以承其上与栿平行的素枋。素枋之上便是草栿，其间有一栔之隔，草栿与第四层柱头枋在同一高度上相交。草栿之上又立第五层平坐柱。

（乙）第四层外檐转角铺作　简单的只是两邻面的泥道栱柱头枋与各层角栱相交。第一跳斜栱之上施瓜子栱及慢栱，其与角栱相交接处只作切几头，止于角栱不伸达邻面。第二跳跳头上施令栱，由斜栱缝上至角栱上与角栱及邻面令栱相交；其上替木亦随令栱交搭，以承两面相交的橑檐枋。在角栱缝上，角栱多一跳，以承角梁。

转角铺作后尾有华栱及乳栿，华栱的布置与柱头铺作相同，唯乳栿上令栱于越过栿后斫成翼形栱头。

（丙）第四层外檐补间铺作　除栌斗之下用驼峰承托外，其外跳与柱头铺作完全相同。里面自栌斗口出两跳。第一跳偷心。第二跳跳头施令栱以承罗汉枋。与里外令栱相交者有耍头，外端作批竹昂式，里端作翼形。在第一层柱头枋上，隐出慢栱与柱头铺作上慢栱连栱交隐。

（丁）第四层内转角铺作　与第二、第三两层内转角铺作大致相同，唯一的差别只在正面（里面）第二跳跳头瓜子栱上隐出慢

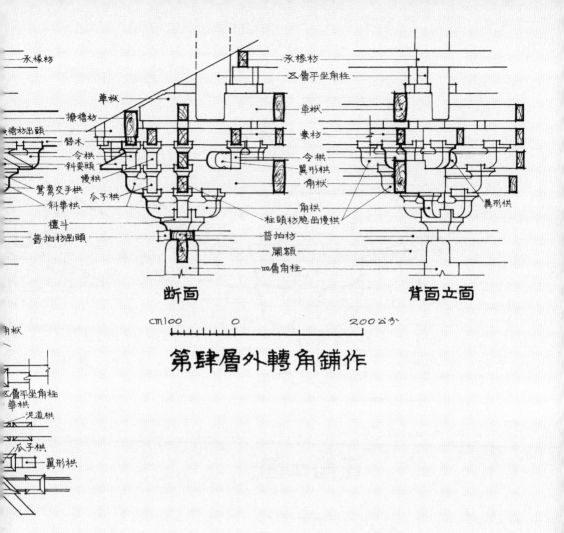

图柒-80
释迦塔第四层外转
角铺作图

栱的枋子，在越过第四跳角栱之后，不似下两层之直接搭在邻面柱头枋上，而卷杀为短头，承托着上面的罗汉枋。

（戊）第四层内补间铺作　八面都是同样做法。驼峰、栌斗、五层柱头枋隐出泥道栱、慢栱等等，与第二、第三两层完全相同。正面第二跳跳头上施瓜子栱以承隐出慢栱的枋子，其上更一层为罗汉枋。背面第一跳安翼形栱，第二跳安令栱承罗汉枋，一如第二层之制，其唯不同之点只在第四层与令栱相交伸出的翼形要头，为第二层所没有。

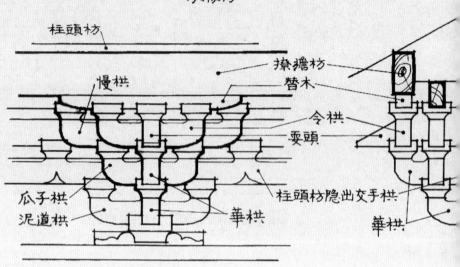

正面立面

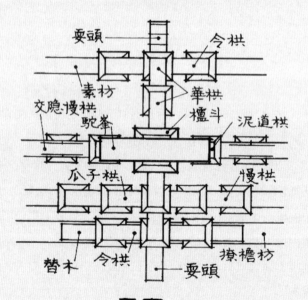

平面 仰視

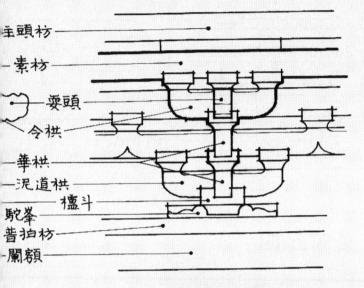

图柒-81
释迦塔第四层外补间铺作图

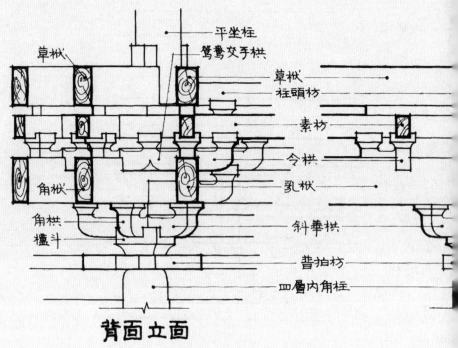

背面立面

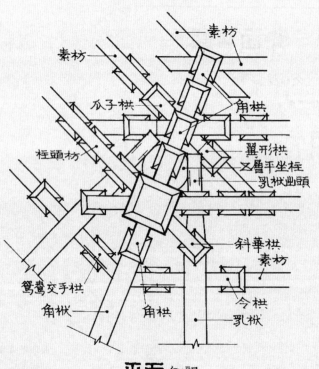

平面仰视

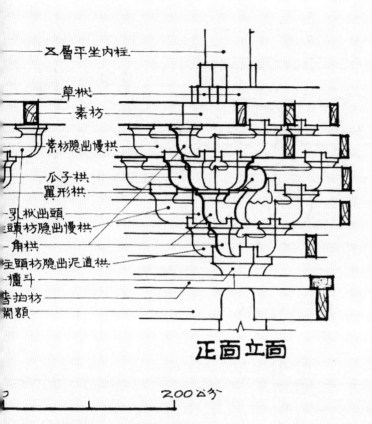

图柒-82
释迦塔第四层内转角铺作图

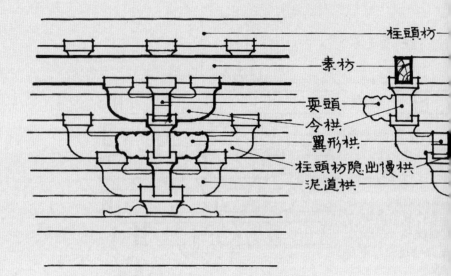
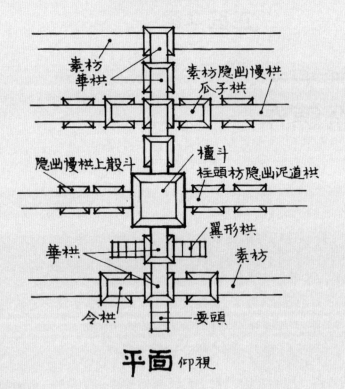

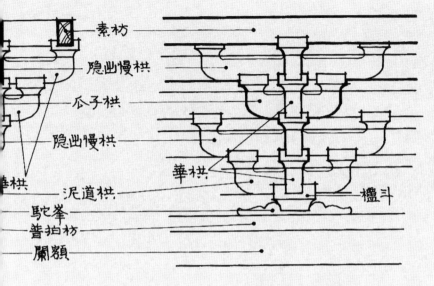

正面立面

第肆層內補間鋪作

图柒-83
释迦塔第四层内补间铺作图

图柒-84
释迦塔第四层外檐
柱头铺作之一（左页）

图柒-85
释迦塔第四层外檐
柱头铺作之二

图柒-86
释迦塔第四层外檐
补间铺作

图柒-87
释迦塔第四层外檐
转角铺作

图柒－88
释迦塔第四层外檐
转角铺作后尾之一

图柒－89
释迦塔第四层外檐
转角铺作后尾之二

图柒-90
释迦塔第四层外檐
补间铺作后尾

图柒-91
释迦塔第四层外檐
柱头铺作后尾

图柒-92
释迦塔第四层内槽
补间铺作

图柒-93
释迦塔第四层内槽
里面

图柒-94
释迦塔第四层内槽转角铺作

九、第五层平坐斗栱（图柒-95 至图柒-104）

（甲）第五层平坐柱头铺作　　只出华栱两跳，第一跳跳头施瓜子栱，托住承楼板的枋子；第二跳跳头以交互斗承托枋子及出头木；出头木伸出特长，所以出跳数虽减，平坐的宽度仍与下层无甚差别。

后尾将华栱第二跳及出头木都引长达内柱上。

（乙）第五层平坐外转角铺作　　角栱两跳与左右柱头枋相交而伸出的斜栱两缝相交。第一跳跳头瓜子栱，由斜栱缝上搭置角栱上，但不越过角栱出头。第二跳斜栱及角栱均用斗直接承在枋子之下。后尾亦将角栱上两跳伸出，与内柱联络。

（丙）第五层平坐内补间铺作　　与柱头铺作完全相同，唯一的差别只在其下无柱，其上不义柱。其内端交搭在内额及柱头枋上。

第五层平坐内柱较下一层内柱退入少许，不似下面几层的上下顶贯着。

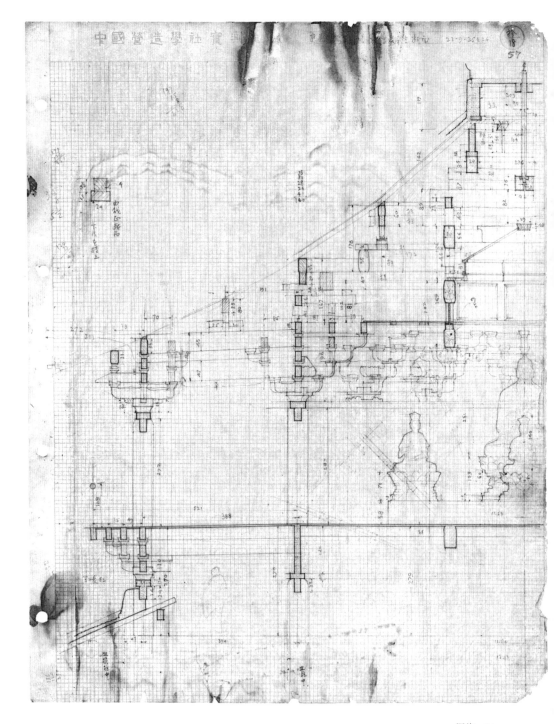

图柒-95
释迦塔第五层及平坐断面图（测稿）

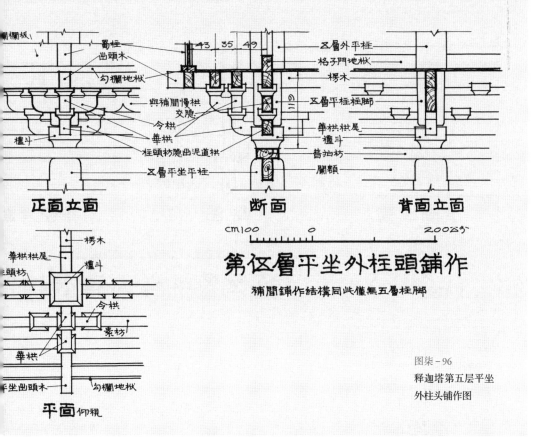

图柒-96 释迦塔第五层平坐外柱头铺作图

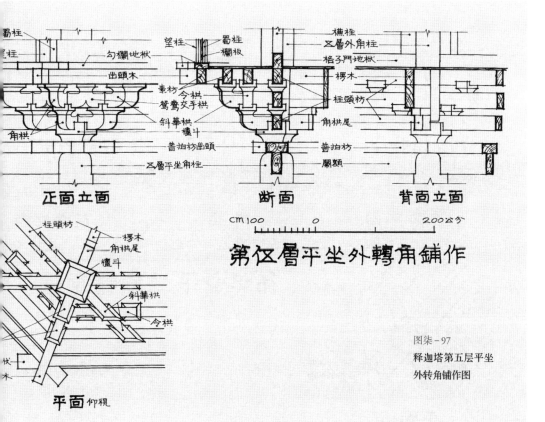

图柒-97 释迦塔第五层平坐外转角铺作图

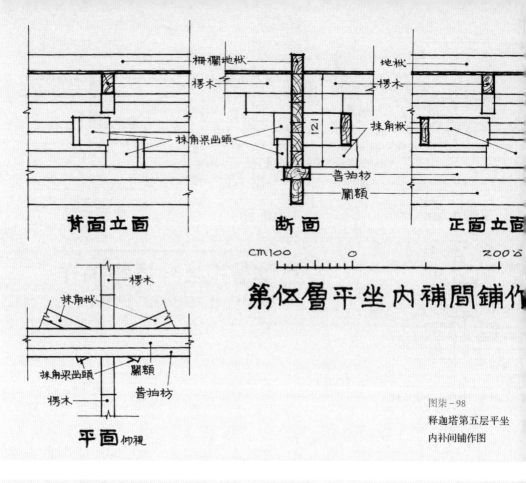

图柒-98 释迦塔第五层平坐内补间铺作图

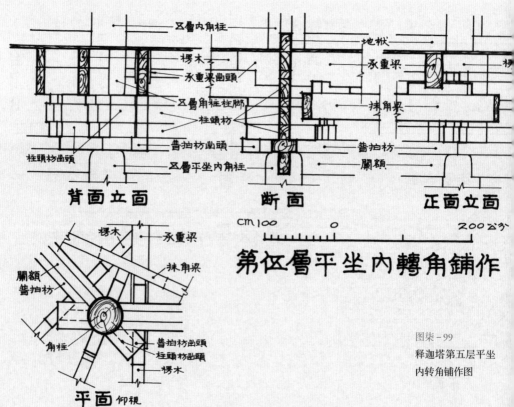

图柒-99 释迦塔第五层平坐内转角铺作图

图柒-100
释迦塔第五层平坐柱头铺作后尾之一

图柒-101
释迦塔第五层平坐柱头铺作后尾之二

图柒-102
释迦塔第五层平坐梁架、柱头结构之一

图柒-103
释迦塔第五层平坐梁架、柱头结构之二

图柒-104
释迦塔第五层平坐梁架、柱头结构之三

十、第五层斗栱（图柒-105 至图柒-118）

（甲）**第五层外檐柱头铺作**　出跳之数减到一跳半；在栌斗口内出形似替木，短而且扁的小栱，其背与栌斗耳背平，其长不及一跳；在这替木形短栱上又出华栱一跳，跳头施令栱替木，以承橑檐枋。栌斗顺身口内，亦有替木形短栱与出跳者相交，其上再施泥道栱及柱头枋。

后尾亦出一跳半，跳头施瓜子栱与乳栿相交；乳栿外端却斫成批竹昂式耍头，与外跳令栱相交。里跳瓜子栱上施慢栱，亦骑栿上，承托着与草栿底平的罗汉枋。慢栱近转头铺作一端，则与其上慢栱连栱交隐。

（乙）**第五层外转角铺作**　角栱一缝，左右斜栱各一缝，各出一跳半，自栌斗上出。两缝跳头上令栱为鸳鸯交手栱，在角栱缝上两面相交后，越过角栱伸出至邻面。令栱之上为替木及两面相交的橑檐枋。

后尾角栱一跳半，上承角栿，跳头瓜子栱与栿相交，越过至邻面遂成翼形栱头。慢栱与柱头铺作上者连栱交隐。

乳栿之上，隔一栔施草栿。这层草栿上面不承上层骑栿的柱，而承托槫椽及塔顶。

（丙）**第五层外补间铺作**　栌斗驼峰放在普拍枋上。顺身口内放替木形半栱，其上施泥道栱，但无半栱出跳，却在斗背之上出华栱两跳，出跳长度极短，第一跳跳头施翼形栱头，第二跳跳头只施替木，托着橑檐枋。

后尾亦出两跳，但在第二跳跳头施令栱，与翼形耍头相交，以承罗汉枋。在以下各层，罗汉枋的位置皆低于橑檐枋，但在本层却较高，表示上面有不同的结构，表示屋顶向上的斜起。

（丁）**第五层东面、西面内转角铺作**（图失）　与第二、第三、第四层大致相同，但正面第二跳角栱跳头之上所施瓜子栱，越过角栱之后，仍继续伸引直达邻面柱头上；在这部分上且交隐连栱。瓜子栱上的慢栱乃在枋上隐出，其上更施罗汉枋一道，实际成为双层

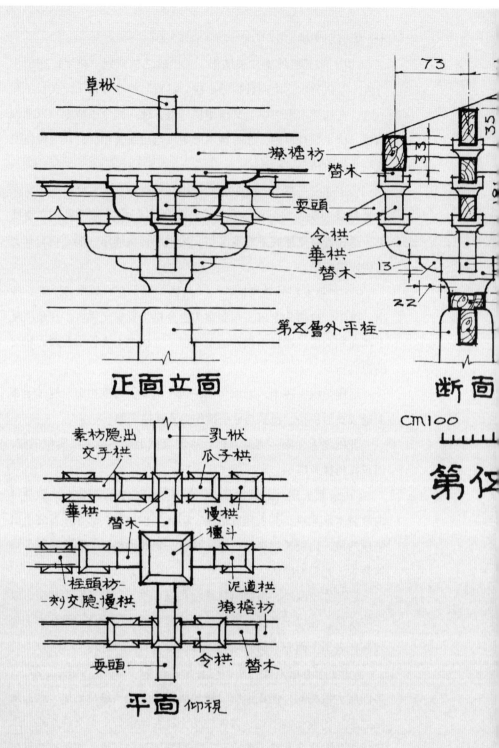

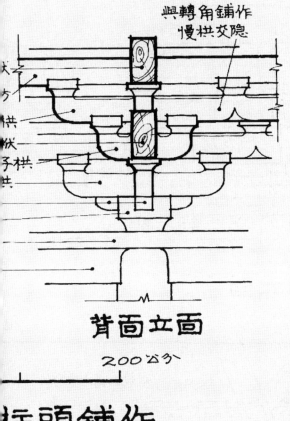

图柒-105
释迦塔第五层外柱头铺作图

罗汉枋的结构。第四跳跳头上施平棊枋。转角铺作上承托外檐乳栿及角乳栿的做法与下面各层完全相同。

（戊）第五层南面、北面内转角铺作　因为须承托两道南北放的大梁，所以结构与在东、西两面的转角铺作略有不同。大梁安放在第三跳角栱之上，所以第四跳角栱的位置完全被占去。平棊枋到此亦直接交搭在大梁上。

（己）第五层内补间铺作　正面出华栱四跳，背面两跳，驼峰栌斗与下面几层大致相同。正面、背面第一跳上皆施翼形栱；正面第二跳上施瓜子栱以承隐出慢栱的枋，情形与下面几层无大区别。

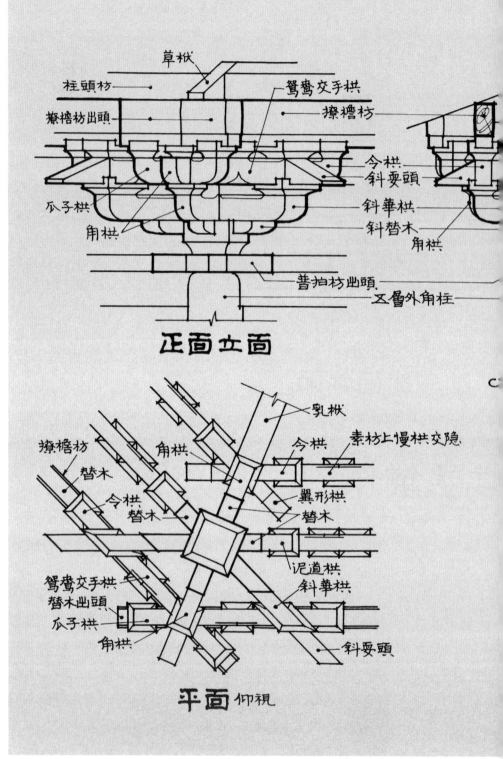

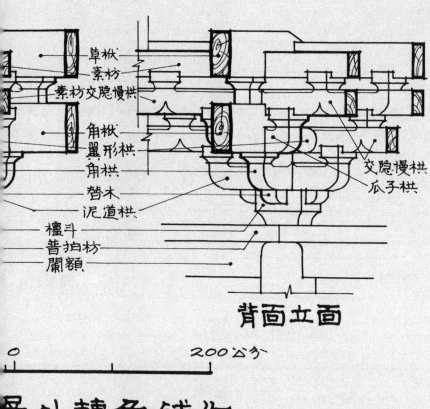

图柒-106
释迦塔第五层外转角铺作图

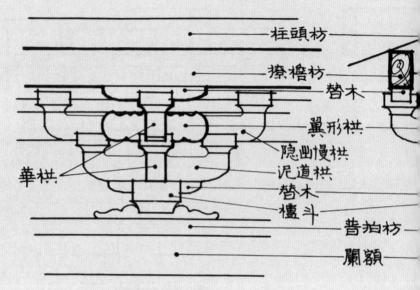

正面立面

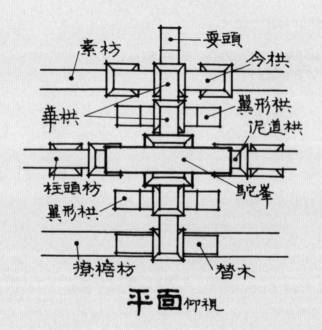

平面仰視

712

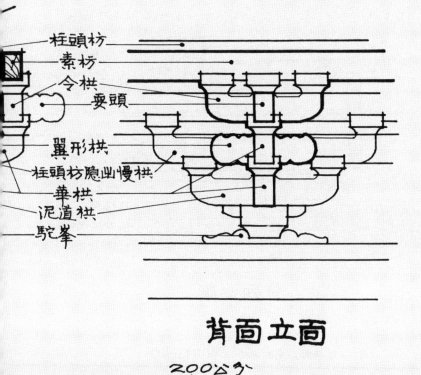

图柒-107
释迦塔第五层外补间铺作图

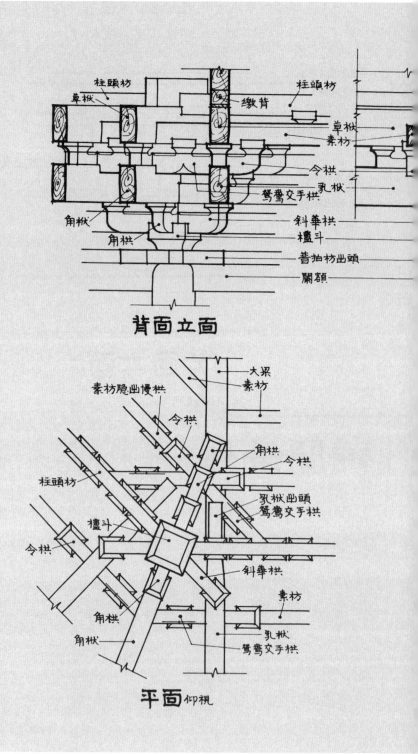

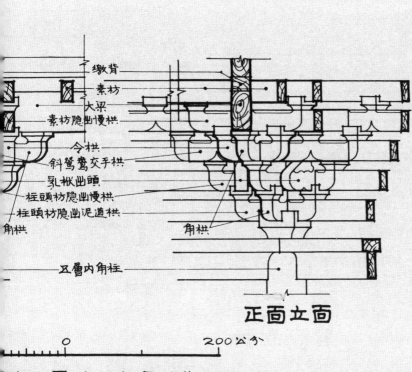

图柒-108
释迦塔第五层内转角铺作图

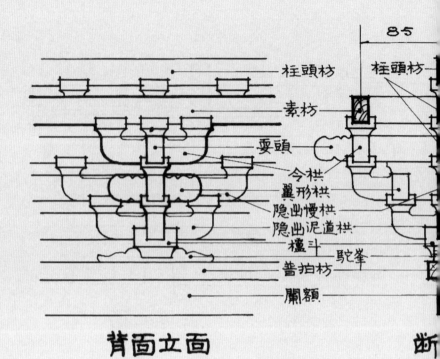

背面立面

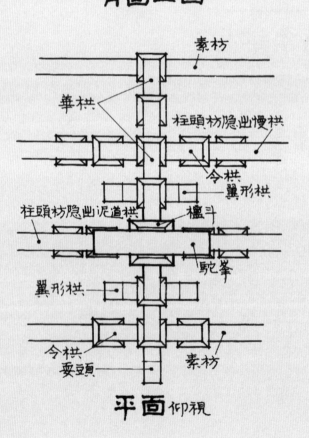

平面仰視

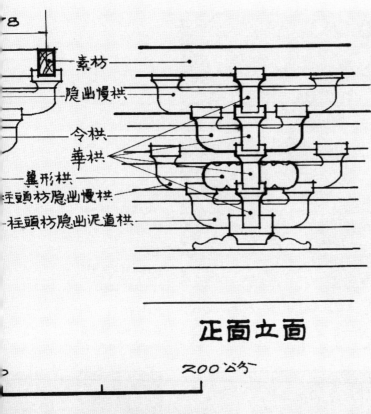

图柒-109
释迦塔第五层内补间铺作图

图柒-110
释迦塔第五层外檐
柱头铺作

图柒-111
释迦塔第五层外檐
柱头及转角铺作

图柒-112
释迦塔第五层外檐
补间铺作（右页上）

图柒-113
释迦塔第五层外檐柱头铺作后尾（左）

图柒-114
释迦塔第五层外檐补间铺作后尾（右）

图柒-115
释迦塔第五层外檐梁架、椽栿结构之一

图柒-116
释迦塔第五层外檐梁架、椽栿结构之二

图柒-117
释迦塔第五层内檐
转角铺作之一

图柒-118
释迦塔第五层内檐
转角铺作之二

捌　柱

木塔全部的重量除副阶外，完全由外柱一周二十四柱及内柱一周八柱负担起来。柱质以松木居多，其中亦间有几根木纹旋卷的柏木。

这内外两周柱，各自层层向上叠起。除第一层柱特别高长立在阶基上外，以上各层柱皆较短——各层平坐柱都骑栿立，而各主层柱都叉立在平坐斗栱上。在柱的地位上，外柱每层的平坐柱俱较下一层檐柱退入三十余公分，内柱则下四层全在一中线上，至第五层平坐柱始退入约四十公分。

柱身大小均随木材天然的大小，大概没有经过多少斫割。柱头皆"紧杀作覆盆状"，与别处所见许多辽代柱卷杀法相同。柱头上皆施阑额，以为左右的联络。全塔每层所用柱，大小并不一律，其中最大者径达六四公分，而最小者径仅五一公分；平均以五六至五七公分径者占最多数。第一层塔身内外两周柱，因完全收藏在砖墙里面，未得测量，其余各层，则显然表示当时的匠师在分配木材的时候，曾用过相当的计较，将较大的柱放在下层，较小的在上。

在长度上，约略可按塔身（副阶除外）随层数位置将柱分为三种长短。第一层柱最长；第二、第三、第四三层次之；第五层较短；而副阶檐柱之长，又与第二、第三或第四层檐柱（并叉在平坐上部分）之通常约略相等。

各层柱平均尺寸列下（公尺）：

层数	地位	直径	通长	露明长
副阶	檐平柱	〇·五六四	四·一七	
	檐角柱		四·二三	
第一层	外柱		八·四五	
	内柱		八·九〇	
第二层	外檐柱	〇·五九	四·三一	二·九三
	内柱	〇·六一三		三·一五
第三层	外檐柱	〇·五九一	四·三〇	二·八六
	内柱	〇·五五七	三·一五	
第四层	外檐柱	〇·五五	四·一六	二·八三
	内柱	〇·五六五	三·一七	
第五层	外檐柱	〇·五四	三·六四	二·七二
	内柱	〇·五四	二·八七	

玖　阑额及普拍枋

每柱与其左右两邻柱之间，皆用阑额相联络。在角柱上，阑额并不出头。阑额上施普拍枋，在角柱上出头相交。

阑额及普拍枋尺寸大小相同，平均大小约为三四至三七公分乘一六或一七公分，就是一足材；但施工欠准确或木料伸缩不匀，所以大小微有不同。这尺寸较《营造法式》所规定"广加材一倍，厚减广三分之一"的大小不同，大概因为补间铺作较轻较少的缘故。

阑额是将木材立置，两端至柱入柱卯。普拍枋是以同样大小的木材扁置其上，两者合成丁字形断面，在角柱相交处，普拍枋头并不曾经谨慎地斫削，乃至连长短都很不一律。

拾
（图拾–1 至图拾–3）

一、梁栿

在内外斗栱之间，有乳栿及其上的草栿为内外柱间的联络。

在副阶斗栱上的乳栿后尾搭在第一层外柱的半腰交搭的部分，虽多架都隐藏在墙内，但北面辟门处可以窥见其结构。乳栿高四二公分，约合一材两栔，宽二八公分。乳栿之上更有缴背一层，大小略如一材扁置。乳栿外端斫作批竹昂式耍头，在"斗栱"节内已经详述，这里无须再赘。内端倚柱立侏儒柱以承承橼枋，并有叉手支撑。

自第一层以上直至第四层，内外斗栱上的乳栿，其长度虽向上递减，第一层与第四层差到一·一〇公尺之多，但其做法却四层完全相同。乳栿高约两栔（四八乃至五〇公分）。其上隔两栔的空隙，施平行的单材一道，素枋上再隔一栔的空隙施草栿一道，草栿的大小，下二层与乳栿略同，上两层高较逊于乳栿，约合一材两栔（四二乃至四四公分）。第五层乳栿、草栿之间亦留两栔的空隙，但不施素枋。

因地位不同，各层栿与他部分交接处亦略有区别。乳栿的外端，大多承托在柱头铺作华栱第二跳或第一跳跳头之上。在铺作外跳上，第一、第二两层将外端伸出部分斜杀以随昂身，第三、第四两层则卷杀作华栱，第五层则伸出为耍头。在向里的一端，梁尾由第一跳华栱承托，角栿则伸出至内柱头铺作上为华柱；平柱上乳栿则与内柱上第二层柱头枋相交，由隐出泥道栱的第一层柱头枋承托。梁尾伸出部分斜斫卷圆隐出翼形，各层均同。

第一至第四层的草栿，除立上层平坐柱外，还在有扶梯部分承托平坐楼板或憩脚板。此外则每层平坐内所加的斜戗及横枋，亦全由草栿担负着。

二、承重及楼板

乳栿及草栿虽然尺寸很大，但其机能只在拘联内外铺作及承托上层平坐柱；至于楼板及其上的活荷载，则由承重及其他多少枋子负担起来。

由第二至第五层，在塔心南北面斗栱之上，施南北向承重梁两道，及纵横枋子多道，以承各层塔心楼板及其上所供的佛像。承重的位置并不正在内柱中心线上，而向内略移，与平坐外平柱上下成为一直线，由内周重叠的柱枋承托着。南北面内额及柱头枋之上，在正中安放补间铺作的地位与邻近隅面同样的地位上面，安放抹角梁一道，以辅助承托承重梁，分担它的重量。

在两承重梁之间又施足材枋，其上更施单材枋，直接托着楼板；而内柱柱头上各枋与承重平行或成斜角者，亦施足材或单材，以承楼板。各层楼板梁架结构虽小有不同，但大致一样。

外槽楼板的构架则完全由平坐斗栱上最上一层的素枋承托。其外端伸出即为出头木，内端即搭在平坐内额及柱头枋上。在内廊梁枋之施用上承托楼板之材小，而联络内外柱头斗栱之材大，是这塔和这时代一特点，值得我们注意的。

楼板厚度四、五公分不等，宽三四十公分，长度多随承托的枋子定。

三、屋盖及其干架

木塔的屋盖，除去最上层八角攒尖顶外，以下各层都是《法式》所谓腰檐；但是最下一层则属于副阶一类。

副阶檐即第一层周围廊檐。铺作上施乳栿，以与第一层外柱相联络。其上附缴背、叉手、短柱、承椽枋等等，已详"梁栿"节内，副阶檐柱铺作与第一层檐柱之间，用檐椽一架，椽子内端交搭在承椽枋上，外端施飞子，其出檐深度，自柱中计算，约合由檐端至柱础高度之半。

各层腰檐皆一律用檐椽一架，内端交代在上一层平坐柱间承椽枋上，外端施飞子一层。椽子长度因为没有廊子，故较短。

顶层八角攒尖顶，全部由颇复杂的干架承起。在内廊□周结构比较简易。其梁架以内外角柱间的斜梁和外平柱与内角柱间的乳栿为主，其上顺着塔的八面安放中下层平槫以承椽子。角栿及乳栿之上都有草栿。草栿中段用方木垫起下平槫及其下襻间。但在内柱上一周，则用多块构材垫起到上槫的高度。

塔心梁架以南北向的五椽栿两层为主要干架，栿由南北两面内柱上斗栱承托，以华栱第三跳挑起与南北面外檐当心间平柱取中，并与内廊草栿衔接。栿上施缴背一层，其上在柱头地位上安长约两椽架的构材，略如柁墩，外端托着下平槫。在这长柁墩的中段，在柱头中线上用一材，沿内柱一周将各柱上柁墩左右联络，其上再施五椽栿及缴背一层。上层五椽栿较下层五椽栿略大。上栿之上，更用长柁墩，安放三椽栿。

上层五椽栿之上，自栿之两端架斜梁达东面或西面内补间铺作之上。斜梁与栿成四十五度角，而与隅面方向平行。斜梁中段之上，也用墩木垫起，用扁置的枋子沿八面联络。其上再施实拍两材，八面相构为上槫。在南北两沿，这两材的上平槫就刚好放在三椽两端之上。

三椽栿上施柁墩及平梁两道，平梁的方向是东西安放的，其间距离仅同其上八角架之深度。短梁上施南北向两短梁，构成方格，其上再施斜梁构成八角架，托承着各面椽子和上面的刹座。

塔身八面，塔顶八脊，每脊角梁及隐角梁由两面交接的柁承托，构成塔顶主要的干架。

图拾-1
释迦塔标准梁架平面图（测稿）

中國營造學社測繪記錄　佛光寺大殿樑架平面圖
22-9-37

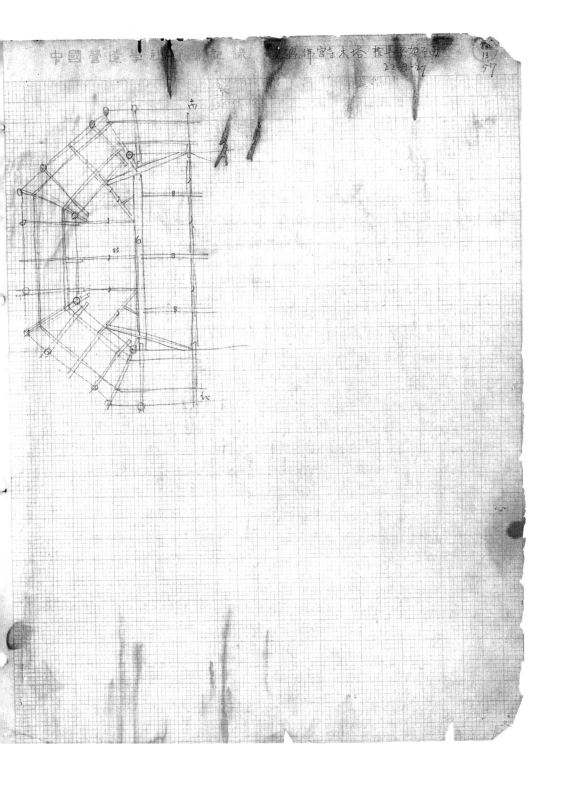

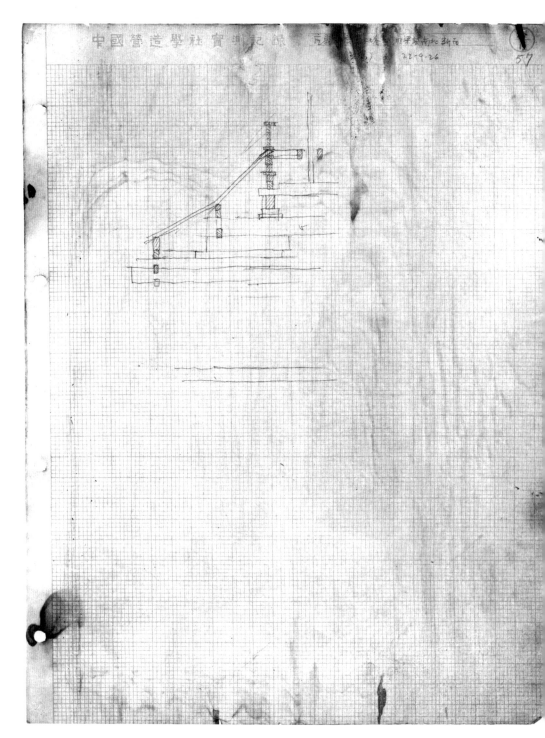

图拾-2
释迦塔塔顶内梁架南北断面图（测稿）

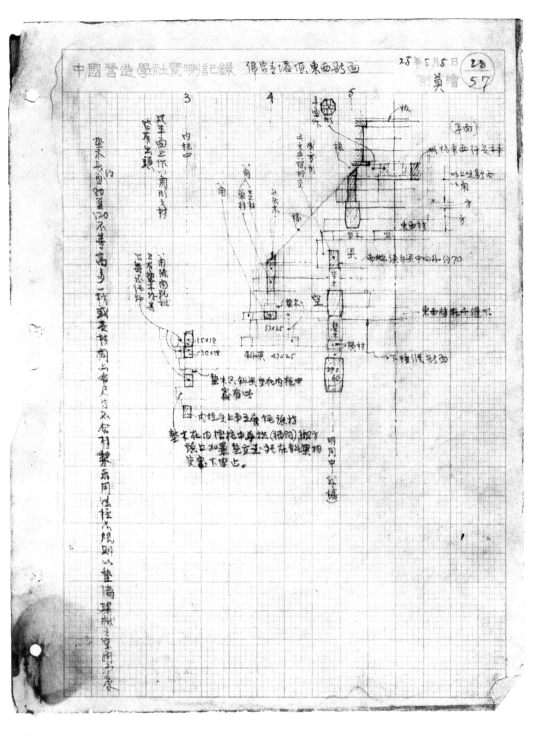

图拾-3
释迦塔塔内梁架东西断面图（测稿）

拾壹　槫椽及角梁

木塔各层斗栱上所用以挑檐的都是橑檐枋，其断面作长方形，不似后世所常见断面作圆形的挑檐桁或槫。橑檐枋断面平均尺寸约为三二×二一公分，为三与二之比。

各层腰檐椽尾皆用承椽枋承托，枋大小略如橑檐枋。塔顶各架槫断面也全是长方形，没有一处用圆形断面的。

各层腰檐及塔顶屋盖所用椽子都是杉木，径约十五至十七公分，外端微有卷杀；飞子方形，断面亦有卷杀。各层椽飞长度比较如下：

层数	椽长（自橑檐枋心出）	飞子长	通长	飞子与椽长比例
副阶	一二八（公分）	六三（公分）	四·一七	十之五弱
第一层	一二〇	六九	四·二三	十之五·八弱
第二层	一二七	五六	八·四五	十之四·五弱
第三层	一三八	七〇	八·九〇	十之五·一弱
第四层	一四七	五九	四·三一	十之四强
第五层	一四六	六一		十之四·二弱

由上表中得知木塔各层檐椽与飞子并无绝对的比例；其为原制抑或是后世修葺的结果，却就待考了。

木塔的角梁，为促成角部生出，故在平面上较当心间椽头多出约三十公分，约合两椽径尺寸。角梁断面则略小于橑檐枋。每子角梁端俱有青瓦套兽；梁下悬铁铎。

拾贰　瓦

木塔的瓦全部为青瓦，大小约有三种。筒瓦径约十五公分，陇中至中约三十公分。瓦当作龙纹或莲花。滴水瓦不作如意头形，而为宋以前所通用的卷边花。

各层腰檐及副阶槫脊、垂脊，均用筒瓦横置以代当沟；沟隙用灰勾抹。当沟之上用板瓦垒砌作脊，如《法式》之制，其上再覆以筒瓦。最上层顶瓦，在明清修葺时，恐曾更改原形，故垂脊不用板瓦垒砌，而在当沟之上，侧置筒瓦，以代垂叠的板瓦，做成脊的两侧，其上置仰板瓦一陇，然后覆以筒瓦。

各层垂脊下端，多有用垂兽者，略如大同华严寺薄伽教藏殿垂脊上所见。垂兽之前，不用蹲兽，第一层及副阶上有用勾头向上放置者，有用火焰宝珠者，大概都是原制之得幸存者。

拾叁　刹
（图拾叁-1至图拾叁-4）

木塔顶上立铁刹。先在八角屋盖顶八角构架之上砌砖刹座，上砌重层仰莲瓣座。仰莲每面除角瓣外，正中只一瓣；每层上面另出扁台，高一砖，以承上面的部分。

铁刹本身，以刹柱为主。柱断面止方形，方十公分，最下端作钉头形，由南北向的两枋子夹着，交搭在平梁之上。到木构八角架最上层处，又用两单材，亦南北向放置，夹着刹柱。再上则通过重层的仰莲座，向上伸出。刹柱全长一四·二〇公尺，莲座以上露明部分长九·八五公尺。

上层砖仰莲之上，先为铁仰莲，周十八瓣，托着近乎鼓形的覆钵。覆钵和以上的相轮、圆光、仰月等，全用剔空花纹的铁片合成，其花纹为卷草、古钱不等。覆钵本身由铁筋多道构成首架，计划箍一道，将覆钵分为上下两半，立骨十六道，分作瓜瓣形。每瓣里再由剔空铁板上下与五板合钉而成，相轮五重，也是用同样的铁板相缀而成，层层向上逐渐减小。最上层相轮顶上做成极低扁的圆锥形顶，周垂下如意头花纹。再上为圆光、仰月，也是剔空铁板做成。

刹的最上一段缀宝珠四个、小圆伞一个和其他零星部分。仰月下面垂下的铁链，本来牵引塔顶八角的，现在徒然垂挂下来，为登刹的人攀执的方便而已。

十几年前的旧照片表示刹部颇有毁坏处。今日所见很完整的刹，想是民国十七八年所重修。

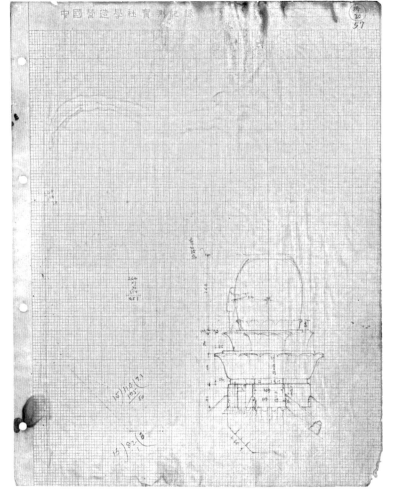

图拾叁-1
释迦塔塔刹构造图（测稿）

图拾叁-2
释迦塔塔刹高度与角度图（测稿）（右页）

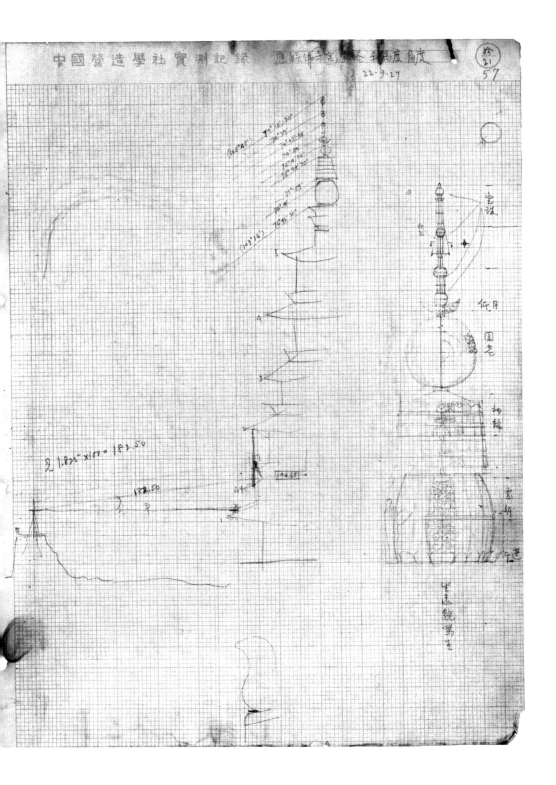

图拾叁-3
释迦塔塔刹

图拾叁-4
释迦塔塔刹刹柱
下端结构

拾肆　藻井
（图拾肆-1至图拾肆-2）

塔内唯最上和最下层用藻井。中段三层内斗栱上虽有算桯枋，但没有平棊或藻井。全塔上下既无藻井曾被破坏的痕迹，且最上、最下层藻井都尚完整，中三层之完全不用，料属原形，并非后世所毁。

第一层内廊一周施平棊，分九格或六格不等。背版方格中画团龙纹，不似旧物，当属同治重修时所做。内部斗八藻井最下一周八面为算桯枋；八角铺作角栱跳头上施斗八阳马，在顶心相交。阳马中段加施横枋一道，将每面画成 A 字形。上半三角形内，小槞与两斜边平行，相交作棱形；下半梯形内，在四隅面者，小槞与底边平行及成正角，相交作正方形；在四正面者小槞与底边成四十五度角，也相交成斜置的正方形。槞子之上始施背版。

第五层内廊一周不施平棊。塔心在南北放置的两道五椽栿之外侧，及栿间之前后部分施方格平棊，正中施斗八藻井。斗八藻井的做法，略如《法式》卷八之制：在两栿之间，上层五椽栿之上，架成方井，其大小略逊于栿间之宽度。方井之上，再施随瓣枋，"抹角勒作八角"成为八角井。井上更施侏儒柱及随瓣枋一重，其上施斗八阳马。阳马上不似第一层之用小槞，而直接钉置背版。这里所见的藻井虽无斗栱，做法却与《法式》所规定者大致相同。

拾伍 装修

（图拾伍-1至图拾伍-3）

木塔第一层围廊南面当心间副阶平柱与塔身外檐平柱之间，用砖墙筑成小 vestibule[1]；其正面全部为大门两扇。两平柱之间所立的立颊（清式称抱框）紧接廊墙的里皮，上施额（清式称上槛），下施地栿（清式称下槛）。地栿两端之下施扁而大的门砧石；额上近两端安门簪两件。沿额及立颊的外周，另加起线框子一道。

北面外檐平柱之间，也安门一道，计两扇，大致与南面门相同，唯因额上距主檐阑额还很远，故需安走马板。

门扇完全无饰，没有门钉，也没有铺首。门簪只安两个，为辽代特征，不似《法式》及后世用四个之多。南面门簪立面长方，平面正方，每边斜抹角，下面雕出四叶花形，颇为别致。北面门簪正面却作菱形。六角形的门簪在明清时期才盛行起来。

[1] 即前厅、门廊。
——编者注

图拾肆-1
释迦塔第一层藻井

图拾肆-2
释迦塔第五层藻井

图拾伍-1
释迦塔第一层大门

图拾伍－2
释迦塔第一层门簪

门框四周所加的边框，在宋代许多砖塔和宋元很多的木构殿宇上，也常看见，是明清以后所没有的特征。

自第二层以上，原来每层在东西南北四正面当心间辟格子门，其余各间俱为篱笆抹灰墙。但去岁再度赴应调查时，则各墙已一律改作格子门。现在只就原物论。

第二层以上各层的格子门，俱不另施额，而利用塔身的阑额及地栿。阑额、地栿之间立桴柱颊，颊间安格子门四扇。门上既无额，所以门簪两枚就直接插在阑额之上。门簪亦作长方形，上下面刻作四入瓣，左右作三入瓣，背面系着鸡栖木（清式称连楹），但地栿背后也用连贯的鸡栖木贴放在楼板上以承下镶，是别处所未见过的。沿桴柱颊之外侧及额上边加安边框，如第一层南面门之制。

门扇狭而高，每面四扇。上下共用腰串（清称抹头）六根，除格眼（花心）及障水版（裙板）外，计腰花版（绦环板）三块。格眼为斜列方格，无毬文等雕饰。

新改的门扇大致与原有者相同。

图拾伍－3
释迦塔内部隔扇图
（测稿）（右页）

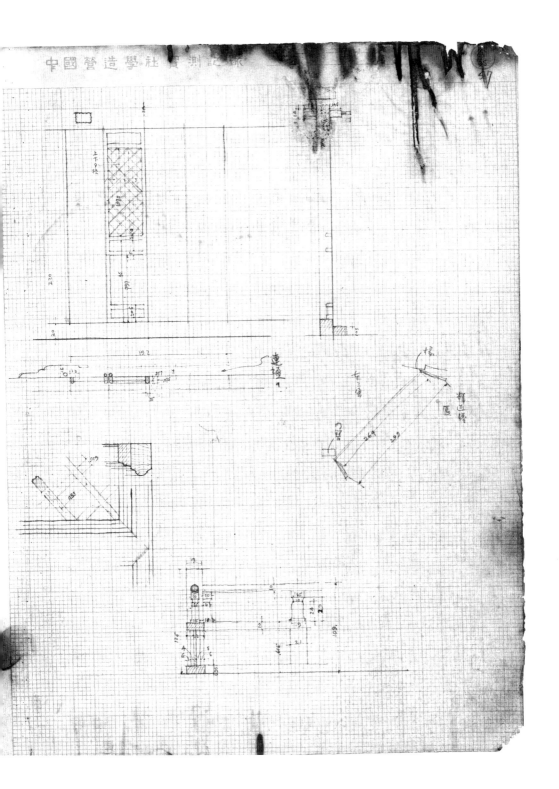

拾陆　勾栏
（图拾陆-1）

第二层以上，各层平坐周围均有勾栏。勾栏的式样为辽代所通用，见于蓟县独乐寺观音阁者。在平坐跳头罗汉枋上施地栿，地栿在八角上相交出头，相交处上立望柱。倚在望柱的两侧及望柱间，更立斗子蜀柱。蜀柱中段安盆唇，上段为斗子撮项，斗上承寻杖。地栿、盆唇及两蜀柱之间，施素板，平净无华。寻杖、盆唇及两斗子撮项之间却是空的。

这种勾栏的用材及结构都极简单：地栿、盆唇、蜀柱都是用同一大小的构材。望柱圆形，顶上截齐，无雕饰；寻杖也是圆形，长贯全面，均属宋辽做法。

图拾陆-1
释迦塔勾栏图

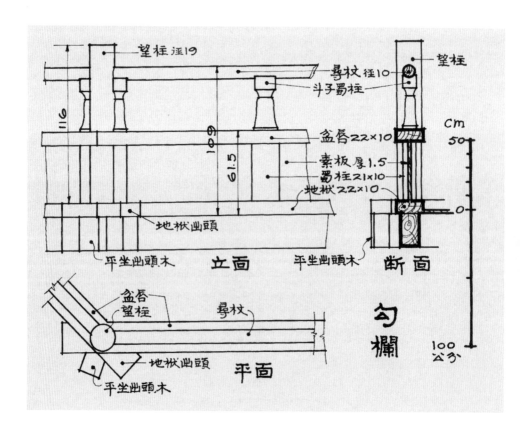

拾柒　楼梯
（图拾柒-1至图拾柒-11）

各层间都有楼梯通达上下。由各主层到上一层平坐的楼梯，距离较长，用材较大；但下到本层下平坐者则较短较小。楼梯的位置，除第一层上檐内部一段在塔之正西面外，其余均放在塔之斜面，以让出各正面辟门的位置。

楼梯的构造，先在楼板上安小方台，楼梯的两颊下端放在方台上。两颊之间有拢颊楔，"卯透颊外，用抱寨"将两颊拘拢；两颊之间安促版及踏版。勾栏不用地栿，直接安于两颊上。由各主层向上梯之下端，皆安望柱，立在小方台上。梯之全长用蜀柱分作若干间，有望柱处则蜀柱倚望柱立。但上端及平坐内梯之上下端均不用望柱，寻杖、盆唇均伸出蜀柱以外。蜀柱为斗子蜀柱，斗上承寻杖，蜀柱盆唇及颊间则安素版。

第五层平坐内梯上端现无蜀柱，也没有望柱，为后世修理时因陋就简地拼凑起来。梯口三面的勾栏则用地栿，素版地位代以卧棱两根。其余各层梯口，现在均无这种三面的勾栏，是否原形，尚是疑问。

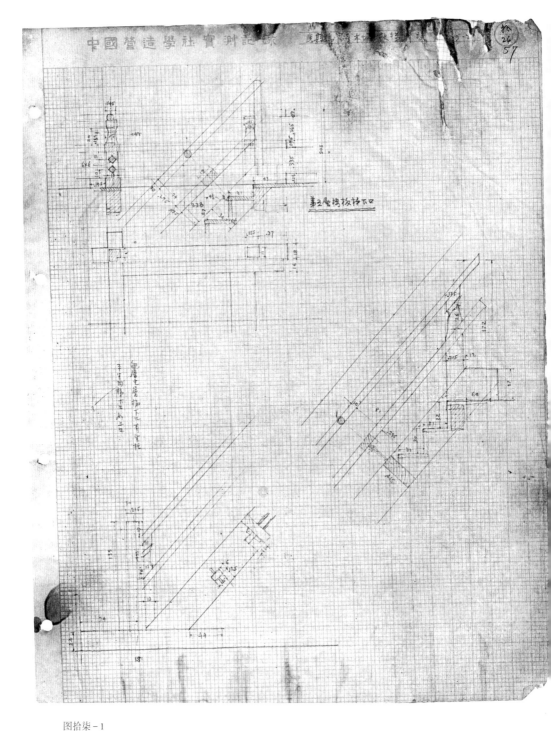

图拾柒 – 1
释迦塔木扶梯详样（测稿）

图拾柒-2
释迦塔第一层楼梯下口

图拾柒-3
释迦塔第三层楼梯上口

图拾柒-4
释迦塔第三层楼梯
下口

图拾柒-5
释迦塔第四层平坐
楼梯上口

图拾柒-6
释迦塔第四层楼梯上口（左上）

图拾柒-7
释迦塔第四层楼梯下口（右上）

图拾柒-8
释迦塔第五层平坐楼梯上口（下）

图拾柒-9
释迦塔第五层平坐楼梯下口（右页左上）

图拾柒-10
释迦塔第五层楼梯下口（右页右上）

图拾柒-11
释迦塔第五层楼梯近视（民国二十年拆除灰墙及内斜戗前）（右页下）

拾捌　墙壁

塔身最下层内外柱两周，皆用砖墙楸砌。墙的高度约合厚之三倍；每面斜收，约合百分之五；颇与《营造法式》卷十五垒砖墙之制相似。墙下段之裙肩，高约合墙之十分之一，为辽代建筑中常见的比例。

自第二层以上，各主层檐柱一周，除四正面辟门处外，都用树枝编为篱笆，外抹灰泥，如现代板条抹灰之制。其做法先在柱间楼板上安地栿，倚柱两侧立槏柱，然后安斜戗一根。柳枝及粗绳编成篱笆，在两面抹上灰泥。这种灰泥墙壁，可避风雨，斜戗对于构架尤能增强其坚固。最近应县士绅，擅将墙壁拆除，代以格子门，不唯毁坏了可贵的古壁画，改变了古建筑的原形，而且对于塔的保固方面，尤有莫大的影响。在最近的将来，必须恢复原状，否则适足以促短塔的寿命而已。

拾玖　彩画

木塔外面的油饰彩画已完全剥落，全部木构架呈现深褐色，古意苍然。各主层斗栱内面及内部梁架均画清式旋子彩画，为同治五年七月所画，各层梁下牌板记着施主及画工姓名。

第一层南面内额之下有横披形的走马板，三格，画三菩萨像，颇饶古趣，也许是原绘而经后世描补的。三格间的短柱画略似卷草宝相华一类的花样，格内四周的难子（清称仔边）则画团棐。顶上一道难子，四瓣卷作壸门样。

第一层内斗栱向外一面彩画是通常的青绿退晕，向里一面却是较富于古趣的五彩遍装，与《营造法式》卷三十四所见者颇相似。算桯枋上画卷草纹。斗八藻井上阳马的花纹，作左右相对的曲线，与高昌唐代壁画佛像背光上的纹样完全相同。藻井小楞相交处则完全饰以古钱花纹。

第五层塔心五椽栿两头画清式旋子，枋心及栿底画卷草宝相华。上层五椽栿露明的一段也如此。斗槽板（？）分三格，画释迦像。随瓣枋亦画旋子，其上八角部分斗槽板画行龙。斗八背版画八角寿字锦纹，间以四出菱花；每面近尖处且饰以八卦。

塔内全部彩画大概都是同治五年所重画。梁架上图案多为清式旋子，其他部分则间有保存古意者，尤其是第一层内部，幽暗无比，同时又不受雨水的渗漏，保存一定相当完整，所以重修时大概无须大规模改画。

贰拾　壁画
（图贰拾-1，图贰拾-2）

第一层南面外廊入门处左、右两壁及内室南面入门处左、右两壁画四天王像拱卫。这四像并非密宗的四天王。内两像及外两像，在布局和笔法上皆显然异其趣旨。

外两像除主像外，有多数恶鬼或童子胁侍。像的姿势较内两像活动，但衣褶及云纹皆略生涩呆板，远逊于内两像，年代亦似较近。大概因为地位近门口，损坏亦较甚。

内两像画幅较狭，各只画大王一尊，背景用云纹衬托。天土头光发出火焰，其上有宝盖。这两尊像，活动之中显着沉静，衣褶、云纹皆生动流利，艺术上的价值，无疑地高过外两像，在年代上也许较古，至少有元乃至金之可能。

第一层塔心内室的墙壁，除南、北两正面辟门外，其余六面都画充满全壁的释迦趺坐像。水浪上浮着莲花，释迦端坐其上，背光、头光皆作正圆形，其彩画纹样与顶上斗八阳马花纹相同，头光之两侧各有飞仙一尊，飘然胁侍，大同华严寺薄伽教藏塑像背光也有同样的花纹，正中佛像背光上亦有飞仙飘翔，虽然有绘塑之别，但有极多相似之点。至于释迦本身，其额褶、眉目、耳朵的下垂部分，颈下的皱纹，乃至衣服的褶纹，都与塔心塑像相同，两者似属同一时代。塔心内室既无光线，又不受风雨的渗漏，本是最宜于保存古壁的地位，所以这几张释迦像大有原物之可能，即使后世补

图贰拾-1
释迦塔第五层壁画之一

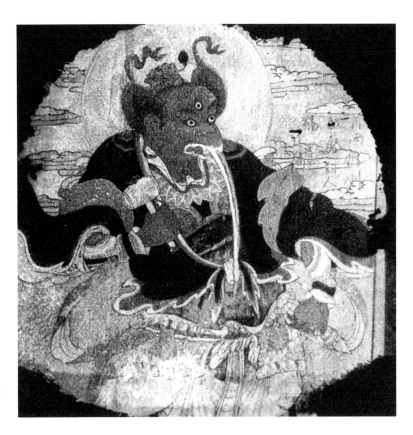

图贰拾-2
释迦塔第五层壁画
之二

描，亦必没有多改原形，因为在这地位，补描是几乎不必需的。

上四层扎枝抹泥的墙壁，在民国二十四年已被拆换为格子门，原来壁画也同归于尽。二十三年秋，我们初度调查时，各斜面当心分为八面壁，梢间一壁；各正面梢间各一壁。每壁画诸天或菩萨或阿罗汉像一尊，每层二十四像，上下共九十六像。由构图及笔法方面看，各像与第一层内壁入口处天王像及壁内面佛像颇相似；但许多地方显示着补描的笔迹。据县立中学王校长说，拆除的时候，壁画剥落下来，露出内面旧壁上更有较古的画像，已为无知的绅士及寺僧毁坏无遗了。现在不唯壁画失亡，且因改换格子门，拆去斜戗，危及塔身的结构，比民国十九年战争中弹时损害尤烈，可谓为木塔八百余年以来最大的厄运，然而当时的破坏却是笼罩在重修的美名下面的。

贰拾壹　塑像

（图贰拾壹-1至图贰拾壹-17）

木塔的正名为"释迦塔"，所以上下五层所供养以释迦像为主。

第一层塔正中供庞大释迦像一躯，连莲座通高约一二·三〇公尺。像跌坐，宽额、圆脸、螺发、环形硬而长耳朵、筒形瘦而短颈、胸部袒裸，肩披袈裟。头面及两手显然经历过了无数次的重妆，已非本来面目，但在全身姿态及衣褶纹路上，尚充分地表现较高的艺术标准。像下为须弥座及仰莲。须弥座颇简朴，八角形平面，并其上仰莲瓣，高逾两公尺。现在塔内墁砖地面，与下层方涩上皮平，混肚上承着颇扁的合莲。束腰部分深入，上叠涩两层，八角有力神肩擎，每面正中用蟠龙间柱一根。上层叠涩的八角且微翘起。须弥座上莲座用仰莲瓣三重；下两重瓣面画宝珠纹，最上重每瓣画释迦跌坐像一躯。

第二层在塔心正中略偏南，置方约□·二〇公尺而底扁的木质佛坛。坛上偏北正中立释迦跌坐像一躯，左右菩萨立像胁侍，其前两侧则为文殊、普贤跌坐像，释迦像亦座高约四公尺强。须弥座上下各叠涩二重，束腰作四象伏驮，象首向四正面。座上仰莲三重，以承跌坐佛像。佛像全体姿态笨拙，衣褶欠流畅，头部比例小，其中能保存多少原形，已难辨别。文殊、普贤两像，座之最下层为方涩两重，平面作十六瓣，每瓣为凹弧线。方涩上面，各以其兽——及象——替代束腰，上层叠涩省去，直接承托莲座。文殊、普贤及侍立两菩萨，体态衣纹虽尚略存古风，但头改面换，俗不可耐。

第三层佛坛平面作八角形，每边长约二·八〇公尺，坛上坐释迦像四躯，各面向东、西、南、北。上四层佛坛中，唯第三层做成

图贰拾壹 – 1
释迦塔第一层主尊
释迦像（左）

图贰拾壹 – 2
释迦塔第一层佛座
下力士像之一（右）

图贰拾壹 – 3
释迦塔第一层佛座
下力士像之二（左）

图贰拾壹 – 4
释迦塔第一层佛座
前香炉（右）

图贰拾壹-5
释迦塔第二层佛像俯视（左页）

图贰拾壹-6
释迦塔第二层当心间佛像

图贰拾壹-8
释迦塔第二层侧侍佛像

图贰拾壹-7
释迦塔第二层佛像侧面

图贰拾壹-9
释迦塔第二层像前小佛

须弥座，下用混肚、合莲、束腰。每面作壸门九间，上叠涩。四座佛像虽大致相同，但南、北两像与东、西两像须弥座做法却两样。佛像的本身，除各个手势不同外，南面像的袈裟只披在左肩，其余三像则并右肩亦披上。南、北须弥座，方涩两层之上，南像以马，北像以鸽（？），替代束腰；上面没有叠涩，而由马或鸽驮着丰满的三层仰莲座；在前面几瓣上，佛的衣袍且垂挂在莲瓣上。东、西两像上下涩各两重，壸门内东像为象，西像为鸟；东面莲瓣三重，西面两重。各像背光都是马蹄形，头光圆形。

第四层佛像的布置是全塔最富于戏剧性者。佛坛为近于正方的长方形，狭面向南、北，在室内位置略偏南。正中唯卢舍那像并座高约四•八五公尺，在上四层中为最大，须弥座上、下两涩，莲瓣三重。迦叶、阿难立侍左右。文殊、普贤在两阿难罗汉之前。狐及象都是立像，作迈步走动状，背莲座上两菩萨，一足下垂，一足跌坐。此外坛上尚有四童子、两番人像，都作舞蹈姿势，与两兽同样地生动，但与释迦、罗汉、菩萨的幽静却是极端的反衬。

第五层佛像的布置最为庄严整齐。佛坛近正方形，较下面任何层的都大，几乎充满内室之全部。坛上供像共九躯，正中为大日如来（？）佛，其余四正面及四角上菩萨八躯全体跌坐。佛像头面部分，似较下面各层佛像所保存古意多一点。须弥座则上下各两涩，束腰有瑞兽伏驮，莲瓣三重。四正面菩萨座是没有上叠涩而以花纹为束腰的那种；菩萨都有双重披肩。四角上菩萨则用上下各两涩的须弥座，一层披肩，两乳上有圆甲（？）遮护。

由上至下各层塑像无疑都是后世所重塑，但由大体上看，我们可以信得过都是就原形加塑的。最后一次的重妆，当民国十八年冬季。

图贰拾壹 – 10
释迦塔第三层西面
佛像正面

图贰拾壹 – 11
释迦塔第三层北面
佛像侧面

图贰拾壹 – 12
释迦塔第三层坛座

图贰拾壹 - 13
释迦塔第四层卢舍那佛像

图贰拾壹 - 14
释迦塔第四层普贤菩萨像

图贰拾壹 - 15
释迦塔第五层本尊佛像之一

图贰拾壹-16
释迦塔第五层本尊佛像之二

图贰拾壹-17
释迦塔第五层侧佛像

貳拾貳　匾额
（图贰拾贰-1，图贰拾贰-2）

木塔上下各层，外檐或内额上悬挂牌匾六十余方，其中颇有历史或美术价者：

第三层南面正中"释迦塔"牌，在全塔诸匾额中最为重要，直书竖悬；除去主文"释迦塔"三大字外，两侧各有方约五公分小字三行，如图所示。

六行小字中，共有七个年号。这匾是金明昌六年（公元1195年），昭信校尉、西京路盐使判官王□岳（？）所书。元、明重修时均就原牌上加刻重修或重建字样。

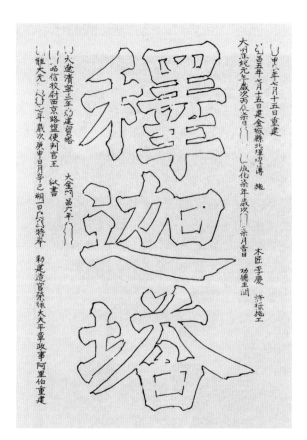

图贰拾贰-1
"释迦塔"匾之文字

图贰拾贰 – 2
释迦塔南面仰望匾额

第五层檐下，南面横牌，文曰"峻极神工"，正中小字曰"世祖文皇帝御题"；竖牌三面，东曰"玩海"，西曰"挂月"，北曰"拱辰"，款署"奉直大夫协正庶尹知应州事关西薛敬之书，弘治三年（公元1490年）岁在庚戌春三月吉旦立"。南面阑额内面上悬"□嵩"一牌，与其他三牌同式，大概是因让避世祖御题额，故悬塔内。

第四层南面檐下额"天下奇观"，为明正德三年（公元1508年）武宗御题。第二层南面檐下有"倚天独立"匾一方，万历丙戌（公元1586年）立，下款不辨。第二层西北面内额上有万历辛亥（公元1611年）郭显忠诗匾一方。此外，各层大小六十余匾额，大多属于清康熙以后，有关史迹的，已详"史略"节内，不必一一赘述了。

赵县大石桥即安济桥
——附小石桥、济美桥

本文原载1934年《中国营造学社汇刊》第五卷第一期。——佘鸣谦注

目 录

一、绪言 ··· 781

二、安济桥 ··· 782

三、永通桥 ··· 789

四、济美桥 ··· 792

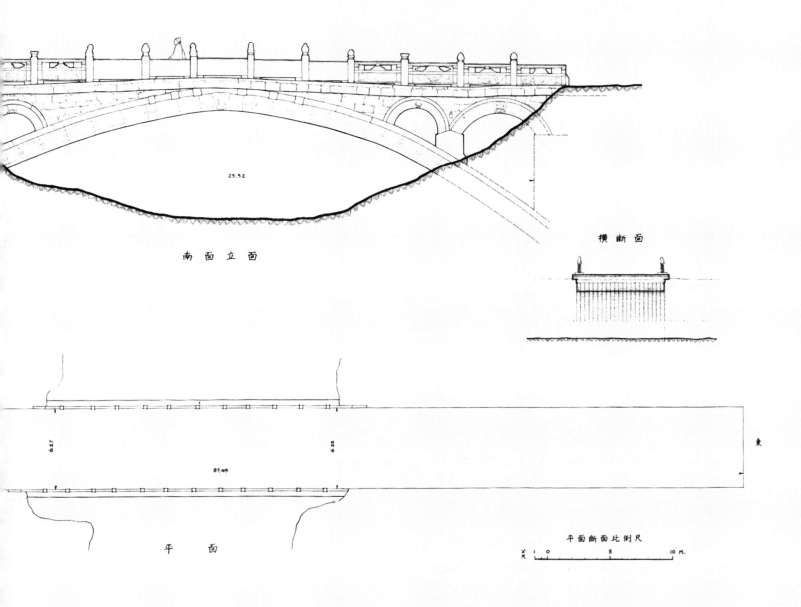

卷首图二
河北赵县永通桥现状实测图

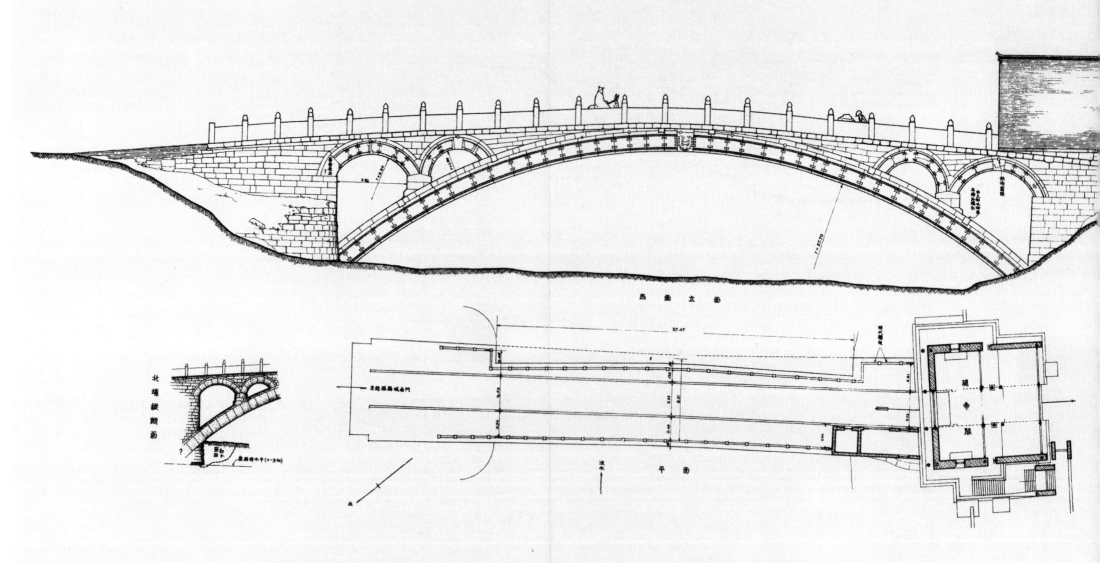

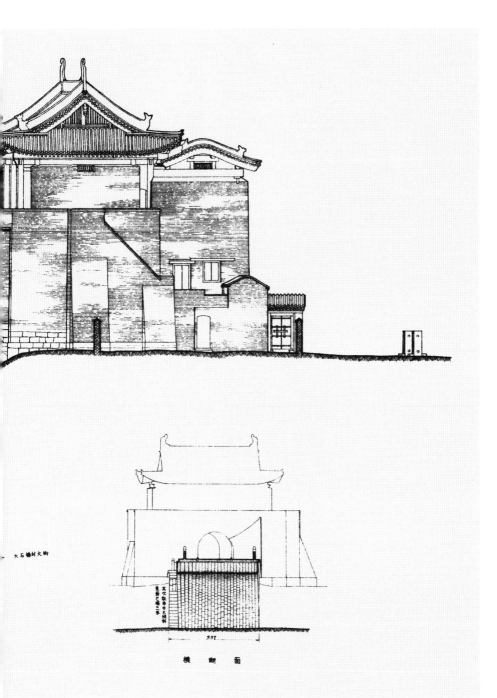

卷首图一
河北赵县安济桥现状实测图

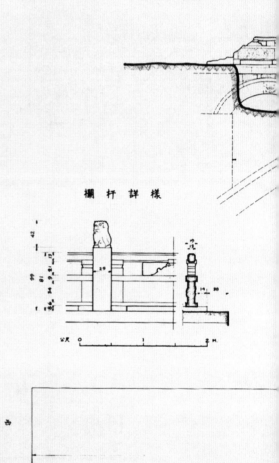

卷首图四（甲）
安济桥西面新栏版

卷首图四（乙）
安济桥东面旧栏版

卷首图五（甲）
安济桥东面损坏处
里券

卷首图五（乙）
安济桥大券底面

卷首图六（甲）
安济桥西面券面
详影

卷首图六（乙）
安济桥大券券伏

卷首图七（甲）
安济桥北端券脚
金刚墙

卷首图七（乙）
安济桥北端两小券
西面

卷首图八（甲）
安济桥桥面鸟瞰（左页）

卷首图八（乙）
安济桥南端关帝阁

卷首图九(甲)
永通桥北面东半部

卷首图九(乙)
永通桥南面西部

卷首图十
永通桥东端北面小券

卷首图十一(甲)
永通桥正德二年栏版之一

卷首图十一(乙)
永通桥正德二年栏版之二

卷首图十二（甲）
永通桥正德二年栏
版驼峰

卷首图十二（乙）
永通桥清代补加栏版

卷首图十三（甲）
永通桥小券撞券石
上河神像之一

卷首图十三（乙）
永通桥小券撞券石
上河神像之二

卷首图十四（甲）
永通桥小券券墩上
浮雕飞马

卷首图十四（乙）
永通桥西端小券北
面券面浮雕

卷首图十五（甲）
济美桥东南面全景

卷首图十五（乙）
济美桥中部小券

卷首图十六（甲）
济美桥撞券石上河神像

卷首图十六（乙）
济美桥券面浮雕《背驰图》

卷首图十七（甲）
20世纪60年代重修赵州桥时在河底挖出的隋代栏版之一

卷首图十七（乙）
20世纪60年代重修赵州桥时在河底挖出的隋代栏版之二

一、绪言

北方有四大胜迹,著名得非常普遍,提起来,乡间的男女老少大半都晓得的"沧州狮子应州塔,正定菩萨赵州桥"。为着给记忆力的方便,这两句歌谣便将那四大胜迹串在一起,成了许多常识之一种。

四处中之赵州桥,在一般平民心目中,更是个熟识的古迹。《小放牛》里的:

> 赵州桥,鲁班爷修,
> 玉石栏杆圣人留,
> 张果老骑驴桥上走,
> 柴王爷推车轧了一道沟……

谁没有听过或哼过它几遍?

这平民心目中的四件宝贝,我前已调查考证过两处。第一处正定,不止是那七十三尺铜铸观音可观,隆兴寺全寺中各个建筑,且是宋代遗建中极重要的实物。第二处应县佛宫寺木塔,全塔木构,高六十余公尺,建于辽清宁二年(公元1056年),为我国木塔中之最古者;巍峨雄壮,经八百余年风雨,依然屹立,宜尊为国宝之一。

这一次考察赵州,不意不单是得见伟丽惊人的隋朝建筑原物,并且得认识研究这千数百年前的结构所取的方式,对于工程力学方面,竟有非常的了解及极经济、极聪明的控制。所以除却沧州铁狮子我尚未得瞻仰不能置辞外,我对于北方歌谣中所称扬的三个宝贝,实在赞叹景仰不能自已,且相信今日的知识阶级中人,对这几件古传瑰宝,确有认识、爱护的必要,敢以介绍人的资格,将我所考察、所测绘的作成报告，附以关于这桥建筑及工程方面的分析，献与国内同好。

除大石桥外，在赵州更得到许多宝贝，其中有两座桥，一座是县城西门外的永通桥，即所谓小石桥；一座是县西南八里宋村的济美桥。因为它们与大石桥多有相同之点，所以一并在此叙述。

在赵州调查期间，蒙县立中学校长耿平允先生及诸教员多方帮忙，并许借住校中；县政府、建设局、保卫团亦处处保护，给予便利，都是我们所极感谢的。

二、安济桥

安济桥——俗呼大石桥——在赵县南门外五里洨水上，一道雄伟的单孔弧券（segmental arch），横跨在河之两岸（卷首图一，卷首图三），在券之两端，各发两小券。桥之北端，有很长的甬道，由较低的北岸村中渐达桥上。南岸的高度比桥背低不多，不用甬道，而在桥头建立关帝阁一座；阁座是砖砌的高台，下通门洞，凡是由桥上经过的行旅，都得由这门洞通行。桥面分为三股道路，正中走车，两旁行人。关帝阁前竖立一对旗杆，好像是区划出大石桥最南头的标识。

这一带的乡下人都相信赵州桥是"鲁班爷修"的，他们并且相信现在所看见的大石券，是直通入水底，成一个整圆券洞！但是大石券由南北两墩壁量起，跨长三七·四七公尺（约十二丈）且为弧券。

按（光绪）《赵州志》卷一：

安济桥在州南五里洨水上，一名大石桥，乃隋匠李春所造，奇巧固护，甲于天下。上有兽迹，相传是张果老倒骑驴处……

关于安济桥的诗铭记赞，志载甚多，其中最重要的为唐中书令张嘉贞的《安济桥铭》：

> 赵州洨河石桥，隋匠李春之迹也；制造奇特，人不知其所以为。试观乎用石之妙，楞平砧斫，方版促郁，缄穹隆崇，豁然无楹，呀可怪也！又详乎义插駢坒，磨砻致密，甃百像一，仍糊灰墁，腰铁絟蹙。两涯嵌四穴，盖以杀怒水之荡突，虽怀山而固护焉。非夫深智远虑，莫能创是。其栏槛蒘柱，锤斫龙兽之状，蟠绕挐踞，眭盱翕欻，若飞若动……

可惜这铭的原石，今已不存。张嘉贞，《新唐书》中有传，武后时，拜监察御史，玄宗开元八年（公元720年）为中书令，当时距隋亡仅百年，既说隋匠李春，当属可靠。其他描写的句子，如"缄穹隆崇，豁然无楹""腰铁絟蹙"和"两涯嵌四穴"，还都与我们现在所见的一样。只是"其栏槛蒘柱，锤斫龙兽之状，蟠绕挐踞，眭盱翕欻，若飞若动"，则已改变。现在桥的西面，有石栏版，正中几片刻有"龙兽之状"，刀法布局，都不见得出奇，当为清代补葺[1]〔卷首图四（甲）〕，东面南端，尚存有旧栏两版〔卷首图四（乙）〕，或者就是《小放牛》里的"玉石栏杆"，但这旧栏也无非是明代重修时遗物而已（详下文）。至于文中"制造奇特，人不知其所以为"，正可表明这桥的造法及式样乃是一个天才的独创，并不是普通匠人沿袭一个时代固有的规矩的作品；这真正作者问题，自当格外严重些。

《志》中所录唐代桥铭，尚有李翱、刘涣、张彧三篇，对于桥的构造和历史虽没有记载，但可证明这桥在唐代已是"天下之雄胜"。这些勒铭的原石，也都不存在了。

在小券的壁上，刻有历代的诗铭题字，其中有大观、宣和及金、元、明的年号。这千三百余年的国宝名迹，将每个时代的景仰，为我们留存到今日。

这坚壮的石桥，在明代以前，大概情形还很好。《州志》录有

[1] 20世纪60年代对大石桥进行大修时，在河底发掘出多块隋代栏版，确如张嘉贞《桥铭》所述精美无比。见卷首图十七。——林洙注

明张居敬《重修大石桥记》，算是修葺的第一次记录。记中说：

> 世庙初，有鬻薪者，以航运置桥下，火逸延焚，至桥石微隙，而腰铁因之剥销；且上为辎重穿敝。先大夫目击而危之，曰："弗茸将就颓也！"以癸亥岁，率里中杜锐等肩其役，垂若而年，石敝如前，余兄弟复谋请李县等规工而董之，令僧人明进缘募得若干缗，而郡守王公，实先为督敕。经始于丁酉秋，而冬告竣，胜地飞梁，依然如故……

按张居敬，隆庆丁卯（公元 1567 年）举人，他的父亲张时泰，嘉靖甲子（公元 1564 年）举人，中举只比他早三年。记中所谓癸亥，大概是嘉靖四十二年（公元 1563 年）。丁酉乃万历二十五年（公元 1597 年）。这是我们所知道修桥的唯一记录，而当时亦只是"石微隙而腰铁剥销"而已。

现在桥之东面已毁坏〔卷首图三（乙），卷首图五（甲）〕，西面石极新。据乡人说，桥之西面于明末坏崩，按当在万历重修之后若干年，而于乾隆年间重修，但并无碑记。桥之东面，亦于乾隆年间崩落，至今尚未修葺。落下的石块，还成列地卧在河床下。现在若想拾起重修，还不是一件很难的事。

石桥所跨的洨水，现在只剩下干涸的河床，掘下二公尺余，方才有水，令人疑惑哪里来的"怒水之荡突"。按《州志》引《旧志》说水有四泉；张孝时《洨河考》谓其"发源于封龙山……瀑布悬崖，水皆从石罅中流出……"《汉书·地理志》则谓"井陉山，洨水所出"；这许多不同的说法，正足以证明洨水的干涸不是今日始有的现象。但是此桥建造之必要，定因如《水经注》里所说"洨水不出山，而假力于近山之泉""受西山诸水，每大雨时行，伏水迅发，建瓴而下，势不可遏""当时颇称巨川，今仅有涓涓细流，唯夏秋霖潦，挟众山泉来注，然不久复为细流矣"。

现在洨水的河床，无疑地比石桥初建的时候高得多。大券的两端，都已被千余年的淤泥掩埋，券的长度无由得知。我们实测的数目，南北较大的小券的墩壁（金刚墙）间之距离为三七·四七公尺，由四十三块大小不同的楔石砌成；但自墩壁以外，大券还继续地向下去，其净跨（clear span）长度，当然在这数目以上。这样大的单孔券，在以楣式为主要建筑方法的中国，尤其是在一千三百余年以前，实在是一桩值得惊异的事情。诚然，在欧洲古建筑中，三十七八公尺乃至四十公尺以上的大券或圆顶，并不算十分稀奇。罗马的班题瓮（Pantheon，公元123年）[1]大圆顶径约四二·五公尺半，半径约二十一公尺；与安济桥约略同时的君士坦丁堡的圣苏非亚教堂（St. Sophia，今为礼拜寺），大圆顶径约三二·六公尺，半径一七·二公尺。安济桥的净跨固然比这些都小，但是一个不可忽视的要点，乃在安济桥的券乃是一个"弧券"，其半径约合二七·七〇公尺；假使它完成整券，则跨当合五五·四〇公尺，应当是古代有数的大券了。

中国用券，最古的例见于周、汉陵墓，如近岁洛阳发现的周末韩君墓，墓门上有石券[2]，旅顺附近南山里诸汉墓，门上皆有圆券[3]；鲁、蜀诸汉墓，亦多发券。至于券桥之产生，文献与实物，俱无佐证，是否受外来影响，尚待考证。我们所知道关于券桥最初的记载，有《水经注》"谷水"条：

> 其水又东，左合七里涧。涧有石梁，即旅人桥。桥去洛阳宫六七里，悉用大石，下圆以通水，题太康三年（公元282年）十一月初就功。

由文义上看来，其为券桥，殆少疑义，且后世记录券桥文字中所常用"几孔"字样，并未见到，所以或许也是一座单孔券桥。后世常见的多孔券桥，其重量须分布于立在河心的墩子上，即今日所谓金刚墙。但是古代河心多用柱——木柱或石柱，石墩见于记载之始者，为唐洛阳天津桥，于贞观十四年（公元640年）"更令石工累

[1] 今译万神庙。近年考订它于公元118年动工，最迟于公元128年完成，穹顶跨度为43.2米。——傅熹年注

[2] 见《国立北平图书馆馆刊》第七卷第一号，《韩君墓发现纪略》。——余鸣谦注

[3] 见《东方考古学丛刊》第三册，《南山里》。——余鸣谦注

方石为脚"[1]，在这种方法发明以前，我颇疑六朝以前的券桥都是单券由此岸达于彼岸的。所以大石桥的尺寸造法虽然非常，但单券则许是当时所知道的唯一办法。

现代通用的砌券方法，是罗马式的纵联砌券法，砌层与券筒的中轴线平行而在各层之间使砌缝相错，使券筒成为一整个的。许多汉代墓券，也是用罗马式砌法。安济桥大券、小券的砌法，出我意外的，乃是巴比伦式的并列砌券法，用二十八道单独的券，并比排列着，每道宽约三十五公分强〔卷首图五（乙）〕。大券厚一·〇三公尺，全部厚度相同。

每石长度并不相同，自七十公分至一〇九公分不等。各块之间皆用"腰铁"两件相连，无论表券（即券面）、里券，都是如此做法〔卷首图五（甲），卷首图六（甲）〕。西面券顶正中的如意石（key stone）刻有兽面，并用腰铁三个；这是近代重修的。券面隐起双线两道，大概是按原状做成。各道券之间并没有密切的联络，除却在大券之上，用厚约三十三公分的石板，依着券筒用不甚整齐的纵联式砌法铺在券上，其主要砌缝与大券二十八道券缝成正角，即清式瓦作发券上之"伏"〔卷首图六（乙）〕。它的功用，似在做各道单独的大券间的联络构材。但是这单薄的伏——尤其是中部——和它上面不甚重的荷载所产生的摩擦力并不足以阻止这些各个券的向外倒

[1] 参看《中国营造学社汇刊》第五卷第一期，刘敦桢《石轴柱桥述要》（西安灞浐丰三桥）。——余鸣谦注

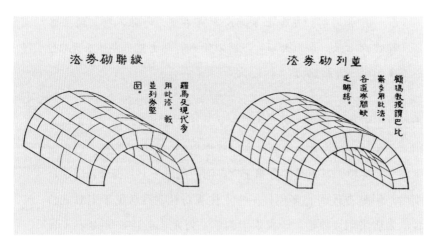

纵联砌券法与并列砌券法图

出的倾向。

大券两端下的券基，为免水流的冲击，必须深深埋入，绝不只在现在所见的券尽处，虽然亦不能如乡人所传全券成一整圆。为要实测券基，我们在北面券脚下发掘，但在现在河床下约七八公寸，即发现承在券下平置的石壁〔卷首图一，卷首图七（甲）〕。石共五层，共高一·五八公尺，每层较上一层稍出台，下面并无坚实的基础，分明只是防水流冲刷而用的金刚墙，而非承纳桥券全部荷载的基础。因再下三四公寸便即见水，所以除非大规模的发掘，实无法进达我们据学理推测的大座桥基的位置。发掘后，我因不得知道桥基造法而失望，也正如乡下人，因不能证实桥券为整圆而大失望一样。

再讲这长扁的大券上面，每端所负的两个小券〔卷首图七（乙）〕，张嘉贞《铭》所说的"两涯嵌四穴"，真是可惊异地表现出一种极近代的进步的工程精神。罗马时代的水沟（aqueduct）诚然也是券上加券，但那上券乃立在下券的券墩上，而且那种引水法，并不一定是智慧的表现，虽然为着它气魄雄厚、古意纵横，博得许多的荣誉。这种将小券伏在大券上，以减少材料、减轻荷载的空撞券法（open spandrel），在欧洲直至近代工程中，才是一种极通用的做法。欧洲古代的桥，如法国蒙托邦（Montauban）14世纪建造的Pont des Consuls，虽然在墩之上部发小券，但小券并不伏在主券上。真正的空撞券桥，至19世纪中叶以后，才盛行于欧洲。布朗温（Brangwyn）与斯帕罗（Sparrow）合著的《说桥》（*A Book of Bridges*），则认为1912年落成的阿尔及利亚康斯坦丁的Point Sidi Rached——一道主券长七十公尺，两端各伏有四小券的桥，是半受罗马水沟影响，半受法国Ceret两古桥（公元1321年）影响的产品。但这些桥计算起来，较安济桥竟是晚七百年，乃至千二百余年。

这两个小券，靠岸的较中间的略大〔卷首图七（乙）〕，也是由二十八道并列的单券合成，如同大券一样，它们也是弧券，虽然在这地位上，用整半圆券或比较更合理。靠岸的一边，有方石砌成的墩壁，以承受第一小券（即较大的一个）一端的推力。第一小券与第二小券（即较小的一个）相接处，用石墩放在大券券面上承托着。在东面损坏处，可以看出券面上凿平，以承托这石墩；西面却是石墩下面斜放在券面的斜面上，想是后世修葺时疏忽的结果。据我们实测，南北四小券都不是规矩的圆弧，但大略说，北端第一小券半径约二·三〇公尺，净跨三·八一公尺，第二小券半径约一·五〇公尺，净跨二·八五公尺；近河心一端的券脚，都比近岸一端的券脚高。小券的厚度为六十六公分，上加厚约二十公分的伏。但在北端西面，第一小券券脚尚是一块旧石，较重修的券面厚约二十公分〔卷首图一，卷首图七（乙）〕，可以看出现状与原状出入处。第二小券上如意石兽面，大概也是重修前的原物。

因为用这种小券，大券上的死荷载便减轻了许多，材料也省了许多，这小券顶与大券顶间的线，便定了桥的面线。桥面以下，券以上的三角形撞券，均用石砌满，上铺厚二十七至二十八公分的石版，以受车马行旅不间断的损耗。

这桥的主要造法既是二十八道单独的弧券，券与券间没有重要的联络构材，所以最要防备的是各个石券向外倒出的倾向。关于这个预防或挽救的方法，在这工程中，除去上述的伏，以砌法与二十八道券成为纵横的联络外，我们共又发现三种：（一）在券面上，小券的券脚处，有特别伸出的石条，外端刻作曲尺形〔卷首图六（甲），卷首图七（乙）〕，希冀用它们钩住势要向外倒出的大券。（二）在小券脚与正中如意石之间，又有圆形的钉头〔卷首图一，卷首图七（乙）〕，表示里面有长大的铁条，以供给石与石间所缺乏的黏着力。但这两种方法之功效极有限，是显而易见的。（三）最可注意的乃是最后一种，这桥的建造是故意使两端阔而中间较狭的（卷首图一）。现在桥面分为三股，中间走车，两旁行人，我们实测的结果，北端两旁栏杆间，距阔九·〇二公尺；南端若将小房移去，当阔约九·二五公尺；而桥之正中，若东面便道与西面同阔（东面便道现已缺三券）则阔仅八·五一公尺。相差之数，竟自五十一公分乃至七十四公分，绝非施工不慎所致。如此做法的理由，固无疑地为设计者预先见到各个单券有向外倾倒的危险，故将中部阔度特意减小，使各道有向内的倾向，来抵制它，其用心可谓周密，施工亦可谓谨慎了。

但即此伟大工程，与自然物理律抗衡，经历如许年岁，仍然不免积渐伤损，所以西面五道券，经过千余年，到底于明末崩倒，修复以后，簇新的石纹，还可以看出。后来东面三道亦于乾隆年间倒了。现在自关帝阁上可以看出桥东面的中部，已经显然有向外崩倒的倾向〔卷首图八（甲）〕，若不及早修葺，则损坏将更进一步了。

桥本身而外，尚有附属建筑物二：

（一）在桥的南端岸上的关帝阁〔卷首图一，卷首图八（乙）〕。阁由前后两部合成，后部是主要部分，一座三楹殿，歇山顶，筑在坚实的砖台上。台下的圆门洞正跨在桥头，凡是由桥上经过的行旅全得由此穿过。由手法上看来，这部分也许是元末明初的结构。前部是上下两层的楼，上层也是三楹；下层外面虽用砖墙，与后部砖台联络相称，内部却非门洞，而是三开间，以中间一间为过道，通联后部门洞，为行人必经之处。上层三楹前殿，用木楼板，卷棚悬山顶。这前部，由结构法上看来，当属后代所加。正殿内阁关羽像，尚雄伟。前檐下的匾额，传说是严嵩的手笔[1]。

（二）靠在阁下，在桥上南端西面便道上，现有小屋数檐，当是清代所加〔卷首图一，卷首图三（甲）〕。

（三）桥之北端，在墩壁的东面，有半圆形的金刚雁翅。按清式做法，雁翅当属桥本身之一部。但这里所见，则显然是后世所加，以保护桥基及堤岸的。

[1] 桥南关帝阁木结构建筑已在解放战争时坍毁，其后砖台也被拆毁。——余鸣谦注

三、永通桥

测绘安济桥之后，在赵县西门外护城河上，意外地我们得识小

石桥，原名永通桥，其式样简直是大石桥缩小的雏形（卷首图二，卷首图九）。

按《州志》卷一：

> 永通桥在西门外清水河上，建置莫详所始，以南有大石桥，因呼"小石桥"。

卷十四录明王之翰《重修永通桥记》：

> 吾郡出西门五十步，穹窿葊状如堆碧，挟沟浍之水……桥名永通，俗名"小石"。盖郡南五里，隋李春所造之"大石"……而是桥因以小名，逊其灵矣。桥不楹而竿，如驾之虹；洞然大虚，如弦之月；旁挟小窦者四，上列倚栏者三十二；缔造之工，形势之巧，直足颉颃"大石"，称二难于天下。……岁丁酉，乡之张大夫兄弟……为众人倡，而大石桥焕然一新……比戊戌，则郡父老孙君、张君欲修此以志缵功……取石于山，因材于地。穿者起之，如砥平也；倚者易之，如绳正也；雕栏之列，兽伏星罗，照其彩也；文石之砌，鳞次绣错，巩其固也。盖戌之秋，亥之夏，为日三百，而大功告成。……父老孙君名寅，张君名历春。

这桥之重修，乃在大石桥重修之明年，戊戌至己亥，公元1598年秋动工，至公元1599年夏完成。这是我们对于桥的历史，除去正德二年（公元1507年）栏版（见下文）刻字外，所得唯一的史料。

在结构法上，小桥与大桥是完全相同的，没有丝毫的差别。两端小券墩壁间的距离为二十五公尺半，大券净跨当较此数略长。大券也是弧券，其半径约为十八公尺半，由二十一道单券排比而成。券上施伏，两端各两小券（卷首图十）。小券的墩壁及券的形式、券墩与大券的关系，与大桥完全一致。唯一不同之点，只在小券尺寸与大券尺寸在比例上微有不同；小桥上的小券，比大桥上的小券，在比例上略大一点。如此正可以表现两桥大小之不同，使能显出它们本身应有的大小比例（scale）[1]。在建筑图案上，此点最为玄妙，"小石"既是完全摹仿"大石"者乃单在此点上，知稍裁制，变换适宜，事情似非偶然。

桥面栏杆之间，一端宽六·二二公尺，一端宽六·二八公尺，并无人行便道（卷首图二）。两端栏杆尽处，桥面石版尚向东面铺出三十公尺余，西面铺出约二十五公尺。现在河之两岸，堆出若干世纪的煤渣垃圾，已将两端券脚掩埋了大部分，垃圾堆上已长出了多座黄土的民房，由这些民房里面仍旧堆出源源不绝的煤渣垃圾，继续这"沧海变桑田"的工作。

这桥除去工程方面的价值外，在雕刻方面，保存下来不少的精品。大石桥的"玉石栏杆"我们虽然看不着了，小石桥栏版上的浮雕，却是的确值得我们特别的注意。现存的石栏版有两类，在建筑艺术上和雕刻术上，都显然表示不同的做法及年代。一类是栏版两端雕作斗子蜀柱，中间用驼峰托斗，以承寻杖，华版长通全版，并不分格的（卷首图十一）；这类中北面有两版，南面有一版，都刻有正德二年（公元1507年）八月的年号。一类是以荷叶墩代斗子蜀柱，华版分作两格的，年代显然较后，大概是清乾嘉间或更晚所作〔卷首图十二（乙）〕。

斗子蜀柱是宋以前的做法，元明以后极少见，据我所知正德二年已不是产生斗子蜀柱的时代，所以疑心有正德年号的栏版，乃是仿照更古的蓝本摹做的。至于驼峰托斗承寻杖〔卷首图十二（甲）〕，这次还是初见；但这种母题，在辽宋建筑构架中，却可常常见到。

在各小券间的撞券石上，都有雕起的河神像（卷首图十三），两位老年有须，两位青年光额，都突起圆睛大眼，自两券相交处探首外望。在位置上和刀法上，都饶有高矗式（gothic）[2]雕刻的风味。北面东端小券墩上浮雕飞马〔卷首图十四（甲）〕，清秀飘逸，与西端券面上的肥鱼〔卷首图十四（乙）〕表现出极相反的风格。

[1] 即建筑物的尺度，是指其所表现的大小是否适当而言。例如门是人出入的孔道，故与人有一定的关系，门太大则建筑物显得小，门小则建筑物显得大。其他各部都如是，因以显出建筑物之尺度（scale）。——余鸣谦注

[2] 即现称哥特式。——编者注

四、济美桥

我们是为拜访宋村石佛寺石佛而走过宋村桥的。按《州志》卷一：

> 济美桥在宋村东北里许水上。万历二十二年（公元1594年），花马营贞孀亢王氏捐赀重修。名"济美"者，所以成先夫志也。

但是我在桥券如意石底面发现的，却是万历二十八年（公元1600年）的刻字。

桥的布局甚为奇特〔卷首图十五（甲）〕，共四孔，两大两小，大者居中，小者在两端；大券的净跨约当小券四倍左右；而两大券之间，复加小券〔卷首图十五（乙）〕，伏于大券之上，其原则与大石桥上小券相同，无疑是受了大桥的影响。

济美桥的发券法，与大石桥、小石桥一样，也是用大券一道，上加伏一层。券面之上起线两道，但不用腰铁。大券也是由多数单券排比而成。但因券短桥狭，所以没有特为联络各道单券而施的构材。大券撞券上的河神像〔卷首图十六（甲）〕，券面上的《背驰图》〔卷首图十六（乙）〕，都是雕刻中之上品。桥上栏杆、栏版内的浮雕，也颇有趣。[1]

注：《安济桥券壁刻字钞录》及（光绪）《赵州志》所载《安济桥永通桥文献照录》两篇附录省略。

[1] 济美桥已在1966年冬拆除。——余鸣谦注

晋汾古建筑预查纪略

林徽因、梁思成

---

* 本文原载1935年《中国营造学社汇刊》第五卷第三期,由林徽因、梁思成合著。——祁英涛注

目 录

汾阳县-峪道河-龙天庙 · · · 856

汾阳县-大相村-崇胜寺 · · · 860

汾阳县-杏花村-国宁寺 · · · 863

文水县-开栅镇-圣母庙 · · · 864

文水县-文庙 · · · 867

汾阳县-小相村-灵岩寺 · · · 868

孝义县-吴屯村-东岳庙 · · · 869

霍县-太清观 · · · 871

霍县-文庙 · · · 871

霍县-东福昌寺 · · · 873

霍县-西福昌寺 · · · 875

霍县-火星圣母庙 · · · 875

霍县-县政府大堂 · · · 876

霍县-北门外桥及铁牛 · · · 877

赵城县-侯村-女娲庙 · · · 878

赵城县-广胜寺下寺 · · · 879

赵城县-广胜寺上寺 · · · 884

赵城县-广胜寺-明应王殿 · · · 889

赵城县-霍山-中镇庙 · · · 890

太原县-晋祠 · · · 892

山西民居 · · · 896

结　尾 · · · 899

卷首图一（甲）
汾阳龙天庙

卷首图一（乙）
龙天庙献食棚及牌楼

卷首图一（丁）
龙天庙正殿斗栱

卷首图一（戊）
龙天庙正殿元匾

卷首图一（丙）
龙天庙正殿前檐及斗栱(左页)

卷首图二（甲）
汾阳大相村崇胜寺
天王门

卷首图二（乙）
崇胜寺天王门斗栱

卷首图二（丙）
崇胜寺天王门前檐斗栱后尾

卷首图二（丁）
崇胜寺天王门后檐斗栱

卷首图二（戊）
崇胜寺钟楼

卷首图三（甲）
崇胜寺天王殿

卷首图三（乙）
崇胜寺前殿

卷首图三（丙）
崇胜寺前殿斗栱

卷首图三（丁）
崇胜寺前殿东配殿斗栱

卷首图四（甲）
崇胜寺正殿

卷首图四（乙）
崇胜寺正殿斗栱

卷首图四（丙）
崇胜寺正殿斗栱后尾

卷首图四（丁）
崇胜寺正殿廊下齐碑

卷首图五（甲）
崇胜寺后殿

卷首图五（乙）
崇胜寺后殿外檐斗栱

卷首图五（丙）
崇胜寺后殿内额及斗栱

卷首图五（丁）
崇胜寺后殿槅扇

卷首图五（戊）
崇胜寺后殿脊饰

卷首图六（甲）
汾阳杏花村国宁寺正殿斗栱

卷首图六（乙）
国宁寺正殿梁架

卷首图六(丙)
文水开栅镇圣母庙正殿

卷首图六（丁）
圣母庙正殿斗栱

卷首图六（戊）
圣母庙正殿歇山结构

卷首图七（甲）
文水文庙大成殿

卷首图七（乙）
文庙大成殿斗栱

卷首图七（丙）
文庙大成殿梁架

卷首图七（丁）
文庙戟门转角斗栱

卷首图八（甲）
汾阳小相村灵岩寺
正殿址及铁佛像

卷首图八（乙）
灵岩寺正殿东侧铁佛像，画面中人物为林徽因

卷首图八（丙）
灵岩寺前殿佛像

卷首图八（丁）
灵岩寺西部残窟券壁

卷首图九（甲）
灵岩寺砖塔（左页）

卷首图九（乙）
灵岩寺水陆楼

卷首图九（丙）
孝义吴屯村东岳庙正殿

卷首图九（丁）
霍县太清观前殿

卷首图九（戊）
太清观前殿斗栱

卷首图十（甲）
霍县文庙大成门

卷首图十（乙）
文庙大成门斗栱

卷首图十（丙）
文庙大成殿

卷首图十（丁）
文庙大成殿斗栱

卷首图十（戊）
文庙大成殿斗栱后尾及梁架

卷首图十一(甲)
霍县东福昌寺正殿

卷首图十一(乙)
东福昌寺正殿东侧
围廊檐部

卷首图十一(丙)
东福昌寺魏造像残石

卷首图十一(丁)
西福昌寺正殿

卷首图十二（甲）
霍县火星圣母庙大门内厢房

卷首图十二（乙）
火星圣母庙正殿

卷首图十二（丙）
火星圣母庙琉璃狮子

卷首图十二（丁）
霍县县政府大堂抱厦及斗栱

卷首图十二（戊）
县政府大堂柱础

卷首图十三（丙）
霍县北门外石桥铁牛

卷首图十三（甲）
霍县北门外石桥

卷首图十三（乙）
霍县北门外石桥栏杆（左页下）

卷首图十三（丁）
赵城县侯村娲皇庙正殿

卷首图十四（甲）
娲皇庙正殿上檐斗栱（左页上）

卷首图十四（乙）
娲皇庙正殿歇山梁架（左页下）

卷首图十四（丙）
娲皇庙正殿门钹

卷首图十四（丁）
娲皇庙宋经幢座雕刻

卷首图十五（甲）
赵城县广胜寺下寺山门

卷首图十五（乙）
广胜寺下寺山门下檐

卷首图十五（丙）
广胜寺下寺前殿前面

卷首图十五（丁）
广胜寺下寺前殿斗栱

卷首图十六（甲） 广胜寺下寺前殿后面

卷首图十六（乙） 广胜寺下寺前殿梁架之一（史克门先生摄影）

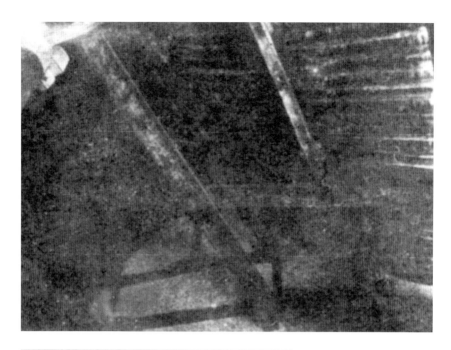

卷首图十六（丙）
广胜寺下寺前殿梁架之二

卷首图十六（丁）
广胜寺下寺前殿僧像

卷首图十七（甲）
广胜寺下寺正殿

卷首图十七（乙）
广胜寺下寺正殿斗栱

卷首图十七（丙）
广胜寺下寺正殿梁架（右页上）

卷首图十七（丁）
广胜寺下寺正殿菩萨（右页左下）

卷首图十七（戊）
广胜寺下寺朵殿（右页右下）

卷首图十八（丙）
广胜寺上寺前殿

卷首图十八（乙）
广胜寺上寺飞虹塔琉璃雕饰（史克门先生摄影）

卷首图十八（甲）
广胜寺上寺飞虹塔

卷首图十八（丁）
广胜寺上寺前殿斗栱

卷首图十八（戊）
广胜寺上寺前殿佛像

卷首图十九（甲）
广胜寺上寺正殿

卷首图十九（乙）
广胜寺上寺正殿斗栱

卷首图十九（丙）
广胜寺上寺正殿菩萨（史克门先生摄影）

卷首图十九（丁）
广胜寺上寺正殿佛帐雕饰

卷首图二十（甲）
广胜寺上寺后殿

卷首图二十（乙）
广胜寺上寺后殿斗栱

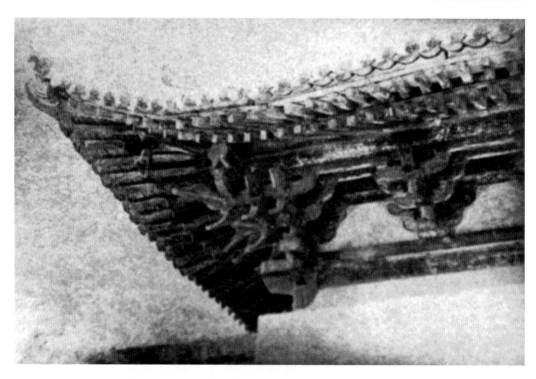

卷首图二十（丙）
广胜寺上寺后殿槅扇

卷首图二十（丁）
广胜寺上寺后殿佛像
（史克门先生摄影）

卷首图二十一（甲）广胜寺龙王庙明应王殿

卷首图二十一（乙）广胜寺龙王庙明应王殿斗栱

卷首图二十一（丙）
赵城县霍山中镇庙
斗栱

卷首图二十二（甲）
太原县晋祠圣母庙
正殿

卷首图二十二(乙)
晋祠圣母庙正殿斗栱

卷首图二十二(丙)
晋祠圣母庙正殿外槽梁架

卷首图二十三（甲）
晋祠圣母庙献殿

卷首图二十三（乙）
晋祠圣母庙献殿斗栱

卷首图二十三（丙）晋祠圣母庙献殿梁架及斗栱后尾

卷首图二十三（丁）晋祠圣母庙献殿前宋铁狮

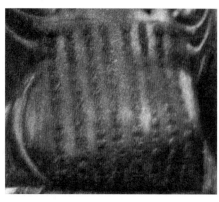

卷首图二十四（甲） 卷首图二十四（乙）
晋祠圣母庙飞梁柱 晋祠宋金人（左下）
及斗栱（上）

卷首图二十四（丙）
晋祠宋金人铸字（右下）

卷首图二十五（甲）
山西村落门楼

卷首图二十五（乙）
山西民居土窑之一

卷首图二十五（丙）
山西民居土窑之二

卷首图二十五(丁)
山西民居土窑之三

卷首图二十五(戊)
山西民居庭院

卷首图二十六（甲）
山西民居砖窑

卷首图二十六（乙）
山西民居砖窑顶上，画面中人物为林徽因

卷首图二十六（丙）
建筑中之土坯砖窑

卷首图二十六（丁）
霍山某民居门神

卷首图二十七（甲）
峪道河磨坊外景

卷首图二十七（乙）
峪道河磨坊内院之一

卷首图二十七（丙）
峪道河磨坊内院之二

卷首图二十七（丁）
山西乡村民居外墙

去夏乘暑假之便，作晋汾之游。汾阳城外峪道河，为山右绝好消夏的去处；地据白彪山麓，因神头有"马跑神泉"，自从宋太宗的骏骑蹄下踢出甘泉，救了干渴的三军，这泉水便没有停流过，千年来为沿溪数十家磨坊供给原动力，直至电气磨机在平遥创立了山西面粉业的中心，这源源清流始闲散地单剩曲折的画意。辘辘轮声既然消寂下来，而空静的磨坊，便也成了许多洋人避暑的别墅。

说起来中国人避暑的地方，哪一处不是洋人开的天地，北戴河、牯岭、莫干山……所以峪道河也不是例外。其实去年在峪道河避暑的，除去一位娶英籍太太的教授和我们外，全体都是山西内地传教的洋人，还不能说是中国人避暑的地方呢。在那短短的十几天，令人大有"人何寥落"之感。

以汾阳峪道河为根据，我们曾向邻近诸县做了多次的旅行，计停留过八县地方，为太原、文水、汾阳、孝义、介休、灵石、霍县、赵城[1]，其中介休至赵城间三百余里，因同蒲铁路正在炸山兴筑，公路多段被毁，故大半竟至徒步，滋味尤为浓厚。餐风宿雨，两周艰苦简陋的生活，与寻常都市相较，至少有两世纪的分别。我们所参诣的古构，不下三四十处，元明遗物，随地遇见，现在仅择要记述。

[1] 解放以后赵城县与洪洞县合并，改称洪赵县，后又改为洪洞县，县治设在原洪洞县址。——孙大章注

汾阳县-峪道河-龙天庙

在我们住处，峪道河的两壁山崖上，有几处小小庙宇。东崖上的实际寺，以风景幽胜著名；神头的龙王庙，因马跑泉享受了千年的烟火，正殿前有拓黑了的宋碑，为这年代的保证，这碑也就是这庙里唯一的"古物"；西岩上南头有一座关帝庙，几经修建，式样混杂，别有趣味；北头一座龙天庙，虽然在年代或结构上并无可以惊人之处，但秀整不俗，我们却可以当它作山西南部小庙宇的代表作品。

龙天庙在西岩上，庙南向，其东边立面、厢庑后背、钟楼及围墙成一长线剪影，隔溪居高临下，隐约白杨间。在斜阳掩映之中，最能引起沿溪行人的兴趣。山西庙宇的远景，无论大小都有两个特征：一是立体的组织，权衡俊美，各部参差高下，大小相依附，从任何视点望去均恰到好处；一是在山西，砖筑或石砌物，斑彩淳和，多带红黄色，在日光里与山冈原野同醉，浓艳夺人，尤其是在夕阳西下时，砖石如染，远近殷红映照，绮丽特甚。在这两点上，龙天庙亦非例外。谷中外人三十年来不识其名，但据这种印象，称这庙作"落日庙"并非无因的。

庙周围土坡上下有盘旋小路，坡孤立如岛，远距村落人家。庙前本有一片松柏，现时只剩一老松，孤傲耸立，缄默如同守卫将士。庙门镇日闭锁，少有开时，苟遇一老人耕作门外，则可暂借锁钥，随意出入；本来这一带地方多是道不拾遗、夜不闭户的，所谓锁钥亦只余一条铁钉及一种形式上的保管手续而已。这现象竟亦可代表山西内地其他许多大小庙宇的保管情形。

庙中空无一人，蔓草晚照，伴着殿庑石级，静穆神秘，如在画中。两厢为"窑"，上平顶，有砖级可登，天晴日美时，周围风景

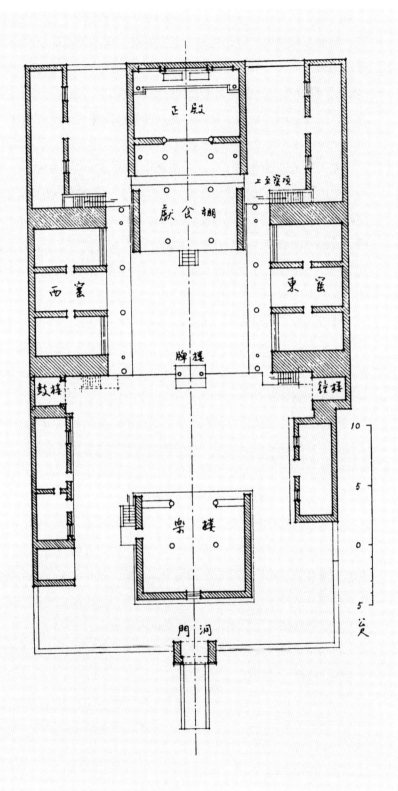

图一 龙天庙平面布置图

全可入览。此带山势和缓，平趋连接汾河东西区域；远望绵山峰峦，竟似天外烟霞，但傍晚时，默立高处，实不禁古原夕阳之感。近山各处全是赤土山级，层层平削，像是出自人工；农民多辟洞"穴居"耕种其上。麦黍赤土，红绿相间成横层，每级土崖上所辟各穴，远望似平列桥洞，景物自成一种特殊风趣。沿溪白杨丛中，点缀土筑平屋小院及磨坊，更显错落可爱。

龙天庙的平面布置（图一），南北中线甚长，南面围墙上辟山门。门内无照壁，却为戏楼背面。山西中部、南部我们所见的庙宇多附属戏楼，在平面布置上没有向外伸出的舞台。楼下部为实心基坛，上部三面墙壁，一面开敞，向着正殿，即为戏台。台正中有山柱一列，预备挂上帷幕可分成前后台。楼左阙门，有石级十余可上下。在龙天庙里，这座戏楼正堵截山门入口处成一大照壁。

转过戏楼，院落甚深，楼之北，左右为钟鼓楼，中间有小小牌楼，庭院在此也高起两三级划入正院。院北为正殿，左右厢房为砖砌窑屋各三间，前有廊檐，旁有砖级，可登屋顶。山西乡间穴居仍盛行，民居喜砌砖为窑（即券洞），庙宇两厢亦多砌窑以供僧侣居住。窑顶平台均可从窑外梯级上下。此点酷似墨西哥红印人之叠层土屋，有立体堆垒组织之美。钟鼓楼也以发券的窑为下层台基，上立木造方亭，台基外亦设砖级，依附基墙，可登方亭。全建筑物以砖造部分为主，与他省木架钟鼓楼异其风趣。

正殿前廊外尚有一座开敞的过厅，紧接廊前称"献食棚"〔卷首图一（乙）〕。这个结构实是一座卷棚式过廊，两山有墙而前后檐柱间开敞，没有装修及墙壁。它的功用则在名义上已很明了，不用赘释了。在别省称祭堂或前殿的，与正殿都有相当的距离，而且不是开敞的，这献食棚实是祭堂的另一种有趣的做法。

龙天庙里的主要建筑物为正殿。殿三间，前出廊，内供龙天及夫人像。按廊下清乾隆十二年碑说：

龙天者，介休令贾侯也。公讳浑，晋惠帝永兴元年，刘元

> 海……攻陷介休，公……死而守节，不愧青天。后人……故建庙崇祀……像神立祠，盖自此始矣……

这座小小正殿，"前廊后无廊"，本为山西常见的做法，前廊檐下用硕大的斗栱，后檐却用极小的乃至不用斗栱，将前后不均齐的配置完全表现在外面，是河北省所不经见的，尤其是在旁面看其所呈现象，颇为奇特。

至于这殿，按乾隆十二年《重增修龙天庙碑记》说：

> 按正殿上梁所志系元季丁亥元顺帝至正七年（公元1347年）重建。正殿三小间，献食棚一间，东、西厦窑二眼，殿旁两小房二间，乐楼三间……鸠工改修，计正殿三大间、献食棚三间、东西窑六眼，殿旁东、西房六间，大门洞一座……零余银备异日牌楼、钟鼓楼之费……

所以我们知道龙天庙的建筑，虽然曾经重建于元季，但是现在所见，竟全是乾嘉增修的新构。

殿的构架，由大木上说，是悬山造，因为各檩头皆伸出到柱中线以外甚远；但是由外表上看，却似硬山造〔卷首图一（甲）〕，因为山墙不在山柱中线上，而向外移出，以封护檩头。这种做法亦为清代官式建筑所无。

这殿前檐的斗栱〔卷首图一（丙）〕权衡甚大，斗栱之高，约及柱高之四分之一；斗栱之布置，亦极疏朗，当心间用补间铺作一朵，次间不用。当心间左右两柱头并补间铺作均用四十五度斜栱。柱身微有卷杀；阑额为月梁式，普拍枋过阑额。这许多特征，在河北省内唯在宋元以前建筑乃得见；但在山西，明末清初比比皆是，但细查各栱头的雕饰〔卷首图一（丁）〕，则光怪陆离，绝无古代沉静的气味；两平柱上的丁头栱（清称雀替）且刻成龙头、象头等形状。

殿内梁架所用梁的断面，亦较小于清代官式的规定，且所用驼峰、替木、叉手等等结构部分，都保留下古代的做法，而在清式中所不见的。

全殿最古的部分是正殿匾牌〔卷首图一（戊）〕，匾文说：

这牌的牌首、牌带、牌舌，皆极奇特，与古今定制都不同，不知是否原物，虽然牌面的年代是确无可疑的。

汾阳县-大相村-崇胜寺

由太原至汾阳公路上，将到汾阳时，便可望见路东南百余公尺处，耸起一座庞大的殿宇，出檐深远，四角用砖筑立柱支着，引人注意。由大殿之东，进村之北门，沿寺东墙外南行颇远，始到寺门。寺规模宏敞，连山门一共六进。山门之内为天王门，天王门内左右为钟鼓楼,后为天王殿,天王殿之后为前殿、正殿(毗卢殿)及后殿(七佛殿)。除去第一进院之外,每院都有左右厢,在平面布置上,完全是明清以后的式样,而在构架上,则差不多各进都有不同的特征,明初至清末各种的式样都有代表"列席"。在建筑本身以外,正殿廊前放着一造像碑,为北齐天保三年物。

天王殿正中弘治元年(公元1488年)碑说:

> 大相里横枕卜山之下……古来舍利稽自大齐天保三年(公元552年),大元延祐四年(公元1317年)……奉敕建立后殿,增饰慈尊,额题崇胜禅寺,于是而渐成规模……大明宣德庚戌五年(公元1430年),功竖中殿,廊庑翼如,周植树千本。……大明成化乙未十一年(公元1475年)……构造天王殿,伽蓝宇祠,堂室俱备……

按现在情形看,天王殿与中殿之间尚有前殿,天王殿前尚有钟楼、鼓楼,为碑文中所未及。而所"植树千本",则一根也不存在了。

山门三间,最平淡无奇;檐下用一斗三升斗栱,权衡甚小,但布置尚疏朗。

天王门三间,左右挟以斜照壁及掖门〔卷首图二(甲)〕。斗栱权衡颇大,布置亦疏朗,每间用补间铺作二朵,角柱微生起,乍看确有古风。但是各栱昂头上过甚的雕饰〔卷首图二(乙)〕,立刻表示其较晚的年代。天王门内部梁架都用月梁。但因前后廊子均异常地浅隘,故前后檐部斗栱的布置都有特别的结构,成为一个有趣的断面;前面用两列斗栱,高下不同,上下亦不相列〔卷首图二(丙)〕,后檐却用垂莲柱〔卷首图二(丁)〕,使檐部伸出墙外。

钟鼓楼,天王门之后,左右为钟鼓楼,其中钟楼结构精巧,前有抱厦,顶用十字脊,山花向前,甚为奇特〔卷首图二(戊)〕。

天王殿五间〔卷首图三(甲)〕,即成化十一年所建,弘治元年碑就立在殿之正中;天王像四尊,坐在东西梢间内。斗栱颇大,当心间用补间铺作两朵，次间用一朵，雄壮有古风。

前殿五间〔卷首图三（乙）〕，大概是崇胜寺最新的建筑物，斗栱用品字式，上交托角替，垫栱板前罗列着全副博古，雕工精细异常，不唯是太琐碎了，而且是违反一切好建筑上结构及雕饰两方面的常规的〔卷首图三（丙）〕。

前殿的东西**配殿**各三间，亦有几处值得注意之点。在横断面上，前后是不均齐的；如峪道河龙天庙正殿一样，"前廊后无廊"，而前廊用极大的斗栱，后廊用小斗栱，使侧面呈不均齐象。斗栱布置〔卷首图三（丁）〕亦疏朗，每间用补间铺作一朵。出跳虽只一跳，在昂下及泥道栱下，却用替木式的短栱实拍承托，如大同华严寺海会殿及应县木塔顶层所见；但在此短栱栱头，又以极薄小之翼形栱相交，都是他处所未见。最奇特的乃在阑额与柱头的连接法，将阑额两端斫去一部，使额之上部托在柱头之上，下部与柱相交，是以一构材而兼阑额及普拍枋两者的功用的。阑额之下，托以较小的枋，长尽梢间，而在当心间插出柱头作角替，也许是《营造法式》卷五所谓"绰幕枋"一类的东西。

正殿（毗卢殿）〔卷首图四（甲）〕大概是崇胜寺内最古的结构，明弘治元年碑所载建于宣德庚戌五年（公元1430年）的中殿即指此。殿是硬山造，"前廊后无廊"，前檐用硕大的斗栱，前后亦不均齐。斗栱布置〔卷首图四（乙）〕，每间只用补间铺作一朵。前后各出两跳，单杪单下昂，重栱造，昂尾斜上，以承上一缝槫〔卷首图四（丙）〕。当心间补间铺作用四十五度斜栱。阑额甚小，上有很宽的普拍枋，一切尚如古制。当心间两柱，八角形，这种柱常见于六朝隋唐的砖塔及石刻，但用木的，这是我们所得见唯一的例。檐出颇远，但只用椽而无飞椽，在这种大的建筑物上还是初见。

前廊西端立北齐天保三年任敬志等造像碑〔卷首图四（丁）〕，碑阳造像两层，各刻一佛、二菩萨，额亦刻佛一尊。上层龛左右刻天王，略像龙门两大天王；座下刻狮子二，碑头刻蟠龙，都是极品；底下刻字则更劲古可爱。可惜佛面已毁，碑阴字迹亦见剥落了。清初顾亭林到汾访此碑，见先生《金石文字记》。

最后为**七佛殿**，七间，是寺内最大的建筑物，在公路上可以望见〔卷首图五（甲）〕。按明万历二十年《增修崇胜寺记》碑，乃"以万历十二年动工，至二十年落成"。无疑地这座晚明结构已替换了"大元延祐四年"的原建，在全部权衡上，这座明建尚保存着许多古代的美德，例如斗栱疏朗、出檐深远，尚表现一些雄壮气概。但各部本身，则尽雕饰之能事。外檐斗栱〔卷首图五（乙）〕上昂嘴特多，弯曲已甚；耍头上雕饰细巧；替木两端的花纹盘缠；阑额下更有龙形的角替；且金柱内额上斗栱坐斗之剔空花〔卷首图五（丙）〕竟将荷载之集中点（主要的建筑部分），做成脆弱的纤巧的花样。匠人弄巧，害及好建筑，以至如此，实令人怅然。虽然在雕工上看来，这些都是精妙绝伦的技艺，可惜太不得其道，以建筑物作卖技之场，结果因小失大。这巍峨大殿，在美术上竟要永远蒙耻低头。

七佛殿槅扇上花心精巧异常，为一种菱花与毯纹混合的花样，在装饰图案上，实是登峰造极的〔卷首图五（丁）〕。殿顶的脊饰，是山西所常见的普通做法〔卷首图五（戊）〕。

汾阳县-杏花村-国宁寺

杏花村是做汾酒的古村，离汾阳甚近。国宁寺大殿，由公路上可以望见。殿重檐，上檐檐椽毁损一部，露出橑檐枋及阑额，远望似唐代刻画中所见双层额枋的建筑，故引起我们绝大的兴趣及希望，及到近前才知道是一片极大的寺址中仅剩的一座极不规矩的正殿。前檐倾圮，檐檩暴落，竟给人以奢侈的误会。廊下乾隆二十八年碑说："敕赐于唐贞观，重建于宋，历修于明代。"现存建筑大约是明时重建的。

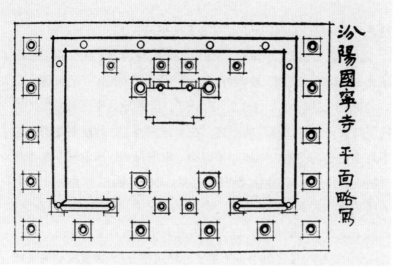

图二
国宁寺平面略图

在山西，明代建筑甚多，形形色色，式样各异，斗栱布置或仍古制，或变换纤巧，陆离光怪，几不若以建筑规制论之。大殿的平面布置几成方形〔图二〕，重檐金柱的分间，与外檐柱及内柱不相排列。而在结构方面，此殿做法很奇特，内部梁架，两山将采步金梁经过复杂勾结的斗栱，放在顺梁上，而采步金上，又承托两山顺扒梁（或大昂尾），法式新异，未见于他处〔卷首图六（乙）〕。

至于下檐前面的斗栱〔卷首图六（甲）〕，不安在柱头上，致使柱上空虚，做法错谬，大大违反结构原则，在老建筑上是甚少有的。

文水县-开栅镇-圣母庙

开栅镇并不在公路上，由大路东转沿着山势，微微向下曲折，因为有溪流，有大树，庙宇、村巷全都隐藏，不易即见。庙门规模甚大，丹青剥落。院内古树合抱，浓荫四布，气味严肃之极。建筑物除北首正殿、南首乐楼巍峨对峙外，尚有东、西两堂，皆南向与正殿并列，雅有古风；廊庑、碑碣、钟楼、偏院，给人以浪漫印象较他庙为深，尤其是因正殿屋顶歇山向前，玲珑古制，如展看画里楼阁。屋顶歇山，山面向前，是宋代极普通的式制，在日本至今还用得很普遍，然而在中国，由明以后，除去城角楼外，这种做法已不多见。正定隆兴寺摩尼殿，是这种做法的，且由其他结构部分看去，我们知道它是宋初物。据我们所见过其他建筑歇山向前的，共有元代庙宇两处，均在正定。此外即在文水开栅镇圣母庙正殿又得见之〔卷首图六（丙）〕。

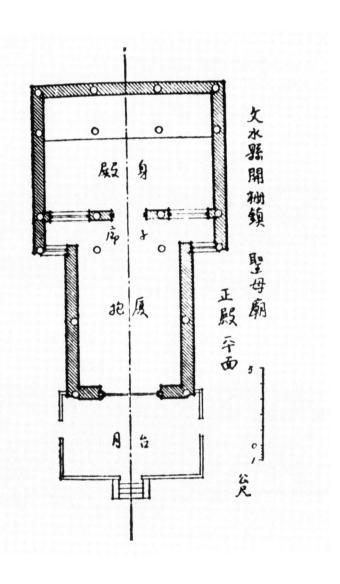

图三
圣母庙正殿平面图

殿平面作凸字形（图三），后部为正方形殿三间，屋顶悬山造，前有抱厦，进深与后部同，面阔则较之稍狭，屋顶歇山造，山面向前。

后部斗栱，单昂出一跳，抱厦则重昂出两跳，布置极疏朗，补间仅一朵。昂并没有挑起的后尾，但斗栱在结构上还是有绝对的机能。耍头之上，撑头木伸出，刻略如麻叶云头，这可说是后来清式挑尖梁头之开始〔卷首图六（丁）〕。前面歇山部分的构架〔卷首图六（戊）〕，榑枋全承在斗栱之上，结构精密，堪称上品。正定阳和楼前关帝庙的构架和斗栱，与此多有相同的特征。但此处内部木料非常粗糙，呈简陋印象。

抱厦正面骤见虽似三间，但实只一间，有角柱而无平柱，而代之以槏柱（或称抱框），额枋是长同通面阔的。额枋的用法正面与侧面略异，亦是应注意之点，侧面额枋之上用普拍枋，而正面则不用；正面额枋之高度，与侧面额枋及普拍枋之总高度相同，这也是少见的做法。

至于这殿的年代，在正面梢间壁上有元至元二十年（公元1283年）嵌石，刻文说：

> 夫庙者元近西溪，未知何代……后于此方要修其庙……梁书万岁大汉之时，天会十年季春之月……今者石匠张莹，嗟岁月之弥深，睹栋梁之抽换……恐后无闻，发愿刻碑……

刻石如是。由形制上看来，殿宇必建于明以前，且因与正定关帝庙相同之点甚多，当可断定其为元代物。

圣母庙在平面布置上有一特殊值得注意之点。在正殿之东、西，各有殿三间，南向，与正殿并列，尚存魏晋六朝东、西堂之制。关于此点，刘敦桢先生在本刊五卷二期已申论得很清楚，不必在此赘述了。

文水县-文庙

文水县，县城周整，文庙建筑亦宏大出人意外。院正中泮池，两边廊庑，碑石栏杆，围衬大成门及后殿，壮丽较之都邑文庙有过无不及；但建筑本身分析起来，颇多弱点，仅为山西中部清以后虚有其表的代表作之一种。庙里最古的碑记，有宋元符三年的县学进士碑，元、明历代重修碑也不少。就形制看来，现在殿宇大概都是清以后所重建。

正殿〔卷首图七（甲）〕，开间狭而柱高，外观似欠舒适。柱头上用阑额和由额，二者之间用由额垫板，间以"荷叶墩"，阑额之上又用肥厚的普拍枋〔卷首图七（乙）〕，这四层构材，本来阑额为主，其他为辅，但此处则全一样大小，使宾主不分，极不合结构原则。斗栱不甚大，每间只用补间铺作一朵。坐斗下面，托以"皿板"，刻作古玩座形，当亦是当地匠人纤细弄巧做法之一种表现。斗栱外出两跳华栱，无昂，但后尾却有挑杆，大概是由耍头及撑头木引上。两山柱头铺作承托顺扒梁外端，内端坦然放在大梁上却倒率直〔卷首图七（丙）〕。

戟门三间，大略与大成殿同时。斗栱前出两跳，单杪单下昂，正心用重栱，第一跳单栱上施替木承罗汉枋，第二跳不用栱，跳头直接承托替木，以承挑檐枋及檐桁，也是少见的做法。转角铺作不用由昂，也不用角神或宝瓶，只用多跳的实拍栱（或靴楔），层层伸出，以承角梁，这做法不止新颖，且较其他常见的尚为合理〔卷首图七（丁）〕。

汾阳县-小相村-灵岩寺

小相村与大相村一样在汾阳、文水之间的公路旁，但大相村在路东，而小相村却在路西，且离汾阳亦较远。灵岩寺在山坡上，远在村后，一塔秀挺，楼阁巍然，殿瓦琉璃，辉映闪烁夕阳中，望去易知为明清物，但景物婉丽可人，不容过路人弃置不睬。

离开公路，沿土路行可四五里，达村前门楼。楼跨土城上，底下圆券洞门，一如其他山西所见村落。村内一路贯全村前后，雨后泥泞崎岖，难同入蜀，愈行愈疲，愈觉灵岩寺之远，始悟汾阳一带，平原楼阁远望转近，不易用印象来计算距离的。及到寺前，残破中虽仅存山门券洞，但寺址之大，一望而知。

进门只见瓦砾土丘，满目荒凉，中间天王殿遗址，隆起如冢，气象皇堂。道中所见砖塔及重楼，尚落后甚远，更进又一土丘，当为原来前殿——中间露天趺坐两铁佛，中挟一无像大莲座；斜阳一瞥，奇趣动人，行人倦旅，至此几顿生妙悟，进入新境。再后当为正殿址，背景里楼塔愈迫近，更有铁佛三尊〔卷首图八（甲）〕，趺坐慈静如前，东首一尊且低头前伛，现悯恻垂注之情〔卷首图八（乙）〕。此时远山晚晴，天空如宇，两址反不殿而殿，严肃丽都，不借梁栋丹青，朝拜者亦更沉默虔敬，不由自主了。

铁像有明正德年号，铸工极精，前殿正中一尊已倾欹坐地下，半埋入土，塑工清秀，在明代佛像中可称上品〔卷首图八（丙）〕。

灵岩寺各殿本皆发券窑洞建筑，砖砌券洞繁复相接，如古罗马遗建，由断墙土丘上边下望，正殿偏西，残窑多眼尚存。更像隧道密室相关联，有阴森之气，微觉可怕，中间多停棺柩，外砌砖椁，印象亦略如罗马石棺，在木造建筑的中国里探访遗迹，极少有此经验的。券洞中一处，尚存券底画壁〔卷首图八（丁）〕，颜色鲜好，画工精美，当为明代遗物。

砖塔在正殿之后，建于明嘉靖二十八年。这塔可作晋、冀两省一种晚明砖塔的代表〔卷首图九（甲）〕。

砖塔之后，有砖砌小城，由旁面小门入方城内，别有天地，楼阁廊舍，尚极完整，但阒无人声，院内荒芜，野草丛生，幽静如梦；与"城"以外的堂皇残址，露坐铁佛，风味迥殊。

这院内左右配殿各窑五眼，窑筑巩固，背面向外，即为所见小城墙。殿中各余明刻木像一尊。北面有基窑七眼，上建楼殿七大间〔卷首图九（乙）〕，即远望巍然有琉璃瓦者。两旁更有箥楼，石级露台曲折，可从窑外登小阁，转入正楼。夕阳落漠，淡影随人转移，处处是诗情画趣，一时记忆几不及于建筑结构形状。

下楼徘徊在东西配殿廊下看读碑文。在荆棘拥护之中，得朱之俊崇祯年间碑，碑文叙述水陆楼的建造原始甚详。

朱之俊自述："夜宿寺中，俄梦散步院落，仰视左右，有楼翼然，赫辉壮观，若新成形……觉而异焉，质明举似普门师，师为余言水陆阁像，颇与梦合。余因征水陆缘起，慨然首事……"

各处尚存碑碣多座，叙述寺已往的盛史。唯有现在破烂的情形及其原因，在碑上是找不出来的。

正在留恋中，老村人好事进来，打断我们的沉思，开始问答，告诉我们这寺最后的一页惨史。据说是光绪二十六年替换村长时，新旧两长各竖一帜，怂恿村人械斗，将寺拆毁。数日间竟成一片瓦砾之场，触目伤心；现在全寺余此一院楼厢，及院外一塔而已。

孝义县-吴屯村-东岳庙

由汾阳出发南行，本来可雇教会汽车到介休，由介休改乘公共汽车到霍州、赵城等县。但大雨之后，道路泥泞，且同蒲路正在炸山筑路，公共汽车道多段已拆毁不能通行，沿途跋涉露宿，大部竟以徒步得达。

我们曾因道阻留于孝义城外吴屯村，夜宿村东门东岳庙正殿廊下；庙本甚小，仅余一院一殿，正殿结构奇特，屋顶的繁复做法是我们在山西所见的庙宇中最已甚的。小殿向着东门，在田野中间镇座，好像乡间新娘，满头花钿，正要回门的神气〔卷首图九（丙）〕。

庙院平铺砖块，填筑甚高，围墙矮短如栏杆，因墙外地洼，用不着高墙围护；三面风景，一面城楼，地方亦极别致。庙厢已作乡间学校，但仅在日中授课，顽童日出即到，落暮始散。夜里仅一老人看守，闻说日间亦是教员，薪金每年得二十金而已。

院略为方形，殿在院正中，平面则为正方形，前加浅隘的抱厦。两旁有斜照壁，殿身屋顶是歇山造，抱厦亦然，但山面向前，与开栅圣母正殿极相似，但因前为抱厦，全顶呈繁乱状，加以装饰物，愈富缛不堪设想。这殿的斗栱甚为奇特，其全朵的权衡，为普通斗栱所不常有，因为横栱——尤其是泥道栱及其慢栱——甚短，以致斗栱的轮廓耸峻，呈高瘦状。殿深一间，用补间斗栱三朵。抱厦较殿身稍狭，用补间铺作一朵，各层出四十五度斜昂。昂嘴纤弱，颤入颇深。各斗栱上的耍头，厚只及材之半，刻作霸王拳，劣匠弄巧的弊病，在在可见。

侧面阑额之下，在柱头外用角替，而不用由额，这角替外一头伸出柱外，托阑额头下，方整无饰，这种做法无意中巧合力学原则，倒是罕贵的一例。檐部用椽子一层，并无飞椽，亦奇。但建造年月不易断定。我们夜宿廊下，仰首静观檐底黑影，看凉月出没云底，星斗时现时隐，人工自然，悠然融合入梦，滋味深长。

霍县－太清观

以上所记，除大相村崇胜寺规模宏大及圣母庙年代在明以前，结构适当外，其他建筑都不甚重要。霍州县城甚大，庙观多，且魁伟，登城楼上望眺，城外景物和城内嵯峨的殿宇对照，堪称壮观。以全城印象而论，我们所到各处，当无能出霍州右者。

霍县太清观在北门内，志称宋天圣二年，道人陶崇人建，元延祐三年道人陈泰师修。观建于土丘之上，高出两旁地面甚多，而且愈往后愈高，最后部庭院与城墙顶平，全部布局颇饶趣味。

观中现存建筑多明清以后物。唯有前殿〔卷首图九（丁）〕，额曰"金阙玄元之殿"，最饶古趣。殿三间，悬山顶，立在很高的阶基上；前有月台，高如阶基。斗栱雄大，重栱重昂造，当心间用补间铺作两朵，梢间用一朵。柱头铺作〔卷首图九（戊）〕上的耍头，已成挑尖梁头形式，但昂的宽度，却仍早制，未曾加大。想当是明初近乎官式的作品。这殿的檐部，也是不用飞椽的。

最后一殿，歇山重檐造，由形制上看来，恐是清中叶以后新建。

霍县－文庙

霍县文庙，建十元至元间，现在大门内还存元碑四座。由结构上看来，大概有许多座殿宇还是元代遗构。在平面布置上，自大成门左右一直到后面，四周都有廊庑，显然是古代的制度。可惜现在全庙被划分两半，前半——大成殿以南——驻有军队，后半是一所小学校，前后并不通行，各分门户，与我们视察上许多不便。

前后各主要殿宇，在结构法上是一贯的。棂星门以内，便是大成门〔卷首图十（甲）〕，门三间，屋顶悬山造。柱瘦高而额细，全部权衡颇高，尤其是因为柱之瘦长，颇类唐代壁画中所常视的现象。斗栱简单〔图四，卷首图十（乙）〕，单杪四铺作，令栱上施替木，以承橑檐槫。华栱之上施耍头，与令栱及慢栱相交，耍头后尾作楷头，承托在梁下；梁头也伸出到楷头之上，至为妥当合理。斗栱布置疏朗，每间只用补间铺作一朵，放在细长的阑额及其厚阔的普拍枋上。普拍枋出柱头处抹角斜割，与他处所见元代遗物刻海棠卷瓣者略同。中柱上亦用简单的斗栱，华栱上一材，前后出楷头以承大梁。左、右两中柱间用柱头枋一材在慢栱上相连；这柱头枋在左右中柱上向梢间出头作蚂蚱头，并不通排山。大成门梁架用材轻爽经济，将本身的重量减轻，是极妥善的做法。我们所见檐部只用圆椽，其上无飞檐椽的，这又是一例。

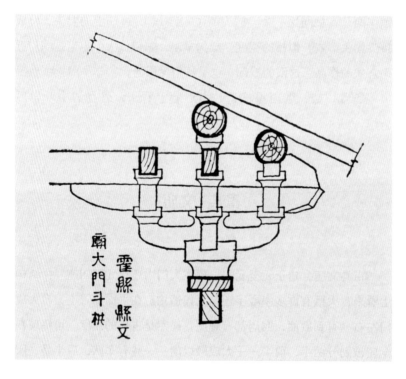

图四 文庙大门斗栱图

大成殿亦三间〔卷首图十（丙）〕，规模并不大。殿立在比例高耸的阶基上，前有月台；上用砖砌栏杆（这矮的月台上本是用不着的）。殿顶歇山造。全部权衡也是峻耸状。因柱子很高，故斗栱比例显得很小。

斗栱〔卷首图十（丁）〕，单下昂四铺作，出一跳，昂头施令栱以承檐榑及枋。昂嘴势圜和，但转角铺作角昂及由昂则较为纤长。昂尾单独一根〔卷首图十（戊）〕斜挑下平榑下，结构异常简洁，也许稍嫌薄弱。斗栱布置疏朗，每间只用补间铺作一朵，三角形的垫栱板在这里竟成扁长形状。

歇山部分的构架，是用两层的丁栿将山部托住。下层丁栿与阑额平，其上托斗栱。上层丁栿外端托在外檐斗栱之上，内端在金柱上，上托山部构架。

霍县-东福昌寺

祝圣寺原名东福昌寺，明万历间始改今名。唐贞观四年，僧清宣奉敕建。元延祐四年，僧圆琳重建，后改为霍山驿。明洪武十八年，仍建为寺。现时因与西福昌寺关系，俗称上寺、下寺。就现存的建筑看，大概还多是元代的遗物。

东福昌寺诸建筑中，最值得注意的莫过于正殿。殿七楹，斗栱疏朗，尤其在昂嘴的势上，富于元代的意味。殿顶结构，至为奇特〔卷首图十一（甲）〕。乍见是歇山顶，但是殿本身屋顶与其下围廊顶是不连续成一整片的，殿上盖悬山顶，而在周围廊上盖一面坡顶（围廊虽有转角绕殿左右，但止及殿左右朵殿前面）。上面悬山顶有它自己的勾滴，降一级将水泄到下面一面坡顶上。汉代遗物中，瓦顶有这种两坡做法，如高颐石阙及纽约博物馆藏汉明器，便是两个例，其中一个是四阿顶，一个是歇山顶。日本奈良法隆寺玉虫厨子

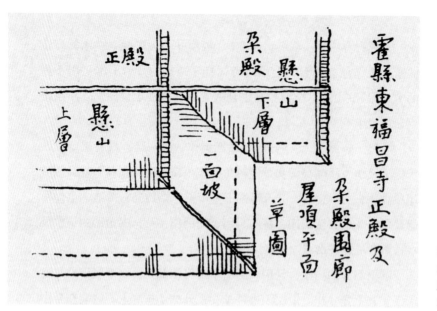

图五 东福昌寺正殿及朵殿围廊屋顶平面草图

也用同式的顶。这种古式的结构,不意在此得见其遗制,是我们所极高兴的。

在正殿左右为朵殿,这朵殿与正殿殿身、正殿围廊三部屋顶连接的结构法〔卷首图十（乙）、图五〕至为妥善,在清式建筑中已不见这种智巧灵活的做法,官式规制更守住呆板办法删除特种变化的结构,殊可惜。

正殿阶基颇高,前有月台,阶基及月台角石上均刻蟠龙,如《营造法式》石作之制;此例雕饰曾见于应县佛宫寺塔月台角石上。可见此处建筑规制必早在辽、明以前。

后殿由形制上看,大概与正殿同时,当心间补间铺作用斜栱、斜昂,如大同善化寺金建三圣殿所见。

后殿前庭院正中,尚有唐代经幢一柱存在,经幢之旁,有北魏造像残石,用砖龛砌护〔卷首图十一（丙）〕。石原为五像,弥勒（？）正中坐,左右各二菩萨胁侍,惜残破不堪;左面二菩萨且已缺毁不存。弥勒垂足交胫坐,与云冈初期作品同,衣纹体态,无一非北魏初期的表征,古拙可喜。

霍县-西福昌寺

西福昌寺与东福昌寺在城内大街上东西相称。按《霍州志》，贞观四年，敕尉迟恭监造。初名普济寺。太宗以破宋老生于此，贞观三年，设建寺以树福田，济营魄。乃命虞世南、李百药、褚遂良、颜师古、岑文本、许敬宗、朱子奢等为碑文。可惜现时许多碑石，一件也没有存在的了。

现在正殿五间〔卷首图十一（丁）〕，左右朵殿三间，当属元明遗构。殿廊下金泰和二年碑，则称寺创自太平兴国三年。前廊檐柱尚有宋式覆盆柱础。

前殿三间，歇山造，形制较古，门上用两门簪，也是辽宋之制。殿内塑像，颇似大同善化寺诸像。惜过游时，天色已晚，细雨不辍，未得摄影。但在殿中摸索，燃火在什物尘垢之中，瞻望佛容而已。

全寺地势前低后高。庭院层层高起，亦如太清观，但跨院旧址尚广，断墙倒壁，老榭荒草中，杂以民居，破落已极。

霍县-火星圣母庙

火星圣母庙在县北门内。这庙并不古，却颇有几处值得注意之点。在大门之内，左右厢房各三间，当心间支出垂花雨罩，新颖可爱，足供新设计参考采用〔卷首图十二（甲）〕。正殿及献食棚屋顶的结构，各部相互间的联络，在复杂中倒合理有趣。在平面的布置上，正殿三间，左右朵殿各一间，正殿前有廊三间，廊前为正方形献食棚，左右廊子各一间〔卷首图十二（乙）〕。这多数相联络殿廊的屋顶（图六），

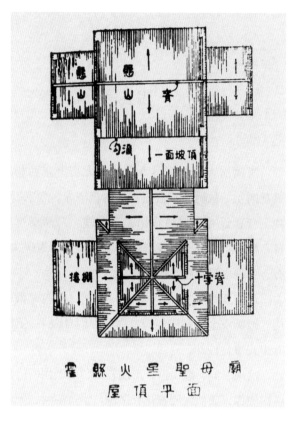

图六
火星圣母庙屋顶平面图

正殿及朵殿悬山造，殿廊一面坡顶，较正殿顶低一级，略如东福昌寺大殿的做法。献食棚顶用十字脊，正面及左右歇山，后面脊延长，与一面坡相交；左右廊子则用卷棚悬山顶。全部联络法至为灵巧，非北平官式建筑物屋顶所能有。

献食棚前琉璃狮子一对〔卷首图十二（丙）〕，塑工至精，纹路秀丽，神气生猛，堪称上品。

东廊下明清碑碣及嵌石颇多。

霍县-县政府大堂

在霍县县政府大堂的结构上，我们得见到滑稽绝伦的建筑独例。大堂前有抱厦,面阔三间。当心间阔而梢间稍狭,四柱之上,以极小的阑额相连,其上却托着一整根极大的普拍枋,将中国建筑传统的构材权衡完全颠倒。这还不足为奇;最荒谬的是这大普拍枋之上,承托斗栱七朵,朵与朵间都是等距离,而没有一朵是放在任何柱头之上〔卷首图十二(丁)〕,作者竟将斗栱在结构上之原意义完全忘却,随便位置。斗栱位置不随立柱安排,除此一例外,唯在以善于作中国式建筑自命的慕菲氏[1]所设计的南京金陵女子大学得又见之。

[1] 即亨利·墨菲(Henry Killam Murphy),美国建筑设计师。
——编者注

斗栱单昂四铺作,令栱与耍头相交,梁头放在耍头之上。补间铺作则将撑头木伸出于耍头之上,刻作麻叶云。令栱两散斗特大,两旁有卷耳,略如 Ionic 柱头形。中部几朵斗栱,大斗之下,用版块垫起,但其作用与皿板并不相同。阑额两端刻卷草纹,花样颇美。柱础宝装莲瓣覆盆,只分八瓣,雕工精到〔卷首图十二(戊)〕。

据壁上嵌石,元大德九年(公元1305年),某宗室"自明远郡(现地名待考)朝觐往返,霍郡适当其冲,虑郡廨隘陋",所以增大重建。至于现存建筑物的做法及权衡,古今所无,年代殊难断定。

县府大门上斗栱(图七),华栱层层作卷瓣,也是违背常规的做法。

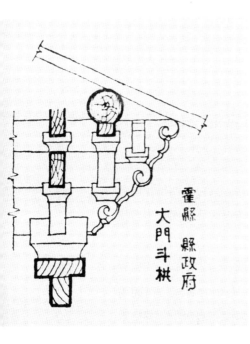

图七
县政府大门斗栱图

霍县-北门外桥及铁牛

北门桥上的铁牛,算是霍州一景,其实牛很平常,桥上栏杆则在建筑师的眼中不但可算一景，简直可称一出喜剧。

桥五孔，是北方所常见的石桥，本无足怪〔卷首图十三（甲）〕。少见的是桥栏杆的雕刻，尤以望柱为甚。栏版的花纹，各个不同，或用莲花、如意、万字、钟、鼓等等纹样，刻工虽不精而布置尚可，可称粗枝大叶的石刻。至于望柱，柱头上的雕饰，则动植物、博古、几何形，无所不有，个个不同，没有重复，其中如猴子、人手、鼓、瓶、佛手、仙桃、葫芦、十六角形块，以及许多无名的怪形体，粗糙罗列，如同儿戏，无一不足，令人发笑〔卷首图十三（乙）〕。

至于铁牛〔卷首图十三（丙）〕，与我们曾见过无数的明代铁牛一样，笨蠢无生气，虽然相传为尉迟恭铸造，以制河保城的。牛日夜为村童骑坐抚摸，古色光润，自是当地一宝。

赵城县-侯村-女娲庙

由赵城县城上霍山，离城八里，路过侯村。离村三四里，已看见巍然高起的殿宇。女娲庙《志》称唐构，访谒时我们固是抱着很大的希望的。

庙的平面，地面深广，以正殿——娲皇殿——为中心，四周为廊屋，南面廊屋中部为二门，二门之外，左右仍为廊屋，南面为墙，正中辟山门，这样将庙分为内外两院。内院正殿居中，外院则有碑亭两座东西对立，印象宏大。这种是比较少见的平面布置。

按庙内宋开宝六年碑："乃于平阳故都，得女娲原庙重修……南北百丈，东西九筵；雾罩檐楹，香飞户牖……"但《志》称天宝六年重修，也许是开宝六年之误。次古的有元至元十四年重修碑，此外明清两代重修或祀祭的碑碣无数。

现存的正殿五间〔卷首图十三（丁）〕，重檐歇山，额曰娲皇殿。

柱高瘦而斗栱不甚大。上檐斗栱〔卷首图十四（甲）〕，重栱双下昂造，每间用补间铺作一朵；下檐单下昂，无补间铺作。就上檐斗栱看，柱头铺作的下昂，较补间铺作者稍宽，其上有颇大的梁头伸出，略具"桃尖"之形，下檐亦有梁头，但较小。就这点上看来，这殿的年代，恐不能早过元末明初。现在正脊桁下且尚大书崇祯年间重修的字样。

柱头间联络的阑额甚细小，上承宽厚的普拍枋。歇山部分的梁架也似汾阳国宁寺所见，用斗栱在顺梁（或额）上承托采步金梁，因顺梁大小只同阑额，颇呈脆弱之状〔卷首图十四（乙）〕。这殿的彩画，尤其是内檐的，尚富古风，颇有《营造法式》彩画的意味（图同上）。殿门上铁铸门钹〔卷首图十四（丙）〕，门钉铸工极精俊。

二门内偏东宋石经幢，全部权衡虽不算十分优美，但是各部的浮雕精绝〔卷首图十四（丁）〕，如图下段（为须弥座之上枋）的佛迹图，正中刻城门，甚似敦煌壁画中所绘，左右图"太子"所见。中段覆盘，八面各刻狮像。上段仰莲座，各瓣均有精美花纹，其上刻花蕊。除大相村天保造像外，这经幢当为此行所见石刻中之最上妙品。

赵城县-广胜寺下寺[1]

[1] 广胜寺下寺、上寺及明应王殿，于1961年经国务院公布为"第一批全国重点文物保护单位"（编号96）。——祁英涛注

一年多以前，赵城宋版藏经之发现，轰动了学术界，广胜寺之名，已传遍全国了。国人只知藏经之可贵，而不知广胜寺建筑之珍奇。

广胜寺距赵城县城东南约四十里，据霍山南端。寺分上、下两院，俗称"上寺""下寺"。上寺在山上，下寺在山麓，相距里许（但是照当地乡人的说法，却是上山五里，下山一里）。

由赵城县出发，约经二十里平原，地势始渐高，此二十里虽说

是平原，但多黏土平头小岗，路陷赤土谷中，蜿蜒出入，左右只见土崖及其上麦黍，头上一线蓝天，炎日当顶，极乏趣味。后二十里积渐坡斜，直上高冈，盘绕上下，既可前望山峦屏嶂，俯瞰田垄农舍，乃又穿行几处山庄村落，中间小庙城楼，街巷里井，均极幽雅有画意，树亦渐多渐茂，古干有合抱的，底下必供着树神，留着香火的痕迹。山中甘泉至此已成溪，所经地域，妇人童子多在濯菜浣衣，利用天然。泉清如琉璃，常可见底，见之使人顿觉清凉，风景是越前进越妩媚可爱。

但快到广胜寺时，却又走到一片平原上，这平原浩荡辽阔乃是最高一座山脚的干河床，满地石片，几乎不毛。不过霍山如屏，晚照斜阳早已在望，气象反开朗宏壮，现出北方风景的性格来。

因为我们向着正东，恰好对着广胜寺前行，可看其上、下两院殿宇及宝塔，附依着山侧，在夕阳渲染中闪烁辉映，直至日落。寺由山下望着虽近，我们却在暮霭中兼程一时许，至人困骡乏，始赶到下寺门前。

下寺据在山坡上，前低后高，规模并不甚大。前为山门三间，由兜峻的甬道可上。山门之内为前院，又上而达前殿。前殿五间，左右有钟鼓楼，紧贴在山墙上，楼下券洞可通行，即为前殿之左、右掖门〔卷首图十五（丙）〕。前殿之后为后院，正殿七间居后面正中，左右有东西配殿。

山门 山门外观奇特，最饶古趣〔卷首图十五（甲）〕。屋盖歇山造，柱高，出檐远，主檐之下前后各有"垂花雨搭"，悬出檐柱以外〔卷首图十五（乙）〕，故前后面为重檐，侧面为单檐。主檐斗栱单杪单下昂造，重栱五铺作，外出两跳。下昂并不挑起，但侧面小柱上，则用双杪。泥道重栱之上，只施柱头枋一层，其上并无压槽枋。外第一跳重栱，第二跳令栱之上施替木以承挑檐槫。耍头斫作蚂蚱头形，斜面微颤，如大同各寺所见。

雨搭由檐柱挑出，悬柱上施阑额、普拍枋，其上斗栱单杪四铺作单栱造。悬柱下端截齐，并无雕饰。

殿身檐柱甚高，阑额纤细，普拍枋宽大，阑额出头斫作蚂蚱头形。普拍枋则斜抹角。

内部中柱上用斗栱，承托六椽栿下，前后平椽缝下施替木及襻间。脊榑及上平榑均用蜀柱直接立于四椽栿上。檐椽只一层，不施飞椽。

如山门这样外表，尚为我们初见；四椽栿上三蜀柱并立，可以省却一道平梁，也是少见的。

前殿 前殿五间，殿顶悬山造，殿之东、西为钟鼓楼。阶基高出前院约三公尺，前有月台，月台左右为礓磜甬道，通钟鼓楼之下〔卷首图十五（丙）〕。

前殿除当心间南面外，只有柱头铺作，而没有补间铺作。斗栱〔卷首图十五（丁）〕，正心用泥道重栱，单昂出一跳，四铺作，跳头施令栱替木，以承橑檐榑，甚古简。令栱与梁头相交，昂嘴顐势甚弯。后面不用补间铺作，更为简洁〔卷首图十六（甲）〕。

在平面上，南面左右第二缝金柱地位上不用柱（图八），却用极大的内额，由内平柱直跨至山柱上，而将左右第二缝前后檐柱上的"乳栿"（?）尾特别伸长，斜向上挑起，中段放在上述内额之上，上端在平梁之下相接，承托着平梁之中部〔卷首图十六（乙）（丙）〕，这与斗栱的用昂，在原则上是相同的，可以说是一根极大的昂。广胜寺上、下两院，都用与此相类的结构法。在我们历年国内各地所见许多的遗物中，这种构架还是第一个例。尤其重要的，是因日本的古建筑，尤其是飞鸟、灵乐等初期的遗构，都是用极大的昂，结构法与此相类，这个实例乃大可佐证建筑家早就怀疑的问题，这问题便是日本这种结构法，是直接承受中国宋以前建筑规制，并非自创，而此种规制，在中国后代反倒失传或罕见。同时使我们相信广胜寺各构，在建筑遗物实例中的重要，远超过于我们起初所想象的。

两山梁架用材极为轻秀，为普通大建筑物中所少见。前后出檐飞子极短，博风版狭而长。正脊、垂脊及吻兽均雕饰繁富。

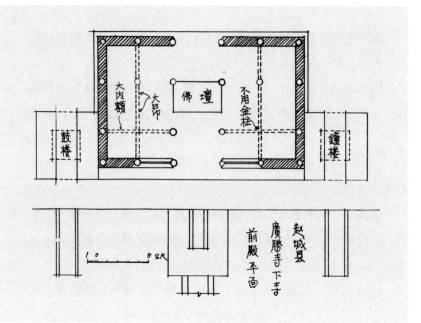

图八 广胜寺下寺前殿平面图

殿北面门内供僧像一躯，显然埃及风味，煞是可怪〔卷首图十六（丁）〕。

两山墙外为钟鼓楼，下有砖砌阶基。下为发券门道可以通行。阶基立小小方亭。斗栱单昂，十字脊歇山顶。就钟鼓楼的位置论，这也不是一个常见的布置法。

殿内佛像颇笨拙，没有特别精彩处。

正殿 正殿七间，居最后。正中三间辟门，门左右很高的直棂槛窗。殿顶也是悬山造〔卷首图十七（甲）〕。

斗栱〔卷首图十七（乙）〕五铺作，重栱，出两跳，单杪单下昂，昂是明清所常见的假昂，乃将平置的华栱而加以昂嘴的。斗栱只施于柱头不用补间铺作。令栱上施替木，以承橑檐槫。泥道重栱之上，只施柱头枋一层，其上相隔颇远方置压槽枋。论到用斗栱之简洁，我们所见到的古建筑，以这两处为最；虽然就斗栱与建筑物本身的权衡比起来，并不算特别大，而且在昂嘴及普拍枋出头处等详部，似乎倾向较后的年代，但是就大体看，这寺的建筑，其古洁的确是超过现存所有中国古建筑的。这个到底是后代承袭较早的遗制，还是原来古构已含了后代的几个特征，却甚难说。

正殿的梁架结构，与前殿大致相同。在平面上左右缝内柱与檐柱不对中（图九），所以左右第一、第二缝檐柱上的乳栿，皆将后尾翘起，搭在大内额上〔卷首图十七（丙）〕，但栿（或昂）尾只压在四椽栿下，不似前殿之在平梁下正中相交。四椽栿以上侏儒柱及平梁，均轻秀如前殿，这两殿用材之经济，虽尚未细测，只就肉眼观察，较以前我们所看过的辽代建筑尚过之。若与官式清代梁架比，真可算中国建筑物中梁架轻重之两极端，就比例上计算，这寺梁的横断面的面积，也许不到清式梁的横断面三分之一。

正殿佛像五尊，塑工精极，虽然经过多次的重妆，还与大同华

图九
广胜寺下寺正殿平面图

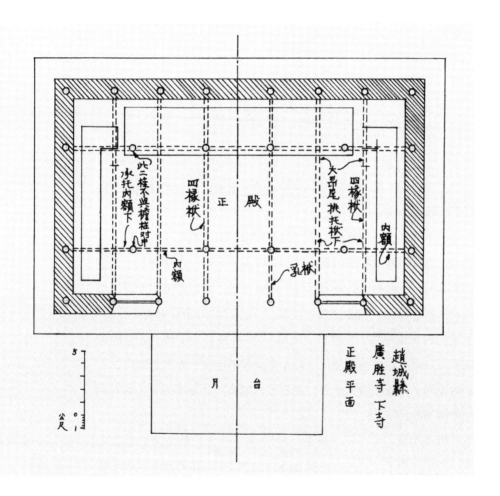

严寺薄伽教藏殿塑像多少相似。侍立诸菩萨尤为俏丽有神，饶有唐风，佛容衣带，庄者庄，逸者逸。塑造技艺，实臻绝顶〔卷首图十七（丁）〕。东西山墙下十八罗汉，并无特长，当非原物。

东山墙尖象眼壁上，尚有壁画一小块，图像色泽皆美。据说民（国）十六（年）寺僧将两山壁画卖与古玩商，以价款修葺殿宇，唯恐此种计划仍然是盗卖古物谋利的动机。现在美国彭省大学博物院所陈列的一幅精美的称为"唐"的壁画，与此甚似。近又闻美国堪萨斯省立博物院，新近得壁画，售者告以出处，即云此寺。

朵殿　　正殿之东西各有朵殿三间〔卷首图十七（戊）〕。朵殿亦悬山造，柱瘦高，额细，普拍枋甚宽。斗栱四铺作单下昂。当心间用补间铺作两朵，梢间一朵。全部与正殿、前殿大致相似，当是同年代物。

赵城县-广胜寺上寺

上寺在霍山最南的低峦上。寺前的"琉璃宝塔"冗立山头，由四五十里外望之，已极清晰。

由下寺到上寺的路颇陡峻，盘石奇大，但石皮极平润，坡上点缀着山松，风景如中国画里山水近景常见的布局，峦顶却是一个小小的高原，由此望下，可看下寺，鸟瞰全景；高原的南头就是上寺山门所在。山门之内是空院，空院之北，与山门相对者为垂花门。垂花门内在正中线上，立着"琉璃宝塔"。塔后为前殿，著名的宋版藏经就藏在这殿里。前殿之后是个空敞的前院，左右为厢房，北面为正殿。正殿之后为后殿，左右亦有两厢。此外在山坡上尚有两三处附属的小屋子。

琉璃宝塔　　亦称飞虹塔〔卷首图十八（甲）〕。就平面的位置上说，塔立在垂花门之内，前殿之前的正中线上，本是唐制。塔平面作八角形，高十三级，塔身砖砌，饰以琉璃瓦的角柱、斗栱、檐、瓦、佛像等等。最下层有木围廊。这种做法，与热河永佑寺舍利塔及北平香山静宜园琉璃塔是一样的。但这塔围廊之上，南面尚出小抱厦一间，上交十字脊。

全部的权衡上看，这塔的收分特别地急速，最上层檐与最下层砖檐相较，其大小只及下者三分之一强。而且上下各层的塔檐轮廓成一直线，没有卷杀（entasis）圜和之味。各层檐角也不翘起，全部呆板的直线，绝无寻常中国建筑柔和的线路。

塔之最下层供极大的释迦坐像一尊，如应县佛宫寺木塔之制。下层顶棚作穹窿式，饰以极繁细的琉璃斗栱。塔内有级可登，其结构法之奇特，在我们尚属初见。普通的砖塔内部，大半不可入，尤少可以攀登的。这塔却是个较罕的例外。塔内阶级每步高六十至七十公分，宽十余公分，成一个约合六十度的陡峻的坡度。这极高极狭的踏步每段到了终点，平常用休息板的地方，却不用了，竟忽然停止，由这一段的最上一级，反身却可迈过空的休息板，攀住背面墙上又一段踏步的最下一级（图十）；在梯的两旁墙上，留下小砖孔，可以容两手攀扶及放烛火的地方。走上这没有半丝光线的峻梯的人，在战栗之余，不由得不赞叹设计者心思之巧妙。

关于这塔的年代，相传建于北周，我们除在形制上可以断定其为明清规模外，在许多的琉璃上，我们得见正德十年的年号，所以现存塔身之形成，年代很少可疑之点。底层木廊正檩下，又有"天启二年创建"字样，就是廊子过大而不相称的权衡看来，我们差不多可以断定正德的原塔是没有这廊子的。

虽然在建筑的全部上看来，各种琉璃瓦饰用得繁缛不得当，如各朵斗栱的

图十
广胜寺飞虹塔内部楼梯断面图

耍头，均塑作狰狞的鬼脸，尤为滑稽；但就琉璃自身的质地及塑工说，可算无上精品〔卷首图十八（乙）〕。

前殿 前殿在塔之北。殿的前面及殿前不甚大的院子，整个被高大的塔挡住。殿面阔五间，进深四间，屋顶单檐歇山造〔卷首图十八（丙）〕。斗栱〔卷首图十八（丁）〕重栱造，双下昂；正面当心间用补间铺作两朵，次间一朵，梢间不用。这种的布置，实在是疏朗的，但因开间狭而柱高，故颇呈密挤之状，骤看似晚代布置法。但在山面，却不用补间铺作，这种正、侧两面完全不同的布置，又是他处所未见。柱头与柱头间之联络，阑额较小而普拍枋宽大，角柱上出头处，阑额斫作楂头，普拍枋头斜抹角。我们以往所见两普拍枋在柱头相接处（即《营造法式》所谓"普拍枋间缝"），都顶头放置，但此殿所见，则如《营造法式》卷三十所见"勾头搭掌"的做法，也许以前我们疏忽了，所以迟迟至今才初次开眼。

前殿的梁架，与下寺诸殿梁架亦有一个相同之点，就是大昂之应用。除去前后檐间的大昂外，两山下的大昂（图十一），尤为巧妙。可惜摄影失败，只留得这帧不甚准确的速写断面图。这大昂的下端承托在斗栱耍头之上，中部放在"采步金"梁之上，后尾高高翘

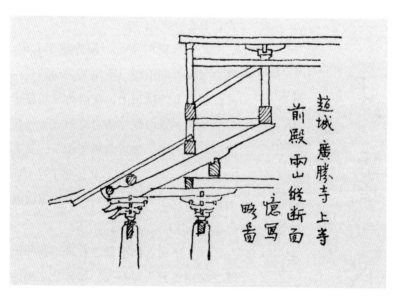

图十一
广胜寺上寺前殿两山纵断面忆写略图

起，挑着平梁的中段，这种做法，与下寺所见者同一原则，而用得尤为得当。

前殿塑像颇佳〔卷首图十八（戊）〕，虽已经过多次的重塑，但尚保存原来清秀之气。佛像两旁侍立像，宋风十足，背面像则略次。

正殿 面阔五间，悬山造〔卷首图十九（甲）〕，前殿开敞的庭院，与前殿隔院相望。骤见殿前廊檐，极易误认为近世的构造。但廊檐之内，抱头梁上，赫然犹见单昂斗栱的原状〔卷首图十九（乙）〕。如同下寺正殿一样，这殿并不用补间铺作，结构异常简洁。内部梁架，因有顶棚，故未得见，但一定也有伟大奇特的做法。

正殿供像三尊，释迦及文殊、普贤，塑工极精，富有宋风；其中尤以菩萨为美〔卷首图十九（丙）〕。佛帐上剔空浮雕花草龙兽几何纹〔卷首图十九（丁）〕，精美绝伦，乃木雕中之无上好品。两山墙下列坐十八罗汉铁像，大概是明代所铸。

后殿 居寺之最后。面阔五间，进深四间，四阿顶〔卷首图二十（甲）〕。因面阔进深为五与四之比，所以正脊长只及当心间之广，异常短促，为别处所未见。内柱相距甚远，与檐柱不并列。斗栱为五铺作双下昂〔卷首图二十（乙）〕。当心间用补间铺作两朵，次间、梢间及两山各用一朵。柱头做两下昂平置，托在梁下，补间铺作则将第二层昂尾挑起。柱瘦高，额细长，普拍枋较阑额略宽。角柱上出头处，阑额斫作楷头，普拍枋抹角，做法与前殿完全相同。殿内梁架用材轻巧，可与前殿相埒。山面中线上有大昂尾挑上平槫下。内柱上无内额，四阿并不推山。梁架一部分的彩画，如几道槫下红地白绿色的宝相华（？）及斗栱上的细边古织锦文，想都是原来色泽。

殿除南面当心间辟门外，四周全有厚壁。壁上画像不见得十分古，也不见得十分好。当心间槅扇，花心用雕镂拼镶极精细的圆形相交花纹〔卷首图二十（丙）〕，略如《营造法式》卷三十二所见"挑白毯文格眼"，而精细过之。这槅扇的格眼，乃由许多各个的梭形或箭形雕片镶成，在做工上是极高的成就。在横披上，槅扇纹样与下面略异，而较近乎清式"菱花槅扇"的图案。

后殿佛像五尊，塑工甚劣，面貌肥俗，手臂无骨，衣褶圆而不垂，背光繁缛不堪，佛冕及发全是密宗的做法〔卷首图二十（丁）〕。侍立菩萨较清秀，但都不如正殿塑像远甚。

广胜寺上、下两院的主要殿宇，除琉璃宝塔而外，大概都属于同一个时期，它们的结构法及作风都是一致的。

上、下两寺壁间嵌石颇多，碑碣也不少，其中叙述寺之起源者，有治平元年重刻的郭子仪奏碣。碣字体及花边均甚古雅。文如下：

> 晋州赵城县城东南三十里，霍山南脚上，古育王塔院一所。右河东□观察使司徒□兼中书令，汾阳郡王郭子仪奏；臣据□朔方左厢兵马使，开府仪同三司，试太常卿，五原郡王李光瓒状称，前塔接山带水，古迹见存，堪置伽蓝，自愿成立。伏乞奏置一寺，为国崇益福□，仍请以阿育王为额者。臣准状牒州勘责，得耆寿百姓陈仙童等状，与光瓒所请，置寺为广胜。因伏乞天恩，遂其诚愿，如蒙特命，赐以为额，仍请于当州诸寺选僧住持洒扫。中书门下牒河东观察使牒奉敕故牒。大历四年五月二十七日牒。住寺阇梨僧□切见当寺石碣岁久，隤坏年深，今欲整新，重标斯记。治平元年，十一月二十九日。

由上碣文看来，寺之创立甚古，而在唐代宗朝就原有塔院建立伽蓝，敕名广胜。至宋英宗时，伽蓝想仍是唐代原建。但不知何时伽蓝颓毁，以致需要将下寺——

> 计九殿自（金）皇统元年辛酉（公元1141年）至贞元元年癸酉（公元1153年）历二十三年，无年不兴工……

却是这样大的工程，据元延祐六年（公元1319年）石，则：

> 大德七年（公元1303年），地震，古刹毁，大德九年修渠

（按，即下寺前水渠），木装。延祐六年始修殿。

大德七年的地震一定很剧烈，以致"古刹毁"。现存的殿宇，用大昂的梁架虽属初次拜见，无由与其他梁架遗例比较。但就斗栱枋额看，如下昂嘴纤弱的卷杀、普拍枋出头处之抹去方角，都与他处所见相似。至于瘦高的檐柱和细长的额枋，又与霍县文庙如出一手。其为元代遗物，殆少可疑。不过梁架的做法，极为奇特，在近数年寻求所得，这还是唯一的一个孤例，极值得我们研究的。

赵城县-广胜寺-明应王殿

广胜寺在赵城一带，以其泉水出名。在山麓下下寺之前，有无数的甘泉由石缝及地下涌出，供给赵城、洪洞两县饮料及灌溉之用。凡是有水的地方都得有一位龙王，所以就有龙王庙。

这一处龙王庙规模之大，远在普通龙王庙之上，其正殿——明应王殿——竟是个五间正方重檐的大建筑物〔卷首图二十一（甲）〕。若是论到殿的年代，也是龙王庙中之极古者。[1]

[1] 明应王殿经考证建于元延祐六年（公元1319年）。——孙大章注

明应王殿平面五间，正方形，其中三间正方为殿身，周以回廊。上檐歇山顶，檐下施重栱双下昂斗栱。当心间施补间铺作两朵，次间施一朵。斗栱〔卷首图二十一（乙）〕权衡颇为雄大，但两下昂都是平置的华栱而加以昂嘴的。下檐只用单下昂，次间梢间不施补间铺作，当心间只施一朵，而这一朵却有四十五度角的斜昂。阑额的权衡上、下两檐有显著之异点，上檐阑额较高较薄，下檐则极小；而普拍枋则上檐宽薄，而下檐高厚。上檐以阑额为主而辅以普拍枋，下檐与之正相反，且在额下施繁缛的雕花罩子。殿身内前面两金柱省去，而用大梁由前面重檐柱直达后金柱，而在前金柱分位上施扒梁（图十二）。并无特殊之点。

明应王殿四壁皆有壁画，为元代匠师笔迹。据说正门之上有画师的姓名及年月，须登梯拂尘燃灯始得读，惜匆匆未能如愿。至于壁画，其题材纯为非宗教的，现有古代壁画，大多为佛像，这种题材，至为罕贵[1]。

至于殿的年代，大概是元大德地震以后所建，与嵩山少林寺大德年间所建鼓楼，有许多相似之点。

明应王殿的壁画，和上下寺的梁架，都是极罕贵的遗物，都是我们所未见过的独例。由美术史上看来，都是绝端重要的史料。我们预备再到赵城做较长时间的逗留，俾得对此数物，做一个较精密的研究。目前只能做此简略的记述而已。

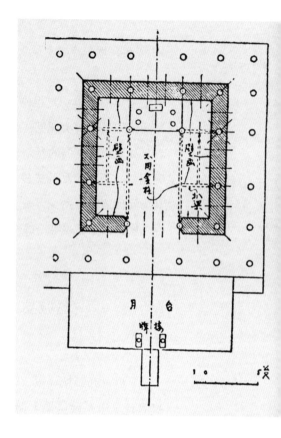

图十二
广胜寺旁龙王庙明应王殿平面图

赵城县-霍山-中镇庙

照《县志》的说法，广胜寺在县城东南四十里霍山顶，兴唐寺唐建，在城东三十里霍山中，所以我们认为它们在同一相近的去处，同在霍山上，相去不过二十余里，因而预定先到广胜寺，再由山上绕至兴唐寺去。却是事实乃有大谬不然者。到了广胜寺始知到兴唐寺还须下山绕到去城八里的侯村，再折回向东再行入山，始能到达。我心想既称唐建，又在山中，如果原构仍然完好，我们岂可惮烦，轻轻放过？

我们晨九时离开广胜寺下山，等到折回又到了霍山时已走了

[1] 此殿壁画内容为道教题材，其中南壁东侧为戏剧壁画，绘于元泰定元年（公元1324年），尤为壁画中的珍品。——祁英涛注

十二小时！沿途风景较广胜寺更佳，但近山时实已入夜，山路崎岖，峰峦迫近如巨屏，谷中渐黑，凉风四起，只听脚下泉声奔湍，看山后一两颗星点透出夜色，骡役俱疲，摸索难进，竟落后里许。我们本是一直徒步先行的，至此更得奋勇前进，不敢稍息（怕夫役强主回头，在小村落里住下），入山深处，出手已不见掌，加以脚下危石错落，松柏横斜，行颇不易。喘息攀登，约一小时，始见远处一灯高悬，掩映松间，知已近庙，更急进敲门。

等到老道出来应对，始知原来我们仍远离着兴唐寺三里多，这处为霍岳山神之庙亦称中镇庙。乃将错就错，在此住下。

我们到时已数小时未食，故第一事便到"香厨"里去烹煮，厨在山坡上窑穴中，高踞庙后左角，庙址既大，高下不齐，废园荒圃，在黑夜中更是神秘，当夜我们就在正殿塑像下秉烛洗脸铺床，同时细察梁架，知其非近代物。这殿奇高，烛影之中，印象森然。

第二天起来忙到兴唐寺去，一夜的希望顿成泡影。兴唐寺虽在山中，却不知如何竟已全部拆建，除却几座清式的小殿外，还加洋式门面等等；新塑像极小，或罩以玻璃框，鄙俗无比，全庙无一样值得记录的。

中镇庙虽非我们初时所属意，来后倒觉得可以略略研究一下。据《山西古物古迹调查表》，谓庙之创建在隋开皇十四年，其实就形制上看来，恐最早不过元代。

殿身五间，周围廊，重檐歇山顶。上檐施单杪单下昂五铺作斗栱，下檐则仅单下昂。斗栱颇大，上下檐俱用补间铺作一朵〔卷首图二十一（丙）〕。昂嘴细长而直，耍头前面微颤，而上部圆头突起，至为奇特。

太原县-晋祠[1]

晋祠离太原仅五十里，汽车一点多钟可达，历来为出名的"名胜"，闻人、名士由太原去游览的风气自古盛行。我们在探访古建的习惯中，多对"名胜"怀疑：因为最是"名胜"容易遭"重修"乃至重建的大毁坏，原有建筑故最难得保存！所以我们虽然知道晋祠离太原近在咫尺，且在太原至汾阳的公路上，我们亦未尝预备去访"胜"的。

直至赴汾的公共汽车上了一个小小山坡，绕着晋祠的背后过去时，忽然间我们才惊异地抓住车窗，望着那一角正殿的侧影，爱不忍释。相信晋祠虽成"名胜"，却仍为"古迹"无疑。那样魁伟的殿顶、雄大的斗栱、深远的出檐，到汽车过了对面山坡时，尚巍巍在望，非常醒目。晋祠全部的布置，则因有树木看不清楚，但范围不小，却也是一望可知。

我们惭愧不应因其列为名胜而即定其不古，故相约一月后归途至此下车，虽不能详察或测量，至少亦得浏览摄影，略考其年代结构。

由汾回太原时我们在山西已过了月余的旅行生活，心力俱疲，还带着种种行李什物，诸多不便，但因那一角殿宇常在心目中，无论如何不肯失之交臂，所以到底停下来预备做半日的勾留，如果错过那末后一趟公共汽车回太原的话，也只好听天由命，晚上再设法露宿或住店！

在那种不便的情形下，带着一不做、二不休的拼命心理，我们下了那挤到水泄不通的公共汽车，在大堆行李中捡出我们的"粗重细软"——由杏花村的酒坛子到峪道河边的兰芝种子——累累赘赘地，背着掮着，到车站里安顿时，我们几乎埋怨到晋祠的建筑太像

[1] 晋祠于1961年经国务院公布为"第一批全国重点文物保护单位"（编号85）。——祁英涛注

样——如果花花簇簇地来个乾隆重建，我们这些麻烦不全省了么!

但是一进了晋祠大门，那一种说不出的美丽辉映的大花园，使我们惊喜愉悦，过于初时的期望。无以名之，只得叫它作花园。其实晋祠布置又像庙观的院落，又像华丽的宫苑，全部兼有开敞堂皇的局面和曲折深邃的雅趣，大殿楼阁在古树婆娑、池流映带之间，实像个放大的私家园亭。

所谓唐槐周柏，虽不能断其为原物，但枝干奇伟，虬曲横卧，煞是可观。池水清碧，游鱼闲逸，还有后山石级小径、楼观石亭各种衬托。各殿雄壮，巍然其间，使初进园时的印象，感到俯仰堂皇，左右秀媚，无所不适。虽然再进去即发现近代名流所增建的中西合璧的丑怪小亭子等等，夹杂其间。

圣母庙为晋祠中间最大的一组建筑；除正殿外，尚有前面"飞梁"（即十字木桥）、献殿及金人台、牌楼等等（图十三），今分述如下：

正殿　晋祠圣母庙大殿〔卷首图二十二（甲）〕，重檐歇山顶，面阔七间，进深六间，平面几成方形，在布置上，至为奇特。殿身五间，副阶周布。但是前廊之深为两间，内槽深三间（图十三），故前廊异常空敞，在我们尚属初见。

斗栱的分配，至为疏朗〔卷首图二十二（乙）〕。在殿之正面，每间用补间铺作一朵，侧面则仅梢间用补间铺作。下檐斗栱五铺作，单栱出两跳；柱头出双下昂，补间出单杪单下昂。上檐斗栱六铺作，单栱出三跳，柱头出双杪单下昂，补间出单杪双下昂，第一跳偷心，但饰以翼形栱。但是在下昂的形式及用法上，这里又是一种曾未得见的奇例。柱头铺作上极长大的昂嘴两层，与地面完全平行，与柱成正角，下面平，上面斫颛，并未将昂嘴向下斜斫或斜插，亦不求其与补间铺作的真下昂平行，完全真率地坦然放在那里，诚然是大胆诚实的做法。在补间铺作上，第一层昂，昂尾向上挑起，第二层则将与令栱相交的耍头加长斫成昂嘴形，并不与真昂平行地向外伸出。这种做法与正定隆兴寺摩尼殿斗栱极相似，至于其豪放生动，似较之尤胜。在转角铺作上，各层昂及由昂均水平地伸出，由下面望去，颇呈高爽之象。山面除梢间外，均不用补间铺作。斗栱彩画与《营造法式》卷三十四"五彩遍装"者极相似。虽属后世重妆，当是古法。

这殿斗栱俱用单栱，泥道单栱上用柱头枋四层，各层枋间用斗垫托。阑额狭而高，上施薄而宽的普拍枋。角柱上只普拍枋出头，阑额不出。平柱至角柱间，有显著的生起。梁架为普通平置的梁，殿内因黑暗，时间匆促，未得细察。前殿因深两间，故在四椽栿上立童柱，以承上檐，童柱与相对之内柱间，除斗栱上之乳栿及劄牵外，柱头上更用普拍枋一道以相固济〔卷首图二十二（丙）〕。

按卫聚贤《晋祠指南》，称圣母庙为宋天圣年间建。由结构法及外形姿势看来，较《营造法式》所订的做法的确更古拙豪放，天圣之说当属可靠。

献殿 献殿〔卷首图二十三（甲）〕在正殿之前，中隔放生池。殿三间，歇山顶。与正殿结构法手法完全是同一时代同一规制之下的。斗栱〔卷首图二十二（乙）〕单栱五铺作；柱头铺作双下昂，补间铺作单杪单下昂，第一跳偷心，但饰以小小翼形栱。正面每间用补间铺作一朵，山面唯正中间用补间铺作。柱头铺作的双下昂，完全平置，后尾承托梁下，昂嘴与地面平行，如正殿的昂。补间则下昂后尾挑起，耍头与令栱相交，长长伸出，斫作昂嘴形。两殿斗栱外面不同之点，唯在令栱之上，正殿用通长的挑檐枋，而献殿则用替木。斗栱后尾唯下昂挑起，全部偷心，第二跳跳头安梭形"栱"〔卷首图二十二（丙）〕，单独的昂尾挑在平槫之下。至于柱头普拍枋，与正殿完全相同。

献殿的梁架，只是简单的四椽栿上放一层平梁，梁身简单轻巧，不弱不费，故能经久不坏。

殿之四周均无墙壁，当心间前后辟门，其余各间在坚厚的槛墙之上安直棂栅栏，如《营造法式》小木作中之叉子，当心间门扇亦为直棂栅栏门。

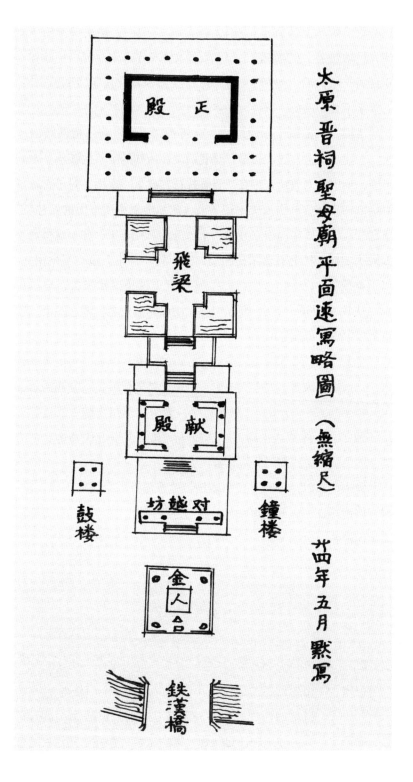

图十三 晋祠圣母庙平面速写略图

殿前阶基上铁狮子一对〔卷首图二十二（丁）〕，极精美，筋肉真实，灵动如生。左狮胸前文曰"太原文水弟子郭丑牛兄……政和八年四月二十六日"，座后文为"灵石县任章常柱任用段和定……"右狮字不全，只余"乐善"二字。

飞梁　　正殿与献殿之间，有所谓"飞梁"者，横跨鱼沼之上。在建筑史上，这"飞梁"是我们现在所知的唯一的孤例。本刊五卷一期中，刘敦桢先生在《石轴柱桥述要》一文中，对于石柱桥有详细的申述，并引《关中记》及《唐六典》中所记录的石柱桥。就晋祠所见，则在池中立方约三十公分的石柱若干，柱上端微卷杀如殿宇之柱；柱上有普拍枋相交，其上置斗，斗上施十字栱相交，以承梁或额〔卷首图二十四（甲）〕。在形制上这桥诚然极古，当与正殿、献殿属于同一时期。而在名称上尚保存着古名，谓之飞梁，这也是极罕贵值得注意的。

金人　　献殿前牌楼之前，有方形的台基，上面四角上各立铁人一，谓之金人台。四金人之中，有两个是宋代所铸，其西南角金人〔卷首图二十四（乙）（丙）〕胸前铸字，为宋故绵州魏城令刘植等于绍圣四年立。像塑法平庸，字体尚佳。其中两个近代补铸，一清朝，一民国，塑铸都同等地恶劣。

晋祠范围以内，尚有唐叔虞祠、关帝庙等处，匆促未得入览，只好俟诸异日。唐贞观碑原石及后代另摹刻的一碑均存，且有碑亭妥为保护。

山西民居

门楼　　山西的村落无论大小，很少没有一个门楼的〔卷首图二十五（甲）〕。村落的四周，并不一定都有围墙，但是在大道入村处，必须建一座这种纪念性建筑物，提醒旅客，告诉他又到一处村镇了。河北境内虽也有这种布局，但究竟不如山西普遍。

山西民居的建筑也非常复杂，由最简单的穴居到村庄里深邃富丽的财主住宅院落，到城市中紧凑细致的讲究房子〔卷首图二十五（戊）〕，颇有许多特殊之点，值得注意的。但限于篇幅及不多的相片，只能略举一二，详细分类研究，只能等待以后的机会了。

穴居 穴居之风，盛行于黄河流域，散见于河南、山西、陕西、甘肃诸省，龙非了先生在本刊五卷一期《穴居杂考》一文中，已讨论得极为详尽。这次在山西随处得见；穴内冬暖夏凉，住居颇为舒适，但空气不流通，是一个极大的缺憾。穴窑均作抛物线形，内部有装饰极精者，窑壁抹灰，乃至用油漆护墙。窑内除火坑外，更有衣橱、桌椅等等家具。窑穴时常据在削壁之旁，成一幅雄壮的风景画〔卷首图二十五（乙）〕，或有穴门权衡优美纯净，可在建筑术中称上品的〔卷首图二十五（丙）（丁）〕。

砖窑 这并非北平所谓烧砖的窑，乃是指用砖发券的房子而言〔卷首图二十六（甲）〕。虽没有向深处研究，我们若说砖窑是用砖来模仿崖旁的土窑，当不至于大错。这是因住惯了穴居的人，要脱去土窑的短处，如潮湿、土陷的危险等等，而保存其长处，如高度的隔热力等，所以用砖砌成窑形，三眼或五眼，内部可以互通。为要压下券的推力，故在两旁须用极厚的墙墩；为要使券顶坚固，故须用土作撞券。这种极厚的墙壁，自然有极高的隔热力的。

这种窑券顶上，均用砖墁平〔卷首图二十六（乙）〕，在秋收的时候，可以用作曝晒粮食的露台。或防匪时村中临时城楼，因各家窑顶多相联，为便于升上窑顶，所以窑旁均有阶级可登。山西的民居，无论贫富，十九以上都有砖窑或土窑的，乃至在寺庙建筑中，往往也用这种做法。在赵城至霍山途中，适过一所建筑中的砖窑〔卷首图二十六（丙）〕，颇饶趣味。

在这里我们要特别介绍在霍山某民居门上所见的木版印门神〔卷首图二十六（丁）〕，那种简洁刚劲的笔法，是匠画中所绝无仅有的。

磨坊 磨坊虽不是一种普通的民居，但是住着却别有风味。

磨坊利用急流的溪水作发动力,所以必须引水入庭园而入室下,推动机轮,然后再循着水道出去流入山溪。因磨粉机不息的震动,所以房子不能用发券,而用特别粗大的梁架。因求面粉洁净,坊内均铺光润的地板。凡此种种,都使得磨坊成一种极舒适凉爽又富有雅趣的住处〔卷首图二十七(甲)(乙)(丙)〕。尤其是峪道河深山深溪之间,世外桃源里,难怪被人看中做消夏最合宜的别墅。

由全部的布局上看来,山西的村野民居,最善利用地势,就山崖的峻缓高下,层层叠叠,自然成画!使建筑在它所在的地上,如同自然由地里长出来,权衡适宜,不带丝毫勉强,无意中得到建筑术上极难得的优点。

农庄内民居 就是在很小的村庄之内,庄中富有的农人也常有极其讲究的房子,这种房子和北方城市中"瓦房"同一模型,皆以"四合头"为基本分配的形式,中加屏门、垂花门等等。其与北平通常所见最不同处有四点:

一、在平面上,假设正房向南,东西厢房的位置全在北房"通面阔"的宽度以内,使正院成一南北长东西窄,狭长的一条,失去四方的形式〔卷首图二十五(戊)〕。这个布置在平面上当然是省了许多地盘,比将厢房移出正房通面阔以外经济,且因其如此,正房及厢房的屋顶(多半平顶)极容易联络,石梯的位置就可在厢房北头,夹在正房与厢房之间,上到某程便可分两面,一面旁转上到厢房屋顶,又一面再上几级可达正房顶。

二、虽说是瓦房,实仍为平顶砖窑,仅留前廊或前檐部分用斜坡青瓦。侧面看去实像砖墙前加用"雨搭"。

三、屋外观印象与所谓三开间同,但内部却仍为三窑眼,窑与窑间亦用发券门,印象完全不似寻常堂屋。

四、屋的后面女儿墙上做成城楼式的箭垛,所以整个房子后身由外面看去直成一座堡垒〔卷首图二十七(丁)〕。

城市中民居 如介休、灵石城市中民房与村落中讲究的大同小异,但多有楼,如用窑造亦仅限于下层。城中房屋栉篦,拥挤不堪，平面布置尤其经济，不多占地盘，正院比普通的更瘦窄。

一房与他房间多用夹道，大门多在曲折的夹道内，不像北平房子之庄重均衡，虽然内部则仍沿用一正两厢的规模。

这种房子最特异之点，在瓦坡前后两片不平均的分配。房脊靠后许多，约在全进深四分之三的地方，所以前坡斜长，后坡短促，前檐玲珑，后墙高垒，作内秀外雄的样子，倒极合理有趣。

赵城、霍州的民房所占地盘较介休一般从容得多。赵城房子的檐廊部分尤多繁富的木雕，院内真是画梁雕栋、琳琅满目，房子虽大，联络甚好，因厢房与正屋多相连属，可通行。

山庄财主的住房　　这种房子在一个庄中可有两三家，遥遥相对，仍可以令人想象到当日的气焰，其所占地面之大、外墙之高、砖石木料上之工艺、楼阁别院之复杂，均出于我们意料之外甚多。灵石往南，在汾水东、西，有几个山庄，背山临水，不宜耕种，其中富户均经商别省，发财后回来筑舍显耀宗族的。

房子造法形式与其他山西讲究房子相同，但较近于北平官式，做工极其完美。外墙石造雄厚惊人，有所谓"百尺楼"者，即此种房子的外墙，依着山崖筑造，楼居其上。由庄外遥望，十数里外犹可见，百尺矗立，崔嵬奇伟，足镇山河，为建筑上之荣耀！

结　尾

这次晋汾一带暑假的旅行，正巧遇着同蒲铁路兴工期间，公路被毁，给我们机会将三百余里的路程，慢慢地细看。假使坐汽车或火车，则有许多地方都没有停留的机会，我们所错过的古建，是如何地可惜！

山西因历代争战较少，故古建筑保存得特多。我们以前在河北及晋北调查古建筑所得的若干见识，到太原以南的区域，若观察不慎，时常有以今乱古的危险。在山西中部以南，大个儿斗栱并不稀罕，古制犹存。但是明清期间山西的大斗栱，栱头昂嘴的卷杀极其弯矫，斜栱用得毫无节制，而斗栱上加入纤细的三福云一类的无谓雕饰，允其暴露后期的弱点，所以在时代的鉴别上，仔细观察，还不十分扰乱。

殿宇的制度，有许多极大的寺观，主要的殿宇都用悬山顶，如赵城广胜下寺的正殿、前殿，上寺的正殿等，与清代对于殿顶的观念略有不同。同时又有多种复杂的屋顶结构，如霍县火星圣母庙、文水县开栅镇圣母庙等等，为明清以后官式建筑中所少见。有许多重要的殿宇，檐椽之上不用飞椽，有时用而极短。明清以后的作品，雕饰偏于繁缛，尤其屋顶上的琉璃瓦，制瓦者往往为对于一件一题雕塑的兴趣所驱，而忘却了全部的布局，甚悖建筑图案简洁的美德。

发券的建筑，为山西一个重要的特征，其来源大概是由于穴居而起，所以民居、庙宇莫不用之，而自成一种特征，如太原的永祚寺大雄宝殿，是中国发券建筑中的主要作品，我们虽然怀疑它是受了耶稣会士东来的影响，但若没有山西原有通用的方法，也不会形成那样一种特殊的建筑的。在券上筑楼，也是山西的一种特征，所以在古剧里，凡以山西为背景的，多有上楼、下楼的情形，可见其为一种极普遍的建筑法。

赵城县广胜寺在结构上最特殊，寺旁明应王殿的壁画，为壁画不以佛道为题材的唯一孤例，所以我们在最近的将来，即将前往详究。晋祠圣母庙的正殿、飞梁、献殿，为宋天圣间重要的遗构，我们也必须去做进一步的研究的。

曲阜孔庙建筑之研究*

---

* 本文原载1935年《中国营造学社汇刊》第六卷第一期。本文的主要价值在于作者提出了许多古建筑维修的基本原则和方法。——莫宗江注

文章原题为《曲阜孔庙之建筑及其修葺计划》,分上、下两篇。下篇为具体工程修葺计划(后并未照此实施),本书略去不刊。——编者注

目 录

绪 言 ··· 975

第一章 孔庙建筑史略 ··· 978

第二章 孔庙建筑物之各个研究 ··· 985

 一、总平面 二、庙前诸坊 三、圣时门 四、仰高门·快睹门 五、弘道门及碧水桥 六、大中门 七、角楼 八、同文门 九、驻跸 十、奎文阁并掖门及值房 十一、毓粹门·观德门 十二、碑亭 十三、大成门 十四、杏坛 十五、大成殿 十六、大成殿寝殿 十七、金声门·玉振门·东西庑·寝殿左右掖门 十八、圣迹殿 十九、承圣门·启圣门 二十、诗礼堂·礼器库·鲁壁·碑亭 二十一、崇圣祠·家庙 二十二、金丝堂·乐器库 二十三、启圣殿·寝殿 二十四、神庖·神厨 二十五、后土祠·燎所 二十六、孔子故宅

第三章 曲阜孔庙建筑年谱 ··· 1028

曲阜孔庙大成殿

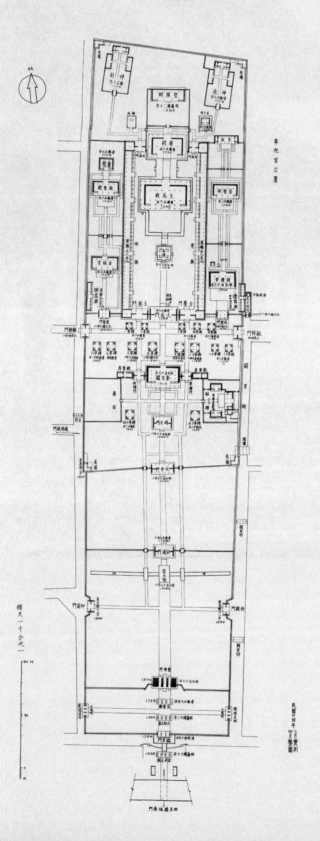

卷首图一
曲阜孔庙平面图

卷首图二
曲阜孔庙前诸坊平面图（右页）

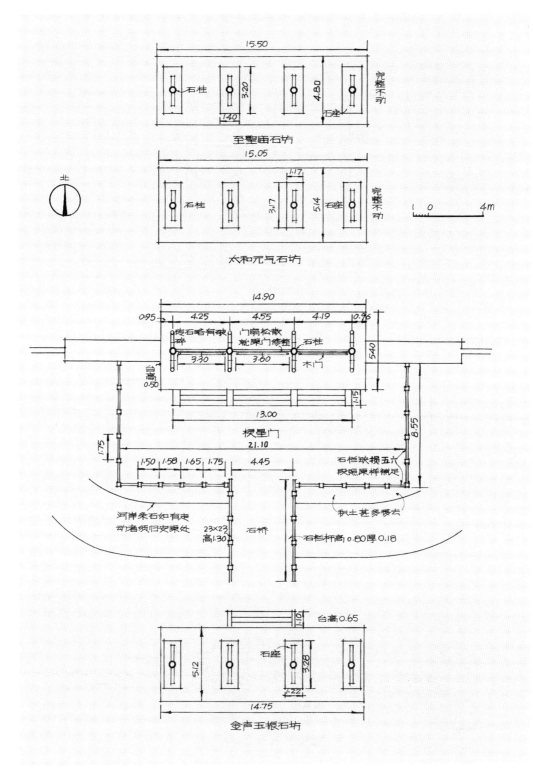

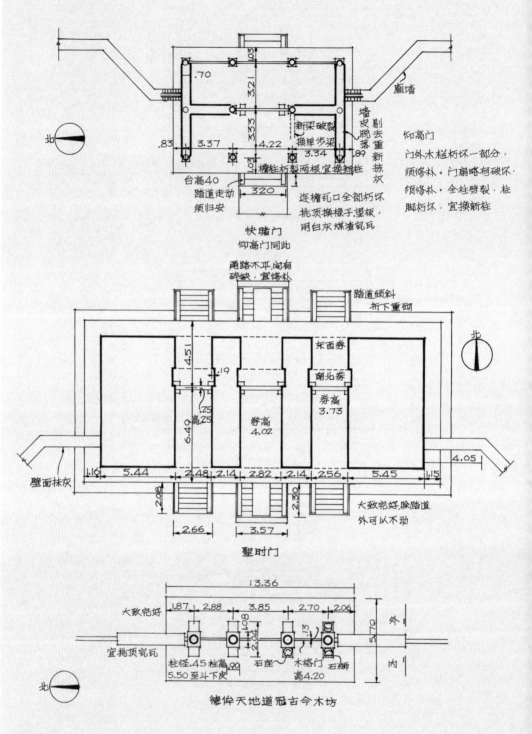

卷首图三
曲阜孔庙仰高门、圣时门、"德侔天地""道冠古今"二坊平面图

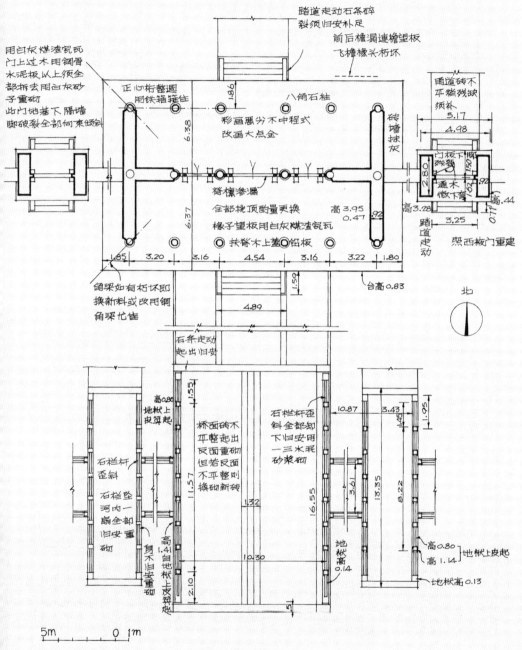

曲阜孔庙弘道门及碧水桥平面图

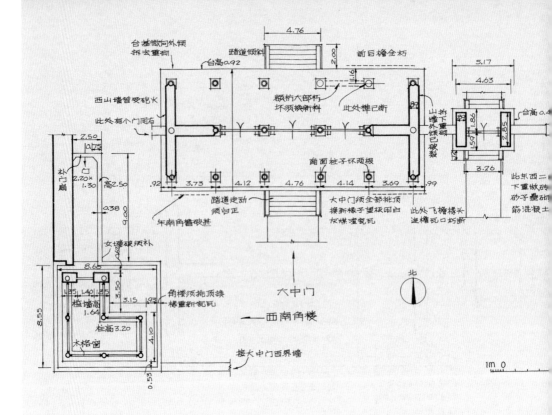

大中门
西南角楼

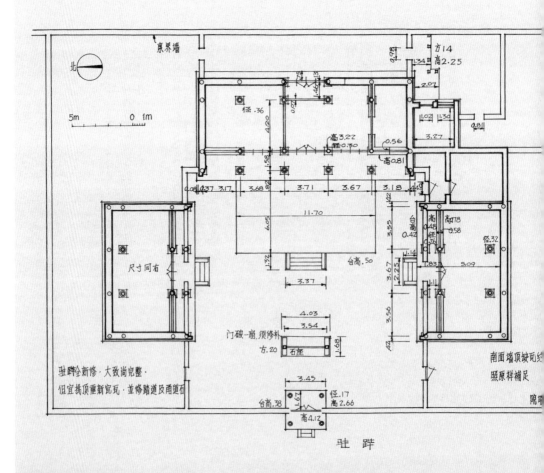

驻跸

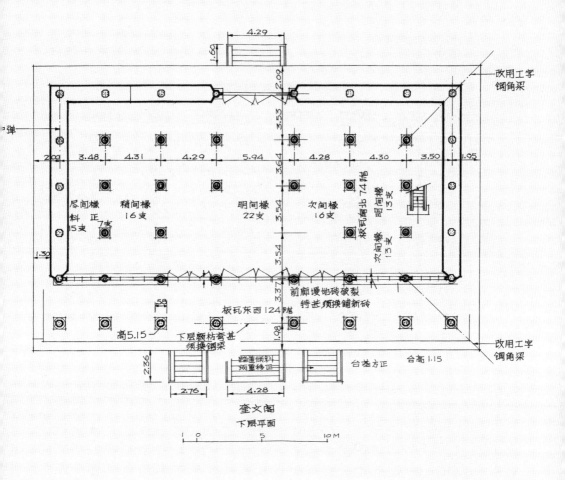

卷首图七
曲阜孔庙奎文阁下层平面图

卷首图五
曲阜孔庙角楼、大中门平面图（左页上）

卷首图六
曲阜孔庙驻跸平面图（左页下）

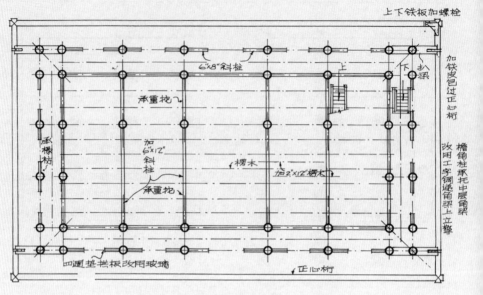

奎文阁中层平面

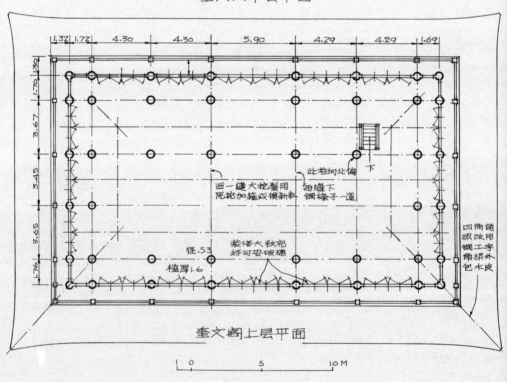

奎文阁上层平面

卷首图八
曲阜孔庙奎文阁中层、上层平面图

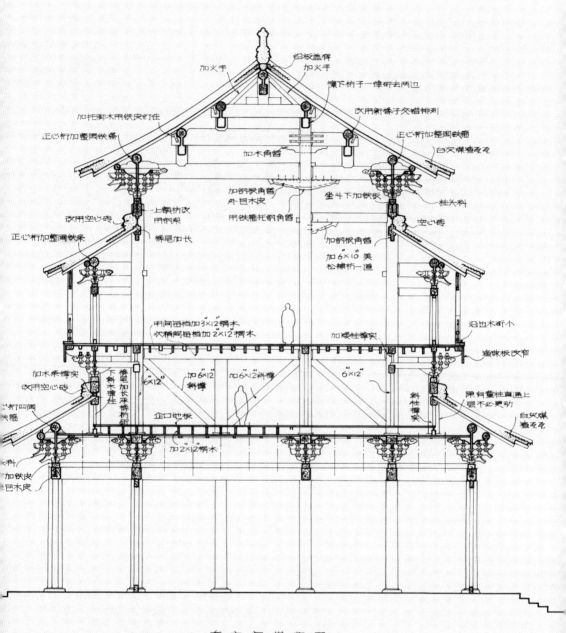

卷首图九
曲阜孔庙奎文阁横断面图

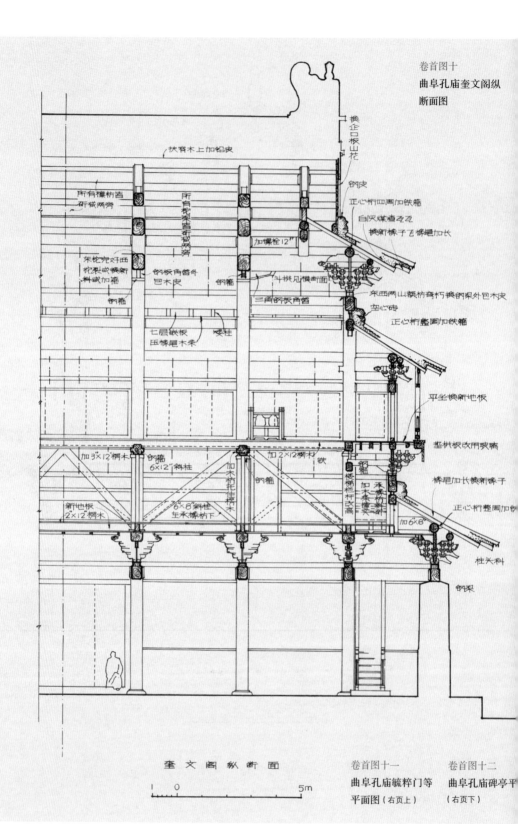

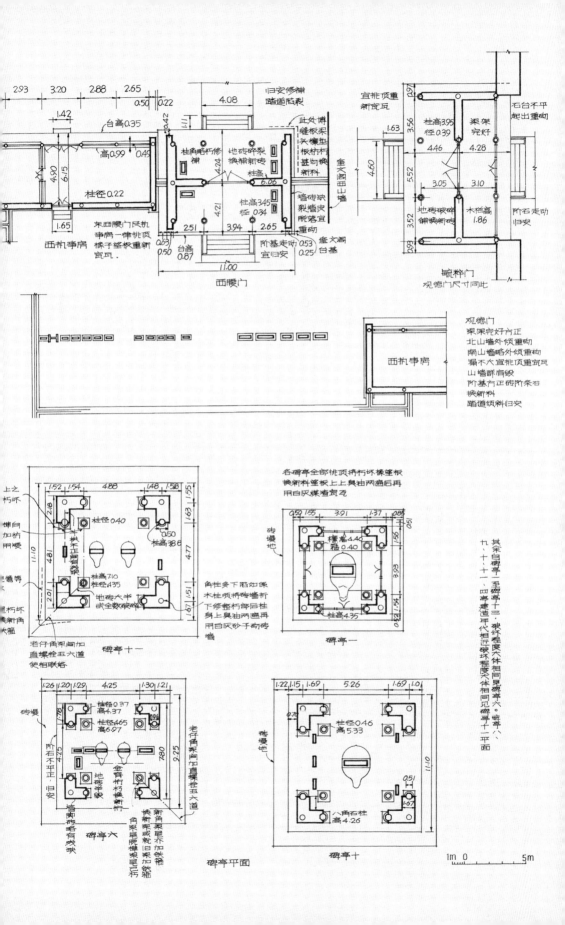

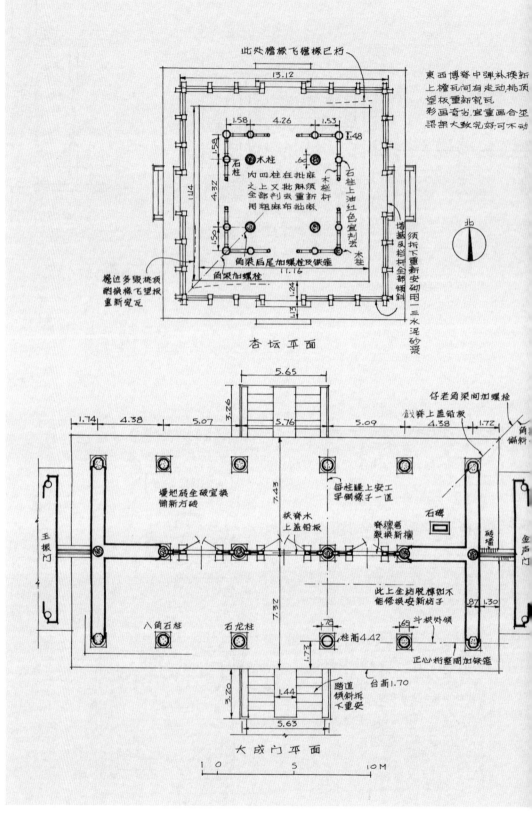

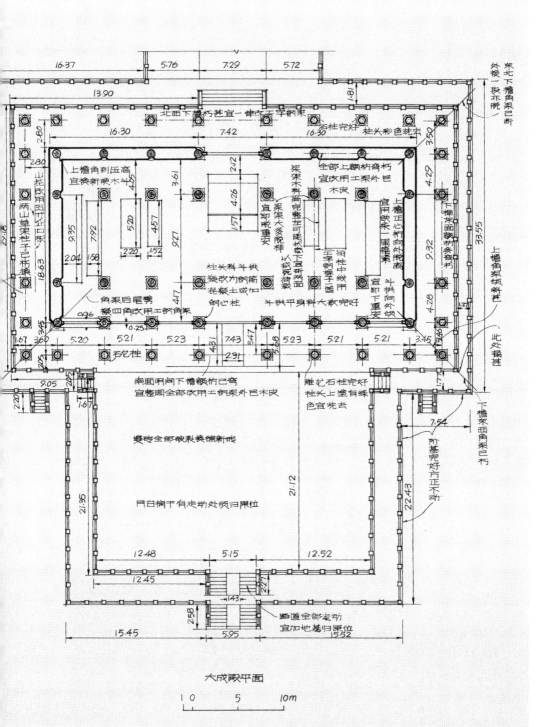

大成殿平面

卷首图十三
曲阜孔庙大成门、
杏坛平面图（左页）

卷首图十四
曲阜孔庙大成殿平面图

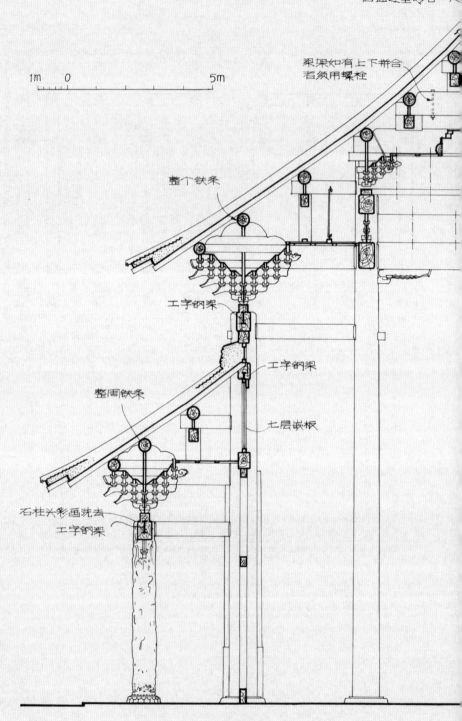

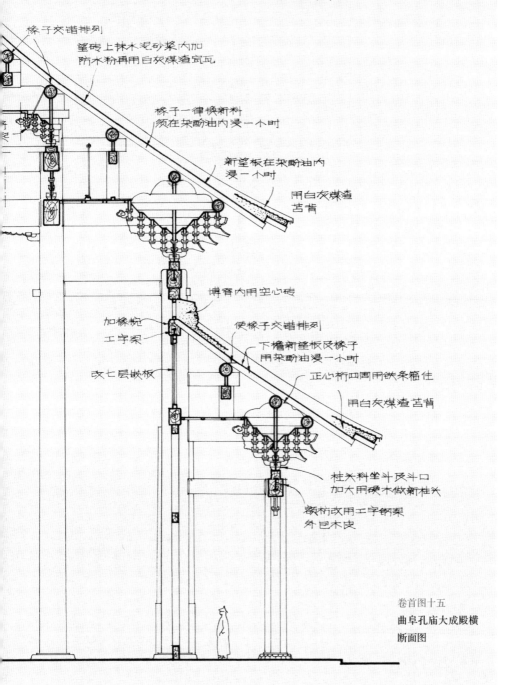

卷首图十五
曲阜孔庙大成殿横断面图

卷首图十六
曲阜孔庙大成殿纵断面图

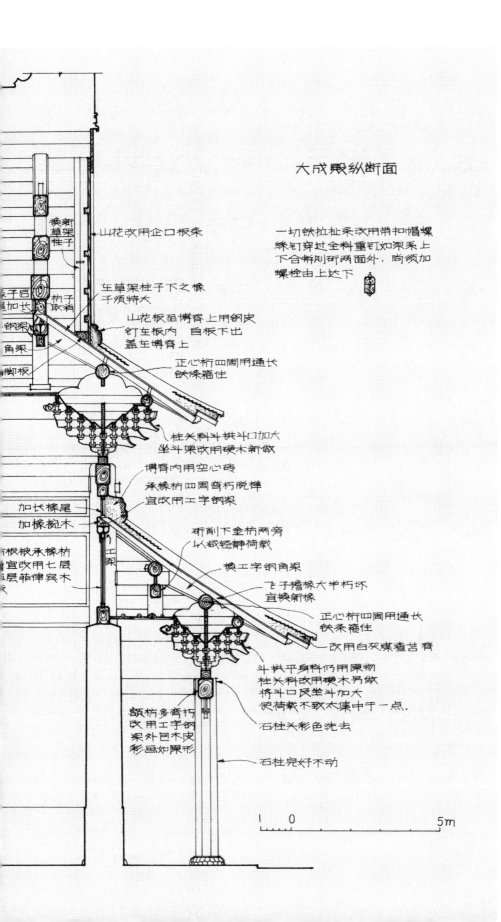

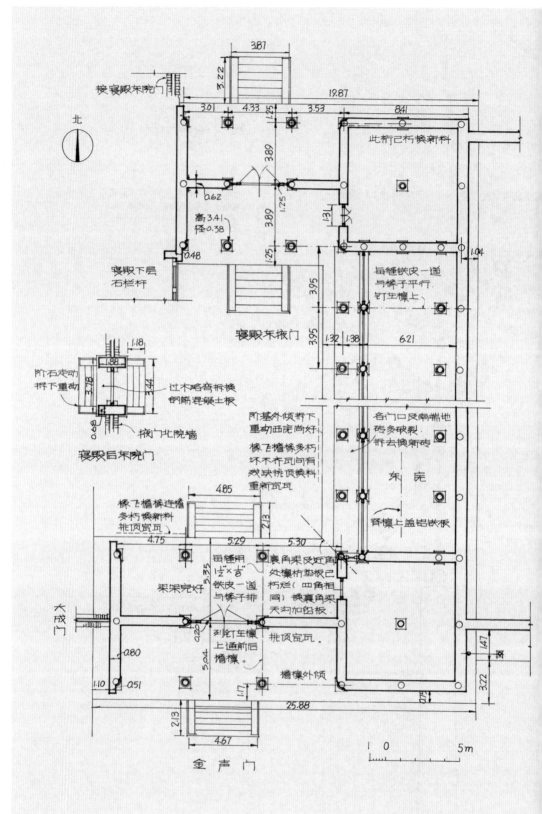

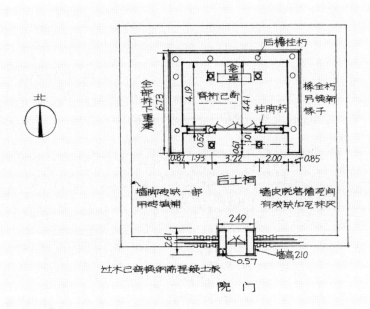

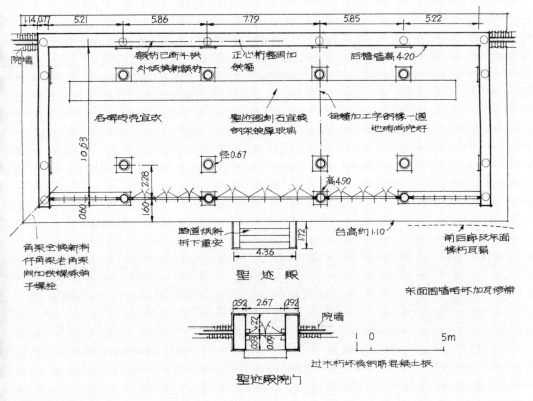

卷首图十七
曲阜孔庙金声门等
平面图（左页）

卷首图十八
曲阜孔庙圣迹殿等
平面图

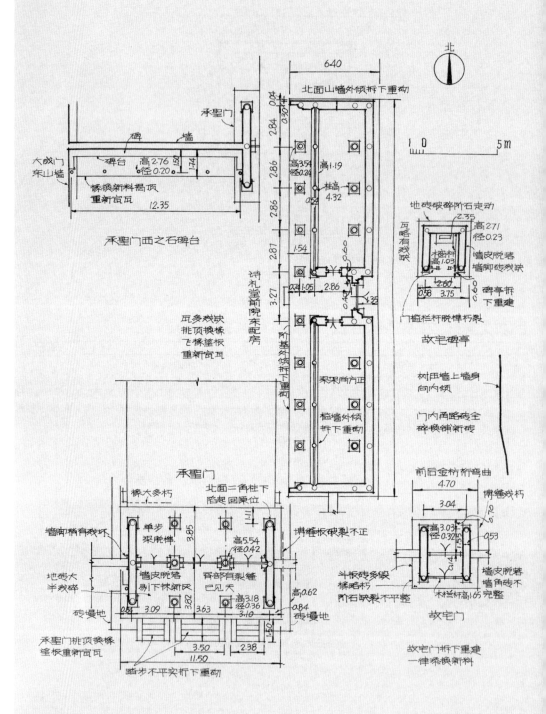

卷首图十九
曲阜孔庙承圣门等平面图

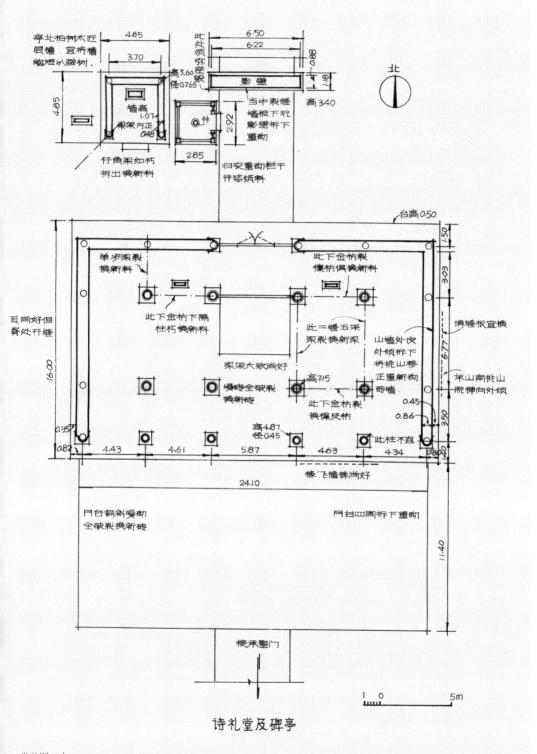

曲阜孔庙诗礼堂及碑亭平面图

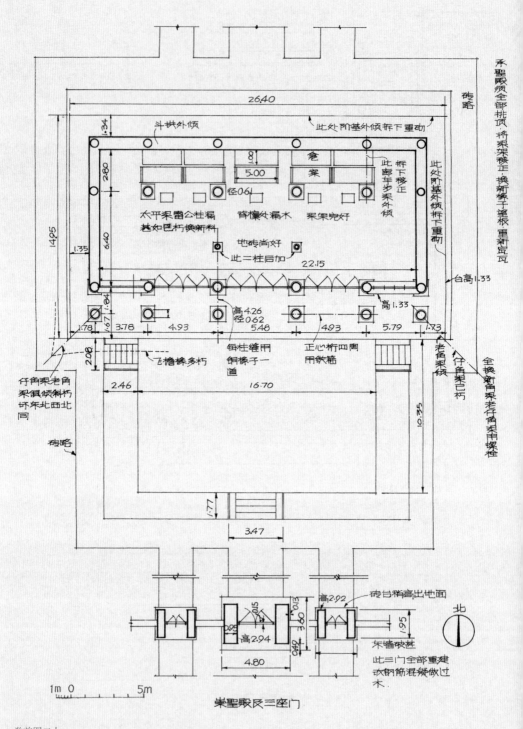

卷首图二十一

曲阜孔庙崇圣殿及三座门平面图

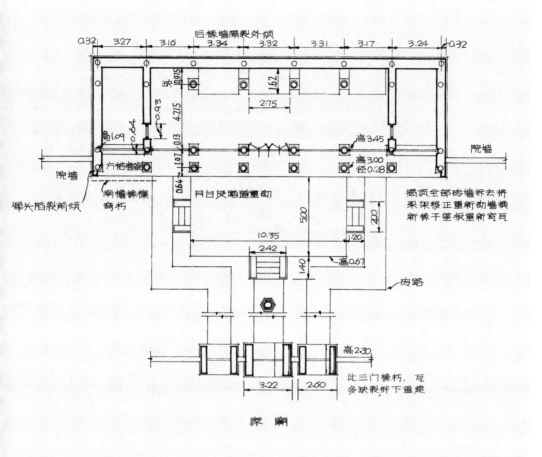

家廟

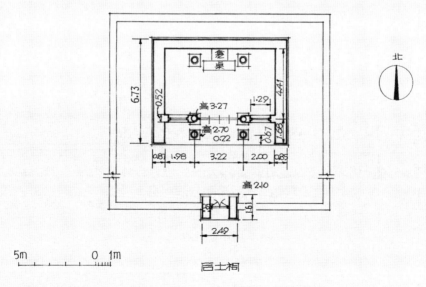

后土祠

卷首图二十二
曲阜孔庙家庙、后土祠平面图

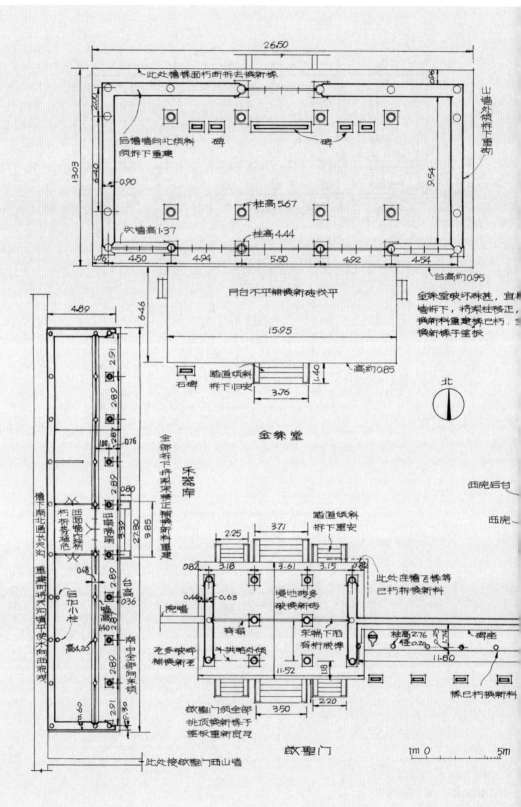

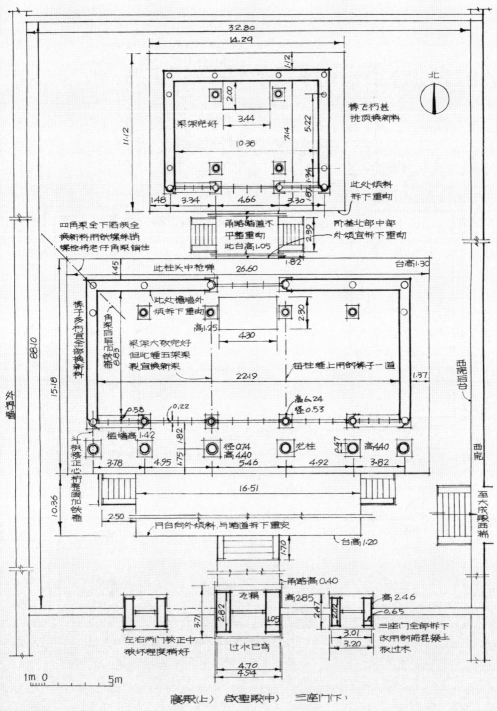

卷首图二十三
曲阜孔庙启圣门、
金丝堂等平面图
（左页）

卷首图二十四
曲阜孔庙启圣殿、寝
殿、三座门平面图

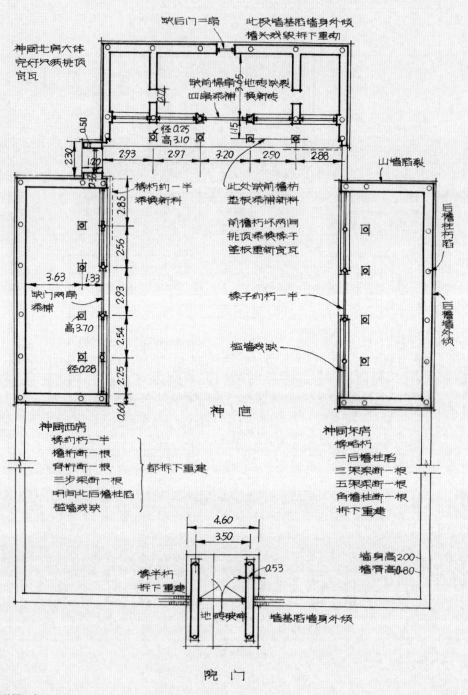

卷首图二十五
曲阜孔庙神庖、神厨平面图

卷首图二十六
（甲）金声玉振坊
（乙）棂星门

卷首图二十七
（甲）太和元气坊
（乙）至圣庙坊

卷首图二十八
（甲）德侔天地坊
（乙）阙里坊

卷首图二十九
（甲）圣时门
（乙）圣时门御道石刻

卷首图三十
（甲）仰高门
（乙）弘道门

卷首图三十一
（甲）碧水桥
（乙）大中门

卷首图三十二
（甲）大中门前檐
（乙）大中门后檐

卷首图三十三
（甲）东北角楼
（乙）同文门

卷首图三十四
（甲）同文门斗栱
（乙）驻跸正房

卷首图三十五
（甲）奎文阁
（乙）奎文阁各层斗栱

卷首图三十六
（甲）奎文阁下层内部
（乙）奎文阁平坐斗栱后尾及童柱

卷首图三十七
（甲）奎文阁上檐檐柱及重檐柱
（乙）奎文阁上檐内金柱及梁架

卷首图三十八
（甲）奎文阁中层内部梁架
（乙）奎文阁上檐角科斗栱后尾

卷首图三十九

（甲）奎文阁上檐斗栱角梁及扒梁

（乙）奎文阁上檐柱头科后尾（左下）

（丙）奎文阁上檐斗栱之外倾（右下）

卷首图四十
（甲）奎文阁上层内部
（乙）奎文阁上层歇山梁架相交点

卷首图四十一
(甲) 奎文阁东掖门
(乙) 毓粹门

卷首图四十二
（甲）碑亭十一
（乙）碑亭十一下檐斗栱　（丙）碑亭十一斗栱后尾

卷首图四十三
（甲）碑亭九（左上）
（乙）碑亭九斗栱外面（右上）
（丙）碑亭九斗栱后尾

卷首图四十四
（甲）碑亭十
（乙）碑亭十下檐斗栱后尾

卷首图四十五
（甲）碑亭二（清代御碑亭）
（乙）碑亭七（清代遣祭碑亭）

卷首图四十六
（甲）大成门
（乙）大成门内踏道及孔子手植桧

卷首图四十七
（甲）大成门梁架及斗栱后尾
（乙）大成门歇山部分梁架

卷首图四十八
（甲）杏坛（左上）
（乙）杏坛下檐斗栱（右上）
（丙）杏坛藻井

卷首图四十九
（甲）大成殿
（乙）大成殿下檐斗栱

卷首图五十
(甲) 大成殿下檐斗栱后尾并内檐斗栱
(乙) 大成殿前廊石柱

卷首图五十一
（甲）大成殿石柱雕饰
（乙）大成殿石柱柱础

卷首图五十二
（甲）大成殿后面
（乙）大成殿后檐石柱柱础

卷首图五十三
（甲）大成殿前金柱内景
（乙）大成殿内柱柱础

卷首图五十四
（甲）大成殿扒梁及角梁尾
（乙）大成殿金柱顶及内斗栱后尾（左下）
（丙）大成殿角童柱（右下）

卷首图五十五
（甲）大成殿孔子圣像神龛
（乙）大成殿石阶基

卷首图五十六
（甲）大成殿石阶基须弥座石刻
（乙）大成殿石阶基踏道侧面（左下）
（丙）大成殿石阶基御道石刻（右下）

新換額枋
已彎,非鋼
梁不勝任。

卷首图五十七
（甲）大成殿寝殿正面（左页上）
（乙）大成殿寝殿前廊（左页下）

卷首图五十八
（甲）金声门
（乙）大成殿寝殿东掖门（左下）
（丙）大成殿东庑（右下）

卷首图五十九
（甲）圣迹殿
（乙）圣迹殿西梢间

卷首图六十
（甲）承圣门
（乙）承圣门柱头斗栱（左下）
（丙）承圣门斗栱后尾及梁架（右下）

卷首图六十一
（甲）启圣门
（乙）启圣门后面檐部

卷首图六十二
（甲）诗礼堂
（乙）诗礼堂梁架

卷首图六十四
(甲) 崇圣祠
(乙) 崇圣祠内部

卷首图六十三
(甲) 诗礼堂礼器库（左页上）
(乙) 鲁壁（左页左下）
(丙) 鲁壁碑、亭及古井（左页右下）

卷首图六十五
（甲）金丝堂
（乙）金丝堂北面

卷首图六十六
（甲）金丝堂梁架
（乙）乐器库

卷首图六十七

（甲）启圣殿

（乙）启圣殿梁架

卷首图六十八
（甲）启圣殿寝殿
（乙）启圣殿寝殿
歇山梁架

卷首图六十九
（甲）神庖北房
（乙）后土祠

卷首图七十
（甲）燎所
（乙）孔子故宅门

卷首图七十一
(甲)孔子故宅门赞碑亭
(乙)花门

绪 言

民国二十四年二月，思成奉教育、内政两部命，到曲阜勘察圣庙修葺工程。十六日先到济南。十八日到曲阜，访奉祀官孔达生先生，趋诣大成殿，参谒圣容毕，当即视察全庙殿宇一周。自翌日起，开始实测并摄影，将每座殿宇廊庑，大致勘察一遍，在曲阜工作五日，先行回平。社友莫宗江先生，与山东省建设厅技士于皞民先生在曲阜又留半个月；除民国二十二年重修的寝殿、同文门及弘道门外，每座殿宇皆将平面详细测量，并在平面图上详细注明结构上损坏的部分情形及其地位。其中大成殿、奎文阁两座最重要的殿宇及曲阜建筑物中最古的金代碑亭，更详细地测绘其断面图及斗栱详图。至于全庙的平面总图（卷首图一），乃由建设厅测量队将方位测出，而各个建筑物墙柱的配置，乃按照我们较详细的图加上去的。

此次除测绘孔庙外，并将孔林、颜庙亦视察一遍。颜庙于民国十九年被晋军炮击，破坏极甚，景象凄然。孔林建筑物不多，其破毁情形亦不太甚，但其需要立即修葺，以期将来省工节料，则与孔庙及颜庙一样。孔子林、庙及颜庙三处，除测绘外，并摄影三百二十余幅，其中孔庙二百五十余幅，颜庙三十余幅，余为孔林及奉祀官公署。

三月初旬测绘摄影完毕之后，将测绘摄影材料带回到北平工作，直至七月始将修葺计划拟就，并作工料价预估呈请政府审核。

在设计人的立脚点上看，我们今日所处的地位，与二千年以来每次重修时匠师所处地位，有一个根本不同之点。以往的重修，其唯一的目标，在将已破敝的庙庭，恢复为富丽堂皇、工坚料实的殿宇，若能拆去旧屋，另建新殿，在当时更是被颂为无上的功业或美德。但是今天我们的工作却不同了,我们须对于各个时代之古建筑,负保存或恢复原状的责任。在设计以前须知道这座建筑物的年代,须知这年代间建筑物的特征;对于这建筑物,如见其有损毁处,须知其原因及其补救方法;须尽我们的理智,应用到这座建筑物本身上去,以求现存构物寿命最大限度地延长。不能像古人拆旧建新,于是这问题也就复杂多了。所以在设计上,我以为根本的要点,在将今日我们所有对于力学及新材料的知识,尽量地用来补救孔庙现存建筑在结构上的缺点,而同时在外表上,我们要极力地维持或恢复现存各殿宇建筑初时的形制。所以在结构上,徒然将前人的错误(例如太肥太扁的额枋,其原尺寸根本不足以承许多补间斗栱之重量者)照样地再袭做一次,是我这计划中所不做的;在露明的部分,改用极不同的材料(例如用小方块水泥砖以代大方砖铺地),以致使参诣孔庙的人,得着与原用材料所给予极不同的印象者,也是我所须极力避免的。但在不露明的地方,凡有需要之处,必尽量地用新方法、新材料,如钢梁、螺丝销子、防腐剂、隔潮油毡、水泥钢筋等等,以补救旧材料古方法之不足;但是我们非万万不得已,绝不让这些东西改换了各殿宇原来的外形。

　　我本来没有预备将孔庙建筑做历史的研究,但是在设计修葺计划的工作中,为要知道各殿宇的年代,以便恢复其原形,搜集了不少的材料;竟能差不多把每座殿宇的年代都考察了出来。我觉得这一处伟大的庙庭,除去其为伟大人格的圣地,值得我们景仰纪念外;单由历史演变的立场上看,以一座私人的住宅,二千余年间,从未间断地在政府的崇拜及保护之下,无论朝代如何替易,这庙庭的尊严神圣却永远未受过损害,即使偶有破坏,不久亦即修复。在建筑的方面看,由三间的居堂,至宋代已长到三百余间,世代修葺,从未懈弛;其规模制度,与帝王相埒。在这两点上,这曲阜孔庙恐怕是人类文化史中唯一的一处建筑物,所以我认为它有特别值得我们研究的价值。

　　本文中建筑物各个的研究法,是由结构及历史两方面着眼,以法式与文献相对照，以定其年代，这样考证的结果，在这一大群年代不同的建筑物中，竟找着金代碑亭两座、元代碑亭两座、元代门三座，明代遗构更有多处可数；至于清代的殿宇，亦因各个时代而异其形制。由建筑结构的沿革上看，实在是一群有趣且难得的例子。

此外获得极有趣的一点，就是明弘治间所用尺度之推定。在《阙里志》中，弘治十七年重修后的记录，很清楚地记出许多主要殿宇的主要尺寸；将那些尺寸与今日实测的尺寸相比较，得知当时一尺约合三一·三五公分，这也是研究孔庙的一种意外的收获。[1]

[1] 本文中多处提到今日实测尺寸与明弘治间所用尺度的关系，但其折算可能有误，正确比例究竟应该多少，一时还不清楚，因此原文照录。——莫宗江注

这次的勘察，在济南蒙张幼珊、何仙槎诸厅长招待，并予以种种协作的便利。教育部科长钟岳云先生及内政部科长汤叔颖先生由京到济会同勘察。山东省建设厅技士王次伯、于皥民二先生并测量队亦一同出发工作。上曲阜以前，竟劳动了教育厅秘书主任孔潇庵先生先期回曲准备。在曲期间奉祀官孔达生先生及孔府诸公招待殷勤。兖州至曲阜间路途，蒙第二十师参谋长张测民先生派汽车接送。这都是我所极感谢的。若非各方的合作与方便，这项计划及研究将没有实现的可能。最后我对于社友刘敦桢先生在结构工程上许多的指示，尤觉感激不尽。

在这里我要附带声明一下：本文下篇计划书部分只是一部最初的初稿。修葺古建筑与创建新房子不同，拆卸之后，我们不免要发现意外的情形；所以不唯施工以前计划要有不可避免的变更，就是开工以后，工作一半之中，恐怕也不免有临时改变的。这部计划若幸而有实现的可能，则开工以前，当有较详细的图样与说明书，届时当再请求邦人君子及建筑专家的指正。

中华民国二十四年九月，梁思成谨志于北平中国营造学社

第一章　孔庙建筑史略

由建筑史研究的立场上着眼，曲阜孔庙的建筑，实在是一处最有趣的，也许可以说是世界上唯一的孤例。以一处建筑物，在二千年长久的期间，由私人三间的居室，成为国家修建、帝王瞻拜的三百余间大庙宇；且每次重要的修葺，差不多都有可考的记录。姑不论现存的孔庙建筑与最初的孔子庙有何关系，单就二千年来的历史讲，已是充满了无穷的趣味。

按《史记·孔子世家》：

> 孔子年七十三，以鲁哀公十六年（公元前479年）四月己丑卒。……葬鲁城北泗上。……故所居堂，弟子内[1]，后世因庙，藏孔子衣冠、琴、车、书。至于汉，二百余年不绝。高皇帝过鲁，以太牢祠焉。诸侯卿相至，常先谒，然后从政。

太史公"适鲁，观仲尼庙堂、车服、礼器"。古代哲人的遗迹，在汉代已受许多人的景仰了。

后汉桓帝永兴元年（公元153年）置《百石卒史诏碑》，记鲁相乙瑛书言：

> 诏书崇圣道，勉六艺，……故特立庙。褒成侯四时来祠，事已即去。庙有礼器，无常人掌领。请置百石卒史一人，典主守庙，春秋飨礼，财出王家。……

从这时始，孔庙之管理已成为政府职责之一部分，并设专人治理。

南北朝间，历代得有兖州的君主，莫不修葺孔庙。北魏兴和三

[1] "故所居堂，弟子内，后世因庙，……"断句错误，同时"弟子"为"第之"之讹，即原句应为"故所居堂第之内，后世因庙……"——杨鸿勋注

年,"雕素圣容,旁侍十子",是为配祀最初的文献。宋孝建元年,诏建孔子庙,"制同诸侯之礼"。北齐天保元年,"诏鲁郡以时修治孔子庙,务尽崇焕"。隋大业七年,修孔子庙,"寝庙孔硕,灵祠赫奕;圆渊方井,绮窗画壁"。唐代重修的记录,至少有五次可考。孔庙建筑,至此已极堂皇华丽。

宋太祖即位之初,于建隆元年(公元960年),谒孔子庙,诏增修祠宇,这也许可算是孔庙建筑扩大的初步,但"增修"到若何程度,却没有明白的记录。太宗太平兴国八年(公元983年),修阙里孔子庙,吕蒙正记曰:

> 帝……乃御便殿,谓侍臣曰:"朕嗣位以来,咸秩无文,……唯鲁之夫子庙堂,未加营茸,阙孰甚焉。况像设庳而不度,堂庑陋而毁颓,触目荒凉,荆榛勿翦。阶序有妨于函丈,屋壁不可以藏书。既非大壮之规,但有岿然之势。倾圮浸久,民何所观。"……上乃鼎新,规革旧制;遣使星而莅事,募梓匠以偫功。经之营之,厥功告就。观夫缭垣云矗,飞檐翼张;重门呀其洞开,层阙郁其特起。绮疏瞰野,朱槛凌虚。耽耽之邃宇来风,巘巘之雕甍拂汉。回廊复殿,一变维新。……重栌叠栱,丹青晃日月之光;龙桷云楣,金碧焜烟霞之色。轮奂之制,振古莫俦;营缮之功,于今为盛。

由周末三间的旧宅庙堂,经过世代增修,而有"缭垣""飞檐""重门""层阙""回廊复殿""重栌叠栱""龙桷云楣",实在是"振古莫俦""于今为盛"的扩大。

天禧二年(公元1018年),命孔道辅修阙里孔子庙。《曲阜县志》卷二十四记其事云:

> 道辅请得封禅行殿余材,乃大扩圣庙旧制。建庙门三重,次书楼,次唐、宋碑亭各一,次仪门,次御赞殿,次杏

坛，坛后正殿，又后为郓国夫人殿，殿东庑为泗水侯殿，西庑为沂水侯殿。正殿西庑门外为齐国公殿，其后为鲁国太夫人殿。正殿东庑门外曰燕申门，其内曰斋厅，厅后曰金丝堂，堂后则家庙，左则神厨。由斋厅而东南为客馆，直北曰袭封视事厅，厅后为恩庆堂，其东北隅曰双桂堂。凡增广殿庭廊庑三百十六间。

在宋初数十年之间，孔庙的建筑，骤然间加以空前的大扩充，后世孔庙之规模，即自此时起。

北宋之世，每隔数年，辄有修葺。北宋之末，曲阜陷入金人掌握，孔庙建筑受了相当破坏，不久又逐渐修复。至金章宗明昌二年（公元1191年），按党怀英碑说：

> 主上……尝谓侍臣曰："……遗祠久不加葺，且甚隘陋，不足以称圣师之居，其有以大作新之！"有司承诏，度材庀工，计所当费，为钱七万四百六十余千，诏并赐之。乃命选择干臣，典领其役；役取于军，匠佣于民。不责亟成，而责以可久；不期示侈，而期于有制。凡为殿堂、廊庑、门亭、斋厨、黉舍合三百六十余楹。位序有次，像设有仪。表以杰阁，周以崇垣。至于椳座栏楯，帘櫊罘罳之属，随所宜设，莫不严具。三分其役，因旧以完葺者，才居其一，而增创者倍之。盖经始于明昌二年之春，逾年而土木基构成。越明年而髹漆彩绘成。先是群弟子及先儒像画于两庑，既又以捏塑易之。又明年而众功皆毕，罔有遗制焉。……

这次修建的范围，十分广大，比宋天禧二年的规模尚多约五十间。但工竣后仅十九年，金宣宗贞祐二年，春正月（公元1213或1214年）"寇犯阙里孔子庙，毁手植桧"；《县志》引《孔庭纂要》，记云："殿堂庑廊，灰烬十五。"是孔庙有记录的第一次大厄，而且是孔庙史中初次的人祸。元太宗五年（公元1233年），克金汴都，是年及八年、九年，皆修葺孔庙。定宗元年（公元1246年），"始复郓国后寝，以奉孔子、颜、孟十哲像"，当时正殿尚未重建。宪宗二年（公元1252年），杨奂至曲阜，其《东游记》云：

> ……于庙之西，相与却马鞠躬趋大中门而东，由庙宅过庙学，自毓粹门之北入斋厅（按即今之诗礼堂），在金丝堂南、燕申门之北。……鸣班杏坛之下；痛庙貌焚毁，北向郓国夫人新殿设绘像修谒。……降阶谒齐国公、鲁国夫人之故殿（按即今启圣殿）。殿西而南向者，尼山毓圣侯也，次西而东向者，五贤堂也（五贤堂孔道辅建，见年谱）。杏坛……南十步许，真宗御赞殿也，贞祐火余物也（按原石弘治十二年毁，嘉靖重刊，今在奎文阁后）。次南碑亭二：东亭宋碑一，吕蒙正撰，白崇矩书，太平兴国八年十月建；金碑一，党怀英撰并书篆。西亭皆唐碑也：一碑崔行功撰，孙师范书，碑阴刻武德九年十二月诏，又乾封元年二月祭庙文；一碑江夏李邕撰，范阳张庭珪书，开元七年十月建。次南奎文阁，章宗时创，明昌二年八月也，开州刺史高德裔监修。阁之东偏门刻顾恺之"行教"、吴道子小影三像（按今圣迹殿所有恐是翻刻）。东庑碑六，皆隶书，而《鲁郡太守张君碑》非也。西庑之碑八，隶书者四，余皆唐宋碑也。（按汉碑今在同文门）……

元初战迹的孔庙，荒废者数十年。世祖中统三、四两年，虽修孔庙杏坛、奎文阁，但是至元十九年《修阙里庙垣记》碑却清清楚楚说"荐经丧乱，表里凋敝。……财单力薄，扶倾缀朽，联缺续氅，所成者不赏其所坏"，破坏的速率，远在修葺速率之上。

大德二年至五年之间（公元1298年至1301年），始重建正殿，阎复《重修孔子庙》碑云：

> 至元丁卯，衍圣公治，……将图起废，奎文、杏坛、斋厅、黉舍，即其旧而新之，礼殿则未遑也。……济宁守臣按檀不花……首出帛币万缗，……市木于河，辇石于山，抢材于野。亲、栋、栌、桷，楹、础之属悉具。又得泗水渠堰积石数百，石垩称是，露阶扣砌，咸足用焉。郡政之暇，躬为督视，甄陶锻冶，丹艧髹漆。……经始于大德二年之春，属岁浸中止；蒇事于五年之秋，不期月而告成。殿矗重檐，亢以层基，缭以修廊。大成有门，配侑诸贤有所，泗、沂二公有位。黼座既迁，更塑郓国像于后寝，缔构坚贞，规模壮丽。大小以楹计者百二十有六，赀用以缗计者十万有奇。……

贞祐大劫以后，荒废八十七年，始得恢复原有规模，若按毁时"灰烬十五"计，则此次修复只百二十有六楹，规模较逊，不如明昌之盛矣。

明孝宗弘治十二年（公元 1499 年），阙里孔子庙受了一次空前的大灾难。据巡抚何鉴的奏折说：

> 六月十六日夜子时，雷雨交作，火从宣圣家庙东北角上起。延烧家庙五间、斋廊五间、东庑二十八间、寝殿七间、伯鱼庙三间、子思庙三间、西庑二十八间、大成门五间、手植桧一株、洪武诏旨碑文并楼、永乐御制碑文并楼；遂延烧大成殿七间、东便门六间、西便门六间、大成殿东西小便门各三间、寝殿东西两便门各三间；启圣殿五间、毓圣侯庙三间。风息雨止，火乃救灭。共计烧毁殿庑各房一百二十三间。奉旨报闻。

这次大火，将孔庙的主要殿宇，差不多全部烧毁，所幸免者，唯碑亭之一部及奎文阁以南部分。浙江道监察御史余濂当即奏请修葺。其明年二月，孔庙兴工，至十七年（公元 1504 年）春正而告成，据巡抚徐源的奏折说：

> 臣等钦依办理，委官专修孔子庙，照依原议规制间数，逐一修建完备。改造奎文旧阁，七间，三檐。再庙旁原有毓粹、观德二门，以通出入，因逼近庙基，街路短促，不称趋谒。今于前门少北，各建东、西门一座，三间，匾曰"快睹""仰高"。又前门并二门原止三间，今改建大门、大中门各五间，与庙前宇后，掩映相称。桥梁阶级，焕然鼎新。杏坛碑额，亦皆彩绘俱完。其大成殿九间、寝殿七间，俱两檐。大成门、家庙、启圣殿、金丝堂、诗礼堂各五间，两庑连廊，共一百间。启圣寝殿三间，神厨二十四间，库房九间，碑亭二座，衍圣公斋宿房十二间，奎文阁、大门、中门、左右门，下至街道牌坊，无不完整。规模壮丽，工艺精致，足称瞻仰……

这次重修复的殿宇，《阙里志》中有详细的记录，当于第二章分别记述。

嘉靖以后，直至清初，除去改建了几座牌坊，并建圣迹殿外，并无若何重要的修建。清圣祖康熙三十年至三十二年间，有一次普遍的修葺，"凡修大成殿五十四间，大成等门六十一间，两庑八十八间，棂星门一、牌坊二，用帑银八万六千五百两有奇"。但于弘治重建的规模，大致没有变动。

其后三十年，清世宗雍正二年（公元1724年）六月，又受了一次大火灾。衍圣公孔传铎疏言：

> ……讵于本年六月初九日申时，疾风骤雨，雷电交作，有火从先师大成殿脊螭吻间出，栋宇高峻，不能扑灭。……延烧寝殿、两庑、大成门、圣祖仁皇帝御碑东西二亭、启圣王旧殿、金丝堂等处，至丑时方熄。……新建崇圣祠，……幸得无恙……

这次所烧的范围，与明弘治十二年火灾的范围大致相若，其起火原因，均是落雷，而且同在六月上中旬间。

雍正三年八月，孔庙重修工程又兴工。七年谕：

> 阙里文庙正殿正门用黄琉璃瓦；两庑用绿琉璃瓦，以黄瓦镶砌屋脊。供奉圣像，选内务府匠人到东[1]，用脱胎之法敬谨装塑。重建圣祖仁皇帝御书碑亭，增建乐器库，颁御书大成殿匾额；御书御制对联，悬之庙堂。改棂星门石坊"宣圣庙"为"至圣庙"，奎文阁前之"参同门"曰"同文门"，诗礼堂前之"燕申门"曰"承圣门"……

[1] "东"即"山东"的略称。——杨鸿勋注

冬十一月，大成殿上梁。上谕谓：

> 特发帑金，命大臣等督工修建。凡殿庑制度规模，以至祭器仪物，皆令绘图呈览，朕亲为指授。遴选良工，庀材兴造。虔恪之心，数年以来，无时稍间……

可谓慎重其事了。八年秋八月，圣像成，留保奏圣庙工竣，现在所见的孔庙，就是雍正八年这次修建的规模。

乾嘉以后，代有修葺，但无重大的兴废。民国十九年之役，中央军据城以守，晋军借孔林为遮蔽，炮轰曲阜，颜庙虽焚毁过半，孔庙却受伤无多，亦属大幸。

民国二十四年，国民政府有重修孔林、孔庙之议。近年来孔庙及颜庙虽曾经地方当局部分地修葺，但尚无全部普遍重修的实现，深盼计划能见诸实行也。

第二章　孔庙建筑物之各个研究

一、总平面

谈到孔庙的总平面，不能不先由曲阜县城讲起。明正德、嘉靖以前，阙里去曲阜县城十里，本来没有城垣围护。正德六年（公元1511年），盗刘六、刘七寇山东，三月，盗入曲阜，焚官衙民居，是夕移营犯阙里。明年，东兖道佥事潘珍因感到守卫困难，奏言：

> 曲阜县去庙仅满十里，今该县官衙并城中居民房屋皆被焚毁，十无一二。请趁此县治残毁之余，庙貌犹存之际，将曲阜县治移徙庙傍；量筑城池，以备防守，庶庙貌县治，皆可以永保无忧……得旨报可。

所以整个的曲阜县城乃以孔庙为中心而建筑的。

孔庙居今曲阜县城之正中；其地址（卷首图一）作长方形，南北长而东西狭——东西约一百四五十公尺，南北六百三十余公尺，但是四周的界墙乃至内院的分隔，在角度方向上，都不十分方正。全部由南至北约略可分作八"进"。前三进都是柏林丛茂的庭园。第四进有奎文阁为主要建筑。第五进为十三座碑亭所在。第六进即大成门以内，杏坛及大成殿所在，亦即是孔庙的主要部分。第七进为寝殿。第八进又是空院，在其东北及西北两隅，有神庖及神厨。在大成门大成殿部分之两侧，东有诗礼堂、崇圣祠，西有金丝堂、启圣殿挟立。自第四进以北部分，四周有城墙围护，四隅有角楼。这部分也可以说是孔庙的后部或主要部分；而前三进则是一种引导的庭园。

这全局的布置，乃清雍正八年重修后遗留下来的规模。但若向上追溯，则可达宋初。汉、魏、隋、唐以降，虽已成为国家负责管理的建筑物，宋太祖建隆元年，虽"增修祠宇"，却是一直到宋真宗天禧二年，孔道辅修孔子庙，"大扩圣庙旧制，建庙门三重……"增广为"殿庭廊庑三百十六间"；始辟出现有的规模。《曲阜县志》中关于这次重修的一段记录，其主要殿宇之布置和名称，已与今日者大致相同。北宋末年兵灾之后，庙貌残破，直至金章宗明昌六年，始恢复完毕，而且更加扩大，"凡为殿堂廊庑、门亭斋厨、黉舍，合三百六十余楹"。可惜十九年后，又遭兵灾，"殿堂庑廊，灰烬十五"。

明弘治间及清雍正间，两次落雷，将主要殿宇——大成门、大成殿及其附属廊庑殿宇——完全毁坏，但都在灾后立即修复。在全局之布置上，大致尚是宋、金的规模，但在各个殿宇的本身，却各依当时的做法则例建造。今日之孔庙，除去极少数的碑亭和不重要的门外，大多是明清以后所建；而大成门、大成殿一带，却都是清朝初年、《工程做法则例》颁布之前几年间的作品。

二、庙前诸坊

圣时门外诸石坊，大都为明末遗物。按宋、元文献，虽说到"庙门三重"，却是没有题及牌坊的。明弘治十七年重修竣工之后，巡抚徐源上疏，始说"下至街道牌坊，无不完整"。而现存诸坊，则多建于嘉靖、万历间。

甲　"金声玉振"坊　明嘉靖十七年冬，巡抚胡缵宗建。平面四柱，三间，全部石质。柱作八角形，前后用石抱鼓夹抱，立在石台之上。额用石枋，明间稍高，镌"金声玉振"四字，梢间额稍低。额上覆盖均用石刻作瓦陇形；悬山顶，有脊无吻。柱头仰莲座，上坐蹲狮，面南向，颇古拙〔卷首图二，卷首图二十六（甲）〕。

乙　棂星门及石桥　棂星门〔卷首图二，卷首图二十六（乙）〕在"金声玉振"坊之北，与之隔河相对。河已干涸，上架单孔石桥。棂星门平面三间，四柱，柱圆，前后用抱鼓石夹抱，又用石斜戗支撑。明间额枋用石板上下两层，下层刻"棂星门"三字，上层刻绦环花纹；梢间则用额枋一层。额枋三间上皆用火焰。柱出头皆用云板；其云板位置颇高，下面不与额枋上皮接触，且权衡纤巧，不若北平所常见的粗笨。柱身微有收分。柱头刻作略如云罐的花纹，上立武士像。石柱、石额之内，安木门框并木栅栏门。门左右有影壁，然后与墙垣相接。

清乾隆十九年，"衍圣公重修棂星门，易以石"，因此知道现存棂星门的年代，并且知道以前大概是木的。

棂星门前有石台，周以石栏，与石桥相接。

丙 "太和元气"坊 在棂星门之北。形制与"金声玉振"坊完全相同〔卷首图二，卷首图二十七（甲）〕。嘉靖二十三年，巡抚曾铣建。

丁 "至圣庙"坊 在"太和元气"坊之北。形制与"金声玉振""太和元气"两坊约略相同，但额枋上没有屋盖〔卷首图二，卷首图二十七（乙）〕。就形制上看来，与前两坊同为明代物，原额为"宣圣庙"三字，那是明代对孔庙的尊称。雍正七年，上谕改称"至圣庙"。

戊 "德侔天地""道冠古今"两坊〔卷首图三，卷首图二十八（甲）〕 在第一进院之东、西。牌楼三间，四柱，柱不出头。三间额枋高度相同。额枋很小，与柱相交出头处斫齐，其上平板枋扁而宽，颇似古制。上下枋之间，有简洁的华版，中一间刻"德侔天地"及"道冠古今"额。平板枋上施如意斗栱，明间出七跳，梢间出五跳；斗栱纤小，与柱及额枋似欠和谐。但就昂嘴卷杀看，则与江南南宋遗物有相似处。屋盖明间用庑殿顶（即四阿顶），梢间用显山顶（即歇山顶）。柱下夹杆石雕刻狮子，异常古拙；须弥座上所用圆角柱及简粗的莲瓣，都呈露较古的年代，也许是元以前遗物。

己 阙里坊〔卷首图二十八（乙）〕 一双，在孔庙东垣之外，快睹门之南及北。坊三间，四柱，三楼，正楼庑殿顶，夹楼向外一面庑殿顶，向内一面切断，但亦不能称悬山顶。坊的四柱颇肥硕，每间用额枋三重左右联络，梢间最上一枋出头作卷瓣。柱脚有夹杆石，但不如常例之夹于柱之前后，而夹于左右。柱有斜戗支撑，戗下有石刻狮子顶抱。额枋以上施平板枋，以承斗栱。斗栱四昂九踩，昂嘴卷成象鼻形，又加四十五度如意昂，至为嘈杂。

阙里坊建造年代不明，亦不见诸志中，就形制论，柱额当是元构，而斗栱以上则最早不过明中叶也。

三、圣时门

圣时门是孔庙的大门，在"至圣庙"石坊之北。门五间，砖砌，中三间发券为圆洞门；上部额枋斗栱却是木质〔卷首图三，卷首图二十九（甲）〕。按顺治翻印明本《阙里志》述明弘治十七年重修时，"大门旧三间，新添二间，退后二丈，两旁各添八字墙……"然则弘治以前的大门，乃在今"至圣庙"石坊地位，且较小。雍正八年，钦定大门曰"圣时"。光绪二十四年重修时，巡抚某奏言："圣时门……自墙以上无复存者，按照旧式增修。"

斗栱虽不甚大，但形制奇特，昂嘴卷杀弯下而无力。额枋出头处，霸王拳的卷杀却完全是元明作风。门前石阶御道石刻〔卷首图二十九（乙）〕，龙头角光洁，云形简单，石山不若清式之程式化，都显示着明初以前乃至元朝的可能。

四、仰高门·快睹门

圣时门内的大庭院，东西面各辟门，即仰高及快睹二门〔卷首图三，卷首图三十（甲）〕。门三间，悬山顶，不施斗栱，宋元时代，并无此门。明弘治火灾之后重修，巡抚徐源言：

> 庙旁原有毓粹、观德二门，以通出入，因逼近庙基，街路短促，不称趋谒；今于前门少北各建东西门一座，三间，匾曰"快睹""仰高"……

《阙里志》卷十一：

> 大门内东西各新添门三间，匾曰"快睹""仰高"。盖宪俱系绿色琉璃，朱红油，青绿彩画。

明、清两代，孔庙虽时有修葺，但光绪二十二年，衍圣公咨兖沂、曹济兵备道，却称：

> 同治八年虽经庀材重修，然仅自大中门以后各段，重加修整；其大中门以前之弘道门、快睹门、仰高门、圣时门暨"德侔天地""道冠古今"二坊，彼时均未重修。历年既久，风雨摧残，以致瓦片脱落，木料糟朽。其"快睹"一门坍塌犹甚，基址仅存……

现存的东、西两门，即光绪二十二年所重建。

五、弘道门及碧水桥

弘道门〔卷首图四，卷首图三十（乙）〕为孔庙第二重门。平面阔五间，深两间，歇山顶。前后檐柱均为八角形石柱。梁额肥广，平板枋高狭，斗栱五踩，重昂，一切均属清式。

宋天禧二年，建庙门三重，今之弘道门，殆即其第二重。《阙里志》记弘治十七年重修，说：

> 二门旧门三间，朽坏拆去。新修五间，高一丈七尺，阔五丈四尺，深二丈八尺，四围俱用石柱，盖宪铺砌同前（大中门）。两旁又新添小门各一间。石桥三座；中阔三丈三尺，长五丈，两旁各阔一丈，长各四丈；俱石栏杆。河岸俱石凳，上砌小墙。

今弘道门实测尺寸，面阔一七·二八公尺，合营造尺（按三一·三五公分计）五丈四尺一寸余，深九·〇四公尺，合二丈八尺三寸余。与《志》所称相去不远。其高度未实测，故不得比较。至于门名"弘道"，亦是雍正八年，与大门同时所钦定的。

弘道门前石桥为碧水桥〔卷首图四，卷首图三十一（甲）〕，外表与《志》所称略符；其实测尺寸，面阔一〇·六〇公尺，长约一六公尺，与《志》中尺寸亦相符。唯河岸上明代原砌的小墙，已不知何时易以玲珑的雕石栏杆了。

六、大中门

大中门〔卷首图三十一（乙）〕是孔庙的第三重门。其平面（卷首图五）略如弘道门，但较长较狭。屋盖悬山顶，檐下用一斗三升斗栱，木柱，梁架纯清式，规模远逊于弘道门。现状毁坏殊甚。

但在弘治重修时记录，则称：

> 大中门，旧三间，新添两间，高二（一？）丈四尺，阔六丈四尺，深二丈四尺；从新盖完甃砌，彩画油漆。

现存门实测尺寸阔二〇·四四公尺，深七·六三公尺。与《志》中可称符合。明熹宗天启六年曹州同知某会捐修大中门。最后一次重修，恐在清同治八年。就梁架看，恐是弘治遗物。今屋顶浸漏，额枋、檐椽多已腐朽。

七、角楼

孔庙自大中门以北，全部有较高较厚的墙垣围护，四隅皆建角楼。角楼均三间，平面（卷首图五）作曲尺形，每面见两间，立在正方形的高台上〔卷首图三十三（甲）〕；在台之一面，沿墙边有马道，可以上下。除向马道之一面用砖墙辟门外，其余各面柱间额下，皆在槛墙上施直棂窗。斗栱五踩，重昂，梁架不若清官式之肥扁。

角楼之源始，当在元代。文宗至顺二年（公元1331年）衍圣公孔思晦请依前朝故事，四隅建角楼，仿王宫之制，诏从之。顺帝至元二年（公元1336年）角楼落成。自是而后，记录围墙及大中门的重修虽已有多次，但是关于角楼重修的记录，只见于清康熙二年张宏俊等重修。但是无疑地在多次围墙的修葺中，必有若干次附带修葺到角楼的。就形势看来，现存的角楼，似是康熙二年所重建，但极富于晚明的作风。

八、同文门

同文门〔卷首图三十三（乙）〕位在大中门之北，左右无围墙，是一座独立的大门。门阔五间，深两间，四周用八角形石柱。中三间辟门，梢间用栅栏划出，内藏名闻海内的汉、魏、隋、唐历代刻石。屋盖为歇山顶。

同文门的斗栱至为奇特，有可特别申述之点〔卷首图三十四（甲）〕。斗栱布置疏朗，明、次间每间均用补间斗栱两朵，梢间则用一朵。但因明间与次间面阔不同，当时设计人只求垫栱版之大小相同，不惜以栱之长度相就，故明间各朵的横栱均奇长，而次间的则极短；尤其奇特的乃柱头科，在明间一面栱出甚长，在次间一面则极短；在同一朵之上而左右不同，实在是罕见的做法。昂嘴卷杀软而弯，似圣时门所见。额枋、梁架均似清式，但略轻巧。

按宋天禧二年，孔道辅大扩庙制，建庙门三重，次即书楼，并无此门。元初杨奂《东游阙里记》谓汉唐诸碑或在奎文阁之东偏门，或在西庑。亦无此门存在的记述。但《阙里志》则说："阁前为门五间，汉魏古碑在焉。"弘治火灾后重修的记录，亦称："阁前门五间，仍旧。"然则此门之初建，当在元、明之间。清雍正七年，谕奎文阁前之"参同门"改名曰"同文门"，而顺治本弘治《阙里志》并无门名，是"参同"之名，当定于清初顺治以后也。至民国二十二年新修，彩画俗劣。

今同文门内古碑如下：

汉鲁相乙瑛请置百卒史碑	魏鲁孔子庙碑
汉谒孔子庙碑	北魏鲁郡太守张猛龙碑
汉郡诸曹史孔谦墓碣	东魏鲁孔子庙碑
汉礼器碑	北齐夫子庙碑
汉泰山都尉孔宙碑	隋修孔子庙碑
汉鲁相史晨祀孔子庙碑	唐兖公之颂
汉鲁相史晨碑	唐修文宣王庙新门记
汉博陵太守孔彪碑	唐修文宣王庙碑
汉孔褒碑	宋敕赐御制御书牒碑
汉残碑阴	

九、驻跸

在同文门之北，东西各有小院。西院空无所有；东院则有正房五间，附耳房一间，西向，厢房两座，各三间，南北向，即驻跸。其建筑为清官式小式建筑〔卷首图六．卷首图三十四（乙）〕。

宋天禧二年，孔道辅"大扩圣庙旧制"，"由斋厅而东为客馆"。按当时斋厅，即今之诗礼堂地位；今之"驻跸"，约略地也可说是在斋厅东南，也许就是宋"客馆"的后身。

《阙里志》称奎文阁左掖门"东为衍圣公斋戒所"，右掖门"西为有司斋戒所"，至弘治灾后重修，则称"衍圣公斋居一十一间，县官等斋居一十一间……从新盖宽"。巡抚徐源奏，却称"衍圣公斋宿房十一间"，其间数与现存者完全相符。而于西面的"有司斋戒所"，不唯现在只余空院，就在乾隆《曲阜县志》里也只提到奎文阁"东南五楹为衍圣公致斋所"，而未提到西面的房屋；其被拆毁，至迟亦当在乾隆年间也。现在的通称则叫东面有房屋的为"驻跸"，西面空院为"斋宿"。至于"有司斋戒所"，则乾隆《曲阜志县》已移到奎文阁左右掖门东西各五间值房中，"为朝廷有司斋所"。

十、奎文阁并掖门及值房

奎文阁在同文门之北，是一座面阔七间、进深五间、三檐歇山顶的大建筑物〔卷首图三十五（甲）〕。在分析奎文阁现存的结构以前，请先一探其沿革。

宋太宗太平兴国八年，修阙里孔子庙，吕蒙正为记，并没有提及有与奎文阁类似的建筑。真宗天禧二年（公元1018年），孔道辅"大扩圣庙旧制，建庙门三重，次书楼……"，是为书楼建造之始。金章宗明昌二年，赐阁名曰"奎文"。党怀英碑记称："……表以杰阁……"碑文下段虽说当时"三分其役，因旧以完葺者，才居其一；而增创者倍之"，但并未叙明何部是完葺的，何部是增创的，所以很难断定奎文阁在明昌二年，是只得了一个名字，抑或重建过。元杨奂《东游记》则谓："奎文阁章宗时创，明昌二年八月也，开州刺史高德裔监修。"

元世祖至元四年，修杏坛、奎文阁；大德五年阎复所撰《重修孔子庙碑》追述其事说：

> 阙里祠宇，毁于金季之乱。阁号"奎文"，若"大中"门闼，存者无几。右辖严公……戊申始复郓国后寝。……至元丁卯，衍圣公治……将图起废，奎文、杏坛、斋厅、黉舍，即其旧而新之，礼殿则未遑也。

故知金奎文阁并未毁于金末之乱。这一座奎文阁，直至明代尚存，《阙里志》谓：

> 碑亭之前为奎文阁，阁凡五间，制甚庄严，亦谓之藏书楼。东西列明御制碑亭。楼之左右各为披门三间……

弘治火灾后，奎文阁虽无恙，但十七年重修，则改为：

> ……奎文阁七间，三檐，高七丈四尺，阔九丈，深五丈五尺。前面擎檐俱石柱。上两层长柱俱楠木。朱红油漆；彩画用

次等青绿。盖觅同前（用绿色琉璃）。阁两傍各建便门三间，又两傍空房共三十间，仍旧……

规模比以前扩大了。清顺治十三年及康熙二年皆经重修。雍正火灾，幸未延及奎文阁。以后自然又经过多次的修葺。至于现在顶层有几道未施彩画的新梁檩，据孔氏族人相告，大概是同治初年所换。民十九之役，下层西面最北额枋曾中一弹，幸没有大损伤。

现存的奎文阁，广七间，深五间，高两层，中夹暗层，檐三重，歇山顶，下层擎檐全用石柱，立在砖石阶基之上。

其平面配置（卷首图七，卷首图八），第一层在进深方面，前一间为廊，后五间为阁身。阁身南面中三间为门，梢间、尽间为槛窗；东、西、北三面为檐墙，除去北面正中一间辟门外，墙上并无任何门窗。在柱的分配上，四周檐柱全用八角形石柱，金柱及内金柱则用木柱；除去南面明间内金柱外，每缝相交处都有柱。平面实测，阔三〇·一〇公尺，合营造尺九丈四尺四寸强，深一七·六二公尺，合五丈五尺一寸余，与《阙里志》尺寸虽有出入，但与《曲阜县志》所记之阔九丈四尺五寸及深五丈五尺九寸，相去不远。

上两层平面较下层每面狭半间，明间、次间南面内金柱均省去，将阁身分为前后槽，前部深两间，后部深一间。

扶梯在下层，安在东尽间，由南向北，上达暗层。在暗层却移至梢间，折向南，上达上层。

奎文阁的断面（卷首图九，卷首图十）分为三层，上下两主层之间，夹有暗层，如中国其他的多层建筑一样。但是斗栱则共有四层，其中三层承檐，一层承平坐。

下层内外柱全部同高；外一周为石柱，内外金柱为木柱〔卷首图三十六（甲）〕。柱头之上，以额枋相联，其上则施斗栱。斗栱之上，复施承重梁或桃尖梁；梁上施天花板，同时又是暗层的楼板。

在廊上桃尖梁上立童柱，其做法与传统的童柱做法略有不同。普通的做法皆在童柱柱头施平坐斗栱，其上再插安上层檐柱。奎文阁则不然，其童柱之长，直通上层腰檐斗栱之下，而平坐斗栱乃自童柱半身伸出〔卷首图三十六（乙）〕。平坐斗栱之上为上层楼板。

自下层外金柱柱头斗栱之上，立长柱一周，直达上檐斗栱之下〔卷首图三十七（甲）〕。在北面一列内金柱柱头斗栱之上，则有长柱一列，直达上层三架梁之下〔卷首图三十七（乙）〕。

在结构上，奎文阁平坐及上层用通长柱的这种做法，较之通常的做法，实在是合理而且固结得多。在中国古建筑中是一座不多见的特例，是值得我们注意的。

上层檐柱之内尚有内金柱一列，将上层分为内外槽，上层每缝梁架，向外一端承在檐柱上，向内一端则全由这列内金柱支承。在结构上是负荷极重的。据《阙里志》，这"上两层长柱俱楠木"，其内金柱通长十三公尺整，由现在看来，也是极罕贵难得的材料了。全部高度实测，由砖地而至正脊上为二三·三五公尺，合营造尺七丈三尺二寸余，与《志》所记高度可称符合。

奎文阁的斗栱〔卷首图三十五（乙）〕，其全部权衡，与清官式斗栱比较，的确较为雄大。其布置亦不太密；明间用补间斗栱四朵，次梢间却只用两朵。其各檐所用单材尺寸如下：

下檐一六·五×一一·〇公分　平坐一六·〇×一〇·五公分

腰檐一六·〇×一〇·〇公分　上檐一五·〇×一〇·〇公分

因为木料的干缩，加以中国建筑传统的不十分准确的施工，上列的尺寸，当然不能认为是最正确的度量。不过有两点可以注意：（一）材宽与高的比例是三与二之比；（二）材之大小由下向上递减。在（二）点上，与中国一向的做法相反，因为自宋至清都是上大于下的。[1]

在斗口（即材宽）与柱的关系上，亦居宋、清两式之间。清式的规定，柱径为六斗口，柱高为六十斗口；而奎文阁下檐则柱径为五·二斗口，柱高为四十六斗口强，较清式的比例雄大得多。

在翘昂出跴的比例上，这里我们又得见些较近于宋元遗制的做法。按清《工程做法则例》规定，每拽架距离为三斗口，不因跳位

[1] 清代似无上下层斗口不相同的做法。——莫宗江注

而更改；宋式则出逾远而递减；今将奎文阁各层出跳，按斗口（即栱宽度）十分计，与宋、元、明、清式比较，表列如下：

	外第一跳	外第二跳	外第三跳	内第一跳	内第二跳	内第三跳
宋《营造法式》	三〇	二六	酌减	二八	二六	酌减
元正定阳和楼	三二・八	二九・二	—	三二	二九	—
北平明智化寺上檐	二八・四	二五・四	二三・七	二八・四	二九・四	
奎文阁下檐	二九强	二五・三		二八强	二五・三	
奎文阁平坐	二八・五	二八・五				
奎文阁腰檐	三一	—		三二		
奎文阁上檐	三一	二八	二二・五	三一	二九	二五
清《工程做法则例》	三〇	三〇	三〇	三〇	三〇	三〇

由此可知元以前每跳递减的比例，在明中叶以前尚通行。在清式则改成一律三斗口，在下文大成殿斗栱尺寸里，可以看出比较来。

宋元以前，柱头斗栱上并无将内部梁头特别伸出的做法；清式则有硕大的桃尖梁头，其宽度按四斗口计算。在奎文阁上，桃尖梁已完全形成，但较清式显然瘦窄，上檐宽度仅及斗口的二・七倍，腰檐宽仅三・一倍，明显的是一种过度的尺寸。至于各层斗栱栱头的卷杀雕饰，菊花头几成正角形，麻叶头伸出极长，都非清式之制，很可借以窥得明中叶的做法。

各层斗栱出踩之数约略如下：

下层〔图一，卷首图三十五（乙）〕外檐五踩，重昂。内檐〔图一，卷首图三十六（甲）〕亦五踩，但两面俱如外檐斗栱后尾做法，只用翘一层；第二层两头均作菊花头，且无横栱；第三层两头均作六分头，比第二层长，两头均安厢栱。

平坐斗栱五踩，重翘，柱头科（图三）各栱均自童柱伸出，其后尾不卷杀作翘头，而延长为枋与内金柱相联络。平身科（图二）则向外出重翘，后尾亦延长为枋，搭在金间承重枋之上。其转角斗栱（图三）除自柱向正、侧、角三面伸出翘头外，在柱之正、侧两旁又加附角斗及翘一缝，使成缠柱造的角科。垫栱板上开古篆钱形孔，

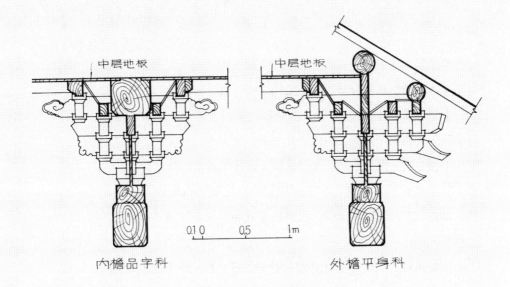

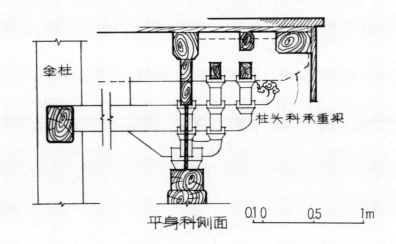

图一
奎文阁下层斗棋图

图二
奎文阁平坐斗棋图
（一）

图三
奎文阁平坐斗棋图
（二）

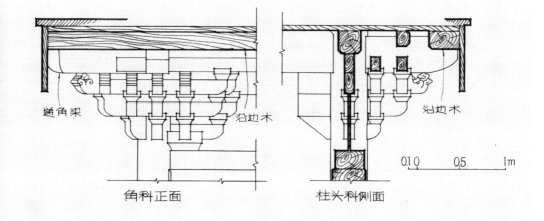

以供给暗层内光线，但孔极小，光线不足〔卷首图三十八（甲）〕；加之以平坐边上的滴珠版异常高阔，更挡去暗层内亟需的光线不少。

上层腰檐斗栱至为简单，只三踩，单昂（图四），外面有擎檐柱、柱头间有楣子遮掩，由地上几乎看不见。

上檐斗栱七踩，单翘，重昂，较下檐斗栱多出一跳（图五）。

其出跳长短，除在上文表列比较外，这里有再使读者注意之点，即在二三两跳间距紧促，使两跳上的斗耳几乎挨在一起，这种权衡是元以后所少见的。

上檐角科（图六）的做法亦值得特别注意：在柱头中线正侧两面外，附加出翘三缝；其三缝间的距离，乃依斗栱内跳之距离而定。因内跳距离不大，所以各缝下不能有单独的附角斗，其结果乃形成一种长形斗，除正、侧、角三向开口外，又加开斗口三缝〔卷首图三十八（乙）〕，是一种罕见的做法。

奎文阁斗栱之出跳，既如上述，其朵数之分布及横栱之长短，亦有有趣之点。在同文门斗栱上，我们已看过柱头科上横栱左右不同的现象。这同一现象，今亦见于奎文阁。阁明间用补间斗栱四朵，而次、梢、尽间则用两朵，其设计人只顾求垫栱板之大小相若，不惜使横栱有长短不同之参差。今请先看各间朵数及朵间距离：

	正面明间	次梢间	上梢间（减去附角科）	侧面明间	次间	梢间（减去附角科）
面阔（公尺）	五九·四	四·三〇	三·四六	三·五四	三·五四	二·七〇
补间朵数	四	二	二	二	二	二
朵间距离（公尺）	一·一九	一·四三	一·一五	一·一八	一·一八	〇·九〇

所以奎文阁斗栱分朵的距离，次梢间相当地疏朗，正面明间及侧面明、次间较密，侧面梢间则极拥挤。正面次间与明间之间，相差到二四公分之多〔卷首图三十五（乙）〕，虽肉眼一望亦即见其差别，以致柱头科上的横栱一面长、一面短，呈露滑稽的现象。在上檐全部的

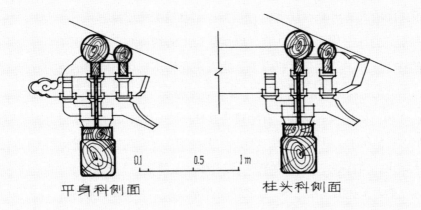

平身科侧面　　　　柱头科侧面

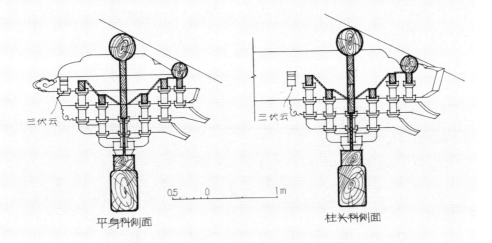

平身科侧面　　　　柱头科侧面

图四
奎文阁中檐斗栱图

图五
奎文阁上檐斗栱图

图六
奎文阁上檐角科立
面图

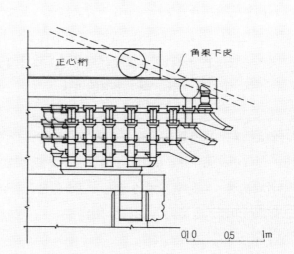

布置上，成为疏密隔间相称，也是一种奇特的做法。

奎文阁的大木构架（卷首图九，卷首图十），自地至暗层地板为一层，在等高的柱上施同样的斗栱，以承托以上的结构。上两层用通长的柱，立在下层柱头斗栱之上，颇失之联络不密切。暗层的楼板同时亦是下层的天花板，天花支条亦即是楞木，其安全率至为可疑。在第二层地板的高处，有梁枋将长柱联络，承重梁上安楞木，但古式的楞木，其本身失之太肥扁，其分列失之太疏，在这种楼板上藏书，实在是一种危险的企图。上檐柱（即童柱）及金柱，各伸到它们所承托的斗栱之下。腰檐之下用单额枋，上檐在上额枋之下，另有承椽枋以承腰檐椽尾。但北面内金柱，则自暗层地板高度，以整料十三公尺的长度，直达平梁（三架梁）之下；这十三公尺的柱，据说是楠木的。南面的四步梁、三步梁，和北面的单步梁、双步梁，向内的一端，都交代在这一列柱上；其上再加上三架梁〔卷首图三十七（乙）〕。其举架举高约为进深之三分之一；下檐六举；腰檐六三举；上檐檐步五七举，金步六七举，脊步七五举，举架颇为和缓。

各层梁横断面宽与高的比例，除去三步梁为十与十五·三之比外，其余均为十与十二·五左右之比，与清式的比例大致相同，而较之微高。

奎文阁下层除南面中三间及北向中一间外，均有雄厚的砖墙。[1]中层四面垫栱板均开古篆钱形小孔，希冀放进一点空气和光线。上层四周全是方棂槅扇，颇开朗，但切实地不合于藏书之用〔卷首图四十（甲）〕。现在书是没有了，里面却栖息了千百只鸽子，每有人上楼，鸽子惊飞，尘土飞扬，现出凄凉的风味。

*　　　*　　　*

奎文阁左右均有挟门三间，进深两间〔卷首图十一，卷首图四十一（甲）〕。门硬山，无斗栱，由梁架上看，颇不易断然地区别其年代之为中明或初清。但是不甚大的梁头、短小的角替、肥矮的柱身等等，都隐约地暗示着那较早年代之可能性。

[1] 下层南面中三间之外的四周都是槛窗。——莫宗江注

东掖门之东及西掖门之西，各有执事房五间，极其矮小狭隘。在弘治重修的记录称："两旁空房共三十间，仍旧。"而在乾隆《曲阜县志》则只"门左右直房各五间"。所以其改造，大概总在雍正火灾以后。由现在的地势看来，直房东西所余的空地，刚刚尚可容下同样大小的房子东西各十间。却是十间的地位，被许多露天的碑碣占去，这些碑碣多是明、清两代次要的文献。

十一、毓粹门·观德门

毓粹门及观德门在奎文阁北面之东、西，是平时进庙的门，也是曲阜县东、西两半交通的孔道；因为整个曲阜城的前半被孔庙居中切为两半，所以由城东至城西，非经这两门不可。

这两门的规模并不大，平面只三间，进深两间〔卷首图十一，卷首图四十一（乙）〕，悬山顶，立在台基上。前后有踏道升降，故只通行人而不通车马。

按两门之最初见于文献，乃在元杨奂《东游记》中。他"趋大中门而东，由庙宅过庙学，自毓粹门之北入"。在《阙里志》中，有这样一段：

> 大成门之外有唐、宋、金、元碑，各覆以亭。碑亭之左为居仁门，又左为毓粹门，是为庙东。碑亭之右为由义门，又右为观德门，是为庙西。碑亭之前为奎文阁，阁凡五间……

大可怪的是在弘治重修以后的文献里，却不复见居仁门、由义门之名，只提到"燕申、毓粹、启圣、观德四门"，是在弘治十二年火灾时烧毁，未复重建。清康熙间，俞兆曾《圣庙通记》里虽说"旧有居仁、由义二门，今圮"，但未有更多一个字的记录，恐怕是他听见的传说。"旧有""今圮"恐皆明弘治以前的变故也。由上一段所述的位置看来，居仁门应该与毓粹门同为承圣门（当时称燕申门）的两厢；由义门及观德门则夹拱着启圣门。居仁门略在"碑亭五"之西南，由义门在"碑亭一"之西南。这两门若存在，则孔庙这部分的局面，当与今所见者大不相同了。

现存两门，就形制看，有明初乃至元代的可能性。

十二、碑亭

在奎文阁以北、大成门以南这院子里，共有碑亭十三座林立其中（卷首图一、卷首图十二）。十三座碑亭的大小及构架虽有不同，但其全局的布置，则均大致相同：平面作正方形，面阔三间，明间开敞，梢间砌砖墙；双重檐，歇山顶。但若按其结构或年代之不同，则可约略分出几种：

第一，我们在碑亭平面的部位上，可以探讨出其原位置之先后。按宋天禧二年（公元1018年）孔道辅修孔子庙，"建庙门三重，次书楼，次唐、宋碑亭各一……"，元杨奂《东游记》谓：

> 御赞殿（按址当在今大成门之内）……次南碑亭二。东亭宋碑一，吕蒙正撰，白崇矩书，太平兴国八年建；金碑一，党怀英撰并书篆。西亭皆唐碑也：一碑崔行功撰，孙师范书，碑阴刻武德九年十二月诏文，乾封元年二月《祭庙文》；一碑江夏李邕撰，范阳张庭珪书，开元七年十月建。次南奎文阁……

现在按我们的编号，碑亭八即为西亭，碑亭十一即为东亭，其中所立碑碣仍与杨奂的《东游记》完全符合。由这两亭的位置讲，在庭中最为居中适当，其为最初位置无疑。

在这两亭之间尚有九、十两亭。亭九为元大德六年（公元1302年）阎复撰《重建至圣文宣王庙》碑，附明嘉靖二年碑一座。亭十为至元五年（公元1339年）欧阳玄撰《敕修曲阜宣圣庙碑》。这两亭之位置虽不若亭八、亭十一之居中，但因较近中线，故较重要，显然是元代加建以夺取唐、宋两碑亭的重要性的。

由结构上看，亭八与亭十一〔卷首图四十二（甲），图七〕大致相

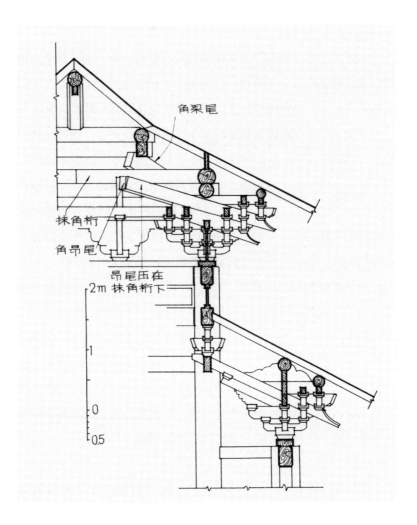

图七
碑亭十一上下层斗栱梁架断面图

同,无疑是孔庙中最古的建筑物。这两亭都用八角石檐柱;斗栱豪放,布置疏朗,明间只用补间斗栱两朵,梢间则不用。下檐〔卷首图四十二(乙)〕五铺作,单杪,单下昂,重栱造,后尾偷心;上檐〔卷首图四十二(丙)〕多一跳,六铺作,单杪,双下昂,重栱造,后尾计心。下檐昂尾与重栱相交,承托在承椽枋之下。上檐昂尾则直接承托屋盖干架的槫、枋等等。在正面上,柱头铺作并无特大的梁头。至于阑额、普拍枋等等,其断面的比例,都较明清式样狭而高。其各部详细的尺寸及比例,又多与宋《营造法式》相似;不唯与清代诸亭不同,就是与亭九、亭十亦大异;然而如普拍枋头、阑额出头,又显然有元代的气味,所以当是金代所建。碑亭十一的位置,若以宋碑为中心，则其距奎文阁中线的长度较以宋、金二碑之间为中心者，略偏向东，亦可以佐证这亭十一乃金代就原有宋碑之旁加党怀英碑改建，以致偏了。这两座碑亭实为曲阜最古的建筑物。

亭九、亭十在结构上显然较早于许多的清代碑亭，而较金代两亭则亦大异。亭九〔卷首图四十三〕内碑为大德六年（公元1302年）阎复撰《重建至圣文宣王庙》碑。其旁附有明嘉靖碑一座。这亭斗栱〔卷首图四十三（乙）〕较金亭小，布置则仍疏朗，明间只用补间铺作两朵。斗栱重昂（宋称"双下昂"）出两跳。柱头铺作上的耍头已特别加大，表示出明清桃尖梁头的前驱，昂尾〔卷首图四十三（丙）〕则已与清式颇相似，重重的"枰杆"，以及三福云、伏莲梢等等都已齐备了。上檐后尾全偷心，亦不用斗，是一种少见的做法。

亭十〔卷首图四十四（甲）〕内碑乃顺帝至元五年（公元1339年）所立。其斗栱外表与亭九大略相似，但昂嘴有软而下垂的卷杀，其昂为假昂，并没有昂尾，只用两瓣卷杀〔卷首图四十四（乙）〕。柱头科上的耍头，则已完全形成了桃尖梁头，不复成为耍头，但其下昂身却并未加宽。这两座碑亭，其年代大概与碑的年代相符合，是元末的遗构。

此院中除此而外，尚有碑亭九座，都是清代所建；其中又可因形制分作两种。一种施斗栱，在院子之北，紧在金声门、玉振门之外；由碑亭一至碑亭五〔卷首图四十五（甲）〕，亭内各立一碑，都是康熙、雍正、乾隆的御制碑文。就位置讲，它们无疑在院中占了最惹人注目的位置，不唯因它们靠近大成门，尤其因为它们侵占到毓粹、观德二门间的甬道上来，毁坏了全局的均衡。就结构方法讲，清代碑亭檐柱均用木，不用石柱。柱上用肥宽的额枋，额下用角替，额上施补间斗栱四朵。其斗栱之权衡比例，一切合乎《工程做法则例》的规定。每间额下，更用小间柱两根，其间安木栏杆，以保护碑石。

碑亭六、七、十二、十三，则为另一种之清式碑亭〔卷首图四十五（乙）〕。这四座中多立着遣官致祭的碑记。虽亦重檐歇山顶，但无斗栱，是用的小式大木做法。

在同文门之左右，尚有碑亭两座，原来明代的御制碑亭，现在所见乃是民国二十二年所重建。

在奎文阁东、西值房之东、西，尚有露天碑碣多通；计东面五十七座，分为三列，西面十五座作一列，都是与孔庙历史有关的史料。但其详细的研究，恐须俟诸异日了。

十三、大成门

大成门为孔庙最内一层主要部分的主要门道，与其左右掖门、"金声""玉振"二门，南向并列，至为庄严。

大成门平面阔五间，深两间（卷首图十三）。在中柱纵缝上，中三间辟门，梢间甃以砖墙；东、西两山亦砌砖墙。前后檐柱均为石柱，中柱为木柱；顶为单檐歇山顶，全部立在须弥座阶基之上〔卷首图四十六（甲）〕。

当宋天禧二年，孔道辅大扩庙制之后，书楼及唐宋碑亭之北为"仪门"，其北为御赞殿，殿内立米襄阳书宋真宗《御制圣赞》碑，其北则为杏坛。至于大成门之名，当与正殿同在宋徽宗崇宁三年得名。金末贞祐之劫，大成门大概是在被焚之列，因为元杨奂《东游记》所记，乃劫后情形，他说：

> （杏）坛南十步许，真宗御赞殿也，……贞祐火余物也。……次南碑亭二……

完全没有提到"仪门"或大成门——他游尼山圣庙时，却提到大成门。这门无疑在金末已遭第一次的烧毁。

元成宗大德六年，大规模地修复孔庙，阎复记口：

> 殿矗重檐，亢以层基，缭以修廊。大成有门，配侑诸贤有所……

于是将大成门修复。明孝宗弘治十二年，及清雍正二年两次火灾，都延烧大成门，但不久俱修复，现存的大成门，即雍正八年所修复的。

今门立在白石须弥座上，前后中一间均有刻石的甬路〔卷首图四十六（乙）〕。前后檐柱均为石柱，明间柱圆，刻蟠龙，次梢间柱八角，有浅镌花纹。额枋颇肥扁，与柱相交处托以瘦小的角替。额上斗栱为五踩重昂溜金斗栱，与全部梁架均为标准的清代官式建筑〔卷首图四十七〕。门北阶旁石栏内为孔子手植桧的第？代转生〔卷首图四十六（乙）〕。门北的御赞殿，当于明代毁去，赞碑现在却立在碑亭十一之内。

十四、杏坛

杏坛〔卷首图四十八（甲）〕在大成门与大成殿之间。其结构及外形大致与碑亭相似，其异点乃在立于基台之上，四角无砖墙，上檐屋盖用十字脊，四面显山顶。

杏坛平面正方形，每面三间（卷首图十三）。每面中柱用八角石柱，角柱则用木，但亦斫作八角形。柱上额枋，似较清式狭高，平板枋较额枋略宽，角柱上相交出头处，亦稍现古风。

斗栱下檐五踩重昂〔卷首图四十八（乙）〕；其布置补间用斗栱三朵，斗栱居间之中线上，异于常制。柱头科头昂、二昂均不较平身科加大，为宋元古制，但其上硕大的桃尖梁头，又属明清式样。在角科上，每面多加两缝，其角科做法，乃长方形相连，如奎文阁上檐角科一样。上檐斗栱亦只五踩重昂，并未如常制的增加一跳。其角科上的角昂及由昂，却逐跳加大，以承托上面的十字脊显山顶。

上下两檐之内，均施天花；上层正中并施斗八藻井，用细小斗栱装饰，至为纤巧〔卷首图四十八（丙）〕。杏坛的坛基，绕以石栏，其上下踏道刻作圭角，至饶趣味。

杏坛的原始，按《阙里文献考》卷十二：

> 杏坛在宋以前，本为庙殿旧址。宋天禧间，四十五代孙道辅监修祖庙，移殿于北，不欲毁其故迹；因《庄子》有"孔子游乎缁帷之林，坐休乎杏坛之上"语，乃除地为坛，环植以杏，名曰杏坛。石刻"杏坛"二大字，金党怀英篆。

由文义推测，"除地为坛，环植以杏"，似乎当时只是一"坛"而无栋宇的建筑。元杨奂《东游记》也说到杏坛，但也没有提到其上有何建筑物。元世祖至元四年"修杏坛奎文阁"，有此简略的记录，而其详则无由得知。

明弘治十二年大火，并未说延烧杏坛；十七年修葺完竣，徐源的报告中只说："杏坛碑额，亦皆彩绘俱完。"《阙里志》则称："杏坛仍旧。用上等青绿间金彩画，盖宪用绿色琉璃，朱红油漆。"这表明弘治以前，杏坛已有建筑物，且未经烧失。

明穆宗隆庆三年，巡抚姜廷颐修葺孔庙；殷士儋为记说：

> 其杏坛旧制，则撤而更新，增置石楯重檐。

由这几句话推测，则以前的杏坛，乃木楯单檐，不如今日所见的壮丽。

清雍正二年的火灾，没有说延烧杏坛，重修时亦未大规模地修改，所以现存的杏坛，当是隆庆三年所重建。由结构上的特征看，也是最近于这年代。

十五、大成殿

大成殿是全孔庙的中心，最主要的建筑物；在分析现存大殿之前，请追溯孔庙正殿的历史。

鲁哀公十六年，孔子卒，弟子们即在孔子居堂设位以祭。《阙里文献考》谓："周末时，即孔子所居之堂为庙，庙屋三间……"周末去孔子卒已二百余年，其时孔子原住宅是否尚存，已是极大的疑问。

汉桓帝永兴元年，"诏书崇圣道，……故特立庙"。国家为孔子特别立庙，殆自兹始。此后魏、晋、六朝，时有修葺。北齐文宣帝天保元年，"诏鲁郡以时修治孔子庙宇，务尽崇焕"。隋炀帝大业七年，修孔子庙碑云："寝庙孔硕，灵祠赫奕，圆渊方井，绮窗画壁。"当时的建筑，已称相当地壮丽了。

有唐一代，有记录的兴修即有五次。宋太祖建隆元年诏增修祠宇。太宗太平兴国八年，有一次大规模的兴修。但直至真宗天禧二年，孔道辅修孔庙，大扩圣庙旧制，始迁移大殿，至今所在。按《阙里文献考》卷十二：

> 杏坛在宋以前，本为庙殿旧址。宋天禧间，四十五代孙道辅监修祖庙，移殿于北……

所以今日大成殿所占的位置，乃是宋天禧以后所迁，而旧址则以杏坛为识也。宋徽宗崇宁三年，"诏名文宣王殿曰大成"。并于政和四年颁大成殿额于孔子庙。北宋之末，县入于金，孔庙毁去多部。金皇统九年"始以公钱修复正殿"，但金末之乱，孔庙又被焚，正殿又毁。

元定宗元年，"始复郓国后寝，以奉孔子颜孟十哲像"，可见当时正殿尚未恢复，故以寝殿权祀孔子。成宗大德六年，正殿落成，"殿黉重檐，兀以层基，缭以修廊。……辅座即迁，更塑郓国像于后寝……"。这才将孔子请回到正殿上。

明初百年之间，虽屡修孔庙，却仍能保存元大德所重建的正殿。明宪宗成化十六年（公元1480年）"从衍圣公孔宏泰之请，增广正殿为九间，余皆更新，至二十三年（公元1487年）始告成"。从这里，可以知道成化以前的大成殿——至少也可以说元大德重建的大成殿——是广只七间的。增大之后仅十二年，于孝宗弘治十二年六月夏，又因落雷烧毁。其后五年又修复。弘治十七年（公元

1504年）重修的大成殿，据《阙里志》所载是：

> 九间，两檐；高七丈八尺，阔一十三丈五尺，深八丈四尺。前面石盘龙柱，两山及后檐俱镌花石柱。中俱楠木攒柱，围圆一丈。梁、檩、枋、嵌（槛？）俱楠木。龙顶天花板四百八十六片，俱浑金盘龙。菱花龟背槅（扇），外泊风板、木柱俱银朱。神龛七座，供桌七张并香几，俱水花朱油漆。及与内外枋、檩、斗栱，俱用上等青绿间金妆绘。龛座七处俱须弥样，磨石甃砌。盖宄俱绿色琉璃。铺地、砌墙，俱大号方砖、城砖。露台并台基两层，俱起花。石须弥座、石栏杆两层，俱磨光。系吻索四条，并马黄拘子、包槅叶、寿山福海俱用铜。

在史籍中，像这样详细的记录，总算罕贵。由这里我们对于弘治重建的正殿，可以得着一个很准确的印象；只是可惜对于斗栱的大小、出跳没有叙及。

此后直至明末，屡有修葺，但没有什么重要的修建。

清代初次重要的重修，当在康熙三十年至三十二年之间，工程范围颇大。雍正二年，又重演弘治十二年的惨剧，雷落大成殿，延烧两庑及大成门等处。翌年又兴工，至雍正七年冬十一月，大成殿上梁，谕阙里文庙正殿、正门用黄琉璃瓦。八年（公元1730年）始完成。《曲阜县志》记之：

> 大成殿九间；高七丈八尺六寸，阔十有四丈二尺七寸，深七丈九尺五寸。前柱以石皆盘龙，旁及后檐则石柱而携花。中俱用楠木。承尘四百八十有六，俱错金装龙。内外檩、斗栱、扉槅五色间金。瓦覆以黄，而甃砌之石，色与之同。前为露台，四绕石栏，凡两层，中陛级左右各十二级。

这座大成殿自落成至今（民国二十四年），已二百零五年，其中虽然经过多次的修葺，但原构却未动。民国十九年之役，颜庙受极大的损失，孔庙则幸免，只受了数处不甚重要的弹伤；大成殿亦只受了数弹，全部尚属完整。

＊　　＊　　＊

现在的大成殿〔卷首图四十九（甲）〕，面阔九间，深五间，但进深之明间则特大，重檐歇山顶；立在重层的石基之上，石基之前，更伸出为月台。其主要尺寸，高度由殿内砖面至正脊上皮高二四·八〇公尺，合营造尺（按三一·三五公分计）七丈七尺七寸，面阔四五·七八公尺，合营造尺十四丈三尺，进深二四·八九公尺，合营造尺七丈八尺。这三个尺寸，高度及面阔与《县志》所载相差甚微，可称符合。

大成殿的平面〔卷首图十四〕照弘治记录看来，当仍本明代的规模。其柱的分配可以分为三周。外为檐柱，次为金柱，即上檐檐柱；内为内金柱，布置齐整，而无变化。外檐柱整周联绕为廊，是个很少见的例，至为可贵。金柱一周，南面正中五间辟门，尽间有槛窗；两山面及北面为砖墙，只于北面明间辟门。内金柱间无墙，十二柱兀立，直达承尘之下。廊外两层石基，并其前重层月台，皆有刻石栏杆围绕。

大成殿的斗栱，可分为下檐、上檐、内檐三种。

下檐斗栱〔图八，卷首图十九（乙）〕七踩，单翘，重昂，施于回廊石柱一周之上。上檐斗栱（图九）九踩，单翘，三昂，施于金柱之上。其布置，明间用补间铺作四朵，次、梢间用三朵，廊子用一朵。若按斗口计算，斗口十二公分，明间每朵距离为十二斗口强，次、梢间十一斗口弱，大致与清代官式相符。斗栱高度与柱高之比，斗栱约及柱高之三分之一弱，比例颇为高大，较之清官式之合五分之一或六分之一者，保存古风多矣。

斗栱本身之结构，与清代官式无大差异，但有数点，也值得我们特别注意的。（一）昂嘴的斫法，自斗口内先平出，至上一跳

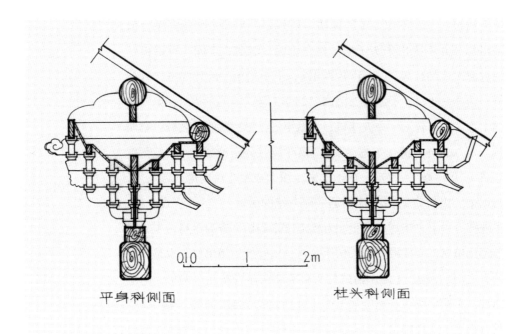

图八
大成殿下檐斗栱图

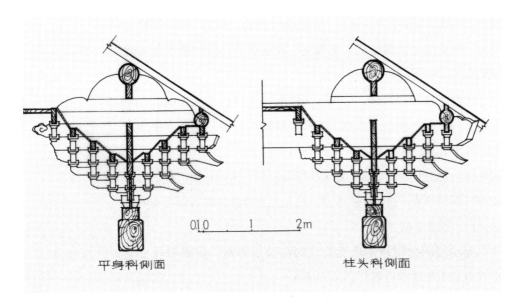

图九
大成殿上檐斗栱图

斗下始折向下，不似《工程做法》所规定一出斗口便折向下，但平出部分并不隐出华头子形，恰介于明、清两式之间，可谓极好的过渡时代的代表。（二）斗栱出跳，上下檐第一跳均为三十六公分，约合三斗口；下檐第二跳四〇公分，合三·三三斗口；第三跳三十八公分，合三·一五斗口，上檐第二、第三跳四〇公分，第四跳三十八公分。清《工程做法》"以斗口三分定拽架"。宋《营造法式》"第一跳三十分"，向上酌减。而大成殿斗栱则第二跳反加，与以前、以后定制均不符，是一种奇特的做法。（三）清式斗栱，里外拽万栱上之拽材，及正心万栱上之正心枋，皆为足材，宋元以前都用单材，大成殿则正心枋用足材，里外拽枋用单材，也是介乎两者之间的做法。（四）清式柱头科头翘或昂皆按斗口两倍，向上递加，至桃尖梁头，宽度加至四斗口。大成殿桃尖梁头，虽因架子没有搭好，未得细量，但就已量的上檐柱头科后尾，头翘宽二二公分，合一·八斗口强，二翘（即头昂尾）宽二六公分，合二·一六斗口强，三翘（即二昂尾）二八公分，合二·三三斗口，菊花头（即三昂尾）宽三二公分，合二·七五斗口。若按此递加，并证以照片，则桃尖梁头宽度，不过三六公分，约合三斗口。所以其桃尖梁头，较之清《工程做法》所规定，较狭且高，而较近于奎文阁所见。

内檐斗栱计分两种。一种施于内额枋及内小额枋之间，一斗上施正心重栱，前后不出踩，如隔架科的用法。一种在内额枋之上，以承天花，为七踩品字斗科〔图十．卷首图五十（甲）〕。在明间次间柱缝上者，前后均出踩；在金柱纵缝上者，露明一面出踩，后面斫齐，不加卷杀，这种斗栱本身，已是内重外轻，加之以天花的重量，已压得有下倾之势。

大成殿的构架虽平淡无奇，却极简洁齐整。前面檐柱十二根，全部为整块的白石柱，上刻蟠龙〔卷首图五十（乙）．卷首图五十一（甲）〕，上下对翔，异常精美，由手法上看，不似清代物，大有明代的可能性，其中至少有一部（乃至全部）应是雍正火余物。

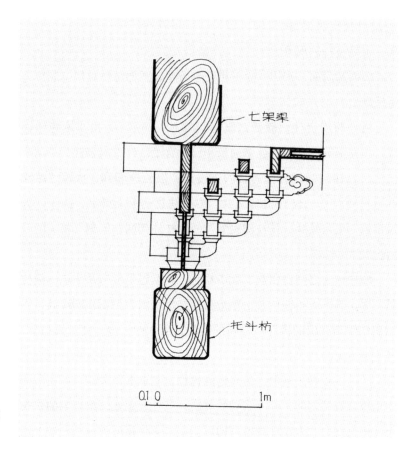

图十
大成殿内檐斗栱侧面图

[1] 今译塔斯干式或托斯卡纳式。——编者注

柱之比例：径八一公分，高五·九八公尺；高约为径之七·四倍弱，其比例较之欧洲古典式中之特斯干式（tuscan order）[1]柱之用八倍柱径者，尤为肥短。这里因为材料的关系，不能用与通常清式木柱做任何比较。

柱上雕刻上下两龙对翔，上龙头向下，下龙头向上，中有宝珠，绕以云焰，柱脚一周刻假石山，石山下为莲瓣一周。自石山至柱头，全部雕刻极深，云龙几乎全立体，阳光之下，射影极深，远望只见云龙而不见柱〔卷首图五十（乙）〕，是建筑雕刻中少见的例。莲瓣一周之下为柱础，覆盆刻重层宝装覆莲花，至为隆重〔卷首图五十一（乙）〕。

柱之上端刻作榫卯，以承受额枋及桃尖随梁枋；石质脆硬，不利于抵抗张力，加以榫卯，实有破裂之虞；但二百年来，却未出毛病，也是奇特的现象。

山面及后面，则用八角形镌花整石柱，下面承以重层宝装覆莲瓣柱础（卷首图五十二）。

内外两周金柱，都是木质〔卷首图五十三（甲）〕，由小木包镶而成，用铁箍箍柱，明代楠木的豪华已没有了。外一周金柱，只达上檐之下，柱础略作清代通常的古镜形，但轮廓圜和，成覆"冰盘檐"式枭混（cyma recta）之状。内金柱直达七架梁下，高十六公尺半强，至为雄壮，其柱础轮廓与外金柱柱础同，但刻有精美的云形花纹〔卷首图五十三（乙）〕。

檐柱柱头之间，照常以额枋相联，其上施平板枋及斗栱。额枋只一层，其下无小额枋及由额垫板，这也是因为用石柱的缘故，不能在柱端刻多层的榫卯。额枋的断面，高六四公分，宽五五公分，其比例为十与八·六弱之比，其上平板枋高二七公分，宽只三五公分，较《工程做法则例》所规定的比例，尤近于正方形。额枋下面的角替与石柱之间，并无密切的联络，就外表观察，角替下的栱头与柱相交处，并未在柱身上刻卯以受栱，却将栱斫去以随柱端上所刻的龙，坦然表示出角替之为一种装饰品。檐柱头与金柱之间，用穿插相联，将石柱头上更弄弱一步。

柱头斗栱之上与金柱之间为桃尖梁，其上立童柱，颇高，致使檐步成六·二七举，次步七·三举弱，不唯较宋元式样高起，即较之清《工程做法》所规定，亦兜峻已甚。

上檐自金柱（或老檐柱）上，用穿插枋与内金柱相联；其斗栱上亦施桃尖梁，后尾搭在内金柱上，桃尖梁上立童柱，其全部结构与下檐廊上结构完全相同。上檐檐步竟达六·四七举强，较之下檐，尤为兜峻。前后两内金柱之间，施七架梁，步架较短，举架也较缓，至脊步亦不过成十举，作正四十五度坡，尚不如《工程做法》"九举加平水"之甚。所以大成殿屋盖之全部举架实不兜峻，但折则太少耳。

大成殿梁架，可分为内外三套，下檐桃尖梁及其上童柱为一套；上檐桃尖梁及其上童柱为一套；内金柱间上之七架梁以上梁架为一套，皆齐整合矩，梁断面近方形，无可特别申述之点。

大成殿内的天花，也随着三周的柱分为三部，各部也随着分为三种不同的高低。除去明间中部用斗八藻井外，其他各部均用方格天花板，板心金画坐龙。

额枋或梁与柱相交处，大多有角替，其比例瘦长，不似清式之肥短。

内外檐全部彩画，均为合玺，大致与《工程做法》的规矩符合。

明间正中为像龛〔卷首图五十五（甲）〕，龛前为垂莲柱罩，上施十一踩斗栱，内供孔子像。次间东、西向为配祀诸贤像位，龛的做法与正位大致相同，但较小及斗栱出踩较少而已。

大成殿有重层石阶为基，基刻作须弥座〔卷首图五十五（乙）〕。其枭混的曲线、束腰圭角的花纹，皆异于盛清形式，而较之略清秀。角上不用故宫所常见的角柱，而代以圆形浮雕小柱〔卷首图五十六（甲）〕。基一周为石栏杆，亦颇清秀；上一周望柱顶刻作火焰宝珠形，下一周为重层覆莲瓣顶。每角及每柱下螭首，皆极古拙。踏道两帮之下，象眼皆刻作层层三角形池子，略如《营造法式》所定之制〔卷首图五十六（乙）〕。踏道中的御道所刻云龙山水纹，与圣时门石刻极相似〔卷首图五十六（丙）〕。由以上诸点看来，石基的年代，至少是明代遗刻。下层的石基，在大成殿的北面向北出为甬道，复扩大而为寝殿的阶基。

十六、大成殿寝殿

寝殿〔卷首图五十七（甲）〕在大成殿之北，其阶基两层，上层与大成殿阶基同高，同立在相联的下层阶基之上。殿阔七间，进深四间，重檐歇山顶，四周用八角形石柱，如大成殿山面及后面之制〔卷首图五十七（乙）〕。在平面上，两山正中用山柱，所以在山面上，只显出前后两大间，并前后两廊，是在大建筑物中比较少见的例。

寝殿所祀为孔子夫人。"周末时，即孔子所居之堂为庙。庙屋三间：孔子在西间东向，颜母在中间南向，夫人隔东一间东[1]向……"是为关于夫人殿最初的记录。

[1]"东"疑为"西"之误。——杨鸿勋注

宋真宗大中祥符元年，诏曰："……眷惟令淑，作合圣灵，载稽简册之文，尚阙封崇之数，……开官氏可追封郓国夫人……"至是始增大其像殿。天禧二年（公元1018年）命孔道辅修孔子庙，立郓国夫人殿于正殿之后。高宗建炎二年，金人陷兖，孔庙被毁。金熙宗皇统九年，修复正殿之后，至世宗大定十九年，始修复寝殿。党怀英记曰：

> 先圣之夫人曰开官氏；子孙祀于寝宫旧矣。宋祥符初，既封郓国，始增大其殿像；宋末毁焉。国家皇统九年，始以公钱修复正殿。后八年，又营西庑，而积羡钱二百万，将以为郓国殿之用，而未给也。大定间，天子留意儒术，……袭封公……乃以殿之规制白有司，而有司吝于出纳，乃更破广为狭，划崇为卑，由是别得羡钱为殿费，……越十九年冬，殿成……

金宣宗贞祐二年，"寇犯阙里。……殿堂廊庑，灰烬十五"。正殿、寝殿俱在被毁之列。至元定宗元年（公元1246年），始复郓国后寝，以奉孔子、颜、孟十哲像；这次修复，是暂借作正殿用的。直至成宗大德六年，按檀不花修复孔庙全部，"辅座既迁，更塑郓国像于后寝"。

明孝宗弘治十二年，六月，雷落孔庙，寝殿亦毁；十七年修复。《阙里志》记之曰：

> 寝殿七间，附檐。高六丈四尺，阔九丈五尺，深五丈。四围擎檐俱镌花石柱。枋、梁、檩、柱俱楠木。菱花"龟背"槅扇、木柱、外泊风板，俱银朱。供桌、香几各一张，俱小花朱油漆。及天花凤板、内外枋、檩、斗栱俱用上等青绿间金妆

绘。龛座须弥样，磨石礓砌，盖宪铺砌同前（即大成殿）。

清雍正二年，孔庙又落雷，延烧范围与弘治火灾大略相同，寝殿又被焚毁。雍正八年，重修工程完竣。按《曲阜县志》，其尺寸与《阙里志》所记完全相同，大概仍按旧基重建。

民国二十二年，山东省政府拨款四万元，本拟作重修孔庙全部之用，后因款数无多，故择诸殿宇中之最破毁者重修，遂修寝殿及同文门、弘道门。这次工程，换去内柱数根，换全部椽、望及斗栱之一部。墁砖墙壁亦经重砌。全部彩画亦经重画，气象为之灿然一新。

十七、金声门・玉振门・东西庑・寝殿左右掖门

大成门之左右为金声门及玉振门，与大成门并列，为平时入庙中心的门道。折而向北为东庑及西庑；内供配祀诸儒神主。又折而东西与寝殿并列者，为寝殿左右掖门。这一整周的廊与门，所包括的范围——大成门、杏坛、大成殿、寝殿——是孔庙中心部分。其全部的布局，尚属古代遗制，非似清代之分为若干"四合头"式者。因为这不断的一整周，所以弘治、雍正两次的落雷，却因一处起火而延烧到全部。

金声门〔卷首图五十八（甲）〕、玉振门皆面阔三间。正中有一列中柱；寝殿、左右掖门与之完全相同，但面阔开间稍逊。金声、玉振二门向内一端与大成门相接，向外一端与两庑相接，这三座门并列的总面阔即为两庑间的距离。在大成门之后，寝殿及其左右掖门〔卷首图五十八（乙）〕也并列地占了同样的距离，但因寝殿大于大成门，所以掖门便较金声、玉振二门的比例小了那么多。

在平面上（卷首图十七），金声门三间，东庑四十间，左掖门三间，其结构完全连成一气，是不可间断的；玉振门、西庑及右掖门也是如此；东西成为一对浅而长的凵字形。

金声、玉振两门，左、右掖门及东、西庑的面阔虽各个不同，

而进深则完全一样（卷首图十七），其不同之点，乃在内柱之分配。各门脊下用中柱一列以安门，两庑则用前后金柱，成前后廊的局面。在转角处，则在一间正中立中柱一根。这全部凵字形廊，两尽头用硬山山墙〔卷首图五十八（甲）〕，檐下用一斗二升交麻叶斗栱，内部用简单的梁架。两庑之前均做成极长的廊子〔卷首图五十八（丙）〕。

这种周围回廊的布局，在中国建筑中来源古远。在敦煌壁画及北平研究院在西安掘得的唐兴庆宫图宋刻残石和其他古画中，都可得见这种做法。孔庙一周的廊庑，其初建绝不能迟过隋唐时代，乃至更古；但关于廊庑最初的记录，只见于宋真宗天禧二年重修记里；由那篇记看来，好似正殿有东西庑之外，郓国夫人殿也是有东西庑的。

宋、金之交，孔庙被毁，但不知两庑受害到何如程度。金废帝正隆二年，"令有司以羡钱修孔子庙两廊及齐国公殿"；但不知是重建抑或修补。当时的两庑也是供祀配诸儒的，原先是画像，至明昌元年，"诏以捏塑易两庑画像"。贞祐之劫，两庑似没有被毁，因为到元杨奂东游时，尚提到"东庑之碑六……西庑之碑八……"。

元代的两庑，不若现在两庑间数之多。明孝宗弘治十二年的大火灾，巡抚何鉴奏，所说的是"东庑二十八间……西庑二十八间……"，但是十七年重修之后，巡抚徐源却报告说："两庑连廊，共一百间。"比以前的多得多了。这次重修即已立下了现存的规模，康熙重修、雍正八年的重建，都是完全按着旧基做的。

关于两廊的间数，弘治所记一百间，今在院中所见露明者东、西各四十间，而康熙重修则称八十八间，乍见似有出入，其实数目相同，差别乃在数法。徐源的报告只说：

>……大成门、家庙、启圣殿、金丝堂、诗礼堂各五间，两庑连廊，共一百间……

对于金声门、玉振门、寝殿左右掖门，完全没有提到。但我们若将现有东、西庑各四十间并南北两端转角的两间，并金声门、玉振门、左右掖门各三间合计，则东西各五十间，共计整一百间，数目完全符合。清康熙三十二年所修的两庑八十八间，乃指东、西各四十间并转角处每端各两间说，每面四十四间，共八十八间，也完全符合。

雍正大火之后，修复全部，两庑规模一仍弘治旧基。雍正七年谕："东西庑用绿琉璃瓦，以黄瓦镶砌。"今日所见即为雍正所重建。两庑配祀诸儒，既不用捏塑，亦不用画像，而完全代以神主。

十八、圣迹殿

圣迹殿〔卷首图五十九（甲）〕在寝殿之后。平面（卷首图十八）面阔五间，进深三间，成为前后廊的构架。沿檐柱一周，南面正中三间辟门，两梢间安槛窗，北面及两山均用砖墙堵塞住。这五间殿立在一座比例颇高的台基上。殿身歇山顶，檐下用单翘单昂斗栱。其可注意之点，在高而狭的单额枋及其上比较尚宽的平板枋。额枋在角柱上出头相交处，霸王拳的曲线尚流畅圜和，略有元代遗意。屋顶正吻，高瘦不合清式的做法〔卷首图五十九（乙）〕。

圣迹殿之创建，在孔庙建筑中是比较新近的。明神宗万历二十年（公元1592年），巡按御史何出光创建圣迹殿，邵以仁为记，石刻《圣迹图》一百二十幅。其中有《行教像》，晋顾恺之画，宋太祖及真宗赞；《凭几像》，唐吴道子画，宋太祖及真宗赞；《司寇像》二，皆摹吴道子画；《燕居像》二，一吴道子画，米芾赞，一佚名画，陈凤梧赞；此外尚有《乘辂像》一、《圣迹图》百二十幅，无款。现在诸石刻尚存，有玻璃柜保护。

这殿在雍正大火的记录中，并未提到。由形制上看，其额枋、斗栱、平板枋乃至瓦饰，都非若清式之肥笨，显然是万历原建无疑。

十九、承圣门·启圣门

在大成殿东西庑之外，每面尚有一座庭院，其最前一道门，与大成门并列，即东面的承圣门、西面的启圣门。

这两座门平面面阔只三间，进深二间（卷首图十九，卷首图二十三）。三间全辟门，立在矮台基上，前后均有三道踏道上下。檐柱比例颇为肥短〔卷首图六十（甲），卷首图六十一（甲）〕，高度恐不及柱径的十倍。柱上的额枋狭而小，出头处有䫜和的霸王拳，其上有阔而扁的平板枋〔卷首图六十（乙），卷首图六十一（乙）〕，檐下斗栱单昂出一跳，昂嘴下有华头子瓣，但后尾却平放作卷头；另在第三跳以上举起单材大小的昂，直达金桁下；昂尾下有韡楔（清称菊花头）〔卷首图六十（丙）〕，但不用伏莲梢。

这两道门的历史，比较少可稽的文献。宋天禧二年，孔道辅"大扩圣庙旧制……正殿东庑门外曰'燕申门'……"。元杨奂《东游记》称：到金丝堂南燕申门之北。雍正七年诏"改诗礼堂前之燕申门曰'承圣门'"。至于启圣门在宋代文献中却完全没有见过。《阙里志》记弘治大火以后，称："燕申、毓粹、启圣、观德四门俱仍旧，从新盖完，油漆彩画。"雍正大火显然并未波及。另外再在形制上看，瘦额、肥柱、扁平板枋、斗栱，在在表示着元代的特征。尤其是斗栱上举起昂尾的做法，与河北安平县圣姑庙所见者极相似。至于脊桁用叉手撑实，额枋下不用雀替，柱头科上无桃尖梁头，自明初以后，已不复见。由各方面看来，这两道门的建造年代，当以元代的可能性为最多，元代重修，以大德六年竣工者工程最大。在未有其他文献可证以前，暂推定其建于大德六年，大概不致太奇离。这门在孔庙现存建筑中，也是罕贵的古建。

承圣门之西，启圣门之东，均有并列的小碑廊五间，内立着若干座次要的碑碣。

二十、诗礼堂·礼器库·鲁壁·碑亭

入承圣门即为诗礼堂〔卷首图六十二（甲）〕，悬山顶；迎面立在矮台基上，台基之前，更有扁矮且阔的月台。诗礼堂的平面阔五间，进深三间，正中一间较深，前后有廊的布置（卷首图二十）。堂之东、西、北三面有墙，北面明间辟门；但是南面却五间完全开敞，无门窗、槅扇的遮蔽。梁架的结构非常简单，只是一座九檩前后廊的房架。前后廊深均两步，在金柱与檐柱之间用双步梁联络。双步梁下，辅以穿插枋；其上则另有单步梁一架。中间四步，在前后金柱之上施五架梁及三架梁，通常的构架法。五架梁下，与廊子单步梁同高的分位上，辅以枋子一道；而明间左右两缝上，此枋之下更多施平行的枋子一道，以相联络固济〔卷首图六十二（乙）〕。檐下斗栱乃一斗二升交麻叶云，权衡甚小，乍望几不审其存在。诗礼堂全部梁柱檩枋的权衡，皆甚纤秀，不若清官式规矩的笨拙。

诗礼堂前东侧为礼器库九间，硬山顶，前有走廊。金柱缝安直棂槛窗〔卷首图六十三（甲）〕，檐下施一斗二升交麻叶云斗栱。其外表权衡，与诗礼堂极相似。

诗礼堂之后，则为照壁，称"鲁壁"；壁西有井，绕以石栏，为孔子故宅井〔卷首图六十三（乙）〕，井旁四角方亭，内立故宅井碑志。

宋天禧二年，孔道辅修孔子庙，碑记称：

> 正殿东庑门外曰燕申门，其内曰斋厅；厅后曰金丝堂，堂后则家庙……

元杨奂《东游记》称：

> 自毓粹门之北入斋厅，在金丝堂南，燕申门之北……

按《阙里文献考》卷十二：

> 诗礼堂本孔子旧宅。宋真宗幸鲁，尝御此堂。回次兖州，

仍赐本家为斋厅。今毓粹门外尚有故宅门旧迹。诗礼堂后为孔子故井，井西为鲁壁旧址。昔鲁共王坏壁，闻金石丝竹之音，后即其地为堂，名曰"金丝"。前明辟东庑，始移金丝堂于启圣祠前，而此其故基也。

由此看来，今之诗礼堂，实宋元时代的斋厅——孔子故宅的原址。

诗礼堂之名称，初见于明弘治大火后，徐源奏中及同时李东阳来祭告孔子碑中。李东阳碑记说得很清楚：

……庙之制，……（正）殿之古为家庙，后为神厨，前为诗礼堂，为神库，又前为燕申门……

这是弘治十七年（公元1504年）的记录，斋厅、金丝堂两个名称，一则完全没有，一则移动位置了。若向上溯，成祖永乐二十年，尚改建斋厅；宣德九年（公元1434年）工部侍郎周忱捐建金丝堂，裴侃撰记，尚称："在斋厅之北，家庙之南，庙庭之东。"宣德九年至弘治十七年，仅七十年间，而有这样大的改变。而其变动当在大火后重修之时，盖《阙里志》记弘治重修后的建筑，凡非新建，均称"仍旧"，然而关于诗礼堂，却说：

诗礼堂五间，高二丈八尺，阔七丈五尺，深四丈二尺，松、楠、桐木，间朱红油，次等青绿彩画，盖宪铺砌同前（即绿色琉璃）。

今诗礼堂之平面，阔二三·八八公尺，若以三一·三五公分作一尺计，合七丈四尺九寸余，进深一三·〇二公尺，合四丈零八寸余，相差不远。

由各方面看来，诗礼堂之建立（或可说斋厅之重建而改称诗礼堂），当是弘治十七年的事。雍正二年火灾，未说延烧诗礼堂，所以现存的建筑，当属弘治原构。其前东侧的礼器库，形制相同，当属同一个时期的遗物。由礼器库正中一间，有门可通其后的孔子故宅门内小院。

二十一、崇圣祠·家庙

崇圣祠是供孔子以上五世祖的。祠在诗礼堂之北，与大成殿隔东庑并列〔卷首图六十四（甲）〕。平面（卷首图二十一）面阔五间，进深三间。前后有廊，前檐柱与前金柱间之距离，较小于后檐柱与后金柱间之距离，故前廊上用单步梁，后廊上用双步梁。后廊中为诸龛位置。前金柱直支老檐枋下，而后金柱直支下金枋下〔卷首图六十四（乙）〕。前檐柱六根均为石柱，中二柱刻蟠龙，其余四柱则八角形镌花。屋顶歇山造；檐下斗栱为五踩，重昂。

崇圣祠之后为家庙七间（卷首图二十二），供孔氏历代神位。家庙规模狭隘，构架简陋，前后出廊，梁枋瘦巧，不用斗栱，脊桁下用叉手支撑，颇为简洁。

崇圣祠之名，不见于古文献，乃因清雍正二年封五世王时始有。又因其后有家庙，其前为诗礼堂，而明初文献，如周忱《重建金丝堂记》，称金丝堂在"斋厅之北、家庙之南、庙庭之东"，而今之崇圣祠亦在诗礼堂之北、家庙之南，所以极易引起误会，认为崇圣祠所在，即明以前金丝堂故址。

按宋天禧间孔道辅重修圣庙时"金丝堂后则家庙"。明弘治十二年火灾"火从宣圣家庙东北角上起，延烧家庙五间……"，十七年重建后，《阙里志》称："庙之东偏为家庙五间……家庙之前为诗礼堂五间……"火前火后都未提到金丝堂。而家庙重建后：

> 五间，高三丈，阔七丈二尺，深三丈六尺。前面擎檐，中二根盘龙，旁四根镌花。俱石柱。松、楠、桐木间用。木柱、槅扇俱银朱。神龛四位连座，供桌四张并香几俱水花朱油漆，及与内外枋、檩、斗栱，俱用上等青绿间金妆画。盖完铺砌同

前（绿色琉璃瓦）。

这明代家庙的形制，最显而易见的，乃在前檐龙柱及镌花柱之配置。而在尺寸上，高度虽未得量，而其平面阔二二·八九公尺，若以三一·三五公分作一尺计，合七丈一尺八寸余，进深一一·四九公尺，合三丈六尺整，与上录尺寸可称符合。故今之崇圣祠，实明以前所称"家庙"者，并非在金丝堂故址重建。

雍正二年二月，追封孔子五世祖为王，将旧家庙重建，改称"崇圣祠"。六月大火，幸得无恙，见孔传铎疏中。五世王既另祠奉祀，则须另立家庙，以安其他祖先，遂有现存所谓"家庙"者。

在这里我们须附带地一溯金丝堂的位置。在文献上，得知金丝堂在家庙（今崇圣祠）之南，斋厅（今诗礼堂）之北，今存鲁壁，大概可以说在旧金丝堂的前檐一带。在总平面图〔卷首图一〕上，今诗礼堂与崇圣祠间之距离，较大于今金丝堂与启圣殿间之距离；且诗礼堂前东侧的礼器库与堂之关系，已成咬角之势，更可以表示其拥挤之状。若非原来在两者之间，尚多一座建筑，也可不必做成这样紧促的局面。

二十二、金丝堂·乐器库

入启圣门，在西庑之西与东庑之东之诗礼堂约略在相称之位置者，为今之金丝堂〔卷首图六十五（甲）〕。堂平面阔五间，进深三间，中广而前后有廊，如诗礼堂之制，而尺寸较逊〔卷首图二十三〕。在柱的分布上，前后廊皆较狭于诗礼堂，而面阔则约略相同，故成长狭之比例。北面〔卷首图六十五（乙）〕檐柱间，中三间辟门，梢间安槛窗，北面明间辟门，次梢间及两山，甃以砖墙。屋顶悬山造；檐下用一斗二升交麻叶斗栱。堂立在低矮的台基之上，前有月台，月台之前为甬道，引达启圣门。

堂的构架〔卷首图六十六（甲）〕，在前后金柱之上施五架梁，檐柱与金柱之间施单步梁（异于诗礼堂之双步梁）。五架梁之下，与单步梁同高度外，安随梁一道；单步梁下则有穿插枋。随梁与金柱相交处，辅以角替，而五架梁与随梁之间，在金瓜柱下间以荷叶墩，而正中则立宝瓶。其全部构架，尚相当地灵巧。

堂之正中略偏北，立"与天地参"横石屏。左右罗列种种的乐器。

堂前西侧为乐器库九间〔卷首图六十六（乙）〕，其规模与礼器库约略相同。为雍正七年所增建。

金丝堂之原始，在上文已录过：

> 昔鲁共王坏壁，闻金石丝竹之音，后即其地为堂，名曰"金丝"。

宋天禧二年，孔道辅重修孔庙：

> 正殿东庑门外曰燕申门，其内曰斋厅，厅后曰"金丝堂"，堂后则家庙……

家庙及斋厅为今之崇圣祠及诗礼堂，已在上节证明，而旧金丝堂之位置，殆即在今崇圣祠院门的地位。

明周忱重修金丝堂，裴侃撰记称：

> ……历世更变，岁久倾圮，仅存遗址。宣德甲寅，……周忱……因斯堂之未立，歉然为缺典，遂召匠计之，捐己俸资，……越明年季夏兴工，……落成是年秋八月庚子朔也……

殆弘治大火，延烧的记录中，并无金丝堂在内，而重修之后，在《阙里志》中却有如下的一段：

> ……启圣庙前为金丝堂三（五？）间，以贮乐器；即夫子

故宅，鲁共王闻乐处也（？）。宋时建五贤堂于此（？）。明改建易以今名。

这一段中关于故宅及五贤堂的误错，姑先不提（见启圣殿节），但堂之在启圣庙前，可以表明其位置，并且大概是不错的。关于堂的结构，《阙里志》谓：

> 金丝堂五间，高二丈八尺，阔七丈五尺，深四丈二尺。松、楠、桐木，槅扇用朱红油漆；次等青绿彩画。盖宽铺砌同前（绿色琉璃瓦）。

其大小形制与诗礼堂完全相同；唯一的分别，只在诗礼堂没有提到槅扇，而金丝堂有槅扇。清雍正二年六月，落雷大火"延烧……启圣王旧殿，金丝堂等处……"。迁移后重建的金丝堂，享寿整二百二十年。雍正八年，孔庙工程全部竣工，虽没有特别提出金丝堂，但想是当时重建，而规模较原建却缩小了。

二十三、启圣殿·寝殿

启圣殿〔卷首图六十七（甲）〕及寝殿是供孔子父母的。殿在金丝堂之北，与大成殿隔西庑而并列。在平面的布置上，与崇圣祠完全相同，尺寸大小亦只有数公分的出入（卷首图二十四）。两者唯一不同之点只在屋顶，崇圣祠是歇山顶，而启圣殿则四注。斗栱亦为五踩，重昂。梁架的配置〔卷首图六十七（乙）〕，除歇山、四注之别外，大致相同，但启圣殿较近于《工程做法》的规模，虽然二者年代只有五六年的差别。

关于启圣殿的文献，亦是见于孔道辅重修碑记中："正殿西庑门外为齐国公殿，其后为鲁国太夫人殿。"宋、金交替，孔庙被毁，但齐国公殿的情形却无从得知。金废帝正隆二年，"令有司以羡钱修孔子庙两廊及齐国公殿"。贞祐之劫，齐国公殿大概得幸免，故元杨奂东游，尚得参谒。

弘治大火，启圣殿亦在被烧之列。弘治十七年重建后，《阙里志》中所记，与家庙完全相同，所差只在供桌、香几的数目，今日两者之差，除屋顶外，亦仅在这一点。庙前小便门三间，庙后"寝殿三间，移过重新盖完、油漆、彩画"，与今所见亦复相同，只不知寝殿从何处"移过"耳。

雍正二年落雷，"延烧……启圣王旧殿，金丝堂等处……"。今之所见，乃雍正七年重建，文献、法式两方都可证明其年代。

寝殿〔卷首图六十八（甲）〕面阔三间，进深亦三间；歇山顶，三面甃砖墙，南面中间辟门，两旁槛窗。檐下用五踩重昂斗栱。内部梁架为简单规矩之清官式构架〔卷首图六十八（乙）〕。其年代当与启圣殿同。

二十四、神庖·神厨

在家庙之北，居庙垣东北角内者为神庖；在庙垣西北角内与之对称者为神厨。各以正房五间，东、西厢房各五间，并前面庭院合为一组。这两处建筑物的中线，不与其他部分中线平行，而与北面庙墙成正角，故偏向西南〔卷首图一〕。

在部位的分配及结构上，神庖、神厨皆属清式通常小式建筑，如北平民居之制，但槛窗全用直棂〔卷首图六十九（甲）〕。

宋天禧间，孔道辅重修孔庙时："金丝堂……后则家庙，左则神厨……"而未见神庖之名，殆当时未有庖、厨之分，而神厨所占，约略是今神庖的位置。弘治重修，称"神厨二十四间"，其规模甚大，但未说到神庖。殆至雍正以后，始有神庖、神厨之别。现存建筑，殆皆雍正以后所建，或者更晚也说不定。

二十五、后土祠·燎所

自大成殿后寝殿东面小门出为后土祠〔卷首图六十九（乙）〕，祠三间，前有小院，祀孔庙土地之神。

按后土祠本为毓圣侯庙，弘治大火后"迁尼山神毓圣侯祠于尼山书院，以其祠为土地祠"。清代以来，大概仍循此制。

燎所〔卷首图七十（甲）〕亦称"瘗所"，即《阙里志》所称"焚帛所"。其位置与后土祠对称，在寝殿西侧小门之外。其布置简单，只见一周围墙。《曲阜县志》称："圣迹殿西南为瘗所，门一间，内瘗坎姑正位配位及从祀各坛之位。"今则乱草丛生，不复能辨矣。

二十六、孔子故宅

在孔庙围墙之外，毓粹门之北，诗礼堂前礼器库之东，为孔子故宅门及门赞碑亭。

宅门〔卷首图七十（乙）〕只一间，矮台基，悬山顶。门柱微有卷杀，额枋颇细，其出头处卷瓣圜和，与承圣门、启圣门极相似，当是金元遗构。

门内为狭长的天井，夹在奉祀官署（即衍圣公府）西墙及礼器库东墙之间。在天井尽处为门赞碑亭一间〔卷首图七十一（甲）〕，歇山顶，檐下施一斗二升交麻叶斗栱。亭内立乾隆故宅门赞碑，亭亦当属同时物。

第三章　曲阜孔庙建筑年谱

公元前551年，周灵王二十一年，孔子生。

公元前479年，周敬王四十一年（即鲁哀公十六年），孔子卒。周末时，即孔子所居之堂为庙。庙屋三间，孔子在西间东向，颜母在中间南向，夫人隔东一间东[1]向。床前有石砚一枚，孔子平生时物，庙又藏素所乘车及几、席、剑、履。

[1] "东"似应为"西"之误。——杨鸿勋注

公元前43年，汉元帝永光元年，诏褒成侯孔霸以所食邑八百户祀

孔子，此世节奉祀之始。

公元 61 年，汉明帝永平四年，鲁相钟离"入庙，拭几、席"。

公元 72 年，汉明帝永平十五年，"帝升庙，西向，群臣中庭北向"。

公元 85 年，汉章帝元和二年，"幸阙里，留祭器于庙"。

公元 153 年，汉桓帝永兴元年，乙瑛书言："诏书崇圣道，……故特立庙。"国家为孔子特别立庙，殆自此始。

公元 220 年，魏文帝黄初元年，令郡守修孔子庙，置百石卒守卫之。诏曰："……旧居之庙，毁而不修……其以奉议郎孔羡为宗圣侯。……令鲁郡修起旧庙，置百石卒以守卫之，又于其外广为屋宇，以居学者。"(《阙里志》)

公元 389 年，晋孝武帝太元十四年，敕修阙里孔子庙。

公元 392 年，晋孝武帝太元十七年，李辽表请修阙里孔子庙，不报。

公元 442 年，宋文帝元嘉十九年，诏修孔子庙，复学舍，召生徒。诏曰："……阙里往经寇乱，黉学残毁。"并下鲁郡复修学舍。……孔子墓侧……并栽种松柏六百株。

公元 454 年，宋孝武帝孝建元年，诏建孔子庙，制同诸侯之礼。

公元 550 年，北齐文宣帝天保元年，夏六月，诏鲁郡以时修治孔子庙宇，务尽崇焕。

公元 611 年，隋炀帝大业七年，县令陈叔毅修阙里孔子庙，碑云："寝庙孔硕，灵祠赫奕，圆渊方井，绮窗画壁……"

公元 637 年，唐太宗贞观十一年，诏兖州作阙里孔子庙。

公元 667 年，唐高宗乾封二年，兖州都督霍王元轨承制修阙里孔子庙。

公元 718 年，唐玄宗开元六年，兖州刺史韦元圭及褒圣侯孔璲之、县令田思昭重修阙里孔子庙。

公元 773 年，唐代宗大历八年，刺史孟休鉴、县令裴有象新阙里孔子庙门。《唐修文宣王庙新门记》云："……先是闳宫霞敞，正殿岑立，缭以环堵，邃其台门，巍若化造，巉如□动。……惟此祠庙，厥初层构，朱户半倾，雕甍中落。……于是……新其南门……，不时而就，大屋横亘，双扉洞开，丹栱绣栭，胶葛固□，□□□景，飞檐骈逼而栖雾。局镭既固，享献聿修。官吏唯肃清之谨，邑人无亵渎□□，□□□席，及阶而升。数仞之墙，由户而入……"

公元 869 年，唐懿宗咸通十年，孔温裕奏请重修阙里孔子庙。奏云："近者以兖州频年灾歉，都废修营，徒瞻数仞之墙，才识两楹之位，……圣域儒门，岂宜湮坠？……望阙里而无由展敬，瞻庙貌而有愿兴功。今臣差人赍将料钱，就兖州据庙宇倾毁处，悉会修葺，皆自支费……"贾防撰记云："汉爰因旧宅，是构灵祠。粤自国朝，屡加崇饰，由是命工庀事，饰旧如新，浃旬之间，其功乃就。门连归德，先分数仞之形，殿接灵光，重见独存之状。"

公元 952 年，周太祖广顺二年，车驾诣阙里，祀孔子，拜其墓，……敕兖州葺墓所祠宇。

公元 960 年，宋太祖建隆元年，春正月，帝谒孔子庙，诏增修祠宇，绘先圣先贤先儒像，释奠用永安之乐。

公元 983 年，宋太宗太平兴国八年，夏六月，修阙里孔子庙。吕蒙正记曰："一日乃御便殿，谓侍臣曰：'朕嗣位以来，咸秩无文……鲁之夫子庙堂，未加营葺，阙孰甚焉。况像设库而不度，堂庑陋而毁颓，触目荒凉，荆榛勿翦。阶序有妨于函丈，屋壁不可以藏书。既非大壮之规，但有岿然之势。倾圮浸久，民何所观。'上乃鼎新，规革旧制；遣使星而莅事，募梓匠以傛功。经之营之，厥功告就。观夫缭垣云亘，飞檐翼张，重门呀其洞开，层阙郁其特起。绮疏瞰野，朱槛凌虚。耽耽之邃宇来风，轣轣之雕甍拂汉。回廊复殿，一变维新。升其堂则藻火黼黻，昭其度也。……重栌叠栱，丹青晃日月之光；龙桷云楣，金碧焜烟霞之色。轮奂之制，振古莫俦；营缮之功，于今为盛。"

公元 1008 年，宋真宗大中祥符元年，真宗过鲁，修饰祠宇。按金党怀英碑："宋祥符初，既封郓国夫人，始增大其殿、像。"

公元 1018 年，宋真宗天禧二年，八月，命孔道辅修阙里孔子庙。……道辅请得封禅行殿余材，乃大扩圣庙旧制。建庙门三重，次书楼，次唐、宋碑亭各一，次仪门，次御赞殿，次杏坛，坛后正殿，又后为郓国夫人殿，殿东庑为泗水侯殿，西庑为沂水侯殿。正殿西庑门外为齐国公殿，其后为鲁国太夫人殿。正殿东庑门外曰燕申门，其内曰斋厅，厅后曰金丝堂，堂后则家庙，左则神厨。由斋厅而东南为客馆，直北曰袭封视事厅，厅后为恩庆堂，其东北隅曰双桂堂。凡增广殿庭廊庑三百十六间。赐行宫材修葺庙宇……（《阙里志》）

公元 1021 年，宋真宗天禧五年，道辅又请得封禅行殿余材，乃大扩旧制，庙门三重。（按本年纪事与天禧二年重，殆二年兴工，本年竣工欤。）

公元 1038 年，宋仁宗景祐五年，道辅又建五贤堂于齐国殿前，祀孟子、荀卿、扬雄、王通、韩愈五子。

公元 1048 年，宋仁宗庆历八年，春二月，诏齐国公像易以九章之服，于圣殿后立庙以祀。

公元 1061 年，宋仁宗嘉祐六年，赐御书飞白体殿榜。

公元 1078 年，宋神宗元丰元年，诏兖州以省钱修葺阙里孔子庙。

公元 1082 年，宋神宗元丰五年，冬十一月，令四十七代孙孔若蒙监修孔子庙。

公元 1086 年，宋哲宗元祐元年，冬十月，改建三氏学于庙之东南隅。

公元 1096 年，宋哲宗绍圣三年，春三月，敕转运使修葺阙里孔子庙。(《县志》)敕转运使以省钱三千贯文加修葺。四十七代衍圣公若蒙监工。(《文献考》)

公元 1104 年，宋徽宗崇宁三年，夏六月，诏易七十二子以周之冕服。诏名文宣王殿曰"大成"。

公元 1114 年，宋徽宗政和四年，颁大成殿额于孔子庙。

公元 1128 年，宋高宗建炎二年，冬十二月，金将粘没喝陷袭庆府，县入于金。孔庙受相当损坏。党怀英大定二十一年碑称郓国夫人殿"宋末毁焉"。皇统九年，始……修复正殿……

公元 1142 年，金熙宗皇统二年，修阙里孔子庙。(《县志》)敕行台拨钱万四千贯，委曲阜主簿四十九代孙璲修葺圣殿。禁官私侵占圣庙地者。(《文献考》)

公元 1144 年，金熙宗皇统四年，拨行省钱助修庙之役。于行省拨钱万四千五百贯，发南京人作见材助工役。

公元 1149 年，金熙宗皇统九年，修正殿。(《县志》)正殿成。(《文献考》)

公元 1157 年，金废帝正隆二年，春三月，令有司以羡钱修孔子庙两廊及齐国公殿。

公元 1179 年，金世宗大定十九年，冬，郓国夫人寝殿成。党怀英撰记云："先圣之夫人曰开官氏，子孙祠于寝宫旧矣。宋祥符初，既封郓国，始增大其殿、像，宋末毁焉。国家皇统九年，始以公钱修复正殿。后八年，又营西庑，而积羡钱二百万，将以为郓国殿之用，而未给也。大定间，天子留意儒术，……袭封公……乃以殿之规制白有司，而有司吝于出纳，乃更破广为狭，划崇为卑，由是别得羡钱为殿费。……时刘公璋为节度副使,实董其役;赵公天倪为判官;二公廉直,而干吏不敢扰以私,而封公得以尽其力。越十九年,冬,殿成。……"(《县志》)

公元 1190 年,金章宗明昌元年,春三月,诏修阙里孔子庙。……又令以捏塑易两庑画像。(《县志》)

公元 1191 年,金章宗明昌二年,春,兴庙工。

公元 1195 年,金章宗明昌六年,夏四月,阙里孔子庙成,增塑贤儒像,赐图名曰奎文。党怀英碑曰:"主上……尝谓侍臣曰:'……遗祠久不加葺,且甚隘陋,不足以称圣师之居,其有以大作新之。'有司承诏,度材庀工。……凡为殿、堂、廊、庑、门、亭、斋、厨、黉舍,合三百六十余楹。……表以杰阁,周以崇垣。至于椳座、栏楯、帘櫺、罘罳之属,随所宜设,莫不严具。三分其役,因旧以完葺者,才居其一;而增创者倍之。盖经始于明昌二年之春,逾年而土木基构成;越明年而髹漆、彩绘成。先是群弟子及先儒像画于两庑,即又以捏塑易之。又明年而众功皆毕,罔有遗制焉。"

公元 1214 年,金宣宗贞祐二年,春正月,寇犯阙里孔子庙,毁手植桧。《孔庭纂要》云:"殿堂庑廊,灰烬十五。"(《县志》)

公元 1233 年,元太宗五年,夏六月,克金汴都。冬十二月,敕修孔子庙。

公元 1236 年,元太宗八年,春三月,复修孔庙。

公元 1237 年,元太宗九年,诏衍圣公孔元措修阙里孔子庙。

公元 1246 年,元定宗元年,始复郓国后寝,以奉孔子、颜、孟十哲像。

公元 1262 年,元世祖中统三年,春正月,孔子庙成。

公元 1267 年,元世祖至元四年,春正月,敕修阙里孔子庙。修杏坛，恢复奎文阁。

公元1282年，元世祖至元十九年，冬十月，修孔子庙垣，植松桧一千本。重修阙里庙垣。(《金石志》)

公元1295年，元成宗元贞元年，春，诏葺阙里林庙。

公元1298年，元成宗大德二年，春，太中大夫济宁路总管按檀不花请修阙里孔子庙。

公元1300年，元成宗大德四年，八月，兴工。十二月诏罢。

公元1301年，元成宗大德五年，按檀不花仍请修建。重修夫子庙。(《金石志》)

公元1302年，元成宗大德六年，九月，落成，殿宇廊庑凡百二十有六楹，费十万贯有奇。

公元1329年，元文宗天历二年，敕济宁路出官钱五万二千缗修葺。

公元1331年，元明宗至顺二年，衍圣公孔思晦请依前庙故事，四隅建角楼，仿王宫之制，诏从之。

公元1332年，元明宗至顺三年，二月，己巳，诏修阙里孔子庙。

公元1334年，元顺帝元统二年，四月，孔子庙兴工。

公元1336年，元顺帝至元二年，角楼落成。

公元1374年，明太祖洪武七年，春，修阙里孔子庙。孔希学奏请修治孔子庙，诏从之。

公元1377年，明太祖洪武十年，敕修衍圣公府第。孔子庙鸠工。

公元1378年，明太祖洪武十一年，阙里孔子庙成，补塑圣像。

公元1387年，明太祖洪武二十年，春，诏修阙里孔子庙。

公元1411年，明成祖永乐九年，遣行人雷迅来修阙里孔子庙。

公元1414年，明成祖永乐十二年，春，召雷迅还。冬十二月布政司官来修庙。

公元1417年，明成祖永乐十五年，重修孔子庙。(《金石志》)夏毕工。

公元1422年，明成祖永乐二十年，初建圣林门。改建斋厅。

公元1429年，明宣宗宣德四年，孔弘泰重修启圣王寝殿。

公元 1434 年，明宣宗宣德九年，工部侍郎周忱来谒林庙，捐建金丝堂。又于庙外西南隅构堂三间为更衣所。

公元 1464 年，明英宗天顺八年，冬十月，诏重修阙里孔子庙。

公元 1465 年，明宪宗成化元年，孔子庙落成。

公元 1468 年，明宪宗成化四年，重修孔子庙。碑云："朕嗣位之日，躬诣太学释奠孔子，复因阙里之庙岁久渐敝而重修之，至是毕工。"（《金石志》）

公元 1480 年，明宪宗成化十六年，春二月，增广阙里庙制。从衍圣公宏泰之请，增广正殿为九间，余皆更新。至二十三年始告成。

公元 1499 年，明孝宗弘治十二年，六月，甲辰，夜，阙里孔子庙灾。诏巡抚何鉴亲诣相度，发帑银十五万二千六百两有奇，何鉴奏言："弘治十二年六月夜子时，雷雨交作，火从宣圣家庙东北角上起，延烧家庙五间、斋廊（厅？）五间、东庑二十八间、寝殿七间、伯鱼庙三间、子思庙三间、西庑二十八间、大成门五间、手植桧一株、洪武诏旨碑文并楼、永乐御制碑文并楼，遂延烧大成殿七（九？）间、东便门六间、西便门六间、大成殿东西小便门各三间、寝殿东西两便门各三间、启圣殿五间、毓圣侯殿三间，风息雨止火乃救灭，共计烧毁殿庑各房一百二十三间。"余濂奏请修孔子庙。

公元 1500 年，明孝宗弘治十三年，春二月，阙里孔子庙兴工。

公元 1504 年，明孝宗弘治十七年，春正月，阙里孔子庙成。巡抚徐源言："臣等钦依办理，委官专修孔子庙，照依原议规制间数，逐一修建完备。改造奎文旧阁，七间，三檐。再庙旁原有毓粹、观德二门，以通出入，因逼近庙基，街路短促，不称趋谒。今于前门少北，各建东、西门一座，三间，匾曰'快观''仰高'。又前门并二门原止三间，今改建大门、大中门各五间，与庙宇前后掩映相称。桥梁阶级，焕然鼎新。杏坛碑额，亦皆彩绘俱完。其大成殿九间、寝殿七间，俱两檐。大成门、家庙、启圣殿、金丝堂、诗礼堂各五间，两庑连廊，共一百间，启圣寝殿三间，神厨二十四间，库房九间，碑亭二座，衍圣公斋宿房十二间，奎文阁、大门、中门、左右门，下至街道牌坊，无不完整。规模壮丽，工艺精致，足称瞻仰……"

公元1505年，明孝宗弘治十八年，《阙里志》成。

公元1511年，明武宗正德六年，三月，盗入城，犯阙里。

公元1512年，明武宗正德七年，七月，修阙里孔子庙。庙为盗所坏，有司出罚锾，并募输得银三万五千八百余两，以七月兴工。

公元1513年，明武宗正德八年，七月，移县城于庙，县城兴工。

公元1522年，明世宗嘉靖元年，夏六月，阙里孔子庙竣工，县城成。费宏为记云："……阙里与曲阜，相去十里不远。故皆无城，而阙里尤为孤旷，守望无所恃焉。正德辛未，盗入兖，以二月二十七日破曲阜，焚官寺。……是夕移营犯阙里。……维时按察使司潘君珍方以佥事按行东兖，谓庙必相须以守，盍即庙为城，而移县附之，浃旬遂疏于朝，……诏从之，爰命司空庀工，而令役焉。其基八里三十六步，而益以负郭之田。其版筑用丁夫万人，而取诸农务之隙。其材用为银三万五千八百两有奇，多出于诸可罚锾，而复募高资，好义者助之。"巡抚陈凤梧造钟楼铜钟。

公元1523年，明世宗嘉靖二年，秋，巡抚陈凤梧重修洙水桥，建石坊及庐墓堂。

公元 1538 年，明世宗嘉靖十七年，冬，巡抚胡缵宗建金声玉振坊。

公元 1544 年，明世宗嘉靖二十三年，巡抚曾铣建太和元气坊。

公元 1553 年，明世宗嘉靖三十二年，秋八月，重修阙里林庙成。

公元 1561 年，明世宗嘉靖四十年，巡抚张鉴建状元坊。

公元 1569 年，明穆宗隆庆三年，巡抚姜廷颐以香税及罚锾一千六百两葺阙里孔子庙。殷士儋为记曰："经始于闰六月二十二日，至十一月告成。诸殿、寝、门、庑、堂、阁、斋、亭，灿然改观。其杏坛旧制，则撤而更新，增置石楹重檐。棂星门之外，稍拓地迁回其道，以远衢市……"

公元 1577 年，明神宗万历五年，改阙城南门。

公元 1578 年，明神宗万历六年，十有二月，巡抚赵贤营葺阙里孔子庙。于慎行为记："……经始于本年九月十五日，凡四月而竣工。"

公元 1592 年，明神宗万历二十年，巡按御史何出光创建圣迹殿，立石刻《圣迹图》百有二十。

公元 1594 年，明神宗万历二十二年，巡抚郑汝璧、巡按连标，以香税、罚锾及库羡银三千两重修孔子林庙、周公庙、颜子庙。于慎行为之记曰："营于孔庙，乃新殿阁，乃饰廊庑，乃立重城皋门，以象朝阙。楣梁甍甓之，有朽者易之，丹臒者漆之，有墁者图之……营于孔林，乃恢享祠，乃创斋室，乃立石阙六楹，以广神路，缭垣十里，墉垣千步，有版筑焉……"

公元 1601 年，明神宗万历二十九年，冬十月，巡抚黄克缵重修阙里孔子庙。

公元 1608 年，明神宗万历三十六年，济宁兵巡副使王国桢捐银三百两，修阙里孔子庙西庑。

公元 1626 年，明熹宗天启六年，曹州州同某捐修大中门。

公元 1634 年，明思宗崇祯七年，秋九月，兖东兵备道李一鳌修圣林门。

公元 1656 年，清世祖顺治十三年，巡盐御史王秉乾捐银二千两，并劝所属公捐重修奎文阁。

公元 1657 年，清世祖顺治十四年，定文庙尊称曰"至圣先师"。（《山东通志》）

公元 1663 年，清圣祖康熙二年，分守东兖道参议张宏俊等重修圣迹殿、奎文阁及庙门、碑亭、角楼。

公元 1677 年，清圣祖康熙十六年，六十七代衍圣公续修诗礼堂、金丝堂及诸门、坊、桥栏。

公元 1690 年，清圣祖康熙二十九年，夏六月，遣内务府郎中皂保来修阙里孔子庙。

公元 1691 年，清圣祖康熙三十年，夏四月，兴工。

公元 1693 年，清圣祖康熙三十二年，秋八月，阙里孔子庙工竣。冬十月阙里圣庙落成。凡修大成等殿五十四间，大成等门六十一间，两庑八十八间，棂星门一，牌坊二，用帑银八万六千五百两有奇。

公元 1724 年，清世宗雍正二年，二月，封五世王，建崇圣祠。六月，癸巳，阙里孔子庙灾。衍圣公孔传铎疏言："……六月初九日申时，疾风骤雨，雷电交作，有火从先师大成殿脊螭吻间出，栋宇高峻，不能扑灭。……延烧寝殿、大成门、圣祖仁皇帝御碑东西二亭、启圣王旧殿、金丝堂等处，至丑时方熄。……新建崇圣祠……幸得无恙……"遣署理工部侍郎马腊会同巡抚陈世倌相度修庙。

公元 1725 年，清世宗雍正三年，秋八月，阙里孔子庙兴工。

公元 1729 年，清世宗雍正七年，谕阙里文庙正殿正门用黄琉璃瓦，两庑用绿琉璃瓦，以黄瓦镶砌屋脊。选内务府匠人到东，用脱胎之法，敬谨装塑。……重建圣祖仁皇帝御书碑亭，增建乐器库。……改棂星门（内？）石坊"宣圣庙"为"至圣庙";奎文阁前之"参同门"曰"同文";诗礼堂前之"燕申门"曰"承圣门"。冬十一月丙申,大成殿上梁。(《嘉庆山东通志》)

公元 1730 年,清世宗雍正八年,钦定孔子庙大门曰"圣时",二门曰"弘道"。秋八月圣像成。皂保奏圣庙工竣,凡用帑金十五万七千六百两有奇。冬十二月诏修孔林。

公元 1731 年,清世宗雍正九年,秋七月,丙子,孔林兴工。岳濬、陈世倌奏请孔林享殿瓦色依庙工寝殿之制。修洙泗书院。

公元 1732 年,清世宗雍正十年,秋九月,孔林工竣。

公元 1748 年,清高宗乾隆十三年,春,毁无字碑及元人重修景灵宫碑。

公元 1754 年,清高宗乾隆十九年,衍圣公重修圣庙棂星门,易以石。

公元 1808 年,清仁宗嘉庆十三年,重修阙里孔庙、颜子庙。

公元 1822 年,清宣宗道光二年,正月己巳,命琦善恭修孔林。(《山东通志》)

公元 1864 年,清穆宗同治三年,给事中王宪成奏请勘修曲阜县圣庙,并各直省文庙等工。

公元 1869 年,清穆宗同治八年,重修孔庙大中门以后各段。

公元 1896 年,清德宗光绪二十二年,衍圣公咨请修葺圣庙、金水河、棂星门、"德侔天地""道冠古今"坊、快睹门、仰高门、圣时门、弘道门、庙东路口阙里坊等工。

公元 1898 年,清德宗光绪二十四年,衍圣公咨请重修圣庙后面围墙及大成殿等工。

公元 1899 年,清德宗光绪二十五年,八月,衍圣公续请筹款二千两,为修葺圣庙大成殿及后面围墙之用。

公元 1930 年,民国十九年,晋军围曲阜,中央军据城以守。孔庙无重大损失,颜庙则破坏过半。

公元 1933 年，民国二十二年，山东省政府修大成寝殿、同文门、弘道门，重建明代碑亭。

公元 1935 年，民国二十四年，国民政府议孔庙全部修葺。

[增补版]

中国古建筑调查报告

梁思成

下

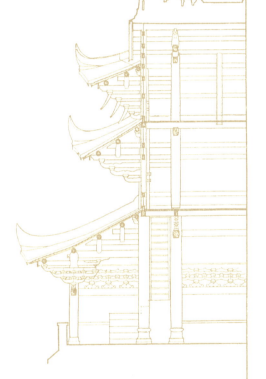

THE REPORTS ON CHINESE
TRADITIONAL ARCHITECTURE

生活·讀書·新知 三联书店

Copyright © 2024 by SDX Joint Publishing Company.
All Rights Reserved.

本作品版权由生活·读书·新知三联书店所有。
未经许可，不得翻印。

图书在版编目（CIP）数据

中国古建筑调查报告 / 梁思成著. —增补版. —北京：生活·读书·新知三联书店, 2024.7
（梁思成作品）
ISBN 978-7-108-07592-5

Ⅰ.①中… Ⅱ.①梁… Ⅲ.①古建筑－调查报告－中国 Ⅳ.① K928.71

中国国家版本馆 CIP 数据核字 (2023) 第 007050 号

梁思成（左）在四川巴县缙云寺留影
（摄于1939年9月20日）

目录

导言　建筑史的基石　　王　南

上　册

蓟县独乐寺观音阁山门考　　1

宝坻县广济寺三大士殿　　105

平郊建筑杂录　　175

正定古建筑调查纪略　　207

大同古建筑调查报告　　277

中　册

云冈石窟中所表现的北魏建筑　　517

山西应县佛宫寺辽释迦木塔　　569

赵县大石桥即安济桥——附小石桥、济美桥　　761

晋汾古建筑预查纪略　　793

曲阜孔庙建筑之研究　　901

下　册

清文渊阁实测图说 · · · 1041

西南建筑图说 · · · 1075

　　四川部分 · · · 1079

　　云南部分 · · · 1337

浙江杭县闸口白塔及灵隐寺双石塔 · · · 1427

记五台山佛光寺建筑 · · · 1457

广西容县真武阁的"杠杆结构" · · · 1555

清文渊阁实测图说

刘敦桢　梁思成

*
本文首次发表于《中国营造学社汇刊》第六卷第二期。——杨鸿勋注

目 录

平面配置 ··· 1062

外观 ··· 1064

结构 ··· 1067

碑亭 ··· 1069

结论 ··· 1070

跋 ··· 1071

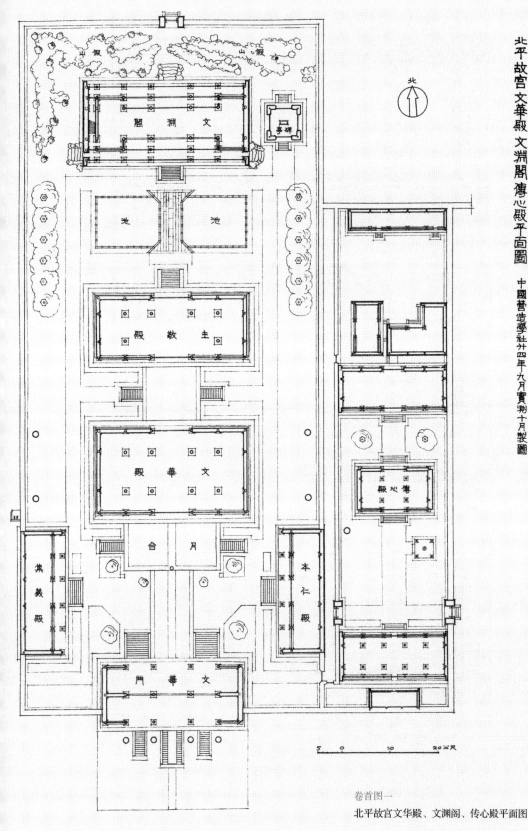

卷首图一
北平故宫文华殿、文渊阁、传心殿平面图

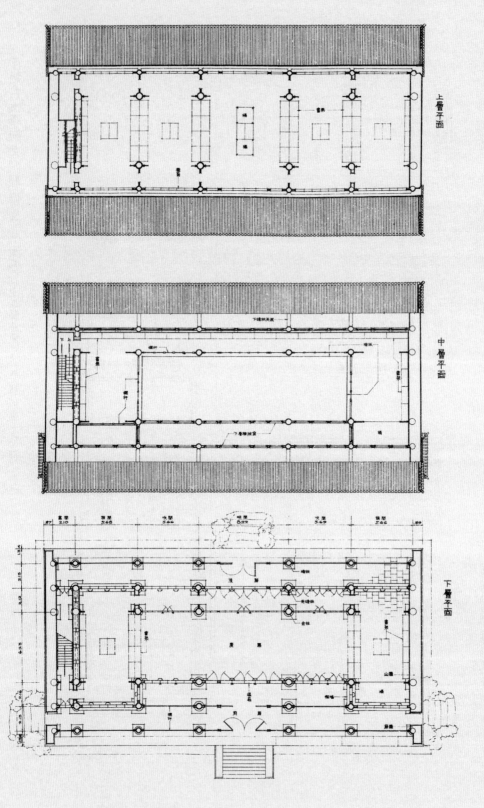

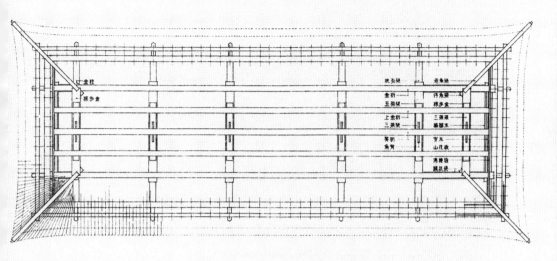
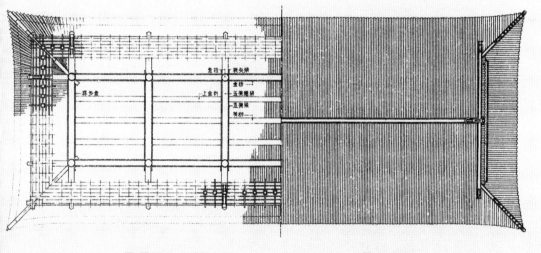

卷首图二　　　卷首图三
北平故宫文渊阁　北平故宫文渊阁
实测图之一（左页）　实测图之二

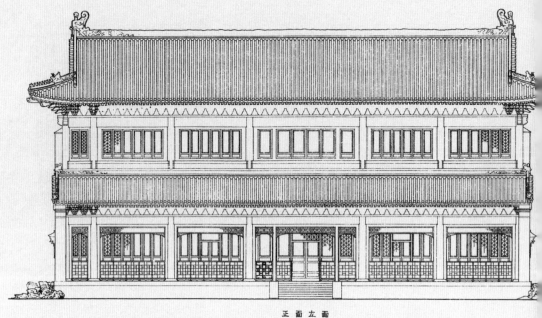

正面立面

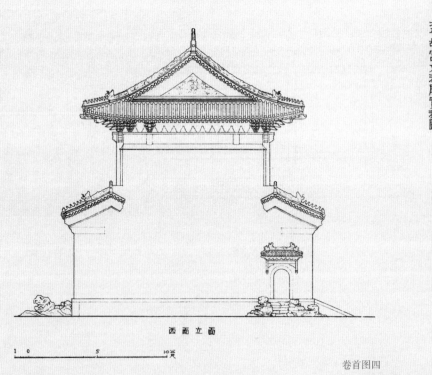

西面立面

卷首图四
北平故宫文渊阁
实测图之三

卷首图五
北平故宫文渊阁
实测图之四

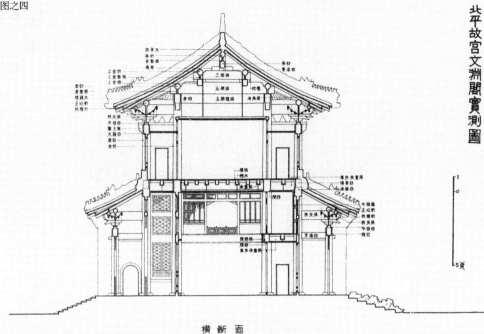

横断面

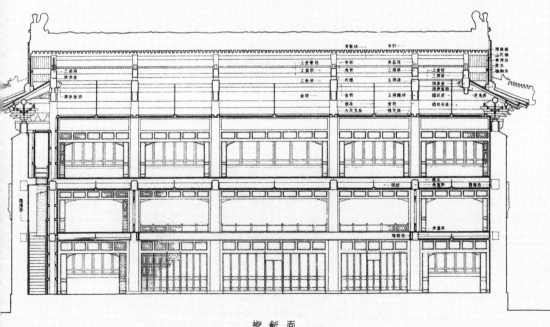

纵断面

北平故宮

中國營造學

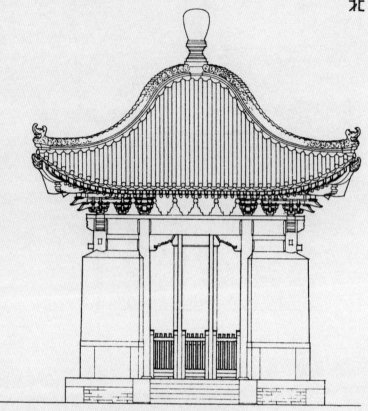

南面立面圖

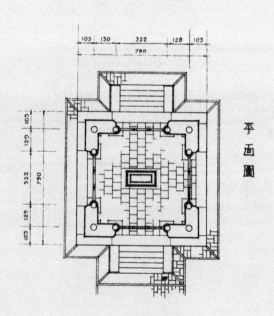

平面圖

亭實測圖

十月製圖

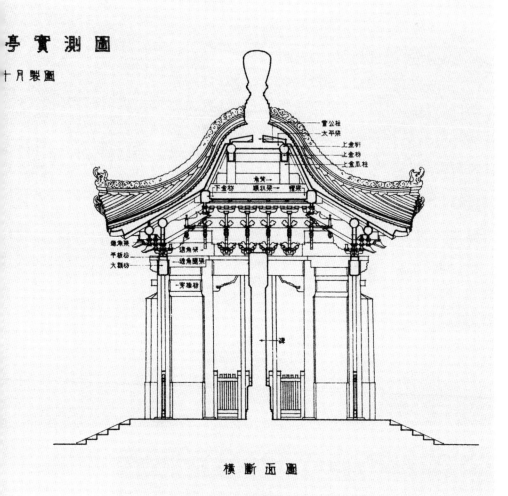

橫斷面圖

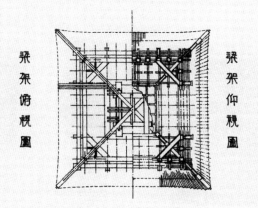

梁架俯視圖　梁架仰視圖

卷首图六
北平故宫文渊阁碑亭实测图

卷首图七
（甲）文渊阁前之池
（乙）阁下檐明间

卷首图八
（甲）廊墙（右页）

卷首图八
（乙）前廊内部

卷首图九
（甲）内部槅扇

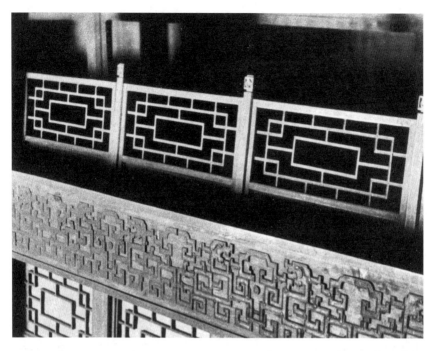

卷首图九
（乙）中层栏杆及雁翅版
（丙）前廊天花仰视

卷首图十
（甲）上檐斗栱
（乙）上檐正脊
（丙）上檐垂脊

卷首图十一
（甲）上檐山花
（乙）碑亭正面

卷首图十二
（甲）碑亭翼角
（乙）碑亭内部结构

1058

卷首图十三
（甲）碑亭天花仰视
〔左页〕
（乙）碑亭碑座详部

卷首图十四
（甲）碑亭宝顶及
戗脊
（乙）戗脊详部

清高宗继康、雍之后，承平日久，物力丰裕，有清一代，推为全盛，泊乎中季，刻意右文，所修《四库全书》，自开馆纂修，至第一部告成，前后历时九载，规模之巨与乎卷帙之丰，亘古以来，未尝有也。其庋藏《四库》之建筑，则于开馆翌年，即乾隆三十九年六月，命杭州织造寅著，查勘宁波天一阁[1]房屋书架制度，以备营缮。是年十月，命营文渊阁于大内文华殿之北；同时复于圆明园北路，营建文源阁，俱以天一为范，然其工程，似经始于乾隆四十年夏，至四十一年春季落成。其后又于奉天、热河等处，续建文溯、文津、文汇、文宗、文澜五阁，咸以文渊为圭臬，故诸阁建筑，在旧式书库中，截然自成一系统。然考文渊阁之名，实始于明。据沈叔埏《文渊阁表记》，洪武时，阁在奉天门之东。成祖北迁，营阁于左顺门东南，仍位于宫城巽隅，遵旧制也。其时藏书以外，兼为内阁治事之所，易世以后，故迹湮没，虽不能质言其地，然要在文华殿以南。且明为砖城十间，至嘉靖中叶，东半五间，装为小楼，视清之六间重檐，迥不相侔，则高宗之营此阁，仅能谓为名义上复兴而已。兹篇所述，以乾隆所建文渊阁及其附属碑亭为限，清以前者，悉从省略。

[1] 天一阁为明朝兵部右侍郎范钦的私人藏书楼，以藏书之巨而极负盛名。乾隆南巡曾造访此地，后来所建收藏《四库全书》的七处皇家图书馆——北京紫禁城中的文渊阁、圆明园中的文源阁、避暑山庄中的文津阁、沈阳故宫中的文溯阁、扬州的文汇阁、镇江的文宗阁及杭州的文澜阁，都是参照天一阁设计的。——杨鸿勋注

平面配置

平面配置，分全体平面与阁本身平面二项。

（甲）就全体言，阁在宫城东偏，自文华门起，以丹垣包文华、主敬诸殿及此阁于内，自成一区。其配列顺序（卷首图一），最南端为文华门，门内御道如砥，经月台，至文华殿。殿东西五楹，南北十一檩，上覆单檐歇山，与武英殿同制。左右配殿，东曰本仁，西曰集义，胥五间单檐，前设走廊，民国四年，移热河古物陈列于此，乃改窗于廊外，稍异旧观，然本文卷首图一所示，仍为改造前情状也。文华殿后，复有御道北通主敬殿，殿制略如文华而进深稍小。今御道上，覆廊屋，联前后二殿若工字形，与《春明梦余录》所载明文华殿，若合符节，则民四改作，亦可谓为恢复旧规矣。主敬殿山墙两侧，翼以铁栏，其后复有砖墙，区隔南北，均民国后所增。再北，甃石为长方形之池，池中央跨石梁，外绕白石栏杆，与经常习见者稍异其式〔卷首图七（甲）〕。池北文渊阁耸然秀出。其东为高宗御制《文渊阁记》碑亭。再北隙地，叠石为假山，疑与阁前之池，同导源于天一阁而予以变通者。山后琉璃门北向，其东复有一门，旧有阁臣直庐数间，在门外稍东，今悉颓废。

按明文华殿与武英殿东西遥对，如隋东京文成、武安二殿，位于外朝之左右。其地初为东宫讲读之所，永乐以降，春秋经筵，亦举行于前殿，而日讲则在殿后穿堂。李闯乱后，诸殿被毁。清康熙二十三年，重建文华与东、西、后配殿各五楹，其时武英见存，一切规模，殆依明制为之？唯据故宫文献馆乾隆十五年《北京京城图》，主敬殿后又有平房十五间，负北墙南向，与刘若愚《酌中志》所载不合，当为清代改筑，非原状也。洎《四库》开馆翌年，诏营文渊阁于文华之北，乃撤北墙及平房，不足，更益以马厩之一部，故其外廓成长方形（卷首图一），视武英一区，进深尤巨。自是以后，中秘藏书，庋于经筵之后，在事务上，实较明文渊阁、通集库远居宫城东南者，更臻便利，不能不谓为清代改进之一端也。

（乙）阁本身平面，东西六间，采用偶数，极为奇特（卷首图二）。据乾隆三十九年一谕，其制系效明范钦所建天一阁，而范氏当时，则据《易》大衍郑注"天一生水，地六成之"之义，演此畸形建筑。今依现状论之，其东部五间，以明间面阔为最巨，次梢诸间，较之稍狭，一如普通建筑之原则，唯于西侧另附楼梯一间，足成六成之数耳。然后者面阔，不足梢间二分之一，显居附属地位，故此阁仍以东部明间为主体，使其中线与前部文华、主敬二殿一致（卷首图一）。

在叙述各层平面以前，应略言《四库全书》之数量与建筑物之关系。按是书共计七万九千三十卷，分装三万六千册，纳为六千七百五十二函，再益以《四库全书总目》《四库全书考证》及《图书集成》诸书，视范氏所藏，轶出一倍以上，故阁之外观，虽如天一阁采用重檐，而内部结构，复利用下檐地位，增为上、中、下三层，不能不谓与书量有关也。至于各书之排列，下层中央三间，置《总目考证》及《图书集成》，左右梢间置《四库》经部，而以史部庋之中层，子部、集部庋之上层。书架之数，除中层外，其余各室，胥于左右壁各列四具，中央复置方架一（卷首图二）。足征工事开始前，对于全书数量，与书架尺寸及其排列方法，曾经缜密之考虑，而建筑物之面积、高度，殆亦取决于是。

阁面阔三三公尺，进深一四·七七公尺。二者之比，约为五比二·二（卷首图二）。然其余诸阁，因时损益，不尽符合，如沈阳文溯阁较此略小，即其一例。

阁下层平面，前后辟走廊，装栏杆一列，虽皆一致，但其局部施设则略有出入。如前廊明、次三间槅扇，装于金柱之间，而于外侧通柱另施木栏；于廊之两端各设券门，均非后廊所有（卷首图二）。此殆因前廊为当阳正面，出入频繁，不得不留较大之面积，而槅扇退后，可使广厅上部，采取光线较多，亦不失为一因欤？

下层内部，于次间左右，利用书架为间壁，使中央三间形如广厅，乃此阁特征之一（卷首图二）。同时此部天顶，等于中、下二层之高度（卷首图五），就比例言，亦与厅之面积恰能相称。厅中央设宝座，即昔日经筵赐茶处。座后自东徂西，装槅扇，尽明、次三间（卷首图二）。自槅扇后经左右旁门，绕至东西梢间。东梢间于南窗下置榻。西间则于西壁南端辟小门，自此至尽间，经楼梯，可达中层。其余书架配列与前后窗位置，二室悉皆一律。又尽间除前述小门外，南北均设槅扇，与前后廊相通，见卷首图二下层平面图。

中层仅有东西梢间及走廊（卷首图二）：其中央三间，洞然空朗，即广厅上部也（卷首图五）。走廊位于后部通柱与金柱之间；其北侧装版壁，列书架，南侧则沿金柱施栏楯，下临广厅（卷首图二，卷首图五）。但东西梢间，因书架位置，以槅扇与栏杆合用，手法略异（卷首图二，卷首图五）。东梢间之南，设榻一如下层。西间此处未铺楼板，仅沿前金柱装栏杆，未审何故（卷首图二）。按此层位于腰檐内，北侧无窗，而南窗自下层走廊上部所采光线又极微弱，致室内较下层尤暗，乃其缺点。

上层平面，在南、北二面各辟走道。道之外侧，全部开窗。道以内者，依柱之位置，分为五间（卷首图二）。各间平面配置，与书架排列，如出一辙，唯明间中央书架之前后，各置御榻，为他室所无耳。

外　观

阁外观分上、下二层（卷首图四）。下层于台基上建走廊腰檐，上施栏窗一列，在原则上，固与天一阁无异，然其全体比例，与大木结构，下逮彩画雕饰，无不易为清官式做法。致二者之间，孰创孰因，几难辨析，而屋顶改硬山为歇山，尤为相差最甚之一点也。

下层台基以城砖代斗版，上加阶条石，毫无雕饰。其上木栏以棂子搭配，内饰工字海棠诸花，其意匠与槅扇灯笼框同一系统，唯栏杆过高，致比例单薄，且失去材料特性，为足惜耳〔卷首图七（乙）〕。额枋之下，易雀替为倒挂楣子，而明间面阔大者，其间复增间柱二处，显系参用大木小式做法。平板枋上所施单翘单昂斗栱，斗口仅宽二寸五分，似嫌稍小，而平身科排列之数，明间增至十攒，在清式中亦为罕睹，殆可谓为最丛密之例矣〔卷首图七（乙）〕。其上腰檐两端至廊墙处，依大式硬山做法，砌墀头及排山博缝[1]；博缝上端，向下弯曲若抱厦博缝之状〔卷首图八（甲）〕，其法曾见《工程做法》九檩楼房一章，然俱系装饰性质，大木结构，非如是也。

[1] 即博风，博风版，"博缝"为清代叫法，本文保留。

上层于腰檐博脊上，露出坎墙少许（卷首图四），墙上各间均装槛窗，而檐端于单翘重昂上，覆以歇山顶，无下层杂用大木小式之弊。屋顶兽吻、走兽，咸如常状，唯正脊、垂脊、戗脊等，在群色条以上浮雕波涛龙云，上缘任其起伏不平，未施扣脊瓦，疑其用意与厌胜有关〔卷首图十（乙）（丙）〕。

东、西二面，因下层无走廊，故山墙直达上层额枋之下（卷首图四）。墙之轮廓，随结构情状上部向内收进，无丝毫虚饰，而墙面用青砖水磨，尤擅朴素之美，唯南端以白石券门与绿琉璃门罩，使外观略具变化而已。上部山花结带之下，用水纹衬托，殆亦缘厌胜之故？

外部色彩以寒色为主，亦为此阁重要特征。按清代宫殿，柱与门窗俱髹朱漆，殆为不易之原则。此阁则改柱为沉绿色，槅扇、槛窗为褐黑色，而额枋苏画及檐椽、楣子、栏杆等，使用白色之处甚多，尤非常例所有，故在清宫中，其色彩比较沉静而无火气。兹依名件表列如后：

柱 柱身沉绿色。柱头上下缘道均青、白、金三色，中绘波涛龙云，以红色为地。

额枋 外檐额枋采用苏画原则，但改包袱轮廓为回文，甚特别〔卷首图七（乙）〕。回文以波文构成，外加金线。袱内于青地上，绘龙马负图，中央置金亭，下以波涛承托，诸间悉皆一律。唯袱外两侧藻头及枋底，俱用红地：前者描绘图书，后者以流云点缀，均以白色为主。枋两端施青绿箍头。

平板枋 平板枋与额枋连属，故其中部亦随额枋用青色为地，上绘流云。两端褐地，绘龙云。

穿插枋 前后廊之穿插枋，于青绿箍头内满涂红地，两侧绘图书，底饰流云〔卷首图八（乙）〕。

桃尖梁 红地，遍饰彩云〔卷首图八（乙）〕。

斗栱 上下檐斗栱均青绿相间，外加金白缘道，如清式常例。

挑檐桁 两端青绿箍头。次绘龙云，下以波纹承托。再次藻头于红地上，绘图书。中央包袱以卷云为轮廓，绘龙云波涛如前。

垫栱版 红地青白花，外施绿缘道。

盖斗版 红色。

望版 褐黑色。

檐椽、飞檐椽 下皮白色，两侧褐黑色，与望版相连。檐椽头于绿地上，绘红蝙蝠，外施金边。飞檐椽头绿地金卍字。

连檐瓦口 红色。

天花 前后廊系彻明造，一切椽望与外檐同。唯前廊通柱与金柱之间，施天花三间〔卷首图九（丙）〕，其支条涂绿色，外加金边。毂轳金色，燕尾青白色。天花板用青地金边，岔角绘金荷白藕，圆光青白地，描绘波涛及金荷绿叶，颇别致。阁内平顶裱褙用白榜纸。

槅扇、槛窗 外部槅扇、槛窗帘架均褐黑色，绦环金色，唯附属抱框间柱，仍为沉绿色，与檐柱、通柱一致。内部槅扇构图用灯笼框，而群板及绦环板饰以回文〔卷首图九（甲）〕，表面烫蜡，仿枬木三色，深浅相间。

栏杆、楣子 外檐额枋下楣子及下部栏杆，胥于绿色棍子内加白花。内部楣子、栏杆、雁翅版〔卷首图九（乙）〕，俱烫蜡。

匾额　　青地红边，外加金缘道，中题"文渊阁"满汉合璧金字。

屋顶　　屋面琉璃瓦，上、下二层皆绿边黑心。脊及兽吻、走兽、博缝、门罩等，亦绿色，但脊上波涛外缘，加白线，龙用紫色。

山花　　博缝版红色。山花于红地上饰金结带。

山墙、廊墙　　澄泥砖水磨，呈青灰色。

结　构

阁之梁架结构，大体以《工程做法》所载九檩硬山楼房为标准，唯利用下檐地位，增设暗层，与檐端施斗栱及屋顶易为歇山数事，非是书所有耳。兹摘要介绍于后：

此阁架构在平面上，六间七缝，每缝用六柱（卷首图二）。最外侧者，为前后檐柱，其上端施额枋与平板枋，再上以单翘、单昂斗栱，承载腰檐重量（卷首图五）。檐柱与通柱之间，则施穿插枋以资联络，而斗栱上，承托正心桁与挑檐桁之桃尖梁，内端亦插入通柱内。

檐柱之内，每缝均有前后通柱及前后金柱。通柱仅至上檐平板枋为止，金柱则延至五架梁下，支载屋顶重量（卷首图五）。同时各层楼板荷重，亦由承重大柁，与单步承重梁，集中于金柱及通柱，故此二者在结构上所处地位最为重要。兹将内部梁柱搭配情状，分层叙述如次。

中层明、次三间，系下层广厅之上部，故金柱之间空无所有。唯东西梢间，则于前后金柱间，施承重大柁，其上配列东西向之楞木，再上铺楼板（卷首图五），与清式楼房原则完全一致。金柱与通柱之间，亦依前法施单步承重梁及楞木、楼板，第前部中央三间，因下层槅扇退后之故，悉皆略去（卷首图五），而西梢间之前部，无楞木、楼板（卷首图二），皆与后侧异。

上层各间，除楼口外，全部施楞木与楼板。楞木之配列，取东西向，与柁梁取南北向，悉如中层。但各缝金柱间所施间枋，高度与承重大柁相等（卷首图五），殆因联络各缝之架构及外观上需要，不得不尔。各缝通柱之间，则于楼板外侧，施博脊枋一层，其下紧贴承椽枋，以受檐椽（卷首图五）。

此阁柁、梁、楞木，如前所述，其配列法虽无不妥，但因用材施工，不得其当，致年久楼板下陷，成为结构上重大之缺点。据民国二十一年著者等调查，其上层明间楞木之中点，较两端下垂约三公分，而承重大柁，竟下垂八公分余，然其时书籍适移藏库房，荷重减轻，几逾半数，否则弯曲度尚不止此。按此阁楞木断面，近于方形，极不合力学原理，其中央复置集中荷重之书架，以致发生上述结果。至其承重大柁，断面积根本即嫌不足；重以数木拼合，外加少数铁箍，工作异常草率；而柁之两端，接榫过狭，复无雀替，或间柱承托其下，宜其诱致下垂之危险。设非彻底修缮，恐难再供皮藏图书之用矣。

屋顶梁架，在前后通柱上，施东西向之额枋与平板枋，其上以单翘重栱及桃尖梁承受檐端荷重，唯桃尖梁之下，无穿插枋，与下檐稍异（卷首图五）。金柱之上，则施五架梁及五架随梁各一层。梁两端各置下金桁及垫板，下为下金枋，高度与随梁枋相等，再下复置一枋，均非常例所有。五架梁上，施柁墩，载三架梁。梁两端置上金桁与上金枋，中央更施角背及脊瓜柱，承托脊檩脊枋（卷首图五）。其步架宽度，以檐步为最阔，金步、脊步均约减五分之一，显与《工程做法》各步相等之规定不符。而屋顶举架，檐步用五举，金步六举，脊步七·五举，亦较普通官式建筑用五举、七举、九举加平水者稍低（卷首图五）。

以上仅就中央明、次三间及西梢间之屋架而言，其在西尽间者，承受歇山重量之三架梁与采步金梁，胥直接置于西第三缝（即西梢间与西尽间之间）之金柱上，省去扒梁，而其下采步金枋下复施一枋，亦不经见（卷首图五）。东部因无尽间，故采步金梁及采步金枋皆位于东梢间之上，下承东西向之顺扒梁与顺桃尖梁，内端插入金柱内，外端载于外檐斗栱上（卷首图三，卷首图五）。然顺扒梁之外端，与斗栱未发生直接关系，在结构上实无意义。

阁内以纸平顶代天花藻井。其中下二层，俱与承重大柁之底同一高度。唯上层平顶以铁条吊于上金桁，较五架随梁之底，尚低一公尺。前后走道平顶，较室内更低（卷首图五）。

山墙厚一公尺九公分。为防止潮湿侵入计，墙之内部，复装护墙版一层。其在西梢间与西尽间间之壁体，在上层两侧，均装木版，其间空无所有（卷首图五），但中、下二层是否如是，抑改为砖墙，尚待查验。

碑　亭

亭方形，位于文渊阁之东，与阁同在东西中线上（卷首图一）。下部台基为地势所限，仅南、北二面，各设踏步一处（卷首图六）。亭每面分为三间，唯中央一间施栅栏，余氀以砖。内树丰碑，正面刻乾隆三十九年高宗御制《文渊阁记》，背面刻文渊阁赐宴御制诗。碑座碑额，镌压地隐起回文，颇古雅可喜〔卷首图十三（乙）〕。

亭仅单层，其外观自斗栱以下，悉如清官式做法，但亭顶改四角攒尖为驼峰式，及翼角反翘特甚，均非北平习见之式样〔卷首图十一（乙）〕。按此类屋顶，盛行于川、秦、湘、鄂诸省，而翼角反翘，亦为南方建筑之特征，则亭之此部，模仿南式，毫无疑义。唯南方翼角结构，仅子角梁反曲，此则老角梁与飞檐椽胥呈反曲之状〔卷首图十二（甲）〕，殆缘匠工不谙南式之故也。亭顶覆黄色琉璃瓦。

饯脊式样，在群色条上浮雕卷草，至前端，饰异兽一，极奇特（卷首图十四）。

亭之斗栱，在檐端施五踩单翘，单昂，唯昂与内侧枰杆，未以一木制作，故枰杆性质，仅如斜撑支于下金栱之下，无杠杆作用（卷首图六）。其上梁架，为外观所限制，致将下金桁略去，而以下金枋承载檐椽与内部天花（卷首图六）。枋之重量，除一部分分配于枰杆外，两端则载于角梁后尾上。角梁之下，以平面四十五度递角梁二层与递角随梁一层承之〔卷首图十二（乙）〕。其在下金枋以上者，施南北向扒梁二道。梁上置瓜柱四，载上金桁及上金枋。上金桁中央，南北复施太平梁及雷公柱，承托宝顶（卷首图六）。

内外檐彩画，俱用墨线大点金，唯天花圆光改回文图案，且以红色为地，稍异常法〔卷首图十三（甲）〕。

结　论

综上所述，此阁之特征，可约为五项：

（一）清文渊阁之名，虽袭明代之旧，然地点位于文华殿之北，与明代异。

（二）阁之平面，大体以天一阁为法，但内部配置，则以书量与实用为标准，利用下檐地位，加设暗层，又于明间三间，另辟广厅，非一一墨守范氏旧规也。

（三）为调和环境计，屋顶改硬山为歇山，覆琉璃瓦。

（四）大木架构最堪注意者，即斗栱异常丛密，与步架之非均等，及屋顶坡度之改低，皆不符《工程做法》所载，足供参考。

（五）为厌胜故，色彩以寒色为主。

跋

文渊阁建筑年代，高宗御制文渊、文源二记，俱未叙述，唯记末题"乾隆三十九年孟冬中浣御笔"，距寅著查勘宁波天一阁之命，不逾四月，窃尝引以为惑。刘君敦桢，据高宗御制诗，疑是阁工事经始于乾隆四十年夏，至四十一年春季落成，而论者又以文渊、文源二记不符，疑莫能定。余按《高宗实录》，曾载乾隆三十九年六月二十五日乙未查勘天一阁上谕，末附寅著覆奏概略，其文如下：

丁未谕军机大臣等：浙江宁波府范懋柱家所进之书最多，因加恩赏给《古今图书集成》一部，以示嘉奖。闻其家藏书处曰天一阁，纯用砖甃，不畏火烛，自前明相传至今，并无损坏。其法甚精，着传谕寅著亲往该处看其房间制造之法若何？是否专用砖石不用木植，并其书架款式若何？详细询察，烫成准样，开明丈尺呈览。寅著未至其家之前，可豫邀范懋柱与之相见，告以奉旨，因闻其家藏书房屋书架造作甚佳，留传经久，今办《四库全书》，卷帙浩繁，欲仿其藏书之法，以垂久远，故令我亲自看明具样呈览，尔可同我前往指说。如此明白宣谕，使其晓然，勿稍惊异，方为妥协。将此传谕知之，仍着即行覆奏。寻奏：天一阁在范氏宅东，坐北向南。左右砖甃为垣。前后檐上下，俱设窗门。其梁柱俱用松杉等木。共六间。西偏一间安设楼梯。东偏一间，以近墙壁，恐受湿气，并不贮书。唯居中三间，排列大橱十口：内六橱前后有门，两面贮书，取其透风，后列中橱二口，小橱二口。又西一间排列中橱十二口。橱下各置英石一块，以收潮湿。阁前凿池。其东北隅又为曲池。传闻凿池之始，土中隐有字形如"天一"二字，因悟"天一生水"之义，即以名阁。阁用六间，取"地六成之"之义，是以高下深广及书橱数目尺寸，俱含"六"数。特绘图具奏。得旨览。

《实录》所附寅著奏折，虽无年月，以当时交通情状与绘图烫样时日计之，其覆奏抵京，殆在是岁八九月之交，益以选地锡名，几经筹划，故十月十五日乙未，始有建阁之命。《实录》亦著其事：

> 乙未，命建文渊阁于文华殿后。御制《文渊阁记》曰：国家荷天庥，承佑命，重熙累洽，同轨同文，所谓礼乐百年而后兴，此其时也。而礼乐之兴必藉崇儒重道，以会其条贯。儒与道匪文莫阐，故予搜《四库》之书，非徒博右文之名，盖如张子所云："为天地立心，为生民立道，为往圣继绝学，为万世开太平，胥于是乎在。"乃下明诏，敕岳牧，访名山，搜秘简，并出天禄之旧藏，以及世家之独弆，于是浩如渊海，委若邱山，而总名之曰《四库全书》。盖于古今数千年，宇宙数万里，其间所有之书虽夥，都不出《四库》之目也。乃抡大臣，俾总司。命翰林，使分校。虽督继晷之勤，仍予十年之暇。夫不勤则玩日愒时，有所不免，而不予之暇，则又恐欲速而或失之疏略，鲁鱼亥豕，因是而生。《语》[1]有之："凡事豫则立。"书之成虽尚需时日，而贮书之所，则不可不宿构。宫禁之中，不得其地，爰于文华殿后，建文渊阁以待之。文渊阁之名，始于胜朝，今则无其处，而内阁大学士之兼殿阁衔者，尚存其名。兹以贮书所为名，实适相副。而文华殿居其前，乃岁时经筵讲学所必临，于此枕经葄史，镜己牖民，后世子孙，奉为家法，则予所以继绳祖考觉世之殷心，化育民物返古之深意，庶在是乎。阁之制，一如范氏天一阁，而其详则见于御园《文渊阁之记》。

[1] 指《论语》。——杨鸿勋注

前载《文渊阁记》及"实录"年月，核之现存碑记，悉皆符合，则此记或预撰于建阁之始，非阁成而后为之也。唯有司鸠工庀材，绝非咄嗟所能措办，而燕地苦寒，实际工程，必创始于翌岁解冰以后，故乾隆四十一年二月，高宗《题文渊阁》诗，谓"肇功始作夏，断手逮今春"；而《春仲经筵》诗注，亦有"文渊阁为贮《四库全书》之所，今始落成"之语也。

《题文渊阁》：每岁讲筵举，研精引席珍，文渊宜后峙，主敬恰中陈（旧有殿名主敬在文华殿之后，其后隙地新建文渊阁），《四库》庋藏待，层楼恰构新，肇功始作夏，断手逮今春，经史子集富，图书礼乐彬，宁惟资汲古，端以励修身，巍焕观诚美，经营愧亦频。纶扉相对处，颇觉叶名循（国朝大学士兼衔三殿三阁，有文渊阁之名而无阁之实，今新建于文华殿后且与内阁相近，适当其地）。

《春仲经筵》：经年讲席一躬临，龙袖儒臣喜盍簪（经筵讲官满汉各八员，进讲侍班服领袖袍，以别于众，此旧例也），日丽风和春蔼吉，周书鲁语义抽寻（是日进讲《论语》，百姓足君孰与不足，书经君子所其无逸），抚民时切不足志，敕已惟怀无逸心，后阁文渊新庆洽（殿后度地建文渊阁，为贮四库全书之所，今始落成），俾观合有共赓吟。

综上所述，此阁于乾隆三十九年六月末，诏察勘天一阁制度，十月中旬，降谕兴建，至四十一年春季始告厥成，证以同年六月颁定文渊阁官制，其前后关系，亦恰能衔接。唯阁位于文华殿后，拓地不广，仅容一栋，而前庭后垣，凿池叠山，局促已甚，不若文源处御苑之内，地旷景幽，亭桥曲沼，得自由配列，观《文渊阁记》，"宫禁之中，不得其地，爰于文华殿后，建文渊阁"，足征其时固不洽高宗之意也。顾文源毁于劫火，今日蔓草荒烟，断垣残砌，依雷氏[1]旧图，虽可识其大凡，而木构物荡然无存，独文渊一阁，

---

[1]"雷氏"即雷发达父子，为清宫廷设计师，时称"样子雷"，文人视为不雅，而书作"样式雷"。——杨鸿勋注

易世以来，犹巍然峙于故宫内；且此阁实为创建初型，当时诸阁准绳，悉折衷于是。故言《四库》建筑者，应以文渊为主体，其余文溯、文津，取证不易，概未阑入，亦以免本末倒置之讥也。阁之结构，经实测结果，自大木间架，下及装修、彩画，凡与清官式建筑异者，无不详记以供参考，惜其奏销图册，求之内务府旧档与内阁黄册，俱未发见，致术语一部，几经审度，未得其当，姑代以习用之语，留俟后证耳。

建国廿四年十月紫江朱启钤识

西南建筑图说

*

《西南建筑图说》最初发表于《梁思成全集·第三卷》(2001)，分为《西南建筑图说（一）——四川部分》(137—251页)和《西南建筑图说（二）——云南部分》(253—286页)。其中，《西南建筑图说（一）——四川部分》在注释中说明"本文为未刊稿，是中国营造学社在1937年底西迁昆明后的一份调查资料汇编……由梁思成整理成图文并茂的《图说》，但限于当时条件未能出版"(137页)；《西南建筑图说（二）——云南部分》在注释中说明"本文为未刊稿，是中国营造学社在1937年底西迁昆明后的一份调查资料的索引……调查报告由刘敦桢负责编写；梁思成根据调查的资料编写了这份《调查录》"(253页)。

此后，《西南建筑图说（一）——四川部分》的绝大部分内容以《梁思成西南建筑图说》（手稿本）为题于2013年由人民文学出版社出版，署名为"梁思成 著；林洙 整理"。值得注意的是，此书发表的"手稿"，标题为《西南建筑图说》，内容为"第一册"，即四川省的内容，与《梁思成全集·第三卷》中《西南建筑图说（一）——四川部分》相比，缺少"西康"的相关内容。这部《西南建筑图说》第一册的"手稿"便是"全集"中《西南建筑图说》这一名称的由来，实际上此书仅余第一册，即四川省内容的誊写稿，写在中国营造学社专用稿纸上，未署名，从字迹看不像梁思成先生的笔迹。

除了这份《西南建筑图说》第一册誊写稿之外，清华大学建筑学院中国营造学社纪念馆还藏有两件相关文献，均是小人书大小的小册子，标题分别为《云南古建筑调查录》和《川康古建筑调查录》，仅有文字，无插图。其中，《云南古建筑调查录》的封面除了标题之外，还注明"民国二十六至二十七年，中国营造学社调查"，该调查录的文字内容与《梁思成全集·第三卷》中的《西南建筑图说（二）——云南部分》完全相同，因此严格来说，《西南建筑图说（二）——云南部分》应命名为《云南古建筑调查录》更加合适。《云南古建筑调查录》没有署名，只有"中国营造学社调查"字样，字迹也不像梁思成先生的笔迹；《川康古建筑调查录》亦然。《川康古建筑调查录》的封面除了标题之外，同样注明"民国二十八至二十九年，中国营造学社调查"，体例与前者相同。其内容比《梁思成全集·第三卷》中的《西南建筑图说（一）——四川部分》要简略得多，但有趣的是，《川康古建筑调查录》中有《西南建筑图说》第一册誊写稿中所缺失的"西康"部分（即雅安和芦山两县古建筑相关内容），而"全集"中《西南建筑图说（一）——四川部分》的西康部分内容即完全与此相同。

于是我们可以清楚地了解到：《梁思成全集·第三卷》中《西南建筑图说（一）——四川部分》是由《西南建筑图说》第一册誊写稿和《川康古建筑调查录》中的西康部分内容拼合而成，这也解释了为何其中西康部分文字一下子变得异常简略，与云南部分的文字类似，后者正是采自《云南古建筑调查录》。

与《西南建筑图说》第一册（四川省）誊写稿相比，《云南古建筑调查录》和《川康古建筑调查录》更像是调查内容的简介或者索引。前者是一份图文并茂的古建筑调查阶段性成果，虽然仍达不到本书中其他调查报告的深度；而后者仅仅是一份极其简略的内容提要。《西南建筑图说》第一册（四川省）誊写稿颇有可能是学社的西南古建筑调查报告（计划由刘敦桢负责撰写）的简略版，是正式报告写作之前的初稿。而《云南古建筑调查录》和《川康古建筑调查录》则可能是对调查内容的初步记录整理，作为写作《西南建筑图说》的参考，又或者有其他用途，尚待深入探究。

以上廓清了"全集"中发表的《西南建筑图说》的文献构成，下面简单讨论一下《西南建筑图说》的作者。

如前文所述，梁思成全集的注释将此文全部归于梁思成先生名下。然而鉴于云南古建筑调查梁思成并未参与，而是由刘敦桢率领莫宗江、陈明达进行；而川康古建筑调查则是由梁思成、刘敦桢、莫宗江、陈明达四人共同完成（其中有一段时间四人分成两组进行调查，梁思成带领陈明达、刘敦桢带领莫宗江）；此外，刘致平还对广汉以及李庄等地的古建筑进行了独立调查——上述所有调查内容都在《西南建筑图说》（包括川、康和云南）中所反映，因此梁思成先生独立完成该项工作的可能性不高，更大的可能性则是：该文由梁思成、刘敦桢先生合作，一如《大同古建筑调查报告》（1934），此外参与调查的还包括莫宗江、陈明达、刘致平等学社骨干。

在对此文作者进行更加深入的考证之前，略举数例，以表明刘敦桢先生曾参与写作：其一，《梁思成西南建筑图说》一书"手稿"第49页，四川彭山县王家坨崖墓出土瓦棺一条中称"民国廿八年十一月，著者调查王家坨崖墓……"，据刘敦桢的《川、康古建筑调查日记》（见《刘敦桢全集·第三卷》第289—290页）可知，1939年11月5—6日，刘敦桢和莫宗江正在调查彭山县王家坨崖墓——而此时梁思成与陈明达赴峨眉山考察古建筑——因此这里的"著者"明显是刘敦桢先生自谓；其二，刘敦桢先生作有《川、康之汉阙》一文（见《刘敦桢全集·第三卷》第325—333页），其内容与《西南建筑图说》中涉及相关汉阙的文字几乎完全相同，仅个别字句稍异；其三，梁思成先生1943年完稿于李庄的《中国建筑史》中，论及云南、川康古建实例处皆加注释"刘敦桢《西南建筑图录》未刊稿"（见《梁思成全集·第四卷》第38、139、162、176页），虽然这里的"刘敦桢《西南建筑图录》未刊稿"并非《西南建筑图说》（毕竟题名不同），但梁思成先生多次援引该文，可知该文对西南建筑研究之重要性，故而刘敦桢先生参与《西南建筑图说》写作的可能性还是非常大的——尤其是梁思成未曾亲自参与的云南古建筑调查内容，由刘敦桢执笔更是顺理成章。此外，刘敦桢还作有《西南古建筑调查概况》一文（见《刘敦桢全集·第四卷》第1—23页）。

综上所述，本书收录的《西南建筑图说》，实际上源于三份文献，即：1.《西南建筑图说》第一册（四川省）誊写稿；2.《云南古建筑调查录》；3.《川康古建筑调查录》。以上三份文献均仅存文字，图片由林洙女士选配。以上三份文献的具体作者尚有待深入研究加以确定，但极大可能性是由梁思成、刘敦桢二位先生合作完成。过去此文收入《梁思成全集》时未能对上述情况加以廓清，故特在此予以说明。

——王南注

四川部分[*]

[*] 本文为未刊稿,是中国营造学社在1937年底西迁昆明后的一份调查资料汇编。这次调查,时间为1939年9月至1940年2月,人员为梁思成、刘敦桢、莫宗江、陈明达。共调查了四川和当时西康省的三十一个市、县,从中筛选出重要古建筑、石刻及其他文物一百零七项,由梁思成整理成图文并茂的《图说》,但限于当时条件未能出版。原《图说》每项文字中都注有"插图""像片",但已佚失,或尚未配附。本次发表时,由林洙从当时所拍照片中选附,但有少量原文应附的照片已经佚失,只得缺如。本文是一份历史档案,为保持其真实性,本次校注除极个别明显的笔误加以改正外,全部保留原文,英文专有名词也不翻译。《图说》中的一些内容,后来由营造学社一部分人员以论文形式发表,计有:《中国营造学社汇刊》1944年第七卷第一期,莫宗江:《宜宾旧州坝白塔宋墓》,卢绳:《旋螺殿》;1945年第七卷第二期,刘致平:《成都清真寺》;刘敦桢写了《川、康古建调查日记》《西南古建筑调查概况》(一部分)、《川康之汉阙》、《四川宜宾旧州坝白塔》,均刊于《刘敦桢文集》(三),中国建筑工业出版社1987年出版;陈明达写了《汉代的石阙》,发表在《文物》杂志1961年第12期。——王世仁注

目 录

四川省

巴　县 · · · 1083
1. 崇胜寺石灯台及摩崖造像
2. 缙云寺残石像

南溪县 · · · 1089
3. 旋螺殿　4. 民居

宜宾县 · · · 1118
5. 元极宫元祖殿　6. 旧州坝白塔　7. 黄伞溪崖墓　8. 旧州坝宋墓

乐山县 · · · 1124
9. 凌云寺白塔及摩崖造像　10. 白崖山崖墓　11. 龙泓寺摩崖造像

峨眉县 · · · 1138
12. 飞来寺飞来殿　13. 圣积寺铜塔　14. 城隍庙门神

夹江县 · · · 1142
15. 店面　16. 杨公阙　17. 千佛崖摩崖造像

眉山县 · · · 1152
18. 蟆颐观大门

彭山县 · · · 1155
19. 王家坨崖墓　20. 王家坨崖墓出土瓦棺　21. 寨子山崖墓　22. 江口镇后山崖墓　23. 仙女山摩崖造像　24. 象耳山摩崖造像

新津县 · · · 1163
25. 观音寺观音殿及大雄殿

成都市 · · · 1166
26. 明蜀王府故基　27. 鼓楼南街清真寺大殿　28. 文殊院　29. 民居之门　30. 民众教育馆梁造像

郫　县 · · · 1178
31. 土地庙

灌　县 · · · 1179
32. 二郎庙　33. 珠浦桥

新都县 · · · 1185
34. 寂光寺大殿　35. 宝光寺无垢塔及经幢　36. 正因寺梁千佛碑

广汉县 ··· 1194

    37. 龙居寺中殿　38. 金轮寺碑亭　39. 龙兴寺罗汉堂　40. 广东会馆　41. 乡间民居　42. 张氏庭园　43. 文庙棂星门　44. 石牌坊　45. 开元寺铁鼎

德阳县 ··· 1211

    46. 鼓楼

绵阳县 ··· 1212

    47. 汉平杨府君阙　48. 白云洞崖墓　49. 坟墓　50. 西山观摩崖造像

梓潼县 ··· 1222

    51. 七曲山文昌宫　52. 玛瑙寺大殿　53. 汉李业墓阙　54. 南门外无铭阙　55. 西门外无铭阙　56. 北门外无铭阙　57. 坟墓　58. 牌坊　59. 卧龙山千佛崖摩崖造像

广元县 ··· 1236

    60. 唐家沟崖墓　61. 千佛崖摩崖造像　62. 皇泽寺摩崖造像

昭化县 ··· 1246

    63. 观音崖摩崖造像

阆中县 ··· 1248

    64. 清真寺大殿　65. 久照亭　66. 观音寺化身窑　67. 蟠龙山崖墓　68. 间溪口摩崖造像　69. 青崖山摩崖造像　70. 铁塔寺铜钟及铁幢　71. 桓侯祠铁狮

南部县 ··· 1262

    72. 大佛寺造像　73. 坟墓

蓬安县 ··· 1264

    74. 坟墓

渠　县 ··· 1265

    75. 汉冯焕墓阙　76. 汉沈府君墓阙　77. 拦水桥无铭阙　78. 赵家坪南侧无铭阙　79. 赵家坪北侧无铭阙　80. 王家坪无铭阙　81. 岩峰场石墓　82. 坟墓　83. 文庙棂星门

乐池县 ··· 1284
　　84.千佛崖摩崖造像　85.坟墓

南充县 ··· 1286
　　86.西桥　87.坟墓

蓬溪县 ··· 1291
　　88.鹫峰寺大雄殿兜率殿及白塔　89.宝梵寺大殿　90.定香寺大殿

潼南县 ··· 1299
　　91.仙女洞　92.大佛寺摩崖造像　93.千佛崖摩崖造像　94.五桂场牌坊

大足县 ··· 1305
　　95.报恩寺山门　96.北崖白塔　97.北崖摩崖造像　98.周家白鹤林摩崖造像　99.宝鼎寺摩崖造像

合川县 ··· 1322
　　100.桥梁　101.濮崖寺摩崖造像

西康省

雅安县 ··· 1324
　　102.高颐墓阙　103.高颐碑

芦山县 ··· 1328
　　104.樊敏墓碑及石兽　105.石羊巷石兽　106.姜维庙　107.广福寺大殿

巴 县

1. 崇胜寺石灯台及摩崖造像

崇胜寺亦名温泉寺，在县治西北百二十里宝峰山麓，下瞰嘉陵江，风景幽邃，流泉萦带，自宋以来称为胜地。据《县志》及寺内碑记，寺创自宋元丰中，岁久倾圮，明宣德、成化间重建。崇祯以降，迭经修治。近岁改为温泉公园，大事兴筑，廊庑围墙，悉数撤除，唯山门、下殿、中殿、上殿四重保存原状，而下殿梁柱，似明成化时物（图1-1）。

图 1-1
崇胜寺鸟瞰

图 1-2
崇胜寺接引殿

图 1-3
崇胜寺万年灯石灯台

下殿亦称接引殿（图1-2），面阔五间，进深八架，显四间，重檐歇山造。殿内供接引佛及四天王像，疑即明成化间僧永刚、祥海所营之天王殿。内外诸柱，均施八角形之櫍。外壁结构，于地栿上立间柱，编竹墁灰。其上大小额枋及平板枋搭配层次与截割方法，显属明式。唯下檐第二跳瓜栱上施替木一层，而其余各处无此结构，足窥此殿自建造来屡经修葺，非一度矣。殿内明间置明崇祯间所制石灯台（俗称万年灯）一座（图1-3），平面圆形，径一公尺有奇，高二公尺弱，下构须弥座，中部以花圈及狮龙承托圆盘二层，各绕以栏槛，最上刻仰莲三层以承灯。各部比例，虽未能调和精当，跻于至善，然花纹镂刻玲珑透澈，备极工巧，亦明末石刻之不易多得者。

上殿西南，有摩崖二处，一刻罗汉四尊及龙一，一刻天然如意碛与罗汉三尊，风度端整，衣纹生动，审系宋人作品（图1-4, 1-5）。寺南二百公尺处，复有摩崖小塔多处，内刻佛像一尊（图1-6），证以大足县北崖造像，当为南宋时所镌。

图1-4
崇胜寺摩崖造像之一

图 1-5
崇胜寺摩崖造像之二

图 1-6
崇胜寺摩崖造像之三

2. 缙云寺残石像

寺在县治西北百三十里缙云山上，东距崇胜寺约十五里，现改汉藏教理院。《县志》载寺创于南朝宋景平中，唐宋以降，代有兴废，而现寺规模，出于明万历间僧破空所擘画云（图2-1）。

寺外有明万历三十年建石坊一座（图2-2），檐下刻弯形拱犹传汉石阙遗风。自此盘纡至山门，门南向，其后院树明碑二，已磨灭难读。次为清建大雄宝殿五间，进深显六间，重檐歇山顶。下檐斗栱，内外侧各出四跳，皆偷心造，而外侧跳头上仅施外拽枋一条，若日本奈良东大寺南大门之状。自殿后陟磴道，至讲堂。再东为方丈。内藏近岁出土之残石像四尊，皆仅余上半部，着甲胄，类护法力神（图2-3）。寺僧诧为六朝时物，然其雕刻手法实与宋式为近，疑莫能定。

图 2-1 缙云寺

图 2-2
缙云寺石坊,画面中人物为梁思成

图 2-3
缙云寺残石像

南溪县

3. 旋螺殿

旋螺殿亦称文昌宫,在县治西南六十五里石牛山上,北距李庄镇约五里。据碑文及枋上题记,殿建于明万历二十四年(公元1596年),经清雍正、乾隆重修。

殿南向微偏西(图3-1、图3-2)。外观八角三层,上覆攒尖顶,但内部分为上下二层。下层每隅建檐柱一处,另于殿内建四井口柱直达上部。各井口柱之间,施抬梁二层,形若方井,构成殿之骨架。其第一层抬梁,承载殿内楞木楼板,复于其上施采步梁八根,外端刻为蚂蚱头,搁于下层角科上。此八采步梁之中点建立中层檐柱。

图 3-1
旋螺殿外观

图 3-2
旋螺殿近景（左上）

图 3-3
旋螺殿外檐斗栱（右上）

图 3-4
旋螺殿内部斗栱、梁架

图 3-5
旋螺殿藻井

上层檐柱八处，则立于第二层抬梁之上。

外檐斗栱，下层五踩重翘（图 3-3、图 3-4），每面置平身科一攒，外侧皆施斜栱，但仅至正心枋为止。外侧最末一跳无厢栱；及正心枋下缘，剜刻如意纹，俱如云南元明诸例。角科结构，因殿之平面系八角形，故正心瓜栱、万栱等延至坐斗外侧，各成斜栱一组。中层斗栱与下层同，唯材栔略小，出跳亦较短。上层斗栱增为七踩三翘，每面平身科亦改为二攒，视中、下二层较为繁密。

上层角科与平身科之斜栱，各向后展延六跳，构成藻井。遽睹之，若网目形如意式斗栱，但究其实际，则仅角科后尾与平身科右侧之斜栱层叠向上，而左侧者每跳刻作昂形，未与内拽枋相交，其结构方式，与河北景县开福寺明景泰间所建大殿藻井，属于同一系统（图3-5），但此殿右侧斜栱，未呈显著之螺旋纹，且制作粗率，为不及耳。

4. 民居

自县治西南六十里李庄镇溯长江西上，约五里，折西南，登板栗坳，其地小山环抱，自乾嘉来，为张氏聚居之所，有住宅八处，延绵约半公里。其东北一宅曰"桂花坳"（图4-1至图4-5），自此顺山势，转西南，曰"田塝上"（图4-6至图4-13），曰"下老房"（图4-14至图4-18），曰"老房子"（图4-19至图4-23），曰"财门口"（图4-24至图4-25），曰"牌坊头"（图4-26至图4-34），曰"戏楼院"（图4-35至图4-38），曰"新房子"（图4-39至图4-41）。布置原则，皆以单层四合院一组或数组配合而成。就中"田塝上""牌坊头"二处所占面积尤大。

"田塝上"最外一进，面阔七间，建于石驳岸上。中为大门，左右下厅房各三间，依次排列，杂屋于其两侧（图4-7）。次为狭长之天井。再次正厅五间，划其中央三间为敞厅，供宴客之用（图4-10）。厅后四合院一区，左右耳房各三间，中为正房五间（图4-8）。其两侧灶房、仓房、碾房、外耳房等，或以小院分隔，或与中轴建筑直接联系，则随需要条件参差不一。

屋架结构（图4-12），除厅堂部分柱数较少外，其两山之柱排列甚密，上部横贯"穿枋"数层，联为一体，故其接榫较易，而用材亦极经济。壁体多嵌装木板，或编竹涂泥墁以石灰（当地称夹泥墙），但一部分外墙仍为砖造。出檐结构，以前端反曲之挑梁，自檐柱挑出一公尺余，故四合院之回廊，多不另施廊柱。外部色彩柱、枋、板壁皆为木材本色，配以白色夹泥墙及灰色瓦顶，颇为轻快温和，唯厅堂内部，则施赭色之油饰。其余装修瓦饰，因当地匠工大都祖孙相传，衣食于兹，故各宅无甚差异云。

图 4-1
李庄镇"桂花坳"之一

图 4-2
李庄镇"桂花坳"之二（左页）

图 4-3
李庄镇"桂花坳"之三

图 4-4
李庄镇"桂花坳"之四

图 4-5
李庄镇"桂花坳"之五

图 4-6
李庄镇"田堎上"之一

图 4-7
李庄镇"田塆上"之二

图 4-8 李庄镇"田塆上"之三

图 4-9 李庄镇"田塆上"之四

图 4-10 李庄镇"田塆上"之五

图 4-11
李庄镇"田塆上"之六

图 4-12
李庄镇"田塆上"之七

图 4-13
李庄镇"田塆上"之八

图 4-14
李庄镇"下老房"之一

图 4-15
李庄镇"下老房"之二

图 4-16
李庄镇"下老房"
之三

图 4-17
李庄镇"下老房"
之四

图 4-18
李庄镇"下老房"
之五

图 4-19
李庄镇"老房子"
之一

图 4-20
李庄镇"老房子"
之二

图 4-21
李庄镇"老房子"
之三

图 4-22
李庄镇"老房子"之四

图 4-23
李庄镇"老房子"之五

图 4-24
李庄镇"财门口"之一(右页上)

图 4-25
李庄镇"财门口"之二(右页下)

图 4-26
李庄镇"牌坊头"之一（左页上）

图 4-27
李庄镇"牌坊头"之二（左页上）

图 4-28
李庄镇"牌坊头"之三

图 4-29
李庄镇"牌坊头"之四

图 4-30
李庄镇"牌坊头"之五

图 4-31
李庄镇"牌坊头"
之六

图 4-32 李庄镇"牌坊头"之七

图 4-33 李庄镇"牌坊头"之八

图 4-34 李庄镇"牌坊头"之九

图 4-35
李庄镇"戏楼院"
之一

图 4-36
李庄镇"戏楼院"
之二

图 4-37
李庄镇"戏楼院"之三

图 4-38
李庄镇"戏楼院"之四（左页上）

图 4-39
李庄镇"新房子"之一（左页下）

图 4-40
李庄镇"新房子"之二

图 4-41
李庄镇"新房子"之三

宜宾县

5. 元极宫元祖殿

元极宫在县治北门外二里师来山（一称真武山）上，南向偏东。外建棹楔三间；次拜殿；殿后紧接元祖殿；再次为释迦殿与郁姑台。皆建于清中叶，唯元祖殿为明代遗构。

元祖殿重檐歇山造。下檐面阔三间，进深显四间，但平面比例仍为正方形。下檐檐柱之高度分二种，即正面之柱较低，其余三面较高。因是之故，正面与山面前一间之额枋、平板枋亦稍低，自此往后，皆提高一步。而正面斗栱原为七踩三翘，至山面背面减为五踩重翘。唯此式为明宣德以来川中常见之结构法，不仅此殿而已。栱之形状，均前端甚矮，其下卷杀，不以直线联接而略成弧线，与南溪县旋螺殿如出一手。

上檐之柱位于下檐金柱与檐柱间；正面三间，山面二间，上覆歇山顶，进深六架。檐端斗栱，皆七踩三翘，坐斗左右各施斜栱，余与下檐同。

殿内明间前后金柱间绕以栏槛一周。棂格意匠与绦环花纹犹存明式矩矱。明间中央奉元祖像五尊，自高而低成一纵列。自中柱以后，更施巨大之壁，围绕像之三方，直达藻井下，唯构图琐碎，镂雕繁密，殊不足取。

殿之营建年代无文献可征。依结构式样衡之，似明嘉庆[1]、万历间所建。

[1] "嘉庆"为"嘉靖"之笔误。——王世仁注

6. 旧州坝白塔

白塔在岷江东北岸旧州坝，距县治约十里。其地有唐戎州故城，壕堑城阙，今犹历历可辨。白塔位于城外西北隅土冈上，堂殿

廊庑今已犁为耕地，不审原属何寺。塔之形制，属于唐单层多檐式方塔系统。塔身上构密檐十三层，外线收杀，具美丽之entasis，唯全体比例视中原诸例，略嫌肥硕耳（图6-1）。檐下壁面，每面中央辟小门（图6-2，图6-3）；门之左右，塑单层塔及直棂窗各一，但门窗之大部，属于装饰性质，仅与内室及走道相值者，乃为真窗。塔顶之刹久毁，以较小之砖累砌方台二层，上施铁露盘，似明重修时所为。自地面至露盘，共高二十六公尺有奇。

塔身每面阔七公尺余，内设方室五层。第一层室南向。自室西南隅入走道，绕塔之西、北、东三面，至第二层室，亦南向。自此以上，室之高度改低，各层走道仅绕塔之二面，故第三层室东向，第四层室北向，第五层室西向。室之位置，只第二、三、四层略近塔之中心；其第一层室偏于中线东南，第五层室偏于西北，盖因走道关系，不得不尔。走道之顶以砖数层，构成简单之叠涩（图6-4）。唯内室之顶，悉施藻井（图6-5，图6-6）。而以第一、第五两层较为复杂。

内室像设，已全部遗亡。所用之砖，压印施舍铭记者，计有白氏五娘、司马竦、司马子才等十余种。塔内第二、第三层壁面题字已大部磨灭，以酒洗之，隐约辨有宋大观、嘉定、绍定，元大德、至顺、至元，明弘治、正德十数处。此外第二层室门东侧，余小画像数躯，旁署四郎、大郎、男保义郎及外孙某某等施主姓名，亦漫漫难识。唯室内额枋上彩画，存云凤数段，较为清晰，构图描线，约出宋人手笔。

塔之营建年代，明卞伟《重修白塔记》谓随唐会昌徙城，迁江北岸。然唐末遗物中，塔内设砖室数层，及以蹬道盘旋而上者，尚无前例可征。苟非出自独创，似以北宋初期为最近似也。

7. 黄伞溪崖墓

图片所示崖墓，在宜宾县西北八十里，岷江东岸黄伞溪附近断崖上（图7-1）。墓门以方柱划分三间。柱径约四尺，比例粗短，其

图 6-1
旧州坝白塔（左页）

图 6-2
旧州坝白塔中央小门之一，画面人物最右为莫宗江

图 6-3
旧州坝白塔中央小门之二（左下）

图 6-4
旧州坝白塔内部（右下）

图 6-5
旧州坝白塔室顶藻井之一

图 6-6
旧州坝白塔室顶藻井之二

图 7-1
黄伞溪崖墓外貌图

上原刻有浮雕，因年久剥落，已难辨析。门上横楣，于每间中央镌弯形栱一具。栱与栱之间，点缀人兽，雄劲生动，汉刻典型跃然如见。其上再琢椽头及檐瓦各一列。

门内就崖石凿为长方形之祭堂。堂之壁面，隐起柱枋花纹，唯下层为泥土所掩，不悉其详。壁之上层，浮雕屋树器物及檐椽瓦陇，与门外横楣上所刻者约略相类。迎面之壁，则凿隧道三处。

隧道之外端，各设门二重，雕门框及坎，但无门扉。第二重门内，各辟长方形墓室一间，而右隧道内之室，存石棺一具，并于室之右侧加凿二室；左隧道之室亦于左侧设二室；唯中央之室，为左右隧道所局促，只于室之三面各凿龛一处而已。纵观此墓之布局及雕刻纹样，显与乐山县白崖诸墓属于同一体系，唯隧道内增建墓室数间，规模宏大，雕刻精美，超逾前者，而地点偏僻，游踪罕至，保存之佳，亦远在乐山诸墓上也。

8. 旧州坝宋墓

墓在旧州坝宋戎州故城北门外东侧里许，南向，略偏西。自西南隅破毁处入墓，内有泥土淤积颇深。室之本身，约广一公尺半，深三公尺半，但其东西壁复向外凹入，各深半公尺，列石柱二层及梁枋、驼峰，至为壮美。其结构先就石壁凿方柱三，去其角，使成小斜面。柱上各雕栌斗，与柱比例同，极粗巨，唯栌斗间所镌横枋则较小。其前复有四八角柱，若面阔三间之建筑（图8-1）。两端二边柱，仍就石壁开出，唯中央二柱，乃斫制后装置者。柱础方形，甚薄。柱巅具卷刹，上刻栌斗及枋一层，与墓顶相接。其下复有横枋一列，贯通诸柱，而位于中央一间者，似月梁形；两端承以绰幕头，系自左、右二间之枋向内引延，如《营造法式》绰幕枋之制。月梁上施两瓣驼峰。左、右二间，则为人字驼峰，颇似《法式》丹粉刷饰栱眼壁诸图。

墓之北端，刻台基一层，束腰部分以间柱分为五小间，镂刻繁丽，但无唐宋惯用之壸门。台上琢二八角柱，左右对立，其上浮雕绰幕头及月梁、驼峰，略如前述。其内，石壁凹入，镌双扇门，上刻四斜毯纹。门扉微启，有垂髫妇倚于户内，仅露半身，形制略似大足北崖南宋造像中之侍像。

墓顶藻井作长方形。中央配以菱形一方，向上凹入，内切一圆。圆内镌双凤，至婉妙。自地面至顶，约高二公尺十公分。

墓无年代铭刻，但其建筑雕饰，绝类宋式，其为天水旧物，似无疑义。

乐山县

9. 凌云寺白塔及摩崖造像

凌云寺亦称大佛寺，在岷江东岸，篦子铺南二里九顶山上。寺

图 8-1
旧州坝宋墓内部及平面图

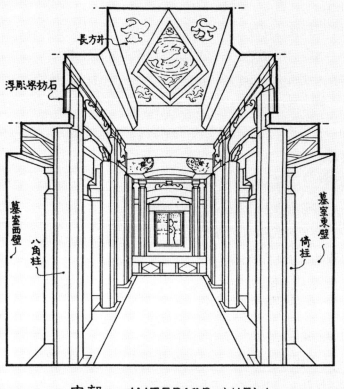

内部 INTERIOR VIEW

四川宜賓 無名墓 南宋孝宗朝(?)建

平面 PLAN

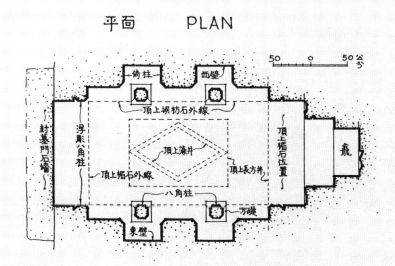

AN UNIDENTIFIED TOMB C.1170
I-PIN SZECHUAN

西向，外为山门三间，檐下斗栱材栔颇巨，或即明成化间僧常真所营旧物。寺内堂殿数重，胥近代建，唯寺外西北灵宝峰上有明洪武八年所建砖塔一座，年代较古（图9-1）。塔平面作正方形。塔门西向，现已封闭，内部结构无由探悉。其余三面，于塔身外侧各设一龛，顶部饰以斗栱。塔身以上，构密檐十三层，唯上部诸檐收杀过锐，稍欠调和。各层檐下，设小佛龛及左右直棂窗；壁面涂白垩，俗因呼为白塔焉。

寺前巉崖壁立，下临湍流，沿崖有摩崖造像多处，惜石质脆弱，大部剥蚀，唯弥勒坐像及左右仁王较完整耳。弥勒像垂双足坐，足踏莲座，乃唐开元初僧海通所造。当时诏赐麻盐之税，以资营缮，唯自膝以下，开凿未成而海通没，辍工。贞元五年，诏郡国伽蓝，修旧起废，剑南节度使韦皋乃命工续营，至十九年（公元803年）竣工。自莲座至像顶，约高二百英尺，海内造像当推此为最巨。唐时饰以金碧，覆以层楼，号大像阁。宋称天宁阁，见范成大《吴船录》。明末毁于袁韬之乱。民国十四年，杨森部队炮轰像之面部，嗣虽墁补，神态迥异，亦我国佛教艺术之一重大损失也（图9-2至图9-4）。

图9-1
凌云寺白塔

图 9-2
凌云寺摩崖造像全景

图 9-3
弥勒坐像仰视

图 9-4
弥勒坐像胸像部分

10. 白崖山崖墓

县内崖墓,以白崖山诸墓规模较巨。其地位于县治北十里竹溪西岸。沿山东北麓,就褐色砂崖,开凿墓穴,延绵二里许。简单者,自崖面凿水平形之隧道直入山内,外设石门一重或二重(图10-1、图10-2),门内隧道两侧,辟长方形之龛,亦有就崖石制作石棺者。规模较大之墓,则以石柱分入口为二间或三间(图10-3、图10-4),或全无石柱,洞然开敞(图10-5)。柱之平面,略近方形。其上或刻人字形驼峰及蜀柱、檐瓦等;但砂石松脆,大部漫灭,仅能依稀辨为何物耳。门楣以上，模仿木建筑之出檐结构，浮雕蜀柱，柱上施弯形栱；再上镌横枋与檐椽、瓦陇，而蜀柱与弯形栱，与省内汉阙所示大体符合。门内辟长方形祭堂一间，约阔八九公尺，深二三公尺，高二公尺余（图10-6，图10-7）。堂之壁面，隐起枋柱，上刻檐瓦，瓦下间饰禽兽，但无斗栱。又于门内迎面之壁中央凿长方形之龛，凹入壁内，上镌藻井（图10-8），疑供设神位之所。龛之左右，开隧道各一，深者约达二十公尺。隧道外端，设门二重，周围雕 reccess，但无门轴之穴（图10-9. 图10-10），似当时仅以石板自外掩闭而已。自门以内，于隧道两侧，凿龛及灶，或于尽头处，凿石棺一处。此外一堂而具三隧道者较少。一堂五隧道者，乃二隧道二组与单隧道一组合并而成。故一堂二隧道之墓，实为当地最普遍之作风。证以近岁彭山崖墓发掘结果，当亦东汉时所建。

前述墓堂，久用为栖止之所。宋时有白云、清风、朝霞诸洞之名；如程公望注《易》：朝霞洞，苏洵父子，数相过从。今南端一墓，门柱上浮刻碑文，有元祐、延祐、绍兴题记，即其明征。中部二墓，内塑佛像，似明清人所为。

图 10-1
白崖山崖墓石门之一

图 10-2
白崖山崖墓石门之二（左页上）

图 10-3
崖墓入口之一（左页下）

图 10-4
崖墓入口之二

图 10-5
崖墓入口之三

图 10-6
崖墓祭堂之一

图 10-7
崖墓祭堂之二

图 10-8
崖墓祭堂藻井

图 10-9
崖墓隧道外端之门之一

图 10-10
崖墓隧道外端之门之二

11. 龙泓寺摩崖造像

出县治嘉乐门，渡岷江，东望九龙山相距仅里许。龙泓寺位于山之西麓，传创自赵宋，但现存建筑皆近代建。寺前小山环抱，中为水田。沿南山之麓，自东徂西，有砂崖露出。崖北向，凿大小佛龛，高低错落，约数十处。虽规模非巨，而内容丰富，为川中不可多得之精品。

自东端起，就崖面浮雕罗汉十余尊，或坐或立姿态不一。自此往西，皆为佛龛。内有千手观音（图11-1）、孔雀明王（图11-2）、观经变相等为中原石刻罕见之题材。唯诸龛俱无铭记，依雕刻式样推

图 11-1
龙泓寺摩崖造像之千手观音

图 11-2
龙泓寺摩崖造像之
孔雀明王

测，仅观经变相一龛似唐末作品，余似宋人所镌。

千手观音垂双足坐，具四十二臂。其一部虽已毁坏，但顶上化佛手，及左右日月摩尼手、锡杖手、宝剑手、戟槊手、宝弓手、宝镜手、宝印手、宝经手、葡萄手、髑髅手、施无畏手、莲华合掌手等，可辨识者犹达半数。背光形状，因手之配列，略近桃形。

观经变相以阿弥陀佛（中）及观音（左）、势至（右）为主体，背部配列殿宇楼阁，表示西方极乐净土之庄严相（图11-3至图11-6）。唯此龛东端，雕普贤一尊，西端应亦有文殊与之对称，但此部已崩毁无从证实。龛之外缘，依常例每刻《序六分缘》与《十六观》。今龛之东侧犹存一段，唯石质风化，模糊难辨，不审属于何者。龛内所刻建筑，中央为殿堂二层，具平坐，上覆四注顶。左右披刻经幢各一。再次翼以三层建筑；其第二层中央作龟头屋，而以屋顶山面向外。自此转至东、西壁，复各刻比例瘦高之建筑物一座；下层

图11-3
龙泓寺摩崖造像观经变相侧视

壁体，类日本之多宝塔，国内除敦煌壁画外，他处犹未发现。以上五建筑之上层，联以阁道，覆以廊屋，窈窕相通，而阁道皆弯形，如宋《营造法式》所载之罨桥子。余如梭柱卷杀之美丽，与阑额前端垂直截割，额上无普拍枋，勾栏栏版施卧棂与勾片造，及人字形驼峰、屋顶鸱尾等，均形制比例逼真实物，足窥营建此龛之匠师对于建筑物结构曾具深切之了解。

再西，随山势转曲，复有一龛，仅存上部楼阁，似亦观经变相，但详部雕饰远不及前者之精美。

图 11-4
观经变相正面

图 11-5
观经变相右面

图 11-6
观经变相左面

峨眉县

12. 飞来寺飞来殿

飞来寺在县治北五里飞来冈上，内祀东岳之神，非梵刹也。传创于唐，但现存堂殿，仅飞来寺为明初建（图 12-1）。

寺外为九蟒殿，三间（图 12-2），建于明崇祯五年（公元 1632 年），见脊檩下题记。次登石级，至香殿，其后即飞来殿（图 12-3）。殿面阔五间，进深八架，显四间，单檐歇山顶，但其前檐柱改为三间四柱，故中央二柱间净跨达八公尺余。外壁施额枋二层，其间置心柱一处，犹存唐宋遗风。额上斗栱单翘重昂。头昂甚平；二昂系真下昂，后尾撑于下金檩下，材栔雄巨，为蜀中少见。唯昂嘴向上拳曲，如象鼻；正面之翘，刻如意纹；头昂雕作龙首，稍伤烦琐耳（图 12-4）。内槽斗栱五踩重翘，托于天花下（图 12-5）。脊瓜柱左右，施叉手各一，足证边远地带保存古法每较中原为多。

殿之营建年代，无记录可凭。但香殿金檩下，题洪武二十四年（公元 1391 年）重建等字。依结构言，飞来殿殆亦同时所建。

13. 圣积寺铜塔

圣积寺在县治南门外五里，旧名慈福院。寺前真景楼，悬明嘉靖制铜钟一口。楼侧即寺。寺凡二重。其后殿藏铜塔一座（图 13-1），乃喇嘛式塔之变体。下部须弥座平面作亚字形。次为金刚圈及塔肚子，正面辟门，内部洞然空虚。再上，建八角塔十三层，以代通常之十三天。塔之式样，每层各异，而第八层出檐特深，尤为别致。塔身镌《华严经》全部，及佛像四千七百尊，俗称为华严铜塔，明永川万华轩所施造也。

考山西五台山显庆寺大殿前，有明万历间僧妙峰所铸铜塔数

图 12-1
飞来寺外景

图 12-2
飞来寺九蟒殿，台阶上持速写本者为陈明达

图 12-3
飞来寺飞来殿

图 12-4
飞来殿外檐斗栱后尾

图 12-5
飞来殿内槽斗栱

图 13-1
圣积寺铜塔

座，与此塔形制绝相类似，而妙峰曾数游峨眉，疑二者间不无因袭相传之关系。

14. 城隍庙门神

城内城隍庙大门，面阔三间，单檐歇山顶，另于明间屋顶上，建八角亭，为祠庙所少有。其正面门扉，浮雕门神各一，上施彩绘，比例精美，神情严肃，清代木刻，斯为上选。证以丽江皈依堂窗版，疑川滇装修，镂刻人物，殆为一时习尚，若此所示，仅其片鳞寸爪而已。

夹江县

15. 店面

相片所示店面，分上下二层。下层推版，装置未久，木色犹新。上层挑出约半公尺，面阔三间，所涂油饰，已呈暗褐色。每间窗下装裙版一列。版面隐起角花及中央团花，颇为简妙。其下以鹤颈轩（川省称捲骨子，或捲棚肋巴）与下层横楣相联，乃长江流域常用之结构法，殆自唐宋遮椽版及支条演绎而成者。上檐以垂莲柱（川省称吊墩）向外挑出。柱之两侧，饰以透空之雀替。此店面全体比例与局部分划，不仅调和适当，其上下二层，繁简相映，尤具匠心。当地商店，因近岁扩张街道，大部改修，唯此一处，尚存旧观，弥足可贵（图 15-1，图 15-2）。

16. 杨公阙

自县治东门循嘉乐公路东南驰，二十里至甘江铺。渡河沿西南岸，约行五里，抵响堂坝。有双阙峨峨峙田中，《县志》谓为汉杨宗、杨畅墓阙，亦称为二杨阙，杨公阙乃其简称也（图 16-1 至图 16-4）。

图 15-1
夹江县店面外观

图 15-2
店面檐下近观

图 16-1
杨公阙之东、西双阙,画面中人物为莫宗江

图 16-2
杨公阙东阙

图 16-3
杨公阙西阙,画面中人物为刘致平

图 16-4
杨公阙西阙上部

阙皆红砂石所造，东、西相距十一公尺余，南向，微偏西。阙之基座，仅东阙露出一部，简单无雕饰。阙身累石五层，高二·七二公尺，表面隐起枋柱。其上再施石四层，逐层向外挑出，略似木建筑之出檐结构。第一层石浮刻栌斗，斗上雕枋三层，横直相压。第二层石镌蜀柱，柱上施弯形栱，计正、背二面各二朵，侧面一朵。第三、第四两层，销蚀过甚，仅第三层石上缘，存列钱纹一列，及第四层石有人物数躯，隐约可识而已。再上，琢枋头一列，覆以四注顶，现亦大部残缺，存者不足二分之一。就形制言，此阙未于阙身外侧（指东阙东侧及西阙西侧言）附以子阙，为川西诸阙中仅见之例，然其处石纹较粗，似便于结合计，特意为之。所不解者，其下部基础未延至阙身外侧，是否原有子阙，年久倾毁；抑无子阙，而与拥壁围墙之类相连接，俱难逆知。

阙身正面方柱间，原刻有铭记，现漶漫不可复识。《县志》载东阙镌"汉故益州太守杨府君讳宗字德仲墓道"，西阙镌"汉故中宫令杨府君讳畅字普仲墓道"等字，其为墓阙，较然无疑。据德仲、普仲观之，似为昆季合用一阙。唯二君事迹，迄无可考。周其悫《金石苑》，谓杨宗曾见《华阳国志》，然常书所载之杨宗，仕晋为安蛮护军武陵太守，没后不应称汉，而宗巴郡临江人，尤无葬此之理，非确论也。

西阙背面，有宋杨仲修题诗，亦强半残蚀，其文著录《金石苑》，知南宋淳熙十六年（公元1189年），阙倾仆，旋没于水，乡人重为扶树，杨君特为诗以纪之。清咸丰中，二阙一在水中，一在渚侧，见何绍基诗。唯著者调查时，皆位于田塍间，无复寒潭啮蚀之患矣。

阙北里许，有方坟一，正对阙之中线，一乾隆碑，题汉杨宗、杨畅墓。按方形之坟，虽为汉人所常用，但亦不限于汉代，故此坟是否即为二杨墓，尚待证物续出，方能征信耳。

17. 千佛崖摩崖造像

千佛崖在县治西北五里青衣江北岸。沿官道上下，凿佛像大小百余龛，东、西约长三百公尺。其制作年代，除少数初唐者外，盛唐以后，历五代、北宋，为数最多，唯铭记可辨者，只开元廿七年（公元739年）一处而已。其西端造像，则系明清人所刻（图17-1至图17-3）。

龛皆不大，像高多在一公尺以内，唯西部一龛，位于断崖上者，体积稍巨耳。此龛现覆以楼，跨于官道上，可自东侧石级，盘曲而登（图17-4）。其主像为弥勒佛，垂双足坐，约高三公尺，左右菩萨，高二公尺余，庄严妙丽，确属盛唐遗物（图17-5）。

图17-1
千佛崖摩崖造像外景，画面中人物为莫宗江

图 17-2
千佛崖摩崖造像之一

图 17-3
千佛崖摩崖造像之二

其西邻一龛，刻阿弥陀净土变相，似唐末作品（图17-6）。龛之中央奉阿弥陀佛，左观音，右势至，下为众圣及奏乐舞俑之状；左右及后部，配列塔幢及殿宇楼阁，表示《阿弥陀经》中所述西方极乐净土之庄严景象。此外复有二龛，所雕略同，但龛内建筑与此龛同极简陋。如中央殿堂面阔三间，单檐歇山顶。檐柱上仅刻栌斗及华栱一跳。自余廊屋，唯于正心缝上，以栌斗承载柱头枋；阑额与柱头枋之间，配以散斗，较宋式把头绞项作尤为简单。其勾栏栏版亦只卧棂一种（图17-7）。

千手观音及兜跋毗沙门天王（亦称多闻天王）像，俱类宋刻。后者长身细腰，作武士装，下以卷云为座，露出半身女像坚牢地神，以承天王之两足（图17-8）。除敦煌壁画与大足摩崖外，他处不易多睹。

图17-4 千佛崖摩崖造像西部一龛外观

图 17-5
西部龛内的弥勒佛像

图 17-6
阿弥陀净土变相龛

图 17-7
龛内建筑的勾栏栏版

图 17-8
龛内兜跋毗沙门天王像

眉山县

18. 蟆颐观大门

县治东七里蟆颐山，西滨岷江，林峦特秀，状若蛤蟆，传为唐杨尔朱得道处。山坡间，建大门三间。石径盘纡，穿茂林，导至前殿。其后大殿三间，似清初建；外周廊庑，左为道院，右为客舍。自此登山，复有真武殿、张仙楼、纯阳殿、三清殿等，皆依山修筑，景物清幽，眉人来游者，几无日无之。

图 18-1 蟆颐观大门

图 18-2
蟆颐观前殿

　　大门面阔三间，正面饰以牌楼五间，门之屋顶，转为所掩。在平面上，其明间二柱，向内退进少许，仅次间、梢间之柱，乃此门檐柱应有之位置，故其次间之板壁、斗栱、屋顶等，与明间成八字形。各间屋顶，自中央起，依次向左右递减，但其檐下如意式斗栱，则仅明、次三间有之。明间柱头科两侧斜昂，咸白背面延长而来。此法屡见川滇诸省，但柱头科之出跳，较中部平身科略为增大，使二者间厘然有别，则就作者所知，仅此一处而已（图 18-1 至图 18-4）。

图 18-3
蟆颐观大殿

图 18-4
蟆颐观大殿内香炉

彭山县

19. 王家坨崖墓

自县治溯岷江东北行，十里过江口镇（亦称双江镇）。再东北三里，至王家坨。一崖墓位于石厂后断崖上，距地面约六公尺。墓西向，略偏北。门上雕 reccess 二层，向外伸出，若雨搭状。其下层刻二羊相向，中蹲一童（图19-1、图19-2）。上层刻硕大之弯形栱，栌斗、散斗下，皆施皿板，足证云冈石窟及朝鲜双楹冢、日本法隆寺所示做法，早已导源于汉代；而中央齐心斗下，承以极短之蜀柱，尤为鲜见之例。唯此部于民国三十年，因开采石料，全部凿毁，甚为可惜。

门内隧道东南驶，约阔二公尺，长十一公尺余。隧道东南隅，辟墓室一间。室与隧道毗连处，琢八角柱一。柱下础石未加镂雕（图19-3）。柱身平面作八角形，比例粗短，下大上小，收杀颇巨。其上刻皿板、栌斗与弯形栱（图19-4）。栱之长度，与栱身弯曲形状，左、右两侧未能一致；而栱之位置，偏于栌斗中线以前，似非正常做法。另刻一枋，与此栱十字相交，其前端与栌斗正面平，后端施散斗，虽未伸出栌斗外侧，但其用意与华栱相同，殆无疑义。

墓室东南侧壁上，凿灶二，龛一，而龛略高，殆用以庋藏明器者。其西南侧，就崖石凿双石椁，内置瓦棺，但不知何时被盗，椁盖半毁，瓦棺残片狼藉遍地。

此墓无年代铭刻，据斗栱雕刻观之，似东汉时所建。

20. 王家坨崖墓出土瓦棺

民国廿八年十一月，著者调查王家坨崖墓时，于石厂北端，见灰色瓦棺一具，除棺盖裂为三截外，余尚完整。询之石工，云得自附近崖墓中，但墓已凿毁，无从踪迹，依其旁诸墓推之，当亦东汉

图 19-1
王家坨崖墓墓门（左）

图 19-2
王家坨崖墓墓门上雕刻（右）

图 19-3
王家坨崖墓柱及柱础

图 19-4
王家坨崖墓柱柱头

图 20-1 王家坨崖墓瓦棺

图 20-2 王家坨崖墓瓦棺侧视

时物。棺长一·九八公尺，宽四十五公分，高六十八公分，棺身厚六公分。棺盖仅厚三公分，至顶微微凸起，已与近世之棺同一型类。唯两和垂直截割，曾见长沙出土之楚木棺，殆其时去周未远，旧制犹未全沫欤（图20-1，图20-2）。

21. 寨子山崖墓

自江口镇经王家坨，再北二里，折东南，登寨子山。山上一墓，东向，微偏南。唯墓门以石板封闭，外累泥土，仅能自墓之西北缺口降至内部（图21-1）。其隧道自东迄西，长十四公尺余。距墓门不远处，于隧道北侧凿龛一，南侧龛二。再前，复于北侧辟长方形墓室一间，但室顶之西北隅，现已崩毁。室与隧道邻接处，琢二独立柱，为当地崖墓仅有之例（图21-2）。

东侧之柱，平面作长方形，柱身收杀，不及王家坨崖墓之巨。沿柱身东、南、西三面，镌虎、人、龙各一，皆阴刻（图21-3）。柱上施栌斗及栱，颇类后世之一斗三升，但栱身甚高，与绵阳平杨府君阙所示者为近。所有栌斗、散斗下俱雕有皿板（图21-4）。

西侧乃八角柱，上端亦施栌斗。斗之南侧，刻金胜（亦称玉胜）纹，殆供压胜之用。其上弯形栱，一北出，一西出，平面若L形，形制奇特，尚属创见（图21-5）。此二栱相会处，东侧雕一鱼，鱼上似尚有饕餮，但砂石模糊，不易辨别。其南侧有枋头伸出，下缘雕混线数道，略似清式之霸王拳。

此墓平面配置，虽不及《隶释》所载《汉张氏穿中记》之复杂，然斗栱形范与雕刻手法，酷类东汉时物。

图21-1
寨子山崖墓西北缺口

图 21-2
寨子山崖墓立柱

图 21-3
东侧柱细部

图 21-4
东侧柱斗栱

图 21-5
西侧柱斗栱

22. 江口镇后山崖墓

自江口镇北端，循盐井沟折东南，约二百公尺，对岸菜圃上，有崖墓一处（图22-1）。但墓门已崩毁，隧道存者，亦不足三分之二矣。道之东南侧凿灶及龛（图22-2）；西北侧，建墓室一间。室与隧道之间，留有间壁一堵，开凿门窗（图22-3）。其窗原有直棂数处，依其痕迹，知棂宽而空格较狭，盖砂石松脆，为施工计，故为此状。窗下模仿木建筑式样，隐起间柱及横枋，亦属少见。

图22-1
江后镇后山崖墓

图 22-2
崖墓内凿灶及龛

图 22-3
崖墓内凿门窗

23. 仙女山摩崖造像

县治东北十五里仙女山，或云即古彭亡山。山之南崖，嶒崚壁立，盘石累累，有摩崖巨像二，各高十余公尺，一为如来结跏趺坐像，一为合掌立像，位于其东侧。按如来旁侍立一像，素不经见，不审其为《释迦说法图》，抑为《维摩经菩萨品行变相》，则以砂石风化，手印衣饰，剥削过甚，无从判析。顾此二像在彭邑实为稀有巨作，而《县志》竟无只字道及，亦足异矣。如来之座，依壸门位置刻小龛数处。计东侧二，南侧五，西侧已毁，另于盘石上凿小龛九，大小高低，错落不齐，似其制作年代，远在大像落成以后。龛之布局，多为一佛二尊者；或再益以二菩萨、二金刚；亦有一龛之内，仅刻一菩萨，或二菩萨并立者。相片所示[1]，乃南侧东端第一龛，主像垂双足坐，尊者合掌立其侧，再次二菩萨垂手立莲座上，姿态衣纹，似中晚唐所刻。其余诸龛，年代略同，唯南侧第二龛经近人修凿，非复本来面目矣。

[1] 相片已佚。——编者注

24. 象耳山摩崖造像

象耳山在县治东北四十里磨针溪侧。山腹有寺，旧名大圣，传创自李唐。五代孟蜀时，程承辩绘神鬼寺中，著录《益州画录》，足窥其时盛状，唯现寺规模，狭隘异常，而寺名亦不审何时易为象耳焉。

寺东山之阴，有削壁一处，宋元符间，题象耳山三字，附近有绍兴、兴隆、乾道、淳熙游客题名数处。其下一龛，高不及半公尺，制作粗率，似成于急就。寺后复有造像多龛，零星散漫，非聚处于一处，而刻工亦精粗不等。其较完整者，仅六龛。二龛刻千佛，面积稍大，其余高二公尺左右。一刻释迦三尊，诸菩萨拥立于后。一不审何名。另二龛刻千手观音及如意轮观音，而后者歪身半跏坐，具六臂，与《观自在菩萨如意轮瑜伽》所载，大体吻合。诸龛无年代铭记，依雕刻作风判断，颇似南宋时物。

新津县

25. 观音寺观音殿及大雄殿

观音寺在县治南二十四里九莲山上。自赵宋创建来，代有修葺。现存门殿十二重，仅明代木构物二座，位于中轴线上。一为天顺六年（公元1462年）建造之大雄殿，一为成化间建造之观音殿，皆西北向，而观音殿位于大雄殿之前（图25-1）。

观音殿平面正方形，每面三间，单檐歇山顶（图25-2）。其山面各间之阔，仅后一间与正面次间相等，其余二间，随殿内井口柱之位置而定。外檐斗栱五踩重翘，材栔不巨，而后部秤杆已坏，原状不明。殿内奉释迦三尊，上加花冠，且不知何时殿名易为观音，殊不可解。两侧壁面，有明绘圆觉十二菩萨及诸天像，工整秀丽，备

图 25-1
新津县观音寺外景

极妍巧，唯风神委琐，无雄厚之概，乃其缺点。

大雄殿（图25-3）原称观音正殿，面阔五间，进深显四间，单檐歇山顶。山面各间之宽，自前端起，以第一、第三两间为最阔，第二、第四两间次之。外檐斗栱五踩重翘，与内部梁柱、隔架科俱属明构。明间置成化十八年（公元1482年）所塑观音、文殊、普贤三大士像，姿貌英挺，神采奕奕，如霜隼秋高，扶摇下击，明塑中得此，大出意表（图25-4）。其前石灯台及优昙花瓶亦皆明制，唯左右塑壁乃清人所增。

图25-2
观音寺观音殿

图25-3
观音寺大雄殿

图 25-4
观音殿内塑像

成都市

26. 明蜀王府故基

明蜀王府位于成都市中心，明末毁于张献忠之乱，清康熙初，改充贡院，现为四川大学校址。

府南向，前列石桥三及石狮。次端礼门三洞，下构石须弥座，上累砖壁。壁之两披，于女墙下，饰以青琉璃垂莲柱数事，犹属明制。其北有承运门故基，前后设踏道各一。道之内侧，与台基连接处施半圆券，以通明沟，自南京明皇极门外，国内所存唯此一例而已（图26-1）。踏道东侧，置石嘉量一座，琢楠扇斗栱，上覆歇山顶（图26-2）。再北，经广场，至承运殿故址。殿下承以石台二重，所镌螭首（图26-3），圭角及束腰花纹（图26-4）皆明代标准式样。台之正面，陛三出，其下象眼，逐层向内凹入，犹如宋《营造法式》所图（图26-5），唯台上石坊三间，乃乾隆九年建耳。按明藩府制度，定于洪武初季，至弘治间，大事减缩，而现存蜀府故基所示间数规模，显与洪武旧制为近，不仅台基踏道等结构雕饰，足资参证也。

27. 鼓楼南街清真寺大殿

当地清真寺几十余处，而以鼓楼南街者为最巨。其大殿面阔三间，进深七间，周围绕以走廊，全体比例，东西长而南北狭，与凸字形平面，同为我国清真寺所常用。殿门设于东侧，入门面向麦加（Mecca）。内部以楠扇及天弯罩（图27-1）分为前后二部，堂宇靓深，令人生崇高之感。前部深四间；明间天花，较左右次间提高一步，并于入门第二间之上，冠以十六角形藻井。后部深三间；西壁设小圆龛（mihrab）（图27-2），为教徒祈祷礼拜之对象。中央藻

图 26-1 明蜀王府承运门故基踏道下之半圆券,以通明沟

图 26-2 明蜀王府故基石嘉量

图 26-3 明蜀王府故基螭首

图 26-4
明蜀王府故基束腰花纹

图 26-5
明蜀王府故基象眼

图 27-1 鼓楼南街清真寺大殿

井,平面作十六角形,断面分五层,向内收进,为此式藻井之较繁复者(图 27-3)。

殿之外观,覆以重檐,而上檐施如意斗栱。另于藻井上,各加歇山式屋顶,故其前后二部,各为三檐。殿之营建年代,虽有明洪武八年匾额可据,然细察斗栱式样,与翼角藻井结构及其他小木雕饰,当以清初所营最为近似。

28. 文殊院

文殊院在市西北文殊院街,唐名信相院,明末毁于流寇之乱,清康熙后,逐渐兴复,而现存建筑,多成于道光时。全寺规模,在当地佛寺中虽非最巨,但堂殿廊庑,精洁整饰,远过他刹,僧规亦较严肃云。

寺西南向。外为山门三间。次钟、鼓二楼,分列左右。其后为

图 27-2
清真寺大殿教徒祈祷处

图 27-3
清真寺大殿中央藻井

三大士殿（亦称前殿）及大雄殿、说法堂、藏经楼等，依次列于寺之中轴线上（图28-1）；但除藏经楼面阔七间、重檐硬山造外（图28-2），余皆面阔五间，单檐歇山顶。又自三大士殿至藏经楼，左右廊庑夹峙，各二十一间，右为伽蓝殿及禅堂，左为客堂、斋堂其厨、厕、杂舍等，位于斋堂之后，方丈位于藏经楼之左（图28-3），略如当地常制。

寺内窗棂式样，颇富变化；计有网文菱花、方格菱花、码三箭、井口字文及亚字、卍字、田字、八方菱花、四斜毬文、如意文等合组之棂格多种（图28-4至图28-8）。藏经楼前檐石柱甚修伟，征诸青羊宫正殿，似为成都清建筑所常用，唯此楼另琢石狮，装于柱之上部，以承抱头梁之前端，则为他处所少有。

图28-1
文殊院藏经楼，画面中人物为梁思成

图 28-2 文殊院藏经楼前院子，画面中人物为莫宗江

图 28-3 文殊院三大士殿左侧穿廊

图 28-4
文殊院内窗棂之一

图 28-5
文殊院内窗棂之二

图 28-6
文殊院内窗棂之三

图 28-7
文殊院内窗棂之四

图 28-8
文殊院内窗棂之五

29. 民居之门

当地民居大门，小者面阔一间，大者三间，胥以挑梁（成都匠工称撑栱）自柱伸出一二步架不等。一步架者，其挑梁前端，直接承载挑檐桁。二步架者，梁上再施童柱（成都称坐磴），使与第二层挑梁（成都称鸟棒挑）相交。其前端，或加垂莲柱及雀替，镂雕繁密，敷以金箔，自成一格（图29-1至图29-3）。而三间者，门内每设有倒座；其中央一间，屋顶特高，尤壮丽可观。

图 29-1
成都民居之门

图 29-2 成都民居之门及墙头瓦饰

图 29-3 成都犀浦陈宅之头道龙门及影壁

30. 民众教育馆梁造像

市西南少城公园民众教育馆金石室内，藏石造立像二尊，视人体略小，广肩细腰，下肢微短，衣纹作湿褶式（wet drapery），若薄纱附体，确系南朝制作，唯两手已毁，头亦后人所补。其一像背部，镌"中大通元年（公元 529 年）太岁己酉……敬造释迦像一尊……"等字。

此二像现移藏四川省立博物馆。馆中另有石立像十尊，与前述二像，同自西郊千佛寺出土，但体积大小不等（图 30-1，图 30-2）。内一像题"齐永明元年（公元 483 年）岁次癸亥七月廿五日比丘释玄高……敬造无量寿□□弥勒成佛二世尊像……"视中大通犹早四十余载。按南朝造像，寥若晨星，制作年代，属于公元 5 世纪者，尤不多睹，故此所藏，无殊球璧，其足瑰宝，固如何耶。

图 30-1
民众教育馆藏梁造像之一

图 30-2
民众教育馆藏梁造像之二

郫　县

31. 土地庙

相片所示小庙，位于成灌公路旁。下为台基。上构木架，具地栿、挑梁、垂莲柱等。其壁体则编竹墁灰，如川省常式。屋顶前昂后低，挑出颇深，上覆稻草；正脊上压以草束数事，两端伸出脊外，在比例上，略失之重厚，然下部之台，亦较高耸，适能与之相称耳。此庙体积虽小，但形制潇洒轻快，颇似日本之神社，不失为国内特殊之例（图31-1）。

图 31-1
郫县土地庙

灌 县

32. 二郎庙

出县治西门，过玉垒关，遥望岷江迤逦自西北来，珠浦桥横跨江上，东西长里许，其下都江堰，即秦李冰分岷江为内、外二江，以灌成都民田处。李氏事略，见《史记·河渠书》及《华阳国志》《水经注》诸书，唯自《古今集记》载其子二郎作石人以镇江，石犀以厌怪，世俗相传，谓二郎实佐其功，故为祠以祀之。庙在堰之东岸，树木葱茏，郁然深秀；其间殿宇嵯峨，掩映青翠中，疑为仙山楼阁。庙名旧云崇德，后改显英，亦称二王庙，或径呼为王庙。宋时蜀人祭赛，每岁宰羊四五万计，范成大《离堆诗》谓"刲羊五万大作社"，其盛状概可想见。

庙依山营建，下临官道。庙门三间，西南向，建于清乾隆间。入门蹑石级，凡再折，转至东南，有月台，颇宏敞。台上大殿，重建于民国十七年，面阔七间，进深显五间，上、下二层，栏廊周匝，轮奂甚美，唯因进深颇大，乃将殿顶歇山部分，改为勾连搭两卷相连，而后卷较前卷约高二分之一，形制秀杰，殆罕其匹，惜详部结构略嫌草率，不能与之相副耳。其后老王庙，祀李冰夫妇，五间重楼，上覆歇山顶；其上层以飞桥通至大殿楼上，有若阁道。左侧为龙王殿及客舍、厨、厕，右为飞写楼，后为老君殿、魁星阁，皆依山势高低，随宜点缀，曲折迂回，颇富画意（图32-1）。

33. 珠浦桥

珠浦桥亦称安澜桥，在县治西北五里岷江上。清嘉庆八年（公元1803年），知事吴升仿宋梁楚评事桥旧制，于内、外二江分流处，建竹索桥十间，东西长三百二十余公尺，为国内索桥之最巨者（图

图 32-1
灌县二郎庙庙门

33-1 至图 33-3）。此桥结构，先于岷江两岸，各建桥楼一座，用以固定竹索（图 33-4）。次于江心石碛（称都江鱼嘴）上，建石墩一。墩与东西桥楼间，因江流湍急，普通石墩阻力过大，易于毁圮，乃各建木架四处，但架之下部，仍累积卵石，以期稳固（图 33-5）。架之位置，以河床情状，咫尺不同，且须避洪流冲击，不得不因地制宜，故其净跨（clear span）小者仅八公尺，大者五十余公尺，殊不一律。

墩与木架上，平列竹索九条或十条（民国廿八年十条，三十年九条，盖每岁培修略有增减）。每一竹索，以直径十公分至十五公分之小竹索三条，扭结而成。索之两端，绕于两岸桥楼下之横梁上。梁皆粗巨圆木，位于楼内地板下，共计十根；其方向与索成九十度；每梁固定一索，各施把手，俾修理时能调整索之松紧。梁之两端插入桥楼两侧之石墙内，其上压以巨石条，而梁上铺地板，构通道，以便行人。石条之上，建将军柱各一列，每列十三根，夹峙道之两侧，上施通长之木梁，与下部石条遥相对称。其上再装楞木，铺楼板，累石其上，使与桥之荷重保持平衡状态。

桥面结构，于上述竹索十根上，铺横板一层，与索九十度相交。板之两端，压以较小之竹索各一根，俾人马通过时，不致跳动。板长三公尺有奇，除两侧栏杆外，桥面约阔二公尺（图 33-6）。

栏杆结构，自桥楼两侧将军柱起，各施竹索五根。每隔一二公尺，用垂直木板二枚，夹持诸索，高二公尺余，而将军柱亦施把手，与前述楼下之横梁同一作用（图 33-7）。此木板下端，再贯以横木一条，兜于桥面竹索下，使栏与桥面联为一气，用意殊为周密。

图 33-1
灌县珠浦桥之一

图 33-2
灌县珠浦桥之二

图 33-3
灌县珠浦桥之三

图 33-4
珠浦桥桥楼

图 33-5
珠浦桥木架

图 33-6
珠浦桥桥面

图 33-7
珠浦桥栏杆

新都县

34. 寂光寺大殿

寺在县治东关外十里许,内有明宣德八年(公元1433年)所建大殿一座,面阔三间,进深显五间(图34-1)。殿顶原为单檐歇山式,但现改为单檐挑山,已非原状。外檐斗栱五踩重昂,材栔颇巨,而明间仅施补间二攒(图34-2),次间无补间,颇疏朗悦目。坐斗左右各出斜栱一缝。昂之形制分二种:下层昂嘴向上拳曲,形制诡异,而上层则与批竹式相近。后尾出二跳,具斜栱(图34-3),上施瓜栱,与如意头相交。其上再起秤杆,长二步架,交于上金檩下;但非蚂蚱头、撑头木、桁椀等所延长,除承托下金檩以外,别无意义。此殿自建造来,屡经修理,但其斗栱、梁柱,犹为明宣德旧物。

图 34-1
寂光寺大殿

图 34-2
寂光寺大殿斗栱

图 34-3
寂光寺大殿斗栱后尾

35. 宝光寺无垢塔及经幢

宝光寺在县治北门外半里，传创自唐僖宗幸蜀时。宋称大觉寺，淄徒三千，号称极盛。明正德间，杨廷和重修。明末流寇之乱，毁于兵火。清康熙九年，因旧址重建，改名宝光寺。乾嘉以后，赓续经营，蔚为巨刹。然寺内现存建筑，仅无垢塔（原名无垢净光，简称无垢）与明经幢，年代较古耳。

寺南向，外为照壁（图35-1）。次山门（图35-2）。再次天王殿（图35-3），内藏明经幢一基。其后钟、鼓二楼，左右对峙。中为无垢塔，巍然为全寺中心（图35-4、图35-5），而佛殿位于其后，犹存唐以前旧法也。自此以北，为七佛殿、大雄殿（图35-6）、藏经楼（图35-7），重叠于寺之中轴线上。其左右列方丈、祖堂、禅堂、斋堂、戒堂、客堂、杂舍等；而咸丰间所建罗汉堂，位于寺之东偏；墓塔多基，位于西侧。

图 35-1
宝光寺照壁

图 35-2
宝光寺山门

图 35-3
宝光寺天王殿

图 35-4
宝光寺无垢塔之一

图 35-5
宝光寺无垢塔之二

图 35-6
宝光寺大雄殿

图 35-7 宝光寺藏经楼

无垢塔系单层多檐式方塔，传唐僧悟达所建，但塔下台基二重所刻雕饰，似明以后物。其上构塔身，南面辟门。门内方室，奉佛像一尊。此室仅高三公尺余，其顶覆以叠涩，非若中原及滇中诸塔直达塔之上部。塔身以上，施密檐十三层。每层檐下中央设小佛龛，左右隐起直棂窗或佛龛各一。其东侧第二层檐下，有小石像，面貌神情，极似唐人作风。但此塔檐下壁体与出檐长度，参差不齐，可决其迭经修整，非原状也。塔顶置喇嘛式小塔一座，亦清代物。

明永乐十年经幢庋于天王殿之明间。平面八角形，自基至顶，约高六公尺余。下为基座。中为幢身，镂刻经文。上层略小，每面琢佛像一躯。自此以上，形制雕刻，俱不相侔，疑清同治二年培修时所增补者。

36. 正因寺梁千佛碑

寺在县治东南七里许，唐称静乐院，明永乐间改今名。万历中，僧果庆大事修筑，备极闳丽，唯流寇乱后，悉罹劫火。清乾隆重兴。现改正因小学。

寺内藏梁碑一通。下承矩形座，四角微圆；周围镌伏莲一层，上部磨去少许；依形制观之，其年代显然较晚，非原座也。碑身正面刻小佛像二十一行，每行二十九尊，唯中央一龛，琢如来趺坐莲座上，左右二菩萨侍立，体积稍巨耳。背面仍刻小佛，但于上部特辟一区，雕二菩萨胁侍，其间划分上、下二层，镌佛三尊。碑侧于小佛龛下，刻四天王像及供养者。唯碑额盘螭中，雕接引佛一尊，其下横刊一足及供养二人，尚无前例足与匹拟；且雕刻草率，不与碑额调和，是否原刻，不无可疑（图 36-1 至图 36-3）。

碑侧铭记，有梁大同六年（公元 540 年），唐咸通二年（公元 861 年）、四年（公元 863 年），及元至元己卯（即顺帝后至元五年，公元 1339 年）四种。而大同六年题记中，有"建□千佛碑……永为供养"等字，足为此碑建于是岁之证。

碑系砂石，刻工亦不甚精，唯南朝造像碑稀如星凤，获此足弥其阙，且知当时此风，远被巴蜀，不仅限于中原诸地也。

图 36-1
正因寺梁千佛碑

图 36-2
千佛碑上部

图 36-3
千佛碑碑身中央佛龛

广汉县

37. 龙居寺中殿

龙居寺在县南十里新丰乡。其中殿建于明正统十二年（公元1447年），平面正方形，每面三间，进深九架，单檐歇山造（图37-1）。外檐斗栱五踩重昂，上施厢栱。内侧出重翘，具麻叶头、六分头、菊花头；并自正心枋起，起秤杆，交于下金檩下，与当时官式建筑大体接近。唯两山斗栱位于中央一间者，因额枋提高一步，减去一跳，其下坐斗，承以驼峰，则仍为气习所拘，墨守当地特有之手法。

殿内明间，供明塑释迦、弥勒、阿弥陀三尊（图37-2），其上覆

图37-1
龙居寺中殿一角

图 37-2
龙居寺中殿供佛像

以天花一区。四壁绘圆觉十二菩萨，及诸天像十二堵，旁有明成化二年（公元1466年）题字。其左壁一侍像，姿态丰满，线条圆熟，尚存宋人笔画。其余诸幅，大抵小像较佳。墨线虽间经重描，但为数不多。

内部梁枋彩画，为烟尘熏炙，已漫灭不清，但犹依稀辨有青绿如意头，内带红心，结体虽甚绵密，而气韵清朗，其为明画，灼然无疑。屋顶瓦饰一部，似为明代旧制，而经补修者。

图 38-1 金轮寺大殿及碑亭一角

38. 金轮寺碑亭

寺在县治北金轮乡,传创于唐。原有殿宇,毁于明末兵燹。现存前殿、大殿及左右庑,皆建于清初,唯院中碑亭一座,为明嘉靖间物。

前殿、大殿,胥面阔五间,结构式样无特异可述,唯其左右梢间,视次间略阔,为国内变例之一,足供参考。

碑亭平面正方形,上覆单檐攒尖顶(图 38-1)。檐端斗栱五踩重昂,头昂后尾,刻作翘形,二昂则系真下昂,而昂嘴向上拳曲,与外侧最末一跳未施厢栱,俱与峨眉飞来殿约略相类。亭中嘉靖碑一通,高及斗栱,当摇亭时,仰视碑首,每生碑动亭不动之错觉,于是遐迩传闻有"摇亭碑动"之谚。好事之流,撼柱摇枋欲验此奇迹者颇不乏人,一代遗迹,或不难因之速毁也。

39. 龙兴寺罗汉堂

龙兴寺在县南中兴乡；中央为山门、前殿、大雄殿、三大士殿、藏经楼五重，依次层列而北，左右配以客堂、禅堂、戒台、斋堂、方丈、僧房、仓房、杂舍百余间，规模宏伟，为县内稀有巨刹，而寺左清同治间所建罗汉堂，布局尤为特殊。

罗汉堂之平面配置，虽以田字形为基本，但另加亚字形建筑于其中点，故其内部采取光线之小院，由四处增为八处。田字之外，又于四正面之中央，各建龟头屋一处，其内部亦各设一院（正面入口称王天院，后观音院，左普贤院，右地藏王院），共计大小十二院，廊宇回合，妙相重重，颇足引人入胜。唯建筑结构与所塑诸像因陋就简，不足与平面配置之优点方驾齐驱，甚足惋惜（图39-1至图39-4）。

40. 广东会馆

广东会馆通称南华宫，县内各大乡镇所在皆有，而以城内古北路一处工作最精，规模亦最巨。此馆前临古北路，外为龙门三间。

图39-1 龙兴寺罗汉堂之一

图 39-2
龙兴寺罗汉堂之二

图 39-3
龙兴寺罗汉堂之三

图 39-4 龙兴寺罗汉堂之四

入门约二百公尺，折南，转西，有正门五间，重檐硬山造。门之正面上、下二层，皆施走廊。背面上层，建乐楼（即戏台）一座（图40-1），行人出入胥经其下。其西庭院一区豁然开敞（图40-2），有正厅五间，与乐楼遥相对立，左右辅以厢楼八间，前具双步廊，供酬神观剧之用。正厅后，以左右厢与正殿衔联，中为狭长之天井，周以石栏（图40-3），平面若口字形；而厢房之上，建钟、鼓二楼，高耸屋脊外，乃川省祠庙建筑常见之法，此特其一例而已（图40-4）。正殿面阔亦五间，但进深视正厅稍大（图40-5，图40-6）。殿内后金柱之前，构神龛三间，镂绘甚精，内祀六祖及福、禄、财神（图40-7）。其后原有玉皇楼一座，已拆除；南侧花园，今亦败坏；唯北面小四合房四进，保存尚佳。

此馆创于清乾隆间，同治五年（公元1866年）大事修改，见正厅"栱牵"下题记。

图 40-1　广东会馆戏楼

图 40-2　广东会馆西庭院

图 40-3
广东会馆天井

图 40-4
广东会馆钟楼

图40-5
广东会馆正殿

图40-6
正殿一角（左下）

图40-7
正殿内神龛（右下）

41. 乡间民居

县内乡间民居，多为面阔三间、五间之一横一顺（图41-1）。规模稍大者，扩为三合院或四合院，另附碾房、牛舍、猪圈等于其两侧。壁体结构，以版筑或夹泥墙居多（图41-2）。屋顶什九覆以稻草，但三合院、四合院之正房，每采用瓦顶（图41-3）。其耳房厅房用瓦顶，而正房用草顶者，则系风水关系，非常例也。

草顶坡度约近四十五度。檩木仅径二三寸，但排列颇密，其间隔约为瓦顶者二分之一。檩上顺排椽子（川省称桷子），或木或竹，相距约尺许。椽上扎竹篾一层，铺草其上，厚四五寸不等。其屋顶前后坡接缝处覆以草脊。脊之上下，用通长之竹杆缚扎，以期稳固。而脊草之后尾，拖于后坡上，前端伸出接缝以前，略呈斜状，以防雨水渗入。其上再压以草束多处，皆系于前述竹杆上焉。

图41-1
广汉县乡间民居之一

图 41-2
广汉县乡间民居之二

图 41-3
广汉县乡间民居之三

42. 张氏庭园

当地住宅，以城内营口路张宅为最宏阔。宅后东北，有叙伦园，与本宅相隔一巷，自成一区。园之平面狭而长，前为花园，中为寝处，后为祖堂，祖堂之后原有梅林，但现已荒废。

此园落成于清光绪二年（公元1876年）。入门为穿堂式走廊二间（图42-1），北侧建水心亭，六角重檐（图42-2），南为花厅二间，其间石栏绕砌，穿池种竹，错落有致。西侧构廊六间，自北至南，横隔内外，使园中景物不至一览无余。廊之西侧，有一间略突出，形若方亭。其西为长方形之院，南、北二面建敞厅及耳房各七间，西为厅堂五间，构成四合院；院中花木扶疏，侵轩犯槛，颇饶野趣。按此园布局，虽以建筑为主，林园为次，然其间栏廊纷出，使二者综错调和，融为一体，实我国庭园建筑之重要特征，不独此例为然也。

图42-1
张氏庭园入门穿堂

图 42-2
张氏庭园水心亭

43. 文庙棂星门

文庙在县治南门内西侧，流寇乱后，清康熙间重建，唯现存殿宇门坊，胥嘉庆十七年（公元1812年）知县刘长庚增扩者。此庙现改为公园，前部宫墙俱已撤毁。有棂星门五间，比列南向，但其左右次间，装设华版，可通行者仍只明间、稍间三处而已（图43-1）。其各间面阔，与柱之高度及梁枋分配、出檐长短，均能比例匀称，修短适度，惜局部镂刻过于繁缛，神韵匮乏乃其缺点。按国内棂星门，大都面阔三间，无檐楼斗栱，所以别于普通之牌坊，唯川者偶与之相反，此门其一例也。门以红砂石构成，上涂油饰，或施彩绘，犹历历可辨，亦古法之仅存者（图43-2）。

图43-1
广汉县文庙棂星门

图 43-2
棂星门细部

44. 石牌坊

当地石坊，多为三间四柱五楼，楼顶作庑殿式（图 44-1）。中柱、边柱胥以较高之抱鼓石自前后夹持，其上端约至龙门枋或大额枋下皮止。枋之外端，咸自柱面挑出少许，以承次楼、边楼。楼下用斗栱者，年代较早。入清以后，多以整块之石，琢二方柱，其间联以楣子（川省称天官罩），或于外侧再镌垂莲柱一列。相片所示石坊，均清代建。一在县西南公路侧，一在西门外旧官道上，前后四座，鱼贯相联，极为壮观（图 44-2）。

图 44-1
广汉县一石牌坊

图 44-2
广汉县四座相联石牌坊

45. 开元寺铁鼎

寺在县治东北隅，创于唐开元间。元季毁于兵。清乾隆中重建。现改幼稚园。寺旧有天香楼，楼下铁鼎一，现移置公园内。鼎高一公尺有奇，径约一公尺半。下为兽足六，其上端饰以虎首，现缺其一。自足以上，鼎身内收，而上缘外哆，形制简劲，所铸雕饰，亦娟秀动人。鼎口铸"皇宋绍兴十四年天元甲子四月二十二日州人严伯奇膺志远等敬献本州开元寺大悲殿前永为焚献"四十一字。所云"天元甲子"，盖指高宗南渡后，中兴第一甲子（公元1144年）言也（图45-1）。

图45-1

开元寺铁鼎

德阳县

46. 鼓楼

鼓楼位于城中央十字口，平面正方形，每面辟一门，与街衢相值，俗称为四面鼓楼。楼顶凡五层；下二层皆方檐，自第三层以上，改为八角形。其翼角结构，三、四两层均反翘较低，而以第四层为尤低。另于第四、第五层间，东、西、南、北四面，各建牌楼一座，甍角翚飞，互相综错，至为瑰谲。《县志》载其地为明僖安王府来鹤楼故址，清康熙末改建鼓楼，现楼乃乾隆五十年（公元1785年）火后重建者（图46-1）。

图 46-1
德阳县鼓楼

绵阳县

47. 汉平杨府君阙

出县治北门，沿川陕公路东北行，约四公里，将抵仙人桥，公路横经小山上，其南侧百公尺处，有石阙矗立麦田中，即汉平杨君墓阙是也（图47-1至图47-3）。阙凡二座，一西北，一东南，相距二十六公尺余；其间为神道；神道之中线，东向，略偏北。

阙之形范，阙身居内，子阙居外，阙身厚而高，子阙薄而低，但其下部，已没入泥土中，经发掘后，露出台基一层。台之平面，随阙身与子阙周转，四周镌蜀柱、栌斗，与雅安高颐阙所刻，不期符契。

台基上，以条石数层，累砌阙身及子阙，俗因呼为"书箱石"，而阙名反为所掩。其面阔与进深之比，阙身约为七比四，子阙约为五比三，亦与高阙为近，条石表面，隐起地栿枋柱，略如他例，唯梁大通大宝间，加镌造像于上，致方柱之间，有无铭刻，无从踪迹。此项造像，虽损阙之一部，但为川省最古之佛教艺术，甚足珍贵。

阙身以上，复施石五层，模仿木建筑之出檐结构。第一层石，刻栌斗及角神，其上琢枋三层，纵横相压，而最上之枋，于阙身四隅交叉出头，殆即后世普拍枋渊源所自。第二层石，浮雕蜀柱，柱上施正规栱或弯形栱，栱之中点，无齐心斗，而以枋头向外挑出，略如彭山崖墓所刻。第三层石无雕饰。第四层石下狭上广，向外斜出，表面隐起人物禽兽，但已大部泐蚀。第五层石仅刻枋头一列，位于檐下（图47-4）。子阙此部，与阙身略同，唯栱之中点，未刻挑出之枋头，并略去最上之枋头一排，与阙身稍异耳（图47-5）。

再次，于阙身上，覆以四注顶，檐椽瓦陇，存者犹达三分之一，唯子阙之顶，摧毁殆尽，原有形制，无从揣度。宋娄彦发《汉隶字原》，载此阙橼端，刻"汉平杨府君叔神道"八字，今东南阙檐下枋头，犹存"汉平君"三字，但非位于橼端，是娄氏所记不无舛午，然二阙为汉季遗物，于此得以证实。

梁代造像，依条石之高，琢为小龛，龛外隐起施舍信士及车骑簇拥之状，与龙门潜溪寺北魏末期所刻，简妙生动，如出一手。而西北阙诸龛中，有下裳向外反翘，左右三叠，悉成对称，亦为南北朝造像典型之一。铭文署大通三年（公元529年）闰月及七月者计三处。考是岁十月改元中大通，此题大通乃改元前所勒，核之史籍，适相吻合。另一处题"主木岁三月三日佛弟子章景……奉为梁主至尊敬造无量寿佛依碑石像一躯……"据《县志·艺文志》，主木乃辛未之讹；细察石面，亦经劖凿，足证其说，信非虚妄。唯文中既称梁主，而萧梁一代，享祚不永，仅简文帝大宝二年（公元551年），干支与之相合，然则此铭殆即刊于是岁也（图47-6至图47-10）。

图 47-1
汉平杨府君阙远景，图中人物近处黑衣者为陈明达，远处为莫宗江

图 47-2
汉平杨府君阙左阙
背面（左上）

图 47-3
汉平杨府君阙右阙
背面（右上）

图 47-4
汉平杨府君阙右阙
上部背面

图 47-5 汉平杨府君阙左阙子阙背面

图 47-6 汉平杨府君阙左阙梁大宝二年造像及铭文

图 47-7
汉平杨府君阙右阙
梁代石刻

图 47-8
汉平杨府君阙左阙
背面梁代造像之一

图 47-9
汉平杨府君阙左阙背面梁代造像之二

图 47-10
汉平杨府君阙左阙正面梁代造像,下裳向外反翘,左右三叠,尤为珍贵

48. 白云洞崖墓

出县治东门，渡涪江，沿江岸南行五里，过渔户村，再南三里，东侧山上，有崖墓二处。墓门已毁，现有苦行僧二人，栖止其中。北端者，分前、中、后三室。前室甚浅。中、后二室，略近方形。壁面开凿极粗率，唯中室之顶，自四壁向内斜上，中央留有平顶一方，刻正方形阴线三层相套，向上微微压入；其构图略似平壤双楹冢之藻井。

当地陈济生君藏石扉、石案各一，传自此墓出土。扉之中段镌饕餮纹。案作长方形，下刻二栱，栱之两端，饰力神各一。案面前后二侧，各刻羽觞四具，其间复雕碗二、盘一，所涂朱砂，犹间有存者。近岁长沙平壤出土之漆案，及彭山崖墓之瓦案残件，虽形制与此微有出入，要皆属于同类，亦即匋斋铜禁之流裔也。

墓与出土物，俱无年代铭刻，依形制判断，绝类汉制。

49. 坟墓

省内埋葬制度，因地质关系，除华阳牧马山等处采用深葬之法外，两汉、六朝间崖墓之习，风靡一时。次之则于地面上甃石为室，置棺于内。后者或一室孤立，或数室相联，殊无定则。而室之隐现视累土多寡，亦不一律。此墓建于清季，封土为圆坟，内部结构，无从判别。其前墓碑，护以石坊三间，上施檐楼，两侧翼以抱鼓石，乃川省碑式之较普遍者（图49-1）。

50. 西山观摩崖造像

县治西北五里凤凰山俗名西山。其上仙云观，亦称西山观，传为尔朱仙修炼地。山腰子云亭附近，有摩崖造像八十余龛，东西错布，大小不一，内除佛教造像一处外，余皆属于道教。现存铭刻，有隋大业六年（公元610年）、十年（公元614年），唐武德二年（公元619年，"武"字漶漫，后人妄剖为"至"，见《县志》），咸通十二年（公元871年），元至正六年（公元1346年）五种，及宋

图 49-1
绵阳某清朝坟墓

绍圣四年（公元 1097 年）游客题名一处。

大业六年一龛，为国内现存道教造像之最古者。龛内刻天尊坐像一躯，微笑，神情雍穆，冲然深远；头后具圆光，手作施无畏势；下裳披于座下。座之两侧，各刻一狮，与当时佛教造像几无区别。唯左右侍像，拱手持圭，冠式亦稍异，乃其特征（图 50-1）。初唐造像中，有一龛约阔二公尺半，深一公尺余。中镌天尊坐像，须髯甚伟，双手置于挟轼上。其旁侍像多尊，拥立两侧，座下琢力神二尊。左右二壁，浮雕施舍仕女三层，简洁婉妙，犹存六朝规范（图 50-2）。龛之壁面，旧曾涂朱，像身则髹青绿二色，今尚隐约可辨。咸通造像，位于子云亭下。中为天尊、老君二像并坐。左右侍像各一。再次翼以施主小像多尊，状若横披，唯刻工不精，不能与上述诸龛相提并论也（图 50-3）。

东端一龛，主像结跏坐，左右二菩萨、二尊者，龛外浮雕缨络、莲花，其下刻二金刚及施主多人，姿态服饰，一见知为唐刻，第此龛位于道教造像中，若鸡群鹤立，斯足为异（图 50-4）。

图 50-1
绵阳西山观隋大业六年摩崖造像

图 50-2
西山观初唐摩崖造像

图 50-3
西山观唐咸通十二年摩崖造像

图 50-4
西山观唐代摩崖造像

梓潼县

51. 七曲山文昌宫

自县治循川陕公路东北九公里，至七曲山。山顶柏林中，有文昌宫，祀张亚子。据《明史·礼志》："亚子……仕晋战殁，人为立庙……道家谓帝命梓潼掌文昌府事及人间禄籍；故元加号为帝君，而天下学校亦有祠祀者。"此庙传为亚子故居所在，故其规模伟巨，甲于他处，俗呼为大庙焉。

庙外建奎星楼三层，下临通衢，西向微偏南。其下层明间，辟为通道，自此陡石级，左右朵楼，夹峙两侧，与奎星楼相联若凹字形。次拜殿，其后接以正殿三楹，外绕走廊，单檐歇山顶（图51-1，图51-2）；左右廊施木栏，比例粗健，得未曾有（图51-3）。俗传

图 51-1
七曲山文昌宫大殿

此殿乃张献忠立太庙时所建，衡以结构式样，亦似明清间物。其后桂香殿三间，亦明构。

正殿之右，有方丈客堂二院。左为启圣殿、瘟神殿、风洞楼，比列西向。风洞楼上，旧祀张献忠像，毁于清乾隆间。自楼前左侧小门，折东北，登梯道四十余级。级穷上为家庆堂（图51-4），三间，斗栱、梁架属于明式（图51-5）。再左，跻石级，至天尊殿（图51-6）。殿前列左右庑，构成三合院，中有八角台（图51-7），缭以石栏，《县志》谓用以观天象者。

天尊殿面阔三间，进深六架，单檐歇山顶。外檐斗栱位于正面者，单翘重昂，后侧出三翘，皆偷心（图51-8），而头昂后尾刻为六分头，二昂乃真下昂，后尾延至下金檩下，唯山面背面，仅于柱巅置坐斗，上施挑梁，以承挑檐桁耳。内部梁架，具叉手、替木、襻间等，而中柱与老檐柱之间，于双步梁上，施蜀柱及十字斗栱，与宣平延福寺元建大殿约略相类（图51-9）。此殿营建年代，无文献可征，然其结构式样，决非明以后所有，疑明初或明中叶所构也。

图 51-2
文昌宫大殿山面，画面中人物为陈明达

图 51-3
文昌宫大殿木栏杆

图 51-4
文昌宫家庆堂

图 51-5
文昌宫家庆堂外檐斗栱

图 51-6
文昌宫天尊殿，画面中人物为梁思成

图 51-7
文昌宫八角石台

图 51-8
天尊殿斗栱后尾

图 51-9
天尊殿梁架

52. 玛瑙寺大殿

出县治东门,东南四十里,过新隆场,再东五里,至玛瑙寺。寺处山阿中,山门内,仅堂殿二层,规模颇隘。大殿南向,略偏西,面阔三间,进深八架,显三间,单檐歇山顶(图52-1)。外檐斗栱,七踩三昂。头昂甚平,前端向上拳曲(图52-2)。二昂、三昂较瘦长。其二昂后尾,刻为六分头,三昂起挑干,压于下金檩下,乃真下昂。殿内脊瓜柱两侧,亦施叉手,但瓜柱断面,作八角形,仍为明代正规做法。寺创于宋,重兴于明正统四年,至景泰六年(公元 1455 年),大殿落成,见《县志》及殿内中金枋题字。

殿内主像非原物,唯石座乃景泰七年制。扇面墙后侧壁塑,经清嘉庆重修。东、西壁壁画绘于明成化元年(公元 1465 年),沓杂委琐,为明画之下乘,嘉靖以降数经修补,神气益为索然,唯小像间有佳者(图52-3)。

图 52-1 玛瑙寺大殿

图 52-2 玛瑙寺大殿外檐斗栱

图 52-3 玛瑙寺大殿壁画

53. 汉李业墓阙

出县治南门，沿公路西南五里，至石马坝。公路北麦田中，有残石柱一，出地约九十公分，明人题为汉李业墓表。其墓前双阙，明中叶尚存，但不审毁于何时。清道光末，知县周树棠于墓表附近发现阙身一段，移置于东北里许李节士祠内。石高二公尺半，下丰上削，收杀甚巨；左、右二侧，隐起边缘，并于四隅刻华栱；世俗不察，每误为碑；然省内汉墓浮雕之阙，亦收分甚大，自冯焕阙以降，所收之数，始三去其二，故此式为川阙较古之型范，殆可定谳。

据《后汉书·独行传》，业梓潼人，汉末举明经，除为郎。新莽时，举方正，不就。公孙述据蜀，业抗节不屈，为述所酖。光武建武十二年（公元36年），灭述，表其闾，则此阙当建于表闾后不久，在川中现存诸阙中，其年代为最古矣（图53-1）。

图 53-1
梓潼汉李业墓阙

图 54-1 梓潼南门外无铭阙（贾公阙）

54. 南门外无铭阙

石马坝公路南侧百公尺处，有二阙对峙麦田中，相距十七公尺余。其中轴线南向，略偏西。阙身外侧皆具子阙，但斗栱剥损殆尽，上部阙顶，亦已无存。唯东阙南侧，有隶书"蜀中……公之……"四字，完好无恙。考川中汉阙铭刻，概位于阙身正面，无题于侧面者。且汉晋间，公孙述、刘备、李雄等，先后据蜀，然述号成家，备以汉统自居，雄号成，后改汉，无称蜀者；陈寿《三国志》虽有《蜀志》之目，亦非国号，故此所题，殆出后人附会。自《金石苑》引宋乾道题字，疑为贾夜宇阙，世遂呼为贾公阙，然宋跋亦仅据《十六国春秋》遥为臆测，实无确证，不足为信（图54-1）。

55. 西门外无铭阙

县治西门外半里许官道侧，有残阙一座，略似夹江二杨阙，而体积较小。据残存部分观之，现存之阙系双阙中之北阙，其旁子阙，亦仅余基础而已。阙顶业已倾圮，斗栱雕饰，残泐过半，然其布局题材，及所刻弯形栱，酷类高颐、平杨二阙，可决为后汉末或三国、晋初所建也。阙无铭刻，《县志》指为汉边韶阙，然考范书《文苑传》，韶字孝先，陈留浚仪人，以文学著作东观，后为陈相，卒官，似无远离桑梓，自陈葬蜀之理。嘉庆《四川通志》引《魏书·傅竖眼传》，疑为梁边昭墓阙，然阙之雕刻，不似晋以后物，亦莫能定（图 55-1）。

56. 北门外无铭阙

县治北门外里许，公路东侧三百公尺处，有石阙一基，仅余残石五层，及阙角栌斗一石，自此以上，俱已崩毁。西侧刻"蜀故侍中□公之阙"，每行四字，隶书，然汉晋间碑碣墓阙，无自称"蜀"者，当为好事者所勒。《县志》属之杨休；《通志》作杨修；《金石苑》引《十六国春秋》疑为杨发阙；亦有作杨羲者。众说纷纭，胥无佐证，悬以待考（图 56-1）。

图 55-1 梓潼西门外无铭阙，画面中人物为陈明达

图 56-1 梓潼北门外无铭阙，画面中人物为陈明达

57. 坟墓

相片所示之墓，在县治东南四十五里玛瑙寺后。坟前建石垣，列小龛五，嵌碑于内。左右复施八字墙二堵，全体平面若冂形。其前构长方形碑亭一座；两掖夹以抱鼓石；正面置四柱，镌盘龙，甚秀丽；再上覆以重檐；檐之平面易为六角形，意匠灵活，不落窠臼，唯上部宝珠，形制略欠调和（图 57-1）。

58. 牌坊

相片所示石坊，三间四柱五楼，楼皆四柱式。其明间上层额枋，仅以承载明楼，故较短。中层之枋，两端伸出中柱外，以受左右次楼。次间之枋，亦挑出以承边楼。楼之挑檐枋下，刻垂莲柱及楣子，以代斗栱。结构式样，似前述广汉诸坊，但比例较为厚重（图 58-1，图 58-2）。

图 57-1
梓潼玛瑙寺后坟墓

图58-1 梓潼牌坊

59. 卧龙山千佛崖摩崖造像

千佛崖在县治西南四十五里卧龙山东崖下。原有之寺，传毁于明末流寇之乱，清光绪六年，乡人剧地，始获造像，为殿以覆之。殿门东向。入门有方石柱，四面镌佛像，若云冈之支提柱，可绕行诵经者。主龛位于东侧；世尊居中垂足坐（图59-1），座下卷草，如绵阳西山观所见；左右阿难、迦叶及菩萨二、护法二、仁王二，分立两侧；其后复浮雕九像，仅露头肩，制作皆极精审。背面（即西侧）之龛，主像结跏坐，阿难、迦叶侍立两旁；再次二菩萨、二仁王，俱完整无损。北侧之龛浮雕极浅。南侧无龛，只刻小佛多躯。柱旁崖上，有唐贞观八年（公元634年）所勒阿弥陀佛并五十二菩萨传及功德主题名，足证诸像即造于是岁（图59-2）。

图 58-2
牌坊细部

图 59-1
卧龙山千佛崖摩崖造像

图 59-2
千佛崖唐贞观八年造像

广元县

60. 唐家沟崖墓

出县治西门,渡嘉陵江循公路西南行,约里许,渡桥转北,再二里,至唐家沟。两侧山上,有崖墓十余处,零星散布,规模皆甚小。其西山一墓,东北向。墓门刻门限、门础,而门础位于门内,门轴之洞则在限外,盖自外封闭故也。门内之室,平面似扇形,约长二公尺,深一公尺半,仅能容纳一棺。室顶断面作人字形,与南溪县宋墌诸墓相近。

61. 千佛崖摩崖造像

千佛崖在县治北十里,嘉陵江东岸,大小四百龛,延绵里许,莲宫绀髻,辉耀岩扉,至为壮观。唯近岁兴筑川陕公路,较低之龛,剖削多处,千载名迹,毁于一旦,令人痛惜无已(图61-1)。

图 61-1

千佛崖摩崖造像外观,画面中二考察者为梁思成(左)、陈明达(右)

图 61-2
千佛崖摩崖造像，窟顶饰有浮雕莲花一朵，俗称"莲花洞"

龛之面积，以一公尺左右居多；二、三公尺者较少；三公尺以上者，寥寥十数处而已。较大之窟，除主像外，壁面遍凿小龛，窟顶饰以莲瓣，颇类龙门诸窟，唯造像作风，仍属盛唐一派（图61-2）。最特别者，中型之窟，每于窟中央，琢主像、侍像，或佛涅槃像，其后翼以树木，若屏风然（图61-3至图61-5）。壁面或镌生死诸图，背景衬以山林云气，至极精妙；而窟内每刻功德主，跽于座下，数量之众，为他处所少有。

造像之沿革，《县志》谓其地原为栈道，唐开元间，韦抗凿石开道，并镌千佛，遂成通衢。今按铭刻可辨者，亦以开元十年（公元722年）《韦抗造像碑》为最早。开元十八年，及咸通十四年，广明二年，中和二年、四年等次之。自此以降，如天成、乾德、绍兴、至正、至顺、正统题记多种，皆属妆严像设，与过客题名，故当地造像殆可谓为成于有唐一代也（图61-6至图61-8）。

西南建筑图说　四川部分

图 61-3
千佛崖中型窟造像
后的"树木屏风"
(远)

图 61-4
千佛崖中型窟造像
后的"树木屏风"
(近)

图 61-5
中型窟窟壁浮雕像

图 61-6
千佛崖摩崖造像之一

图 61-7
千佛崖摩崖造像
之二（左页）

图 61-8
千佛崖摩崖造像，
窟壁浮雕五级方塔

62. 皇泽寺摩崖造像

　　自县治西门，渡嘉陵江，沿公路北行半里，至皇泽寺。寺负岩面江，东向微偏北。现存堂殿三重，规模殊陋，而公路复横贯南北，划寺为二，藩离尽失，尤为惨淡。唯寺后断崖存唐摩崖二十余龛，尚完整。

　　主龛位于寺中轴线上。中为释迦立像；左右阿难、迦叶及菩萨、仁王各一；背面复有浮雕像多尊，仅露头肩，制作均甚精丽（图 62-1、图 62-2）；而西南隅一小吏，合十仰首跽一足，似为功德主或监造者（图 62-3）。其南五十公尺处有塔洞一（图 62-4），西、南、北三面各凿一龛，龛内主像皆结跏坐，风骨凝重，而神光内敛，当为初唐作品。中央支提塔亦刻佛像，中、下二层，施勾片造勾栏（图 62-5），上层四隅，刻小塔及宋庆历六年（公元 1046 年）装修题记。再南

图 62-1 皇泽寺摩崖造像主龛之一

图 62-2 皇泽寺摩崖造像主龛之二

图 62-3
主龛西南隅一小吏
（左上）

图 62-4
皇泽寺摩崖造像塔洞（右上）

图 62-5
皇泽寺摩崖造像与勾片勾栏

数龛亦唐建（图62-6至图62-8）。

《县志》载武士彟尝为利州都督，生武曌于此，其后曌秉政，建寺以修其报，故名皇泽（图62-9）。然考曌以太宗贞观十一年入宫，时年十四；太宗崩，削发为尼，居感业寺，高宗幸寺悦之，复入宫，永徽六年，立为皇后；其预政擅权，则在显庆以后，而寺前摩崖《心经》一卷，署贞观五年，是寺已前有非曌所创明矣。

图62-6
皇泽寺唐代摩崖造像之一

图 62-7
皇泽寺唐代摩崖造像之二

图 62-8
唐代摩崖造像之飞天（左下）

图 62-9
摩崖造像之武则天真身像（右下）

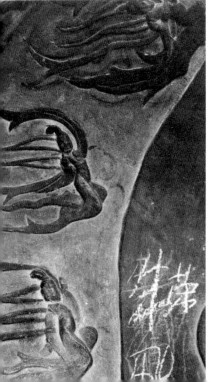

昭化县

63. 观音崖摩崖造像

县治东北三十里嘉陵江东岸，有摩崖造像，延亘半里许。北端者什九剥毁，唯迤南数十龛，保存尚佳（图63-1，图63-2）。龛之面积，除观音、文殊二龛外，余皆甚小，刻工亦极平庸。唯文殊趺坐狮上（图63-3）及金刚短须上翘（图63-4），若唐俑状，乃其特点。铭刻可辨者，仅天宝十四载等字，知为盛唐遗物，余无可考。

图63-1
观音崖摩崖造像外观

图 63-2
观音崖南区摩崖造像

图 63-3
观音崖摩崖造像文殊龛

图 63-4
观音崖摩崖造像之
金刚力士与天王

阆中县

64. 清真寺大殿

城内柳伯士街[1]清真寺，位于街西。大门三间，东向。门内庭院颇广。次大殿五间，进深十六架，单檐歇山顶；另附后堂三间，进深五架，故其全体平面若凸字形；此式在国内清真寺中，最为普遍（图64-1）。

前廊为教徒脱履之所，进深四架，面积颇巨。廊以内，深十一架。因礼拜于是，全部铺以木板。西北隅，设诵经台一座。其后堂西壁之龛（mihrab）即尔撒，遥指麦加圣地（图64-2）。

此殿面阔五间，梁架四缝，悉如常态，唯殿内之柱，则减为三间。其结构于殿内二中柱上，施南北方面之雀替，载大柁一列；柁上再立短柱四处，承受各缝之五架梁及前后三步梁，与河南济源县

[1]
"柳伯士街"，疑为
"礼拜寺街"之误。
——编者注

图 64-1
阆中清真寺大殿

图 64-2
阆中清真寺大殿内景

荆梁观金建大殿，同一原则。殿之柱础、槅扇、雕琢精丽，备极工巧，唯为回教教义所限，仅用几何形及植物花纹。

此寺属哲和林叶派（俗呼摇头派）。大殿营建年代，康熙、雍正二碑无只字涉及。教长王君云建于清康熙中叶，依结构式样观察，其说似为可信。

65. 久照亭

久照亭在县治东北三里山坞中，为当地回教哲和林叶派之墓地。门内右侧，殿宇二层，其间区以短垣，左右辟圆窗，棂格构图颇特殊。正殿檐柱间，设卍字纹槅扇，整洁可爱，而额枋上，仅施金、墨二色，尤极古雅。殿内有滚拜（即坟）数座，未获入观。其住宅杂屋，位于东北隅，有小院一区，依山营筑，甚饶幽趣。

66. 观音寺化身窑

观音寺在县治东北三里，明成化间自城内徙此，现改中山公园。山门南向，微偏西。门内堂殿三重，规制颇巨，唯寺中古物，仅明正统铁钟一具而已。

化身窑即寺僧之火葬场，位于寺西北隅。正面甃石为八字墙，中央设圆券门（图66-1、图66-2）。门内之室，平面圆形。中央砌沟道，通至门外（图66-3）。室顶复设圆洞一处，以泄烟（图66-4）。其法先将尸体趺坐瓦缸内，积炭于缸底，横直交错，杂以松脂，上覆以盖。缸底与盖，中央各留小洞，俾生对流作用。焚化时，将缸置于室之中央，积火沟内，则炭与松脂，次第燃烧，足以荼毗荼蜕矣。

67. 蟠龙山崖墓

县治附近沿嘉陵江两岸，崖墓累累，殆难算计，但规模皆极狭小，唯城北蟠龙山北崖寺西南里许，有三墓稍大。其一墓南向门已

图 66-1
观音寺化身窑，画面中人物为莫宗江

图 66-2
化身窑圆券门

图 66-3
化身窑中央沟道

图 66-4
化身窑宝顶烟道口

图 67-1
蟠龙山崖墓

毁。门内隧道甚短，内室平面，略近方形。东、西、北三面，地面略高，若凹形之台。北面中央，一龛凹入壁内，当即置棺处。另一墓平面长方形，壁面阴刻线道，似象征木建筑之枋、柱、斗栱。室顶多作穹形，但亦有四面斜上，中央留平顶一方者。

诸墓无铭刻，其附近之墓，亦未经科学发掘足资参证，确实年代犹待研讨（图 67-1）。

68. 间溪口摩崖造像

县治西北二十里，嘉陵江西岸间溪口北半里，有隋唐摩崖数处，东向略偏北。主龛下，承以须弥座，雕壶门数间；座上小佛约千尊（图68-1）。两侧翼以仁王各一。千佛之中，一龛特大，主像垂双足坐，上覆菩提树；左右尊者、菩萨各二躯，座下刻卷草及二狮，布局题材与广元、绵阳诸例为近（图68-2）。千佛之南，一龛无铭记。北侧之龛，以二树为背景，题仪凤三年（公元678年），而仪字略泐（图68-3）。其侧一碑，文字剥落殆尽，依碑首雕刻，疑亦唐初物（图68-4）。再北三龛，旁题开皇十四年（公元594年）铭文三行，佛像作风，视南侧诸刻略早（图68-5）。

图68-1
司溪口摩崖造像
主龛

西南建筑图说　四川部分

图 68-2
主龛近观

图 68-3
间溪口摩崖造像仪
凤三年龛

图 68-4
间溪口摩崖造像唐碑

图 68-5
间溪口摩崖造像早期佛像

69. 青崖山摩崖造像

自县治循公路东南二十里，过双龙场。再三里，公路西侧，有造像多龛，零星棋布，若断若续，而主龛位于南端（图69-1）。龛约阔六公尺，高四公尺余。台基刻壸门一列，内镌乐队，尚生动（图69-2）。台上主像垂足坐，足踏俯莲（图69-3）。左右侍立菩萨、尊者各四尊（图69-4）。唯外角金刚，已毁其一。诸像之后，以浮雕像多尊为背景（图69-5），曾见梓潼千佛崖唐刻，但此龛诸像，长身细腰而手过短，比例权衡，绝非唐刻。《县志》谓凿于宋淳熙间，似可信。

图69-1 青崖山摩崖造像主龛，画面中人物为莫宗江、陈明达

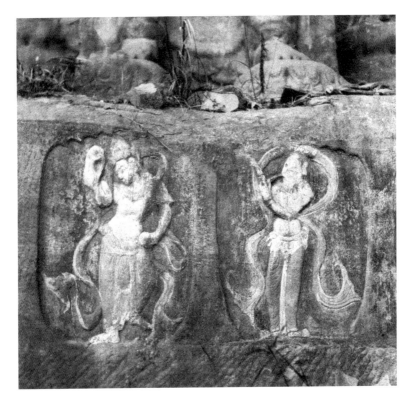

图 69-2
主龛台基上刻乐队

图 69-3
主龛观音像

图 69-4
主龛两侧侍立菩萨、尊者

图 69-5
主龛背景浮雕像

70. 铁塔寺铜钟及铁幢

县治东门内铁塔寺，现为川康绥靖副主任潘文华之行署。门内东侧一亭，覆铜钟、铁幢各一。

钟高一·〇八公尺。下口径〇·五八公尺，但另一方向径〇·五四公尺，非正圆形。钟身以纵篆四、横篆三，划分八格。其交午处，有莲瓣突起，殆即击钟处。钟顶施伏莲一周，中为龙纽，制作甚美。据铭记，乃唐武后长安四年（公元709年），合州（今四川合川县）庆林观主蒲应直铸。后不审何时，移置阆中。清乾隆间，自保宁府署凤凰楼，迁于署内神祠。嗣又迁文庙。近岁乃移铁塔寺，与天宝铁幢并列（图70-1、图70-2）。

幢平面八角形。下部莲座，埋入土中，详状不明。幢身遍铸《陀罗尼经》文，皆阳文，隶书径寸，似先铸就，然后入模，与幢合铸者。其顶以叠涩与枭混曲线，向外挑出，然后收进，其上冠以宝珠（图70-3）。自地面至宝珠顶，高五公尺余。幢乃王袭经与妻严十五所施。铭文中有"大唐天宝四年（公元745年）二月八日建成"及"敬造此塔，供奉万代"等语，俗因呼为铁塔，然实幢也。

图70-1
铁塔寺铜钟

图 70-2
铜钟及天宝铁幢

图 70-3
天宝铁幢顶部

71. 桓侯祠铁狮

桓侯祠在县政府东邻，南向。门内棹楔三间。次重檐建筑一座，上檐斗栱，似明万历三十七年（公元 1609 年）物，唯下檐经清代改修。其后堂殿二重，联以穿堂，平面若工字型，内祀桓侯像。后殿之北，有冢隆然，即侯埋骨处。

庙门外有二铁狮，铸于明万历四十七年（公元 1619 年），虽囿于风习，姿态略嫌笨拙，然为川省鲜见之例（图 71-1）。

图 71-1 桓侯祠铁狮

南部县

72. 大佛寺造像

自县城渡嘉陵江，东南三十里，过碑院场，再东十二里，至禹迹山。山腰大佛寺，杰阁五层，巍然西向（图72-1）。阁内就崖壁凿立像一尊，高五丈余。其营建年代，仅明末曹学佺《蜀中广记》引《县志》"凿石为像，层楼覆之"二语，此外另无文献可据。依姿貌衣纹观之，疑即明初物（图72-2）。阁毁于嘉庆教匪之乱，光绪中修复，见阁内碑记。

图 72-1
南部县大佛寺外景

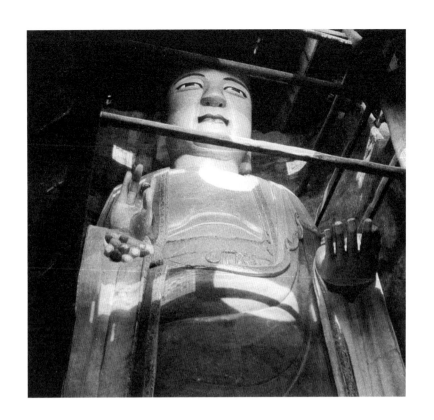

图 72-2
大佛寺阁内大佛

73. 坟墓

省内墓碑，多嵌于墓之正面石壁内，或饰以牌坊，或于墓前另建小亭以维护之。又为避免风雨侵蚀起见，每于碑前施透空之花版，镌文字及几何纹样，种类繁驳，殆难枚举。相片所示之墓，在新政镇东南五里，即其一例（图73-1）。

图 73-1
新政镇东南坟墓

蓬安县

74. 坟墓

此墓位于县治西门外二里官道北，四周以条石累砌，制作甚粗，唯正面（facade）上部所饰山华蕉叶，极似印度回教建筑之 cresting[1]，求之中土，尚无他例形制相类，甚足珍异（图74-1）。

[1] 建筑术语，屋脊或墙顶上的脊饰。——编者注

图 74-1
蓬安县坟墓

渠　县

75. 汉冯焕墓阙

自县治东北五十里之土溪场，折西北，至岩峰场，三十里间，有石阙七座，散布于官道附近，数量之众，环顾国内，仅此一处，足称甲观。唯冯焕、沈府君以外，其余诸阙，胥无铭刻足资考证是否墓阙，无从逆定。其制作年代，冯阙属于后汉中叶。沈阙与拦水桥阙虽无正确年代，然据题记及阙之形范，要皆汉制。唯赵家坪与王家坪无铭阙，所雕人物服饰，显然较晚，疑建于晋或南朝初期，只能谓为汉系统之阙耳。

冯焕阙位于赵家坪之西南隅，距土溪场仅三里许。现存部分，系双阙中之东阙，全体形制，简洁秀拔，曼约寡俦，为汉阙中唯一逸品；而局部雕饰，以几何纹与斗栱人物参差配列，亦属孤例（图75-1 至图 75-3）。

阙下之座，现为土所掩，经发掘后，知未施雕镂。自座至顶，以砂石五枚构成，约高四公尺四十公分。第一层石即阙身，比例耸秀，微具收分，表面隐起柱、枋、地栿。正面方柱间，镌"故尚书侍郎河南京令豫州幽州刺使，冯使君神道"隶书二行，首行九字，次行十一字，下刻饕餮，已漶漫难识。阙身东侧，石纹较粗，似原与子阙或围墙衔接，特意为之者。第二层石雕栌斗及枋三层横直重叠，而第二层枋于阙之四隅，雕平面四十五度之斜枋，故无余地再刻汉阙常用之力神。第三层石较薄，表面阴刻斜十字纹。第四层石微微向外斜出，下刻列钱纹，上施蜀柱斗栱。栱之形制，分二种。位于正、背二面者，栱身颇高，两端仅一瓣卷杀，上置散斗二具；侧面之栱，则系 S 形弯形栱。后者中点，有枋头伸出，但无齐心斗；其上复刻挑檐枋一层，至角十字相交。第五层石即阙顶，最下雕圆形之椽，前端具卷杀。其配列方式，自每面中央，向翼角作放射状。屋顶四注式。正脊甚短；脊上留有长方形之平台，台上应尚有一石，琢鸱尾或其他装饰，但已无存。戗脊前端，微微反翘。瓦陇刻成上下二叠，若梯级形。瓦当镌蕨纹，如汉世常式。

冯君汉中叶人；安帝时任幽州刺使，建光元年（公元121年），为怨者诈作玺书，下狱死，帝赐钱十万，以子绲为郎，见《后汉书·冯绲传》，则其归葬宕渠，营造此阙，应在安帝延光中（公元122—125年），或其后不久，殆与嵩高三阙，约略同时也。

图75-1
汉冯焕墓阙

图75-2
冯焕墓阙细部之一

图75-3
冯焕墓阙细部之二

76. 汉沈府君墓阙

沈府君双阙，在土溪场西北二十三里燕家场（旧名沈家湾），东、西二阙，相距二十一公尺余。其神道中线，南向，略偏东。下部石座平整无雕饰。自座面至阙顶正脊，高四公尺八十余公分。阙之面阔进深，俱视冯阙稍大。

阙之正面，于方柱间，上镌朱雀，下刻饕餮，其间勒铭记一行。阙身外侧，据榫眼及下部之石座，知原有子阙，现已崩毁。内侧（即东阙之西面）刻苍龙及璧，秀丽遒劲，为川东诸阙特有之作风（图76-1）。

阙身以上雕栌斗及枋三层，四隅刻力神，正面中央，复琢饕餮一（图76-2）。枋上薄石一层，浮雕人兽，形态简约，略近图案化（图76-3）。再上，石面向外斜出，刻蜀柱斗栱，正背面各二朵，侧

图76-1
沈府君墓阙全景，画面中人物站立绘图者为陈明达，坐绘图者为梁思成

面一朵。其正面结构，先于二蜀柱上各以栱头挑出，上施弯形栱，左右相联，若后世鸳鸯交手栱之状。至转角处，复刻蜀柱一，撑于栱外端之下。侧面则易栱头为枋头；其上之栱，略似正规栱，而栱身较长，两端微微下垂，疑非木建筑所应有。栱上再施散斗、交互斗、枋头等与挑檐枋相交（图76-4）。其蜀柱两侧，所饰人物数种，姿态生动，而富幽默，汉刻特征流露无遗（图76-5至图76-7）。

阙顶四注式，所琢檐椽瓦脊，大体与冯焕阙相近，唯出檐较大；戗脊未反翘；及正背二面之瓦陇，上下二叠，互相参错，未与冯阙一致尔。

此阙铭记，东阙镌"汉谒者北屯司马左都侯沈府君神道"，西阙镌"汉新丰令交趾都尉沈府君神道"，而名与字，悉付缺如，平生事迹，无从稽考，然据阙之形制雕饰，其为东汉遗物，固无可疑。

图76-2
沈府君墓阙阙身之一

图76-3
沈府君墓阙顶部

图 76-4
沈府君墓阙阙身之二（左页左上）

图 76-5
沈府君墓阙侧面上部（左页右上）

图 76-6
沈府君墓阙侧面雕刻（左页左下）

图 76-7
沈府君墓阙正面下部花纹（左页右下）

77. 拦水桥无铭阙

拦水桥位于土溪场西北二十四里，距岩峰场仅六里许。官道北百余公尺处，有石阙一座，孤立田垄间，南向，微偏西（图 77-1）。据遗迹推之，知现存部分，乃东阙之阙身，但其旁子阙与西侧之阙片石无存。

此阙之面阔、进深、高度，与沈府君阙异常接近，而结构层次与雕饰之题材构图，亦大体符合，几疑出于同一石工之手（图 77-2、图 77-4）。唯局部手法，与沈阙微异处，亦有数端：（一）阙身收分

图 77-1
拦水桥无铭阙，画面中人物为莫宗江（右）、陈明达（左）

略小；（二）朱雀形制不侔；（三）斗栱部分，石面斜出不若沈阙之甚；（四）侧面斗栱，改为 S 形弯形栱；（五）背面蜀柱间，浮刻独轮车一具，为汉代车制极罕贵之资料（图 77-3）。

阙无铭刻，不审其为墓阙，抑建于祠庙前，迄无可考。依形体判断，当亦东汉时物。

图 77-2
拦水桥无铭阙顶部

图 77-3
拦水桥无铭阙顶部浮刻独轮车

图 77-4
拦水桥无铭阙侧面
下部花纹

78. 赵家坪南侧无铭阙

阙在赵家坪赵氏宗祠南侧官道旁，南向，偏西，现存东阙之阙身及其上斗栱（图78-1）。

阙下石座，延至阙身外侧，足证原有子阙，业已崩毁。阙身隐起枋、柱、地栿，但柱之上端，未刻有横枋，其间亦无朱雀铭文。阙身以上，雕栌斗及枋三层，横直相压，虽如常式，但其正面饕餮，已类兽首，足为年代较晚之证（图78-2、图78-3）。其上施薄石一层，无雕饰。再上，于正背二面，琢一斗二升栱二朵，侧面弯形栱一朵。栱身比例单弱，其下以花蒂及束竹纹代替蜀柱（图78-4）。自此以上，复有一石，向外斜出，表面刻人物车骑，大都泐蚀（图78-5）。阙无铭记，而形制雕饰，绝非汉制，疑为晋代物。

图 78-1
赵家坪南侧无铭阙

图 78-2
赵家坪南侧无铭阙
上部

图 78-3
赵家坪南侧无铭阙
力神

图 78-4
赵家坪南侧无铭阙正面上部

图 78-5
赵家坪南侧无铭阙顶部花纹

79. 赵家坪北侧无铭阙

阙在赵氏宗祠东北半里土冈上，南向，微偏西，现亦阙顶倾坠，子阙无存。阙之形范与面阔进深，与前述赵氏祠南侧无铭阙几无轩轾（图79-1、图79-2），唯阙身略高，正面刻朱雀，西侧面刻璧及苍龙（图79-3、图79-4），而龙身凸起较高，形态手法与当地诸阙稍异。上部蜀柱颇高耸。斗栱仅弯形栱一种。栱下杂饰人物，有双髻娃，立蜀柱旁，极婉妙，但非汉刻畴范，当亦晋代建。

图 79-1
赵家坪北侧无铭阙

图 79-2 赵家坪北侧无铭阙顶部（左上）

图 79-3 赵家坪北侧无铭阙正面刻朱雀（右上）

图 79-4 赵家坪北侧无铭阙侧面刻苍龙

80. 王家坪无铭阙

　　自土溪场经赵家坪至王家坪，为程约二十里。官道北二百公尺处，有石阙一座，南向，略偏东。阙顶与子阙已毁。据残存部分，显与赵家坪二无铭阙同属一系。唯阙身正面枋柱间，于朱雀上，刻横枋一层，上施中柱，为最奇特。西侧所琢苍龙与沈府君阙，颇为接近（图80-1，图80-2）。上部斗栱，载于枋头上，正、背二面，各刻一斗二升栱二朵，侧面弯形栱一朵。所雕人物，袖及下裳皆尖端向外，略呈反翘，已启南北朝造像服饰之渐（图80-3）。故疑此阙建于晋末或南北朝初期，为国内石阙年代较晚之一例。

图 80-1
王家坪无铭阙，画面中人物为陈明达

图 80-2
王家坪无铭阙侧面

图 80-3
王家坪无铭阙顶部

81. 岩峰场石墓

县治北七十五里岩峰场东北小溪旁，有古墓四座，散布塍陇间，露出墓门上部，现以巨石塞之。门外左右石柱，向前突出，上加横楣。楣之上缘，若圭首形。正面浮雕饕餮，殷周特征丧失殆尽，意其年代，不能超逾六朝以前，然据现有资料，省内石墓形制，尚无早于此者（图81-1，图81-2）。

图81-1
岩峰场石墓

图81-2
岩峰场石墓浮雕饕餮

82. 坟墓

相片所示二墓，皆在县治东北五十三里赵家坪附近。其一面阔约五公尺，规模甚伟。墓之四面，周以石壁，上覆短檐；而正面中央，略为凹进，以中柱分为二间，嵌碑于内；上加挑檐一列，较两侧之檐，略为提高；其上再建小亭三座；视他墓之构牌坊或碑亭者，可谓特辟蹊径矣（图 82-1）。另一墓稍小。下部中央嵌砌碑石，外施华版，上构挑檐。自檐以上，极似复兴式（Renaissance）建筑之 gable[1]。此虽无意巧合，亦足窥川省封墓艺术之千变万化，莫可端倪也（图 82-2）。

[1] 即山墙。——编者注

图 82-1
渠县坟墓之一

图 82-2
渠县坟墓之二

83. 文庙棂星门

棂星门建于高台上，五间六柱，柱皆通天式。明间施龙门枋及额枋四层，次间、梢间减为三层；其间装花版，刻龙、凤、麒麟及几何纹样，甚崇丽；但额枋以上，俱无檐楼，故其形制介乎牌楼与棂星门之间。清乾隆初知县萧镕建（图83-1）。

图 83-1
渠县文庙棂星门

乐池县

84. 千佛崖摩崖造像

出县治北门，循官道西北行，蹬道碨磊，凡十里，山腰一寺，即千佛崖。寺上、下二层，结构殊简陋。其后壁，就崖面镌佛像约千尊，其中杂以较大之像，或坐或立，姿态不一；全体构图，高低参错，亦不拘于规律。像之一部，位于楼上者，视楼下诸像略大。开凿年代，似不能较明代更早（图84-1）。

图 84-1 乐池县千佛崖摩崖造像

85. 坟墓

此墓四周累砌石壁，上加短檐；正面再构石坊三间，藏墓碑于内，悉如省内通则，唯坊之左右次间，向前斜列，若八字形，其上梁枋数层，及左右抱鼓石，镂琢人物、花纹，敷以彩色，则较少见（图85-1）。

图85-1
禾池县坟墓

南充县

86. 西桥

西桥又名广恩桥,在县治西门外里许。东西七空,皆半圆券。券之净跨约十一公尺;桥面宽九公尺余;规制宏巨,巍然壮观(图86-1至图86-4)。《县志》载宋嘉定旧桥,毁于明嘉靖间,万历六年改建今处,至八年(公元1580年)讫工。唯现存桥面,已非中部隆起,似又经改修,非万历原状矣。桥之东堍稍南,存石兽一躯,形制刀法,疑为宋制(图86-5)。

图86-1
南充县西桥远景

图 86-2
南充县西桥近景

图 86-3
西桥券洞，画面中人物为刘敦桢

图 86-4
券洞下的梁思成（中）、莫宗江（右）、陈明达（左）

图 86-5
西桥古石兽

图 87-1
南充县坟墓之一
远景（右页）

87. 坟墓之一

此墓正面，建碑亭一座，除横枋表面略施雕镂外，其余各部，简洁淳素，如铅华未御，妍妙天成，而正脊上所琢花纹，豪放疏朗，落落大方，与下部对映，尤收珠联璧合之效。其亭身两侧所施夹石，下宽上削，形若拥壁，亦属创举（图 87-1、图 87-2）。

坟墓之二

墓平面长方形。四壁累砌条石，至角微圆。其顶层之石，上下皆刻 moulding[1]，自墙面挑出少许。墓之外观，因以水平线道为主，故形制典雅，与欧洲古典式建筑极为接近；而渠县南境，有一墓数室，左右相联，成一横列者，尤为逼真（图 87-3）。

[1] 建筑术语，檐口、门楣等雕刻的线脚。——编者注

图 87-2 南充县坟墓之一近景

图 87-3 南充县坟墓之二远景

蓬溪县

88. 鹫峰寺大雄殿兜率殿及白塔

鹫峰寺在县治西门外里许，北向，略偏西。外为牌楼三间。次天王殿及大雄殿、兜率殿、后堂四层，依次建于中轴线上。兜率殿之前，左右建钟、鼓二楼，其后有廊庑杂屋，配列殿之两侧，规制颇为整然。其大雄殿之西，则白塔凌空，高十三层，甚峻拔。

寺原名禅林寺，不审创于何时。元末兵灾，寺几荒废，明宣德间重兴。现寺内建筑，有南宋所建白塔，及明中叶木构物三处，较为重要。

天王殿即山门，面阔三间，单檐歇山顶（图88-1）。额枋未紧安平板枋之下，其间空档装板，中央立蜀柱，以承补间斗栱。斗栱材栔颇小，外侧出三翘，每跳具左右斜栱；正心缝与第一跳，皆施栱三层，似明末清初建。

大雄殿前构月台，面阔三间，进深显四间，单檐歇山顶（图88-2）。其全体形范，下迄各间宽狭高低，权当精美，为省内稀有佳作。外壁编竹墁灰。檐柱间，施地栿及额枋二层，至转角处，均未出头。外檐斗栱五踩重翘，但除正、背二面明间施平身科外，其余仅设柱头科而已（图88-3）。外侧第一跳上，置外拽瓜栱，中央施十八斗。第二跳之翘，不与瓜栱相交，而位于十八斗上，左右各出斜栱一缝，与第二跳之翘，直接托于挑檐枋下，乃木建筑罕见之例。其后侧，自正心枋起秤杆，交于内额上。屋顶前后坡，于垂脊下端，构阶级一层，如汉阙所示，亦为此殿重要特征之一。殿建于明正统八年（公元1443年），见明间下金枋题字。殿内主像三尊，亦皆明塑（图88-4）。

兜率殿建于高台上，面阔三间，进深显四间，单檐歇山造（图

88-5）。正面外檐斗栱七踩单翘重昂（图88-6）。昂嘴细长，与梓潼诸例相近。外拽瓜栱、万栱两端之卷杀，极似明清雀替下之出锋。山面背面之檐柱，视正面稍高，故仅于柱巅置栌斗挑梁，以受出檐重量。殿之建造年代，无记录可凭，但其结构方式确属明式。

殿之右庑亦明建。檐枋下，题"维大明成化岁逢己丑"等字。

白塔砖造，下承石台。台上塔身，平面正方形（图88-7，图88-8）。塔门设于东面。门内构方形塔心。塔心与外壁之间，以磴道盘旋而上。外壁以短檐区为十三层，但无平坐。各层隐起柱、枋、斗栱，每面三间。其补间铺作下，承以驼峰，若清式之荷叶墩，极特殊。塔乃宋嘉定八年（公元1215年）李白琳所建，清嘉庆十九年（公元1814年）重修。现塔顶置小喇嘛塔一座，或即重修时所置。

图88-1
蓬溪县鹫峰寺天王殿

图 88-2
鹫峰寺大雄殿

图 88-3
鹫峰寺大雄殿外檐斗栱

图 88-4
鹫峰寺大雄殿佛像

图 88-5
鹫峰寺兜率殿

图 88-6
鹫峰寺兜率殿外檐斗栱

图 88-7
鹫峰寺白塔（左下）

图 88-8
鹫峰寺白塔局部（右下）

89. 宝梵寺大殿

宝梵寺在县治西南三十里，原称罗汉院，宋景平中改今名。元、明之际，寺极式微，明正统、正德间，兴坠整废，复臻隆盛。现寺之中轴线上，存山门、天王殿、大雄殿、三圣殿四重，而大雄殿建于明景泰元年（公元1450年），见殿内下金枋题记（图89-1）。

大雄殿南向，微偏东。面阔三间，进深显四间，单檐歇山顶。外檐斗栱，单翘重昂，但仅正、背二面之明间施平身科二攒，余皆柱头科。昂栱形制，及自正心枋起秤杆，与正心缝上施栱三层，俱与前述鹫峰寺兜率殿类似，唯外拽瓜栱与外拽万栱之卷杀犹保持正规状态，差强人意耳。殿内主像三尊，皆明塑。东西壁有明成化二年（公元1466年）所绘十八尊者，构图豪放，似以宋画为蓝本，而描线粗劲，如铁索金绳，挟雷霆下击，非明画所易睹（图89-2、图89-3）。惜经清嘉庆十九年重描，面貌虽存，而神韵已非。

图89-1 宝梵寺大雄殿，右侧拍照者为陈明达

图 89-2
宝梵寺宋壁画之一

图 89-3
宝梵寺宋壁画之二

90. 定香寺大殿

自县治西北三十五里之文井场，再八里，至定香寺。寺位于小山上，南向，略偏东。山门内建大殿、后楼二重，其平面皆东西长而南北狭；西侧复有方丈及游客宿舍，规模颇巨。据大殿内下金枋题字，殿建于明成化十二年（公元 1476 年），唯屡经改筑，外檐斗栱，全部无存，原有形制，无从追溯。其东次间壁画，存观音变相三幅，构图设色，力求工整，但风格萎靡，而乏生气，似明中叶所制（图 90-1）。

图 90-1
定香寺大殿内景

潼南县

91. 仙女洞

仙女洞在县治西北七里涪江西南岸；其前澄潭清碧，夙称胜景，唯现因江流改徙，垦为种地矣。洞门西向，微偏北，门上题圆音禅洞（图91-1）。内室约广四公尺，深五公尺弱。东侧凿梯道九级，上为小平台（landing）；左右侧各有小龛凹入壁内；其东复有梯道七级，引至崖上，但现覆以石板，不能升降，仅留小洞数处，采取光线而已（图91-2）。梯道两侧，浮雕斗子蜀柱勾栏，但无华版；寻杖以上，就壁面刻卷草；望柱巅，镌狮子宝珠，当出宋人制作（图91-3，图91-4）。洞顶崖面上，遗有方形之槽，据《县志》，即宋鉴亭故址，足证此洞原与鉴亭相通。疑就古代崖墓，增建梯道，供逭暑或静修之用，仙女之名，殆出附会。

图 91-1
仙女洞入口

图 91-2
仙女洞采光口

图 91-3
仙女洞勾栏

图 91-4
仙女洞勾栏细部

92. 大佛寺摩崖造像

潼南县原名潼南镇,隶属遂宁,民国三年,划遂宁、蓬溪二县之南境,始立为县。大佛寺在县治西北五里壁山黄罗崖下,面临涪江,原名南禅院,宋改定明,大佛寺其俗称也。寺内有摩崖佛像,垂双足坐,约高二十公尺,全身涂金,建阁七层覆之。据《遂宁县志》及宋冯楫《南禅寺记》,像创于唐咸通间,自顶至鼻而止。宋靖康元年(公元 1126 年),黄冠王了知鸠工续成像身;绍兴廿一年(公元 1151 年)细加磨礲,全功始竟。今观像之形制,鼻下略成阶段;口角深而弯;项下刻横道;臂部衣饰,凹入臂内;腿部褶纹,零杂软弱,与鼻以上,截然异观,足证其说极为可信(图 92-1)。

寺外南侧崖上,另有造像三龛,皆甚小,其一隋大业六年(公元 610 年)造(图 92-2)。

图 92-1
大佛寺

图 92-2
大佛寺南侧崖隋造像三龛

93. 千佛崖摩崖造像

千佛崖在县治西北六里，位于大佛寺与仙女洞之间。龛数约四五十，东西长半里许。龛之面积，约在一公尺左右。造像式样，约在中晚唐间。惜大部风化，存者复经近人改凿涂饰，伧俗之状，不可向迩（图93-1）。有造像碑数处，就崖面刻出，仅存上部佛像盘龙，其下碑文，悉已剥落（图93-2）。幸龛侧题记，有开元廿八年庚辰（公元740年），及大中八年（公元854年）、九年、十一年数种，犹未尽泐，足资参证。此外另有浮雕小塔五座，下刻须弥座二层：第一层凿方龛，第二层刻壶门装饰；其上塔身琢佛龛；覆以攒尖顶，坡度陡峻，似宋人所镌（图93-3）。

图 93-1
千佛崖摩崖造像

图 93-2
千佛崖摩崖造像唐代碑（左下）

图 93-3
千佛崖摩崖造像浮雕小塔（右下）

1303

图 94-1
五桂场牌坊

图 94-2
五桂场牌坊抱鼓石

94. 五桂场牌坊

五桂场位于县治南百二十里,与大足县毗接。场北一坊,三间四柱三楼,楼作四注式。柱前后所施抱鼓石,刻作圆形,极特殊。据所雕雷纹观之,似建于清中叶以后。檐下以斜撑挑梁,承托挑檐枋;枋以下,再施遮椽版及支条,皆以枭混曲线相联,如 cyma recta,川省木枋中此为初见(图 94-1,图 94-2)。

大足县

95. 报恩寺山门

报恩寺在县治北五里北崖山上，现存门殿二层，皆清代建。山门面阔三间，单檐挑山顶（图95-1）。门之正面，略去明间之前檐柱，而置大门于二中柱间。自中柱至左右次间之前檐柱，各施夹泥墙一堵，平面若八字形。另于前述中柱上，以挑梁伸出，支载明间檐端之荷重。其结构于挑梁前端，置坐斗，出翘三跳，承受第二层挑梁。复于坐斗左右角，各出斜栱一缝，前端托于挑檐枋下（图95-2）。正心缝则施栱四层及花版，支于正心檩下皮。按大门明间，略去前檐柱，虽为川湘诸省常见之法，但详部结构，当以此门为最精美。

图 95-1
报恩寺山门

图 95-2
报恩寺山门斗栱

96. 北崖白塔

白塔在北崖报恩寺前，八角十二层，外线卷杀及出檐结构，一如宋塔常法，唯下部无台基承托，其第一层塔身亦嫌稍矮，不与上部相称（图96-1）。第一层南面辟门。东、西、北三面，各设小室凹入。其余四面，中央砌小龛，左右饰以壸门、花版及直棂窗各一。转角处置蟠龙石柱，上雕力神，以承出檐（图96-2）。檐之构造，除第十一层混用菱角牙子与叠涩外，其余皆以叠涩为主，而第一、三、五、七、九诸层，复以叠涩下，缀以简单斗栱，以示区别（图96-3）。自第二层以上，于东、南、西、北四面辟门，其余四面设佛龛与否，殊不一致。塔顶之刹久毁，现存砖顶，乃清代建。

塔之平面，于第一层门内，设小室，奉佛像。自室西南，构磴道，折东北，以达第二层。自第二层以上，每层构塔心砖柱，周以走廊，而设磴道于塔心内，供升降之用。磴道之位置，上下各层，十字相错，如宋代通则。塔心四正面与门相对处，砌小室凹入，供奉佛像。其四隅面，则于走廊两侧，各为小龛，庋石像于内。

此塔乃宋绍兴间道人邢信通为母祈福造，而潼南大佛寺摩崖，亦成于王了知手。邢、王皆以黄冠崇奉三宝，盛营佛事，而其年代、地点相去不远，深足为异。塔内铭刻，有绍兴二十二年（公元1152年），及二十三、二十四、二十五年数种，知第六层为冯大学所施，余纪镌装佛像，文字略泐，不尽可读。最上二层及塔顶系清末重建，见光绪十九年碑。

图 96-1
北崖报恩寺白塔

图 96-2
白塔转角蟠龙石柱

图 96-3
白塔上层出檐

97. 北崖摩崖造像

出县治北门，约二里，登北崖山。沿山之西侧凿龛窟百余，约长里许，俗呼为佛湾。制作年代以唐乾宁三年（公元896年）、四年为最早；五代前蜀永平五年（公元915年）次之；宋乾德、大观、建炎、绍兴、淳熙又次之。其分布状况，南、北两端，大都成于唐末、五代，中部则悉属宋制，而宋刻数量，约占全数三分之二。题材内容，有观经变相、孔雀明王、千手观音、被帽地藏、九子母，及殿宇、城阁、塔、幢、转轮藏、幡竿、挟轼、车、椅等，颇为丰富。

自北端起，有造像一区，平面若L形。崖面大小十余龛，内有经幢四基及千手观音、被帽地藏等。地藏皆半跏坐，右足下垂；帽下之巾，垂于肩上；右手持锡杖；左手执宝珠；唯无十王随附。另一龛下，刻武士十二尊，成一横列，甲胄衣饰，足供参考（图97-7）。

其南侧建筑物三楹。门内东壁中央，镌观经变相一龛（图97-1至图97-6），约阔二公尺，高三公尺弱，为省内此类题材之最巨者。龛之下层，浮雕城橹，上列一台，具阶梯栏楯，其间点缀人物乐队，至为壮丽。中层刻阿弥陀佛（中），及观音（左）、势至（右）三尊，面貌姿态，宛然唐式，唯风格稍靡，各部衣褶，亦嫌凌乱，当为唐末作品。上层雕殿宇七座，联以阁道。龛外下缘，复刻"序六分缘"，两侧雕"十六观"。全体构图，与敦煌壁画同一系统。此龛左右，复凿小龛多处，斫制虽简，作风略同。其南侧一龛，存乾宁三年比丘惠志造欢喜王菩萨铭记一段。

再南一龛，中镌观音半跏坐像，丰神丽都，宛若少妇。其左右侍像各五尊，皆靓装冶容，如暮春花发，夏柳枝低，极逸宕之美，佛像至此，可谓已入魔道矣（图97-8）。南邻一窟，主像之发，披于肩上，前置挟轼，不审何名（图97-9）。再南一窟，琢释迦佛。次窟镌罗汉多尊，皆甚小，宋淳熙五年（公元1178年）所造也。

南侧复有一建筑，内刻孔雀明王，其东、南、北三面，遍镌小像（图97-10）。此建筑之南，为绍兴十六年所造之转轮藏洞（图97-11）。

转轮藏位于窟之前方，平面八角形；下承蟠龙，中镌八柱亦绕以龙；其上各面，浮雕小塔。窟之东侧，刻水月观音立像一尊，左右壁琢文殊、普贤趺坐狮、象上。其南数窟，侍像作武士装，具多臂，主题不明。

再南一建筑，内刻九子母，为国内稀见之例（图97-12）。自此以南，有小塔及造像数处若断若续，唯迤南一段，小龛稍密，内镌阿弥陀佛，或一龛内二像并坐。附近有乾宁三年及永平五年铭刻，为当地较早之造像。

南端复有一建筑，正面一龛，刻千手观音，似唐末、五代所镌。其左侧一龛，南向，主像类兜跋毗沙门天王，但双手已毁，不审所持何物，无从证实（图97-13）。门外南侧，有乾宁二年摩崖碑，纪景福间韦君靖建永昌寨事略，疑当地造像，与君靖不无关涉，惜诸龛铭记，未详始末，缺以待证。

图97-1
北崖摩崖造像观经变相龛全景

图 97-2
观经变相龛细部，刻阿弥陀佛及观音、势至三尊，上部殿宇七座

图 97-3
观经变相龛细部

图 97-4 观经变相龛细部，有城橹、楼台、阶梯、栏楯

图 97-5 观经变相龛细部，其间点缀人物乐队

图 97-6
观经变相龛上层
殿宇

图 97-7
十二武士造像龛

图 97-8
观音侍像三尊

图 97-9
前置挟轼造像

图 97-10
孔雀明王造像

图 97-11
宋绍兴十六年转轮藏洞

图 97-12
九子母造像

图 97-13
类兜跋毗沙门天王
造像龛

98. 周家白鹤林摩崖造像

周家白鹤林在县治北门外三里，南向，略偏东。其地俗称菩萨崖，东距佛湾约里许，唯地势较低，造像之数，亦寥寥十数龛而已。像之大部，现已凋毁，但迤西一龛，布局奇特，极足引人注目。其主像跌坐高台上，后侧平列坐像二排；下排承以须弥座；上排向外挑出，若凌空之架；每排镌像八尊，上排复刻二立像，紧倚主像左右，疑即阿难、迦叶及十六阿罗汉（图98-1）。另一龛琢主像三尊及二尊者，下刻小像十二躯（图98-2），成一横列；其法虽见北崖唐末、五代作品，但此龛之座，下部浮雕莲花荷叶，显属宋式。诸龛铭记，大都剥损，只存元丰八年（公元1085年）数字，与造像式样，适相符应，其为宋刻，断然无疑。

图 98-1 周家白鹤林摩崖造像之一

图98-2
周家白鹤林摩崖造像之二

99.宝鼎寺摩崖造像

寺在县治东北三十里宝顶山上，原名圣寿寺，创于唐，宋熙宁中改今名。现存门殿五重，及左右廊庑杂舍，范围颇巨，唯仅大殿内铜钟一口，铸于明洪武八年，自余制作，等鄽而下，卑不足论。《通志》《县志》载此寺为毗卢佛或维摩祖师道场，亦皆缘饰附会，不足置辩。

寺外西南一谷，平面作冂形。沿谷之三面，镌佛像多尊，大者逾丈，小者盈尺，殆难算计，内除少数宋刻外，余皆出于明制（图99-1）。唯后者规模数量，虽为明代唯一巨作，而像之姿态，皆上身微俯；帽式前昂后低，镂饰繁密；丰颐厚颊，颧骨略耸，神情鄙犷，迹近颠顸；至不足取。

⌐形谷之中央一面，就崖石凿佛涅槃像一躯，真容伟巨，殆为国内首选（图99-2，图99-3）。其右侧崖面，琢孔雀明王（图99-4）及杂像多尊，布局极凌乱。左侧之崖略长。首镌千手观音，约高五公尺，阔六公尺，外覆以屋（图99-5）。自此往南，大小佛像，依次错布，内有立像三尊，约高七公尺。次一泉，雕龙首数具。泉南牛群，据《金石苑》杨次公《牧牛颂》，当刻于宋季，然不逮传说之妙。再次一窟，平面长方形，中央雕主像三尊，左右壁菩萨各六躯，背面镌云石拥簇，若塑壁状，乃明刻之较佳者。其末端数窟，布局题材与衣饰纹样，酷似北崖中部诸刻，当为南宋造。

图99-1
宝鼎寺摩崖造像外观

图 99-2 石凿佛涅槃像远观

图 99-3 石凿佛涅槃像近观

图 99-4 孔雀明王像

图 99-5 千手观音像

合川县

100. 桥梁

川省桥券式样,尖拱(pointed arch)每视圆拱为多。券下之墩(即金刚墩)为缓和洪流冲击及泥沙淤积之患,多采用狭长之平面。以较清官式诸桥,墩之宽度,恒在券宽二分之一以上者,优劣之别,不言立辨。此桥位于县治西门外里许,东西三空,规制甚小,但其结构方式,足为省内石券桥之代表(图100-1)。

图 100-1 合川县石桥

101. 濮崖寺摩崖造像

濮崖寺原名定林院，在县治西北五里，现改国立第二中学校。寺后摩崖，自东迄西，约长里许，而唐像萃于东端，有名之《石门弥陀颂》，即在其处；唯石质松劣，形象剥裂，什九无存，相片所示，胥属赵宋一代耳。龛之布局，仅西部一龛，镌释迦趺坐莲座上，左壁刻文殊及狮，右壁无普贤，较为特殊；其余作风与大足北崖诸刻，约略相同。现存铭记，以唐开元廿三年（公元735年）《弥陀颂》为最早。长庆、元祐、大观、绍兴、嘉定次之。泰定以后，则皆装銮修壖，与造像无关（图101-1）。

图 101-1 濮崖寺摩崖造像

雅安县

102. 高颐墓阙

阙在县城东十五里姚桥公路南，百余公尺处。现东阙仅存阙身铭刻一段。西阙下承基座，刻蜀柱、栌斗。其上阙身与子阙表面隐起柱、枋、斗栱，缀人物车骑，与平阳君阙形范略同。阙身上，覆四注重檐顶；正脊中央，雕鹰一，口衔飘带，尚属初见（图102-1 至图 102-7）。子阙之顶，则仅一层，较简略。《县志》载东阙镌：汉故益州太守武阴令上计史举孝廉诸部从事，高君字贯方；西阙镌《汉故益州太守阴平都尉武阳令北府丞举孝廉高君字贯□》。《金石苑》谓二阙俱属高颐，《通志》《县志》则称一属颐，一属颐弟直。然昆季同举孝廉，同官益州太守，疑难巧合若是，似以《金石苑》所述为近。阙南二石狮，一仆一立，仆者尤雄健（图102-8）。

图 102-1
高颐墓阙

图 102-2
高颐墓阙西阙顶部

图 102-3
高颐墓阙西阙细部

图 102-4
高颐墓阙子阙表面隐起柱、枋、斗栱

图 102-5
高颐墓阙基座上刻蜀柱栌斗

1325

图 102-6
高颐墓阙子阙细部

图 102-7
高颐墓阙子阙檐子

图 102-8
高颐墓阙前石狮

103. 高颐碑

碑在姚桥高孝廉祠内。下承石座琢二龙相向。碑宽一·二五公尺，高二·七五公尺，上镌盘螭及穿，如汉碑常制。据碑文，颐没于东汉建安十四年，则阙与碑应俱建于殁后数年以内。又祠内藏四石虎，偃卧若盘，《县志》谓自墓地移此，亦东汉物（图103-1）。

图 103-1 高颐碑

芦山县

104. 樊敏墓碑及石兽

樊敏碑在县城东南七里,现覆以亭。碑下承以赑屃,为汉碑中仅见之例。碑身高二·九四公尺,下丰上削。文字迭经重刻,神韵全失,唯上部篆额,保存稍佳。碑前水田中,有二石兽;碑后西北隅,复有石狮一,体积皆甚小。据碑文,敏没于建安十年,先于高颐之殁仅八载,故遗物形制,亦大体相类(图104-1至图104-3)。

图 104-1
樊敏墓碑

图 104-2
樊敏墓碑石兽之一

图 104-3
樊敏墓碑石兽之二

105. 石羊巷石兽

石羊巷在县城东南三里许。村北竹林中，存石羊一；其西北复有一狮，俱似六朝时物（图105-1）。

106. 姜维庙

庙在城内南正街东侧。门外棹楔三间，明嘉靖间建。入门折北，有二石虎相对，形态生动，犹存汉世旧型。疑维没不久，蜀人缅怀忠荩，于其封地立祠祀之，二虎乃当时遗物也。其北姜庆楼建于明正统十年，面阔五间，进深四间，三檐歇山顶。最后大殿三间，仅中央部分为明代原物，余经清季改造（图106-1至图106-6）。

图 105-1
石羊巷石狮

图 106-1
姜维庙牌坊

图 106-2
姜维庙姜庆楼之一

图 106-3
姜维庙石虎

图 106-4
姜维庙姜庆楼之二

图 106-5
姜庆楼内景

图 106-6
姜庆楼梁架

107. 广福寺大殿

寺在城内南正街西侧。大殿东向，面阔三间，深四间，上覆歇山顶，明宣德二年建（图107-1 至图107-4）。

图 107-1
广福寺大殿

图 107-2
广福寺大殿外檐下

图 107-3

广福寺大殿内景

图 107-4
广福寺大殿内佛像

云南部分*

*本文为未刊稿,是中国营造学社在1937年底西迁昆明后的一份调查资料的索引。这次调查的时间是1938年10月至1939年1月,人员为刘敦桢、莫宗江、陈明达,刘致平参加了前期昆明及其近郊的调查,共计调查了十市县,筛选出古建筑、石刻及其他文物共六十八项。调查报告由刘敦桢负责编写;梁思成根据调查的资料编写了这份调查录。编写这份资料的目的,是向当时的教育部报告工作,以便获得经费支持,所以只写成简约的索引形式。这份材料一直保存在原教育部官员黎东方处。80年代后期,黎自美国回京探亲,特将此材料带回交给梁思成之子梁从诫。这是一历史档案,为保持其真实性,本次校注除极个别明显的笔误加以改正外,全部保留原文。文中照片全部为当时所拍,本次由林洙配附。调查录中的一部分内容,后来由刘敦桢以论文形式发表,计有《中国营造学社汇刊》1945年第七卷第二期,《云南之塔幢》;另有《云南古建筑调查记》、《西南古建筑调查概况》(一部分)、《丽江县志稿》,发表于《刘敦桢文集》(三),中国建筑工业出版社1987年出版。《中国营造学社汇刊》1944年第七卷第一期还发表了刘敦桢的《云南一颗印》。——王世仁注

目 录

昆明市 ··· 1341

1.慧光寺塔 2.大悲寺石幢 3.妙应兰若塔 4.佛顶尊胜宝塔残件 5.杜昌海墓塔残件 6.大东寺佛座 7.真庆观大殿 8.土主庙大殿 9.旧城隍庙大殿 10.大德寺双塔 11.龙泉观玉皇殿 12.旧总督府大门、大堂 13.圆通寺大殿 14.文庙大成殿 15.滇南首郡坊 16.常乐寺塔

昆明县 ··· 1366

17.松华坝 18.筇竹寺元墓塔及碑 19.妙湛寺金刚宝座式石塔 20.妙湛寺砖塔 21.太和宫铜殿

安宁县 ··· 1374

22.法华寺石刻 23.曹溪寺大殿 24.曹溪寺普同塔 25.曹溪寺铜钟 26.文庙大成殿 27.昊天阁雷神殿 28.永安桥

楚雄县 ··· 1382

29.德运碑 30.高氏果行义帝碑 31.文庙大成殿 32.南大街木坊

镇南县 ··· 1385

33.广福寺大殿

姚安县 ··· 1387

34.兴宝寺续置常住碑 35.德丰寺大殿 36.至德寺大殿、前殿及两庑 37.至德寺高雪君铜像

凤仪县 ··· 1392

38.飞来寺双塔

宾川县 ··· 1393

39.金顶寺铜殿 40.传灯寺铜像 41.悉檀寺大殿天王殿 42.华严寺铜钟 43.悉檀寺生白公祠木增像 44.华严寺大殿 45.石钟寺大殿

大理县 ··· 1402

46.浮图寺塔 47.蒙国大诏德化

颂碑 48.白王坟 49.崇圣寺大塔 50.双塔 51.雨铜殿佛像 52.宏圣寺塔 53.平云南碑 54.大崇圣寺碑 55.中央皇帝庙塑像 56.和尚坟 57.感通寺大云堂石坊 58.大慈寺宗莲殿碑 59.圣源寺观音阁 60.崇圣寺雨铜殿铜钟 61.崇圣寺雨铜殿双塔

鹤庆县 ··· 1414

62.文庙大成殿

丽江县 ··· 1415

63.琉璃殿 64.宝积宫 65.大定阁 66.皈依堂 67.木氏家祠门坊 68.忠义坊

昆明市

1. 慧光寺塔

在东市街南段路西。传唐末南诏国弄栋节度使王磋巅建，但记载歧出，确实年代尚难断定。塔砖造，平面方形，塔身上覆密檐十三层，内辟方室，直达上部，现塔基座与门残破不全。上部刹顶亦已失落，因与常乐寺塔东西遥对，俗称西寺塔（图1-1至图1-4）。

图 1-1
慧光寺塔之一

图 1-2
慧光寺塔之二

图 1-3
慧光寺塔内部

图 1-4
慧光寺塔入口

2. 大悲寺石幢

在拓东路古幢公园。南宋（大理国末期）造？幢高六公尺半，八棱七层，第一层刻四金刚及梵字，以上各层镌刻佛像，俗称梵字塔（图 2-1 至图 2-4）。

图 2-1
大悲寺石幢

图 2-2
大悲寺石幢上部

图 2-3
大悲寺石幢中部

图 2-4
大悲寺石幢底部

3. 妙应兰若塔

在大西门外西北三里。元成宗贞元元年（公元 1295 年）建。结构类慧光寺塔，唯体积较小，现亦基座残破，塔顶坠落（图 3-1、图 3-2）。

4. 佛顶尊胜宝塔残件

在翠湖北云南通志馆内。元泰定帝泰定元年（公元 1324 年）造。仅存石制之喇嘛"塔肚"一具。平面圆形，正面刻佛像一躯，

图 3-1
妙应兰若塔远观

图 3-2
妙应兰若塔下部

图 4-1
佛顶尊胜宝塔残件

周围镌兴造塔记及佛顶尊胜陀罗尼咒。民国十三年自华亭寺移来（图 4-1）。

5. 杜昌海墓塔残件

亦在通志馆内。元泰定二年（公元 1325 年）造。仅存"塔肚"，刻作佛像及人匠提举杜昌海墓志铭。民国十三年自华亭寺移来。

6. 大东寺佛座

在鱼课司街路南。元代物？寺改市立小学，佛座庋大殿后，保存尚佳（图6-1）。

7. 真庆观大殿

在拓东路东段路北。明宣宗宣德十年（公元1435年）建。殿面阔五间，进深十架，上覆单檐歇山顶。结构式样，与北平明代建筑最为接近。现除内部天花凋落外，大体完整。惜近改云南财政厅第一火柴制造厂，极易引起火灾，亟宜改善（图7-1至图7-7）。

图6-1 大东寺佛座

图 7-1
真庆观山门

图 7-2
真庆观大殿

图 7-3
真庆观大殿翼角
(右页上)

图 7-4
真庆观大殿外檐
斗栱(右页左下)

图 7-5
真庆观大殿斗栱
后尾(右页右下)

图 7-6
真庆观大殿藻井

图 7-7
真庆观大殿梁架

图 8-1
土主庙大殿

8. 土主庙大殿

在武成路东段路北。明建？面阔五间，进深十架，单檐歇山造。现改市立华山小学校礼堂。内部诸柱微向后倾斜，余完整（图 8-1 至图 8-4）。

图 8-2
土主庙大殿内礼堂

图 8-3
土主庙大殿外檐
斗栱

图 8-4
土主庙大殿内部
斗栱

9. 旧城隍庙大殿

在福照街北端。明建？面阔五间，进深十架，现改大众电影院。门窗、屋顶俱经修改，仅梁柱、斗栱为明代原物（图9-1至图9-3）。

图9-1 昆明市旧城隍庙大殿内景

图 9-2
旧城隍庙大殿梁柱、斗栱

图 9-3
旧城隍庙大殿斗栱、天花

图 10-1 大德寺双塔之一

图 10-2 大德寺双塔之二

10. 大德寺双塔

在永宁宫坡。明宪宗成化九年（公元1473年）建。寺改昆华女子师范及求实中学校。二塔皆砖造，方形。塔身上施密檐十三层，顶部置小喇嘛式塔。尚完整（图10-1，图10-2）。

11. 龙泉观玉皇殿

在市东北二十里黑龙潭龙泉公园。明崇祯间建，殿面阔五间，单檐歇山造。清乾隆、嘉庆迭经修葺。现仅内部梁架乃明代旧构（图11-1至图11-4）。

图11-1
龙泉观玉皇殿

图11-2
玉皇殿翼角

图 11-3
玉皇殿明代梁架之一

图 11-4
玉皇殿明代梁架之二

12. 旧总督府大门、大堂

在光华街路北。清康熙二十年（公元 1681 年）建。大门面阔三间；大堂面阔五间，进深八架，俱单檐挑山造。大堂梁架彩画犹存明式矩䕫。现改宪政人员训练所及云瑞中学礼堂。前后窗门胥经修改，非原状矣（图 12-1，图 12-2）。

图 12-1
旧总督府大堂

图 12-2
旧总督府大堂梁架

13. 圆通寺大殿

在圆通街路北。明成化间（公元1465—1487年）建。寺在螺峰山麓，现改圆通公园。大殿面阔五间，外绕走廊，重檐歇山造。内部一部分佛座、佛像犹为明代旧物，但走廊乃清建（图13-1至图13-4）。

图13-1
圆通寺大殿

图13-2
圆通寺大殿内明代佛座

图 13-3
圆通寺大殿外檐斗栱

图 13-4
圆通寺湖心亭

14. 文庙大成殿

在文庙街。清康熙二十九年（公元1690年）建。面阔七间，单檐歇山造。现改民众教育馆，修治未久，完整如新（图14-1至图14-3）。

图 14-1
昆明市文庙棂星门

图 14-2
昆明市文庙大成殿

图 14-3
文庙大成殿翼角

图 15-1
滇南首郡坊

15. 滇南首郡坊

在大西门内府甬道。清康熙三十四年（公元1695年）建。三间四柱三楼，楼皆歇山造。仅局部檐瓦凋落，余尚佳（图15-1，图15-2）。

图15-2 滇南首郡坊细部

16. 常乐寺塔

原塔传唐南诏国弄栋节度使王磋巅建。因与慧光寺塔东西对峙，俗称东寺塔。清道光十三年（公元1833年）塔崩圮。光绪九年，于旧基东数百步另建新塔，至十三年落成（图16-1至图16-3）。

图 16-1
常乐寺塔全景（左页）

图 16-2
常乐寺塔塔身

图 16-3
常乐寺塔塔基

昆明县

17. 松华坝

在城东北三十五里龙华乡。明神宗万历四十八年（公元1620年）建。此坝导盘龙江之水，为金汁河，灌溉民田，远在蒙段时。至元赛典赤赡思丁，复增修之。但其时以木缔构，有坝无闸。至明万历末，川人朱芹始为今制。清代迭加修理，为昆明附近重要水利工程之一（图17-1至图17-3）。

图 17-1
松华坝景观（左下）

图 17-2
松华坝"牛舌头"（右上）

图 17-3
松华坝闸口（右下）

18. 筇竹寺元墓塔及碑

县西北二十五里玉案山后有元武宗至大三年（公元 1310 年）雄辩法师墓塔，及顺帝至正十六年（公元 1356 年）碑。其北复有元玄鉴雪庵宗祖塔（图 18-1，图 18-2）。

图 18-1
筇竹寺元墓碑

图 18-2
筇竹寺元墓塔

19. 妙湛寺金刚宝座式石塔

在城南二十里官渡镇。明英宗天顺二年（公元1458年）建。在寺山门外，下为方形石台，内构穹窿十字相贯，其上建喇嘛式石塔五具，居中者体制较崇。现台面及塔身，杂树丛生，亟待芟除（图19-1，图19-2）。

图 19-1 妙湛寺金刚宝座式石塔

图 19-2 金刚宝座式石塔中央宝塔

20. 妙湛寺砖塔

地点同前。明建,在山门内,原为东西双塔,现仅存东侧者。结构式样,略如昆明市大德寺塔。唯基座残破,刹顶坠落,与寺同归颓废矣（图 20-1）。

图 20-1 妙湛寺砖塔

21. 太和宫铜殿

在城东十五里鸣凤山。清康熙九年（公元1670年）建。殿铜造，每面三间，上施重檐歇山顶。清康熙间因原有铜殿于崇祯末移建鸡足山，乃仿旧式重铸。光绪中叶重修（图21-1至图21-6）。

图 21-1
太和宫铜殿之一

图 21-2
太和宫铜殿之二

图 21-3
太和宫铜殿之三

图 21-4
太和宫铜殿外檐斗栱

图 21-5
太和宫铜殿基座（下）

图 21-6
太和宫铜殿一角

安宁县

22. 法华寺石刻

在城东十五里洛阳山。宋（大理国时期）造。寺后西南侧崖上有卧佛一躯，约长四公尺，东侧石崖上，又刻罗汉十八龛及达摩像；另有一佛，抱膝蹲坐，俱类宋代手法。此外另有明以后石刻数龛（图 22-1 至图 22-4）。

图 22-1 法华寺石刻卧佛之一

图 22-2
法华寺石刻卧佛之二

图 22-3
东侧石崖龛

图 22-4
抱膝蹲坐佛像

23. 曹溪寺大殿

在县城西北二十里凤城山。元建？殿东向，平面方形，每面三间，重檐歇山造。但仅下檐为元代原物，上檐斗栱及门窗装修已经明代修改。佛像亦皆明塑。梁架、椽檩则系最近抽换者（图23-1至图23-6）。

图 23-1 曹溪寺大殿之一

图 23-2 曹溪寺大殿之二

图 23-3
曹溪寺大殿内景

图 23-4
曹溪寺大殿外檐斗栱（左下）

图 23-5
曹溪寺大殿转角铺作（右下）

图 23-6
曹溪寺围廊

24. 曹溪寺普同塔

在凤城山曹溪寺南侧。塔砖造，结构式样极类元代喇嘛塔，疑为元、明间物（图24-1）。

25. 曹溪寺铜钟

在曹溪寺大殿内。明弘治二年（公元1489年）造（图25-1）。

26. 文庙大成殿

在县城北门内。明宣德间（公元1426—1435年）建。面阔五间，单檐歇山顶。结构手法与楚雄文庙大成殿极为接近（图26-1）。

图 25-1
曹溪寺铜钟

图 24-1
曹溪寺普同塔

图 26-1
安宁县文庙大成殿

图 27-1
昊天阁雷神殿

图 27-2
昊天阁雷神殿外檐斗栱

27. 昊天阁雷神殿

在城内西南隅太极山上。明天顺四年（公元1460年）建。殿面阔五间，进深八架，单檐歇山造。仅内部天花藻井凋落，余尚完好（图27-1，图27-2）。

28. 永安桥

在城东门外。明建？

（图 28-1 至图 28-3）

图 28-1
永安桥全景

图 28-2
永安桥中央桥拱（左下）

图 28-3
永安桥桥面店铺（右下）

楚雄县

29. 德运碑

在县城西三十里。宋（大理国时期）立。

30. 高氏果行义帝碑

废城内民众教育馆。宋（大理国时期）立。

31. 文庙大成殿

在城内东街路南。明成化五年（公元1469年）建。殿面阔五间，进深八架，重檐歇山造。现属县立小学（图31-1至图31-3）。

图 31-1
楚雄县文庙大成殿

图 31-2
楚雄县文庙大成殿山面

图 31-3
楚雄县文庙大成殿内部梁架

32. 南大街木坊

在城内南大街。明崇祯十年（公元1637年）建。坊三间，四柱三楼，尚完好（图32-1）。

图 32-1 南大街木坊，画面中人物为刘敦桢（右）、莫宗江（左）

镇南县

33. 广福寺大殿

在县城内东街路北。元建。面阔三间，进深八架，重檐歇山造。但檐柱走廊乃近岁所加。清嘉庆间迁文昌宫于此，因俗称文昌殿。现改县立初级师范学校寄宿舍。保存尚佳（图33-1至图33-3）。

图33-1 广福寺大殿外景

姚安县

34. 兴宝寺续置常住碑

在城西北二十里。元宣光六年（公元1376年，即明洪武九年）立。在寺西配殿廊下（图34-1）。

图34-1
兴宝寺续置常住碑顶部

图33-2
广福寺大殿斗栱后尾（左页上）

图33-3
广福寺大殿梁架（左页下）

35. 德丰寺大殿

在姚安县城内西南隅。明永乐二年（公元 1404 年）建。面阔五间，进深七架，上施单檐歇山顶。现改县立第一高级小学校礼堂（图 35-1 至图 35-3）。

图 35-2
德丰寺大殿近观（右页上）

图 35-3
德丰寺大殿斗栱、梁架（右页下）

图 35-1
德丰寺大殿

36. 至德寺大殿、前殿及两庑

在城北廿里白塔街西南三里。明永历六年（公元1652年）建。大殿面阔五间。单檐硬山造。两庑及前殿门窗装修精美异常，俱皆明末物（图36-1至图36-4）。

37. 至德寺高雪君铜像

在白塔街至德寺内。明末铸。皮大殿前廊东端。

图 36-1
至德寺大殿，画面
中人物为刘敦桢
（左页上）

图 36-2
至德寺前殿近景
（左页下）

图 36-3
至德寺大殿东配殿

图 36-4
至德寺大殿内景

凤仪县

38. 飞来寺双塔

在县城西北五里。清康熙卅年（公元1691年）建。塔砖造，位于大殿前。方形，塔身上各施密檐七层，为双塔较晚之例（图38-1）。

图38-1
飞来寺双塔

宾川县

39. 金顶寺铜殿

在县城北百二十里鸡足山玉柱峰顶。明万历中叶铸。原建于昆明太和宫,崇祯十年移建于此。殿方形,每面三间,上施重檐歇山顶,胥范铜为之(图39-1)。

图 39-1
金顶寺铜殿,画面中人物为陈明达

40. 传灯寺铜像

在鸡足山传灯寺。明代物（图40-1）。

41. 悉檀寺大殿天王殿

在鸡足山。明万历中叶，丽江土知府木增施建。天王殿面阔三间，单檐硬山，内庋天启四年碑及明塑四天王像。大殿面阔五间，进深显四间，重檐歇山造。内部佛像经橱，皆明物（图41-1至图41-7）。

图40-1 传灯寺迦叶殿铜像

图 41-1
悉檀寺天王殿

图 41-2
悉檀寺大殿

图 41-3
悉檀寺大殿佛龛

图 41-4
大殿佛龛近观

图 44-2
大殿内景

图 44-3
大殿外檐斗栱

图 44-4
大殿装修

图 45-1 石钟寺大殿

45. 石钟寺大殿

在鸡足山石钟寺。清康熙中叶建。结构式样与华严寺略同（图 45-1 至图 45-3）。

图 45-2 大殿外檐斗栱

图 45-3 大殿槅扇装修

大理县

46. 浮图寺塔

在县城南廿二里羊皮村。唐宪宗元和十五年（公元820年）南诏国王劝利晟建。塔东向，单层十三檐，平面方形。现塔基座残破，塔身西面亦发生裂痕，唯刹顶尚完好（图46-1，图46-2）。

图46-1 浮图寺塔

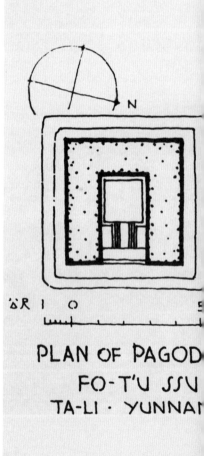

图46-2 浮图寺塔平面图

47. 蒙国大诏德化颂碑

在城南十八里草帽街旧官道旁。唐代宗大历元年（公元766年）南诏国主阁罗凤立。碑额已失，文字已强半磨灭，现护以小屋。

48. 白王坟

在城西北十二里点苍山麓。南诏国时期建？下部基台二重，广一百五十余公尺，以乱石叠砌，规模颇巨。台后土阜上，有明代砖墓，分内外二室，覆以穹窿，但墓门已毁（图48-1至图48-3）。

图48-1
白王坟远景

图 48-2
白王坟局部

图 48-3
白王坟明代砖墓

49. 崇圣寺大塔

在县城西北五里三文笔村。唐末（南诏国）创建，元世祖至元十三年（公元 1276 年）大规模重修。旧在寺山门外，东向。清末划入兵营内。下为基台二重，上建方形塔身，设塔门于西侧，覆以密檐十六重。现内部木造楼板、梯级俱颓朽。刹顶亦于民国十四年，地震坠落，唯外廓尚完好耳（图 49-1 至图 49-3）。

图 49-1
崇圣寺塔大塔及双塔

图 49-2
崇圣寺塔大塔（左下）

图 49-3
大塔内仰视（右下）

50. 双塔

在崇圣寺。宋（大理国时期）建？塔皆八角十三层。在大塔后，南北对峙。除上部数层出檐略有残破外，余尚完整（图 50-1 至图 50-3）。

图 50-1
崇圣寺双塔之一

图 50-2
崇圣寺双塔之二

图 50-3
双塔基座

55. 中央皇帝庙塑像

在城北四十五里喜洲镇南。元时塑？像在正殿内，约高三公尺半；危坐按剑，冠制犹为元式（图55-1）。

56. 和尚坟

在喜洲中央皇帝庙东南。元建？塔西向，砖造，约高九公尺半，式样、结构略似喇嘛塔，但基台平面作八角形（图56-1）。

图 55-1
中央皇帝像

图 56-1
和尚坟，画面中人物为刘敦桢

图 59-1 圣源寺观音阁

图 59-2 圣源寺观音阁山面近观

57. 感通寺大云堂石坊

在城西南二十里圣应峰。明洪武十九年（公元 1386 年）建。三间四柱，全部石造，大体完整。

58. 大慈寺宗莲殿碑

在县城北四十五里喜洲镇南。明洪武卅一年（公元 1398 年）立。碑庋正殿后廊，完整无损。

59. 圣源寺观音阁

在城西北四十里庆洞庄。明建？阁在寺南院，面阔三间，重檐歇山造。虽经改修，内部梁架与上檐斗栱犹属原构（图 59-1，图 59-2）。

60. 崇圣寺雨铜殿铜钟

在城西北五里三文笔村。明成化八年（公元1472年）铸。

61. 崇圣寺雨铜殿双塔

在三文笔村。明万历十六年（公元1588年）建。塔砖造，单檐多层式，分立殿前。一称圆明塔，一称妙明塔（图61-1）。

图61-1
崇圣寺雨铜殿双塔

鹤庆县

62. 文庙大成殿

在县城南门内,明崇祯五年(公元1632年)建。面阔五间。明间面阔达九公尺余。上覆重檐歇山顶。现改县立女子小学校(图62-1,图62-2)。

图 62-1
鹤庆文庙大成殿梁架（左页上）

图 62-2
大成殿外檐斗栱后尾（左页下）

图 63-1
琉璃殿（右）及宝积宫（左）

丽江县

63. 琉璃殿

在城北二十里白沙里。明永乐间建？殿方形，正面三间，余三面各四间，上覆重檐歇山顶。明土知府木氏建，内部壁面，有木氏各代所施壁画多幅，甚精美。唯屋顶残破，亟待修葺（图 63-1 至图 63-4）。

图 63-2
琉璃殿侧面

图 63-3
琉璃殿壁画之一

图 63-4
琉璃殿壁画之二

64. 宝积宫

在琉璃殿后。明万历四十年（公元1612年）建。殿方形，每面三间。重檐歇山造，内部壁画佛像，虽不逮琉璃殿，亦皆明人作品（图64-1至图64-7）。

图 64-1
宝积宫

图 64-2
宝积宫内檐斗栱

图 64-3
宝积宫殿内佛像

图 64-4
宝积宫殿内佛像远观

图 64-5
宝积宫壁画之一

图 64-6
宝积宫壁画之二

图 64-7
宝积宫壁画之三

65. 大定阁

在白沙里宝积宫北。明末木氏建。正殿面阔三间，重檐攒尖顶。前辟方庭及回廊，皆明末建（图 65-1 至图 65-3）。

图 65-1
大定阁

图 65-2
大定阁大门

图 65-3
大定阁大殿

66. 皈依堂

在城内官院巷。明成化七年（公元1471年）建。面阔三间，进深八架，上施单檐歇山顶。明土知府木钦建。内部壁画与雕空佛像版甚精美。唯正面雨搭乃后代增建。现改小学校（图66-1，图66-2）。

图 66-1
皈依堂雕空佛像版之一

图 66-2
皈依堂雕空佛像版之二

图 67-1
木氏家祠门坊，画面中人物为刘敦桢

图 67-2
木氏家祠门坊细部

67. 木氏家祠门坊

在城内黄山公园南麓。明嘉靖廿三年（公元1544年）建。门单间二柱，歇山顶。檐下施如意式斗栱，为现存此式斗栱较古之例。惜门扉遗失，上部屋顶亦多残破，恐将危及架构（图67-1、图67-2）。

68. 忠义坊

在城内旧土通判署前。明万历间建。三间四柱六楼,全部石造。尚完整(图68-1至图68-6)。

图68-1 忠义坊,画面中人物为刘敦桢(左)、吴金鼎(中)与莫宗江(右)

图 68-2
忠义坊上檐

图 68-3
忠义坊斗栱之一

图 68-4
忠义坊斗栱之二

图 68-5
忠义坊石狮

图 68-6
忠义坊背面

浙江杭县闸口白塔及灵隐寺双石塔*

* 1937年《中国营造学社汇刊》准备出一期塔的专刊,《闸口白塔及灵隐寺双石塔》是其中的一篇。本篇的测量及制图工作由刘致平完成。后因抗日战争爆发,没来得及发表。——刘致平注

目 录

闸口白塔 ··· 1437
　　现状 - 平面 - 立面 - 白塔部分之分析

灵隐寺双塔 ··· 1453

三塔之年代 ··· 1454

卷首图一
闸口白塔外景

卷首图二(甲)
白塔须弥座及下四层之一

卷首图二(乙)
白塔须弥座及下四层之二

卷首图三
白塔第一层及隅面佛像

卷首图四
白塔第一层外檐斗栱及阑额

卷首图五
白塔第一层转角铺作及补间铺作

卷首图六（甲）
白塔第一层门全貌
（右页上）

卷首图六（乙）
白塔第一层门局部
（右页下）

卷首图七
灵隐寺双塔外景

卷首图八
灵隐寺东塔第二层
隅面佛像

卷首图九
灵隐寺塔须弥座第
一、第二层

卷首图十
灵隐寺塔第一、第二、第三层

闸口白塔

现状

在杭州闸口江岸，沪杭车站路轨旁，一石塔秀挺兀立，俗呼"白塔"（卷首图一）。塔八角九层，立在广仅二十公尺，高约三公尺的小石丘上。石丘在铁路基线之内，前面（即南面临江一面）毗连民居，后面有多股路轨，终日、终年都有车辆在塔下往来，源源的煤烟将白塔熏成黑色。

严格地说，白塔实是一座模仿木构塔形式的经幢，与其称之为一座建筑物，不如称之为一件雕刻品，或是一件模型。然而白塔虽只有塔的形式而不是个结构，但因其形式仿木构之忠实，故在建塔当时木塔的研究上，却是一个极可贵的资料。各层檐部虽多崩裂蚀落，但所保存下来的部分，尚足以表示全部的形制。

平面

塔平面（图一）作八角形，由最下之土衬、须弥座以至各层均作八角形。每层塔身均做成木构八角的形式，每角上隐出圆的角柱；每面广只一间，所以没有平柱。在塔之四正面镌作门形，四隅面却只是墙壁。第二层以上，每层均有平坐，平坐外沿上有卯孔，大概是原有栏杆的位置。

立面

白塔的立面（图二）最下层台基高约一·三公尺，每面广约二公尺，基身有舒适的收分。台基之上有低扁的土衬，隐出假山及水波纹，其上为简朴的须弥座。须弥座东腰部分完全刻满了《陀罗尼经》。

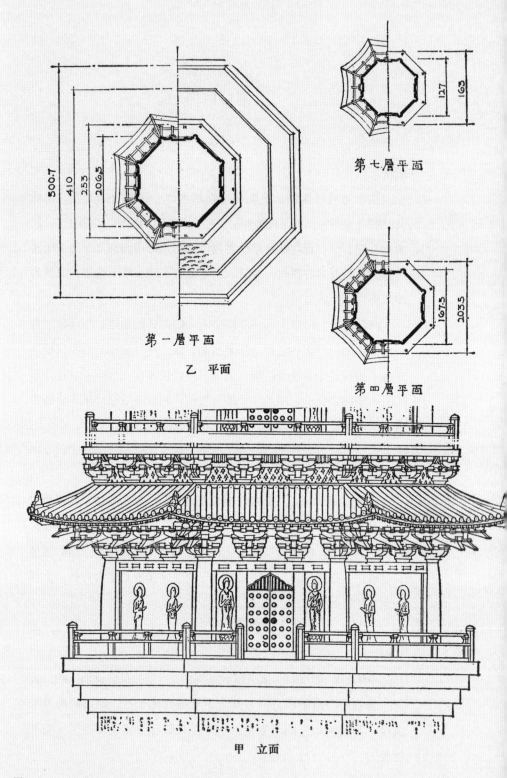

图一
第一层立面及平面仰视图，第四、第七层平面仰视图

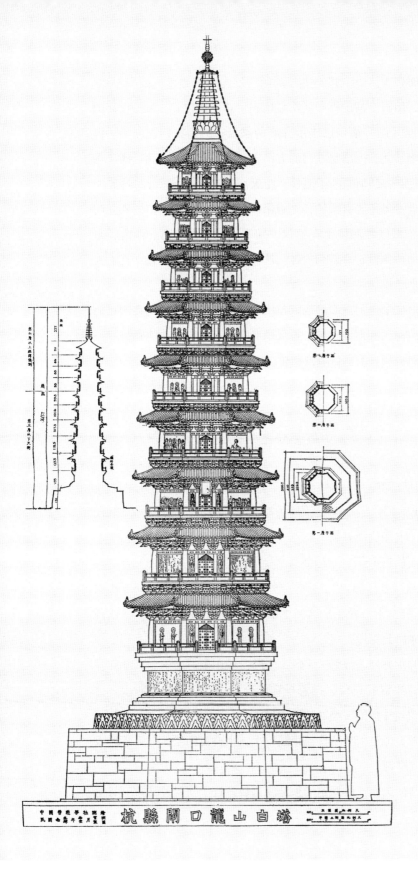

图二

白塔立面图

须弥座以上，共立塔身九层。第一层先在须弥座上面安勾栏，勾栏虽佚，但石上凿的榫卯尚明显地表示其原来位置。虽然很高的须弥座四面并没有踏步以表示升降的路径，但是在四正面——即东、西、南、北——塔身辟门的方向上，平坐上留着卯孔，尚显示着原有望柱在各门前截断了巡杖、花版，模仿着备人通行的设备。

每层塔身每角皆有圆柱，上施阑额。四正面辟门，门两侧立门框或横柱；框柱之间壁上有佛像。四隅面——即东南、西南、东北、西北——无门，全壁刻佛像。柱额之上，斗栱承瓦檐。其上为上一层平坐斗栱。

以上每层平坐，八面均绕以勾栏，虽然层层的塔身均在四正面辟门，但是勾栏并不留缺口。每层塔身都下有平坐、上出瓦檐。最上层八角攒尖顶，上立铁刹及相轮。

白塔部分之分析

土衬及须弥座（卷首图二，图一，图二）　　底扁的土衬，平面八角形，每面广约一·七〇公尺，周边高二十七公分，靠近中心部分，高度加增，上面成向外斜下坡形。土衬每面绕以假山，除去两角上山外，每面尚有七山；上面斜坡却刻水浪纹。《营造法式》卷三石作制度，螭首鳌坐碑："土衬……外周四侧作起突宝山，面上作出没水地。"卷三十二转轮经藏图下部所示，正与这土衬相同，这部分的名称亦由此得知。

简朴的须弥座，高约一·〇二公尺，立在土衬之上。其下先安方涩两级，单混肚一层，托着极扁的合莲。束腰部分高四十一公分，八面满刻寸楷的《尊胜陀罗尼经》，字迹工整，无纪年、书人，由笔法看来，似是宋初所作。束腰以上，出叠涩四层，并无莲瓣或其他花纹的雕饰。

与《营造法式》所规定的须弥座比较，这个实简朴异常。与龙门天龙山唐代佛像下的许多须弥座比较，却很有相似之处；其特殊之点在那多层方整的叠涩和高广的束腰，为元、明以后所无。

须弥座的四正面虽然没有升降的踏道，但是由安栏杆、望柱的卯孔上，可以借窥在辟门的四面，勾栏留有空断；虽不是实用所需，但可表示出白塔的方向和正面与侧面轻重之别。

材栔 白塔因为是石雕的，且刻工极精，所以各部尺寸比例，都相当均齐一律，不似木或砖的大建筑，有材料伸缩或施工不准确之差别。在梯长得及的下五层，材栔之大小均一律：

单材（令栱）　　　高四十一公厘　　　厚三十二公厘

足材（华栱）　　　高五十九公厘　　　厚三十二公厘

栔　　　　　　　　高十八公厘

第六层及以上各层，虽未得实量，但看来，大概是同一大小。

上列数目虽为材栔之平均尺寸，但全塔各材中，亦有十二公厘的出入。单材的高与宽约略为五与四之比，与宋《营造法式》所规定者不同。

柱（卷首图三，图一）　　在下五层中，柱高虽每层有显著的缩减，但柱径则大致相同；若以径与高比，柱身的权衡虽亦成一种比例，但由于柱径之各层相同，可以证明径与高之比，绝不是当时着眼之点。

	柱下径（公厘）	柱高（公厘）	下径比高	上径（公厘）
第一层	一一〇至一一五	六一〇	一一〇比五一五	八十五
第二层	一一〇	五五七	一〇〇比五〇六	八十五
第三层	一一〇	四九五	一〇〇比四五〇	八十五
第四层	一一〇	四七五	一〇〇比四三一	八十五
第五层	一一〇	四五五	一〇〇比四一三	八十五

若以材栔计，则柱之下径，约合单材宽之三·四倍强，约近《营造法式》两材或三材加一栔或两栔之数。上径则约为材宽之二·六倍，与栌斗斗底（见下文）尺寸相同，在此点上，与《法式》做法亦约略相合。

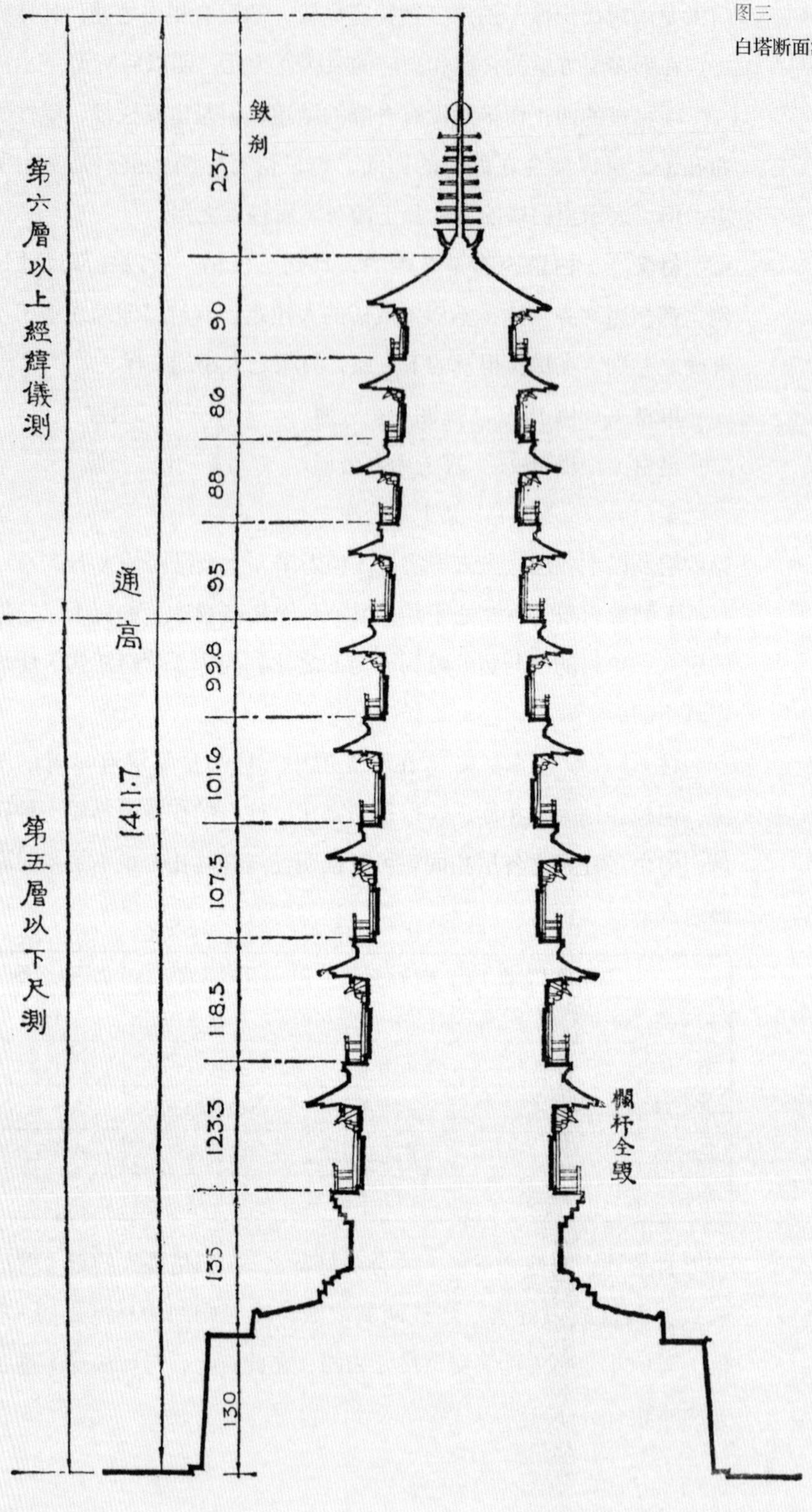

图三
白塔断面测量图

第六層以上經緯儀測

鐵刹 237

90
86
88
95
99.8
101.6
107.5
118.5
123.3
135
130

通高 1411.7

第五層以下尺測

欄杆全毀

柱身下段之三分之二，大体垂直，上段有显著的卷杀，如《营造法式》所谓梭柱。《法式》卷五的规定：

> 凡杀梭柱之法：随柱之长分为三分；上一分又分为三分，如拱卷杀，渐收至上径比栌斗底四周各出四分，又量柱头四分紧杀如覆盆样，令柱项与栌斗底相副。其柱身下一分，杀令径围与中一分同。

白塔上所见的柱身，与这段规定似属同式。

柱身之下，有高约三十八至四十公厘的櫍，其下卷杀，略如浙江宣平县延福寺所见。

阑额 各层柱头间皆施阑额（卷首图四，图一，图四）。阑额的高，亦各层向上递减。第一层高六十公厘，第二、第三、第四，三层各高五十五公厘，第五层高五十公厘，以上各层，虽未量及，大概亦有缩减。以第二、第三、第四，三层的平均数计，阑额高不及一足材，而约合单材宽之两倍。这是预计的权衡，抑或是巧合的尺寸，尚是问题。

阑额上刻有长方形的小池，下四层每面六个，上五层每面四个。这虽是纯粹的装饰，但以此与长安大雁塔门楣石上刻的殿堂比较，则其来源便极明显。这种做法无疑是唐代两层阑额中加蜀柱的遗意，而为宋以后建筑所舍弃不用的方法。[1] 在这里所见，虽尚勉强保存着部分的形式，但权衡已全非，更不遑论及其所应该代表的结构方法了。

阑额与柱头相交处，并不出头。阑额直接承托栌斗，并没有普拍枋。

斗栱 白塔各层檐以及第二层以上的平坐，皆有斗栱承托。

檐部斗栱，每层角柱上施转角铺作，下六层用补间铺作两朵，上三层各只用一朵。斗栱本身，上下一律均为五铺作单杪单下昂，第一跳偷心，跳头出华头子以承下昂。在横栱之分配上，上数层与

[1] 这种阑额上所刻"小池"，实为宋时常见的"七朱八白"式做法。——杨鸿勋注

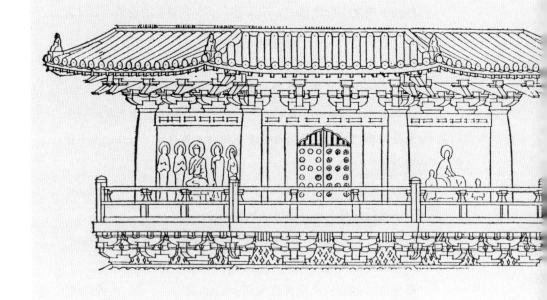

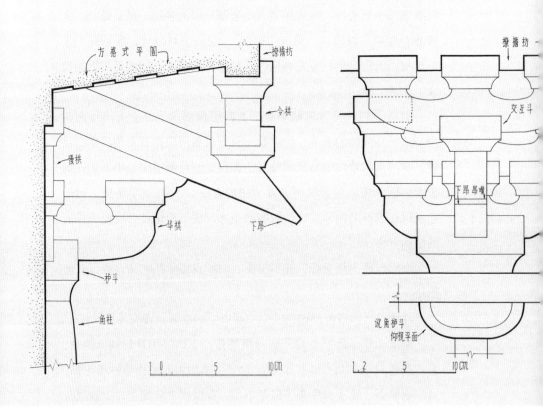

下数层略有区别。下三层柱头用泥道重栱，在泥道栱上施慢栱以承柱头枋；昂头施令栱以承橑檐枋（卷首图四、图五）。上六层则用泥道单栱，不用慢栱；将橑檐枋直接安在昂头交互斗上，不用令栱。柱头枋与橑檐枋间，如《法式》卷四所定，"斜安遮椽版"；版下且作方格，如平闇状。

平坐斗栱，第二至第七层用补间铺作两朵，各出华栱一跳，跳头施令栱，以承平坐。第八、第九两层只用补间铺作一朵，一斗三升，不出跳；转角铺作且将令栱及栌斗曲折转角，颇为奇特。

白塔通共有六种不同的铺作：

一、下三层檐转角铺作（卷首图五）　白塔只有角柱而无平柱，故只有转角铺作而无柱头铺作。下三层檐的转角铺作，均在柱头安圆形栌斗，即《法式》卷四所谓"圜斗"者是。栌斗上出华栱，两缝，各与塔身的两面成正角；华栱跳头交互斗内出华头子以承下昂。昂头上施大于散斗而小于栌斗的交互斗以承令栱。令栱上承三斗，并没有相交的耍头。两缝华栱之间，在斜角线上为角栱及角昂，并其上的由昂。角昂上正、侧两面的令栱相列相交，其上所承托的橑檐枋也相交。替木之用，在白塔上是完全不见。在柱头中线上，正、侧两面的泥道栱、慢栱，至栌斗而止，并不伸到邻面成相列的华栱。

辽宋八角形塔上的转角铺作，在北方所见者，多将泥道栱与华栱相列，在侧面伸出。南方所见，泥道栱至角柱而止，故在角栌斗上，只有与塔身一面成正角的华栱和斜角线上的角栱，而无相列的华栱。白塔上也是如此做法。由结构方面论，南方的做法，因将五个方向不同的栱枋在一点上相交，将使其相交处异常地复杂而脆弱。所见诸例虽全是砖石塔，但其所用为蓝本的木构大概也全是这种做法。

二、下三层檐补间铺作（图五）　每面施两朵。栌斗圆角，直接施于阑额之上。按《法式》卷四造斗之制，栌斗项下小注"如柱头用圜斗，即补间铺作用讹角斗"，就是指这种做法。栌斗斗底大于阑额之宽，部分悬出阑额以外，吴县角直镇保圣寺已圮的大殿，和登封嵩山少林寺初祖庵正殿上都用这种做法。讹角斗口内，出华栱一跳，偷心，跳头出华头子，垫托着斜出的下昂。昂头也用特大的交互斗，以承令栱和橑檐枋。耍头完全省却，在柱头中线上为泥道栱及慢栱，上施素枋。

三、上六层檐转角铺作　　大致与下三层同，出跳数亦相等，但泥道栱上无慢栱，昂头无令栱，将全部高度减少一足材。昂头上既无令栱，故用交互斗直接承托橑檐枋。在角昂上，两面橑檐枋和由昂同在一点相交。

四、上六层檐补间铺作　　与下三层的区别，也只在泥道栱上，慢栱与昂头令栱之减去。

五、下六层平坐铺作（卷首图二，图一）　　栌斗施于下层檐瓦博脊之上，在形式上是如此，但是由结构方面解释，博脊是不能承斗栱的。白塔所见，仿佛是过高的博脊将柱及额遮盖住了，这也是实物上所常见的情形。栌斗也是讹角，其上只有泥道单栱与华栱一跳相交，跳头也用较大的交互斗，承托令栱及其三斗和斗上平坐的沿边木。令栱中并不出耍头。柱头枋与沿边木之间，用小斜椽安遮椽版，为南方现存宋代砖塔上所常见；河北蓟县独乐寺观音阁上也有这种做法。栱眼壁上则作斜栌方格形。

转角铺作栌斗圆形，其上用折角的泥道栱与角华栱相交，以承折角的令栱。角栱头亦随着塔身的两面成百三十五度钝角的"出锋"，由结构上看颇不合理。

现存辽代的多层木构，如蓟县观音阁、大同善化寺普贤阁和应县佛宫寺木塔，平坐斗栱皆立在平坐柱上，而平坐柱的中线却较下一层檐柱向内移入约半柱径余，白塔上所见则不然：平坐斗栱反比下层檐柱移出约一柱径。在这种情况之下，平坐柱之施用便不可能。若在真的木构上，这平坐也许是由下一层檐椽承托，如日本奈良法隆寺金堂和五重塔的做法，也有可能。这种形制国内木构的实物中还未曾发现过。

六、上两层平坐铺作　　最上两层的平坐，并不出跳，只用一斗三升。栌斗不复讹角。转角铺作的栌斗，泥道栱和交互斗，均随塔身成折角。

白塔斗栱各件的权衡尺寸与宋代官式所规定，可做一种有趣的比较。

一、出跳（图五）　第一层檐斗栱，第一跳十公分，合材之三十一分强，第二跳九·五公分，合三十分弱。白塔材的宽度本来就比《法式》所规定的宽，出跳又如此豪放，饶有唐代遗风。自第二层以上，各层出跳递减，证明出跳之远近，可"随宜加减"，并无严格的规定。

二、朵数及朵当　　下六层檐用补间铺作两朵，上三层各一朵，朵当均匀，尺寸如下：

	檐层	朵当（公厘）	材分（甲）按材宽十分之一	材分（乙）按材宽十五分之一	
补间铺作两朵	第一层	二六〇	八十一分弱	九十四分强	实测
	二	二五五	八十分弱	九十三分强	
	三	—	—	—	
	四	二〇五	六十四分强	七十四分强	
	五	一九五	六十一分弱	七十一分弱	
补间三朵	六	一七三	五十四分强	六十三分弱	推测
	七	二六五	八十三分强	九十六分弱	
	八	二四五	七十七分弱	八十九分强	
	九	二二三	七十分弱	八十一分强	

注：材分甲按材宽十分之一计算，合三·二公厘；材分乙按材高十五分之一计算，合二·七五公厘。

上列朵当之分数，因材宽之特大，故此《法式》规定以后的权衡，呈露较紧促的数目字。假使用宋式枋的比例计算，也不见得疏朗。由柱头慢栱之短促上，可以看出其拥挤的情况。自第七层以上，补间铺作虽减为一朵，但因塔身狭小，补间铺作与转角铺作间之空档，与第一层用两朵之空当大小约略相同，尚不及清代十一斗口之疏朗。按照《法式》，建筑物上铺作虽定为当心间两朵，次间、梢间一朵，但在佛道帐上，铺作可随意增加；白塔本来是一种类似经幢的石刻，其补间铺作之紧密，也属自然，似不能按真正建筑铺作之疏密而遽定其年代。

三、斗（图五）　白塔的栌斗，转角铺作上全用圜斗，补间铺作则用讹角斗，与《法式》上所规定者符合，同式的实物，最重要者有河南登封县少林寺初祖庵正殿。栌斗径十一公分，约合材之三十四分强，而逊于《法式》所定之三十六分；底径八·五公分，与柱上径同，约合二十七分弱，亦逊于《法式》所定之二十八分。高五·五公分，耳十九公厘，平十八公厘，欹十八公厘，成三等分之比例，不似《法式》及后世四与二与四之比。

散斗及齐心斗，高三十五公厘，约合材宽之十一分，或材高之七分之六；长五十六公厘，合材宽之十七分半；底长四六公分，合十三分余；耳、平、欹之比例，却较近于四与二与四之比。《法式》及后世之规定，都是高十分，长十六分，底每面杀二分，与此处所见，显然不同。

交互斗长六公分，几合十九分；宽五六公厘，合十七分余，高与散斗同；其长宽皆超过《法式》之规定甚远，虽与很大的散斗比较，也显得特大。

四、栱（图五）　华栱各层皆出一跳，第一层跳长一十公分，约合三十一分强，但因栱身比例低扁，故出跳显得特长。华栱上出华头子。按照《法式》，华头子长度应为"自斗口外长九分"，此处所见则长仅七分半。其两瓣卷杀则同《法式》。

泥道栱长五十三分，较《法式》及以后的六十二分肥短得多。至于其上的慢栱，长仅六十三分尚不足，与后世的泥道栱同长。在类似的地位及情形之下，常见的做法是将左右两铺作上"相犯"的栱"连栱交隐"，但这里却未曾用这方法。

昂头上的令栱，长同慢栱，其长度亦逊于《法式》上规定以及后世所通用的七十二分。

五、昂（图五）　华头子上承着斜置的昂。昂身单材，由慢栱栱心齐心斗内伸出，昂头上施交互斗以承令栱。自交互斗底中至昂尖的水平距离推算应为五十八公厘，适合一足材，但若以材宽计，则仅十八分强，两种算法都不及《法式》所定。在下几层量得着的地方，昂嘴已无完整者，但仍可看出昂面平直无䫜，如《法式》所谓批竹昂面及蓟县独乐寺辽观音阁、应县佛宫寺辽木塔所见。由这点上看，又似较古的做法。

在转角铺作上，尚有角昂及由昂。角昂由角栱及华头子承托，斜长适承左、右下昂上伸过来相列相交的令栱。昂上的交互斗，斗耳仍存，并未做成平盘斗形状。这交互斗内相列的令栱与由昂相交。由昂上平盘斗心至角昂上交互斗心水平距离仅四十八公厘，仅比一单材略大。平盘斗上用球形"宝瓶"一个承托角梁，并不作力神或瓶状。

遮椽版　在各檐铺作柱头枋与橑檐枋上有小方格平橑形遮椽版。每铺作两朵间，平间四列，每列五格，共二十格。格的大小，与桯的大小略相等。

下三层平坐斗栱同样的地位上用小斜椽的遮椽版，略如蓟县独乐寺观音阁所见。第四层以上平坐因不出跳，故无遮椽版。

栱眼壁（图一）　各檐铺作之间，栱眼壁光平，没有雕饰或结构的表示。平坐、铺作、栱眼壁地位，则下三层作斜楞方格，上五层作垂直楞，仿佛是表示平坐内部黑暗，须借此放进光线的意思。

檐枋、椽、飞（图二、图六）　在各层檐斗栱令栱之上，为橑檐枋，大小如一单材，既不作圆形断面，亦不特别加大。在转角铺作上，两面橑檐枋出头相交，出头较令栱略长。

各檐橑檐枋上，出檐椽及飞子各一层。按《法式》卷五：

> 造檐之制，皆从橑檐枋心出。如椽径三寸，即檐出三尺五寸；椽径五寸，即檐出四尺至四尺五寸。檐外别加飞檐；每檐一尺，出飞子六寸。其檐自次角柱补间铺作心椽头皆生出向外，渐至角梁……

由上檐出规定尺寸，得知宋式出檐，并不以建筑物之大小为比例，异于清制。白塔第一层椽径三公分，椽长一五·七〇公分；长约为径之五倍余，较《法式》所订，肥达一倍。若以檐出与柱及斗栱高比，则约略为一与二，颇似北方辽宋建筑，而大异于清式一与三之比例。椽身只刻作半圆，椽头无卷杀而斜斫，为他处所未见。

檐椽之上为飞子一层。飞子自椽上出处，方二十八公厘，以急骤的卷杀，在九公分之长度中，将外端收为十公厘见方，使飞子平面，几呈三角形状。飞子头上，尚有连檐的地位。

在长度的比例上，椽长十四公分，飞子长九公分，为十与六·四之比，与《法式》十与六之比略同而较之稍长。

椽、飞的数目，第一层每面二十四根，最上层每面十四根，其间各层，向上递减。第一层椽心至心距离约为四十七公厘。在飞檐边上，因飞子头之杀小，故呈疏朗之状，但檐椽径大，两椽间空档，仅如椽径之半。自补间铺作起，椽子方向便逐渐偏斜，至角与角梁约略平行，而且逐渐加长，以促成"翼角斜出"。同时橑檐枋的高度，如同加有生头木一样，使椽、飞向角逐渐翘起，在这几点上，与后世颇有不同之点：（一）次于角梁的椽子，并不似后世之与角梁紧贴着，其间仍保持着与其他椽子间相等的距离。椽子的数目亦不因渐近檐角而加增，致呈拥挤之形。（二）近角椽、飞的平面角度，自很远即开始偏斜，故各椽间空档均匀。定兴县的北齐石柱和栖霞山的五代舍利塔，椽子完全与建筑物表面成正角，"撞"在角梁上，与明清式样不同；而白塔上所见，则似介乎二者之间。

由断面插图（图二，图三）上，我们还可以看出椽、飞一个特点，值得注意的。椽与地面约略成为百分之十的斜度，不与下昂或瓦面平行，因此表示着椽子以上望版以下尚有颇大的空隙，另用木材支撑着，如日本大多数建筑物中所见。这种做法在中国现存木建筑中尚未见过，在日本最古的木构中，如法隆寺的堂、塔、门（约当我隋开皇间）、药师寺东塔（唐开元初），亦不如此；至法隆寺梦殿（唐开元末）及唐招提寺金堂（唐乾元二年），始见于日本。我常常以为这是日本建筑与中国建筑间之一大区别，现在因此例之存在，才知道连这一点都是中国原有的方法，在中国失传而在日本保存的。

角梁（图六）　由昂上圆"宝瓶"所承托的大、小角梁，实际上仅是略为放大的椽子、飞子。大角梁外端高约三十二公厘，宽约三十八公厘，比椽子大得有限。其长度在侧面投影上，梁头较间心椽头生出约三十七公厘，或角梁本身的宽度。梁角斫杀，一出瓣两入瓣，为后世所少见。

子角梁露明高只十四公厘，宽三十六公厘，外端高只二十公厘，宽十五公厘。其大小既不特大底超过飞子，头上亦无套兽一类令人注目的雕饰，呈简朴之象。

大、小角梁总合的翘起，至为圆和，不若今日江南常见飞扬跋扈的翘角。

门（卷首图六）　在各层之四正面，均雕门形。各层门形制，

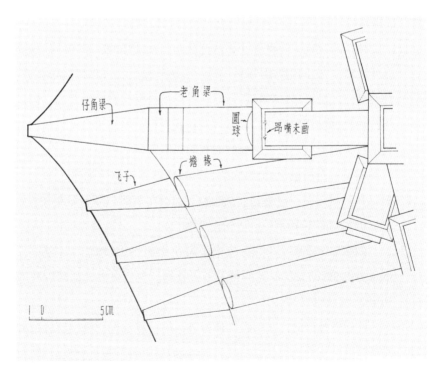

图六
第一层翼角出檐平面

除门钉外，完全一样。在阑额与地栿之间，按门之广狭，先立櫼柱，其比例亦颇肥短如角柱。门口上部做成欢门口，由多段的弧线，缀成火焰形，在阑额之下，为佛教建筑中常见的做法。门扇每门两扇，每扇之长几及宽三倍半。门扇下部四分之三为版门，隐出门钉，上部四分之一，则作破子棂窗形。这种门上开窗的做法，曾见于日本奈良法隆寺五重塔及金堂，无疑是晋、魏乃至以前的古制。在门钉的分布上，通常均分为若干路，每路同等数目普遍的装钉，白塔却做成"目"字形的三方格，每格之每面由三钉缀成；其中近门中心线的中一个则特别加大，成为隐出环形的铺首。下三层的门钉均作半圆扁球形，下且有仔边，以上各层则作六角入瓣尖顶形。门的尺寸，随着塔身而向上递减：最下层门口宽二十八公分，最上层仅约十六公分，破子棂之数，则下两层每扇五棂，中四层三棂，上三层两棂。

瓦 各层檐皆覆以筒瓦，下八层皆有博脊及戗脊。两者均极简朴，无繁复的起线。戗脊下端坐着甲胄的力神，此外并带蹲兽之属。

因塔身之向上逐渐缩小，故瓦陇数目向上遂减，最下一层计筒瓦十八陇，最上层则减为十一陇。瓦陇距离（图二）平均约六公分，筒瓦径三·五公分，沟阔三公分。筒瓦瓦当似刻有六瓣花形；板瓦不似后世的如意形滴水，而作"花边瓦"形，如辽宋乃至以前建筑物所常见的形制。花边部分似亦有雕饰痕迹。

刹 白塔的刹虽然尚存，却极残破，不辨原形。在仰莲之上，刹竿尚兀立，相轮七重，已脱下乱叠在竿根。以上宝珠等等亦不可辨，立面图中所绘，仅是臆度的意匠（图二）。

刻字佛像及牌 须弥座束腰部分及第二层四隅面，全部刻寸楷《尊胜陀罗尼经》，无岁月及书人姓名。就字迹看，似属五代或初宋。

各层塔身壁面，除刻经文部分外，均浮雕佛像。第一层各门两侧各刻菩萨立像一尊（卷首图六），各隅面壁上各刻菩萨立像两尊（卷首图三）。第二层门侧刻菩萨立像，四隅面刻经。第三层门侧刻卷草花纹，四隅面所刻，似是佛迹图。南面门上且有牌，但已破碎几不可辨，还是由灵隐寺大雄宝殿前双塔上同窥其梗概。第四层以上，门侧并无立像，只在四隅面刻佛及菩萨像，其数目或三五或单独不等。

由下层诸像的作风看来，具有唐代的流畅灵活，但失去了那超逸的神情，而较沦于世俗；与宋代佛像比较相似之点最多，也显然指示出塔之年代。

灵隐寺双塔

杭州灵隐寺大雄宝殿前的双石塔，在殿前月台之左右。八角九层，形制与闸口白塔差不多完全相同（卷首图七）。刻经的字迹、佛像之刀法（卷首图八、卷首图九），在布置和作风方面，与闸口塔均似，唯有下列数不同之点：

（一）塔下石基，土衬下只高约〇·五公尺，不像白塔石基的崇高。

（二）须弥座叠涩，上下皆较白塔少一层（卷首图九）。

（三）斗栱上遮椽版不作方格平闇而作小斜椽（卷首图十）。

（四）平坐斗栱不用栌斗，而在博脊之上，露出柱形，由柱身直接出栱，如《法式》所谓丁头栱之制。

（五）塔身高一〇·八七公尺，较闸口塔（刹高除外）低五六公分。两塔尺寸大致均同，这五六公分之差异，恐以须弥座之减少两涩为主因。否则差不多同高。

（六）塔身较闸口塔完整，但刹部则完全失去，并闸口塔所存部分也没有，无从比较。但就他部形制之相同看来，当亦相同。

三塔之年代

这三座石塔的史料，文献极少，塔本身更无只字记录岁月，至为渺茫。

关于闸口白塔，咸淳和乾道的《临安志》以及许多关于杭州或西湖的志书，都没有清晰、直接或肯定的记录。只见雍正《西湖志》里一行，在卷二十七：

《大佛顶陀罗尼经》在江干石塔，宋刻无纪年、书人。

凤凰山宋故宫遗址上元代建有白塔，号镇南塔，俗呼一瓶塔，《西湖志纂》卷七，白塔（即镇南塔或一瓶塔）条注说：

龙山白塔有二：（元）钱惟善《白塔寺》"宋宫传是唐朝寺，白塔崔嵬寝殿中"，是龙山白塔建于唐代，南宋时环入禁中，故不载于咸淳《志》，而后之作志者遂失之。《西湖游览志》唯以镇南塔为白塔，而不详龙山之白塔寺……

在这里我们得知其不见于志书的理由，但是所谓建于唐代之说却是错误。容在下文申述。

关于灵隐寺双石塔，《西湖志》卷二十八谓：

云林寺经塔在寺内殿墀下……

《大佛顶陀罗尼经》，二塔经文同，俱不录，正书，无题款。灵隐寺《旧志》云：吴越王时建，上有匾书"吴兴广济普恩真身宝塔"。

《灵隐寺志》（光绪戊子本）卷二谓：

> 丹墀二石塔，高可五七丈，九层。上有石扁书"吴兴广济普恩真身宝塔"十字，二塔所题皆同，而无年代日月，山中旧物，所存唯此。其塔八方，下刻《佛顶首陀罗尼》，二塔皆同。……塔上所镌佛皆梁像，此或惠理之后，六朝僧所为耳。其无岁年者，岂以朝梁暮陈故耶？

卷八《诗咏》中，有晦山显诗：

> 《殿前石塔》
> 五代钱镠王为永师大师建
> 矗立如双阙，浮图耸殿阴。悉檀钱氏物，标榜永明心。
> 八面雕镂古，千龄剥绣深。巨鳌擎不倦，劫海拥狮林。

由建筑及雕刻的风格上，我们既已断定这三个塔之属于五代或宋初，《寺志》卷二"六朝僧所为"之说，是绝不可能。

晦山禅师所说"为永师大师建"，大概最为可靠。按《寺志》卷之下：

> 晦山戒显禅师，临济宗，字愿云。……弱龄游泮，称名儒。甲申，……祝发受具。……康熙丁未……继席灵隐……

他的《石塔》诗中所记的永明，按《寺志》卷三上：

> 永明延寿禅师，法眼宗，字冲元，赐号智觉。年二十八，为华亭镇将，以官钱放生坐死；钱文穆王赦之，听其出家。……参韶国师，闻坠薪而有悟。建隆元年，钱忠懿王请重创灵隐，灵隐之兴由此，故后称住持灵隐者，以为第一代也。

> 继迁永明道场。……弟子二千余人，……世人号慈氏下生。开宝八年趺逝……

但是晦山将吴越忠懿王钱弘俶误作武肃王钱镠了。他的错误在将永明犯罪之年误作建塔之年。按《寺志》卷六上：惠洪《永明行业记》，称：

> 开宝八年十二月，焚香告众，跏趺而化——阅世七十二，坐四十二夏。

开宝八年为公元 975 年（十二月也许已是翌年，姑按 975 年计）。师二十八坐死之年，公元 931 年，为武肃王宝正六年。若"坐四十二夏"，则师出家时，年三十，适当文穆王元年公元 933 年，与"文穆王赦之，听其出家"之年代相合。会昌灭法后，寺毁僧散。至宋太祖建隆元年（公元 960 年），吴越忠懿王钱弘俶始重拓灵隐寺。永明遂为重光始祖。假定这双石塔如晦山所说，"为永师大师建"，与作风上特征正相符，所以可以断这双塔的年代为建隆元年（公元 960 年）重兴灵隐寺时或其后数年间所造。

闸口白塔，除去极少部分外，作风规制与双塔几完全相同，如出一范。虽然在石缝中，我们曾经发现垫缝的开元通宝，但那完全是后世以开元钱辟邪的一种习惯，与塔之年代无关。与双塔比较，白塔之属于同时是没有疑问的；乃至同出同一匠师之手，亦大有可能。[1]

（刘致平校注）

[1] 闸口北塔及灵隐寺双石塔，两者虽然很是相似，但是详细的比例尺寸仍有出入，雕刻工作也是以闸口白塔较为精细。文中塔的局部放大插图由林洙根据测稿绘制。——刘致平注

记五台山佛光寺建筑

刘敦桢　梁思成

---

* 本文原载1944年《中国营造学社汇刊》第七卷第一、二期；还曾于1953年发表于《文物参考资料》第五-六期，并经过梁思成先生的改写。此次本书仍采用1944年的版本，以取原貌。——编者注

目 录

一、记游 ··· 1489

二、佛光寺概略——现状与寺史 ··· 1491

三、佛殿建筑分析 ··· 1498

　　立面 - 平面 - 横断面 - 纵断面 - 月梁 - 平闇 - 柱及柱础 - 门窗 -

　　屋顶举折 - 榑、椽、角梁 - 瓦及瓦饰

四、佛殿斗栱之分析 ··· 1503

　　七种斗栱 - 材栔

五、佛殿附属艺术 ··· 1510

　　塑像 - 石像 - 壁画 - 题字

六、经幢 ··· 1514

七、文殊殿 ··· 1516

　　平面 - 梁架 - 斗栱 - 柱及础 - 门窗 - 佛像 - 壁画

八、祖师塔 ··· 1523

九、无名两墓塔 ··· 1525

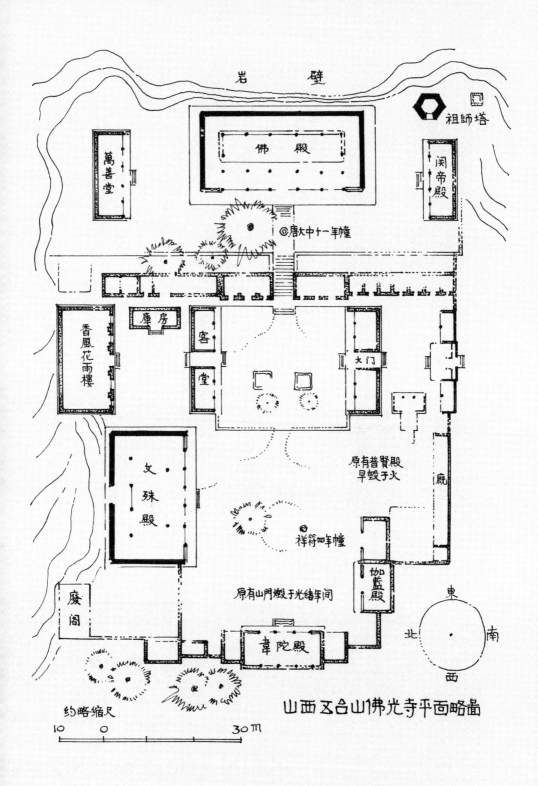

卷首图一
山西五台山佛光寺平面略图

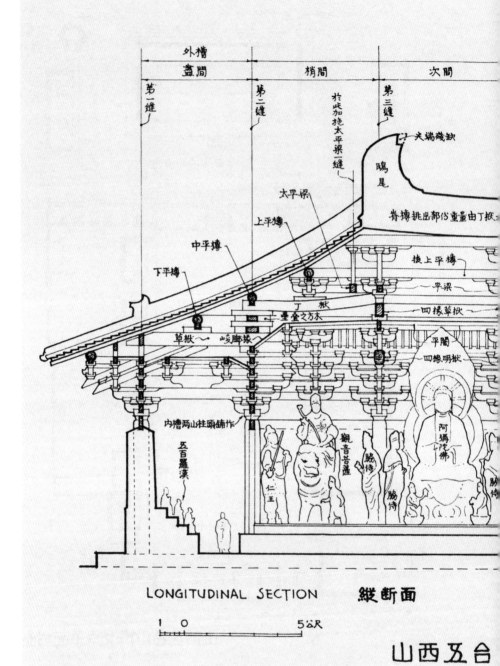

LONGITUDINAL SECTION 縱斷面

MAIN HALL OF FO-KU

山西五台

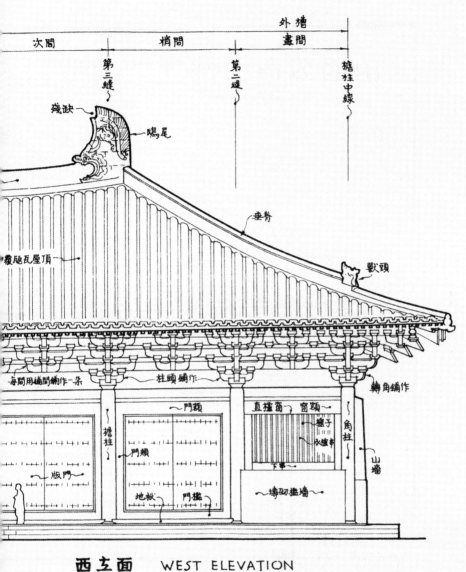

卷首图二
佛光寺大殿正立面及纵断面图

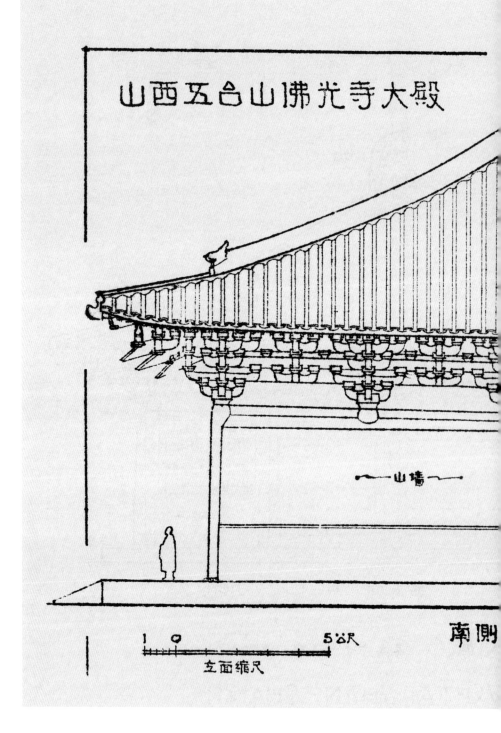

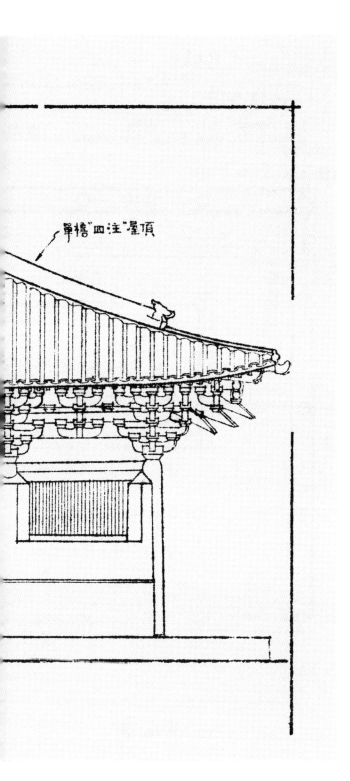

卷首图三
佛光寺大殿南侧立面图

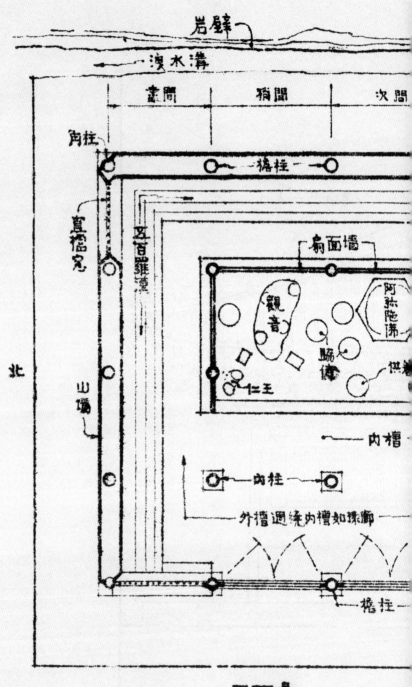

卷首图四
佛光寺大殿平面及
仰视平面图

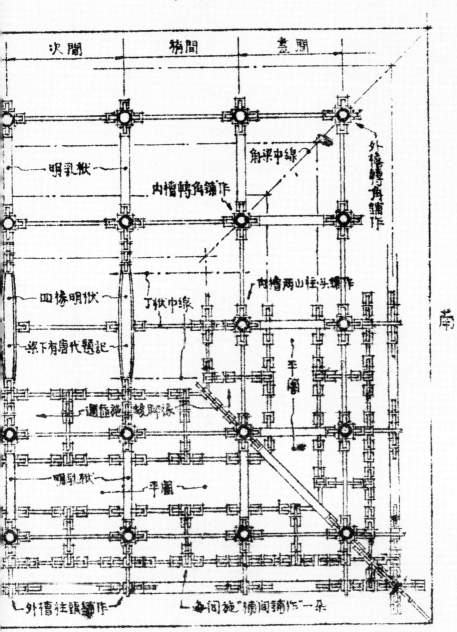

仰視平面

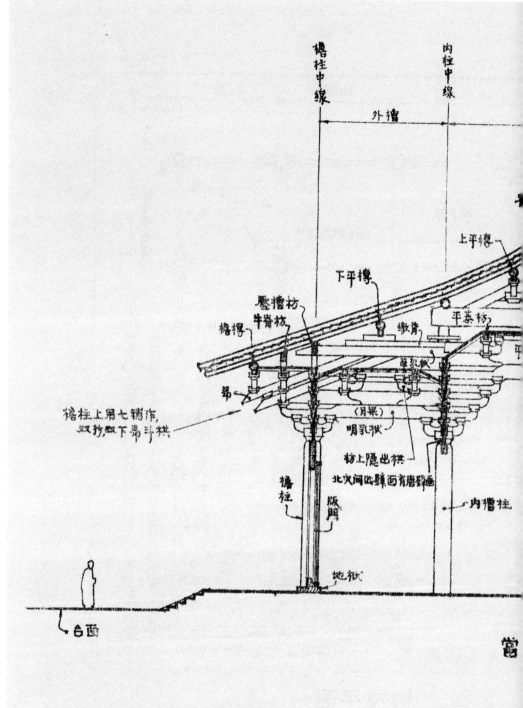

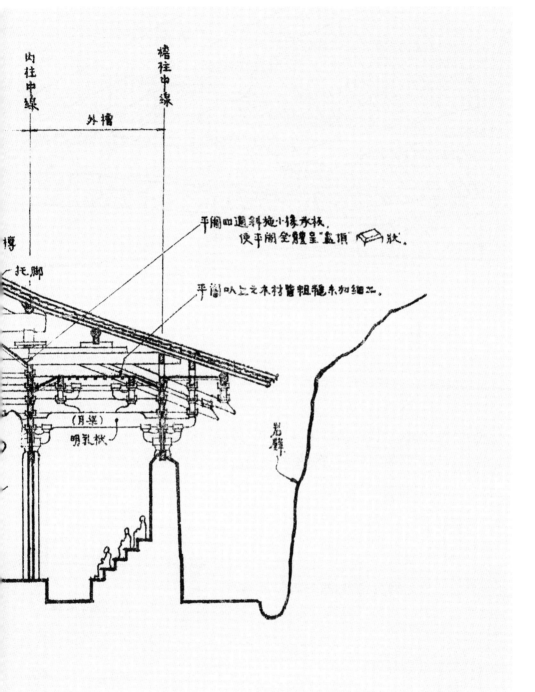

卷首图五
佛光寺大殿当心间横断面图

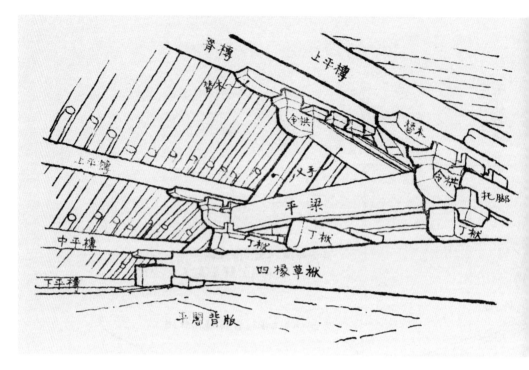

卷首图六
佛光寺大殿平闇上之梁架图

卷首图七
佛光寺内槽月梁与《营造法式》月梁比较图（假定用同等材）

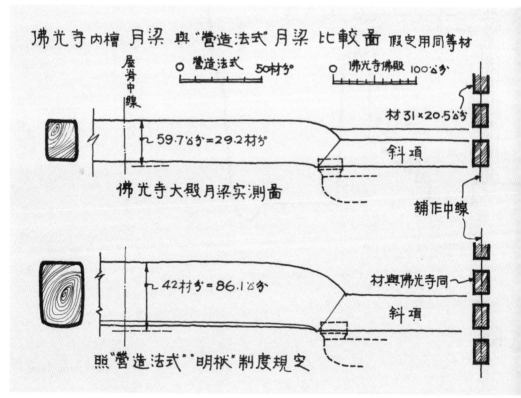

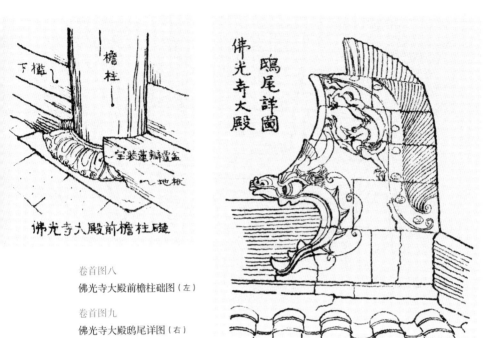

卷首图八
佛光寺大殿前檐柱础图（左）

卷首图九
佛光寺大殿鸱尾详图（右）

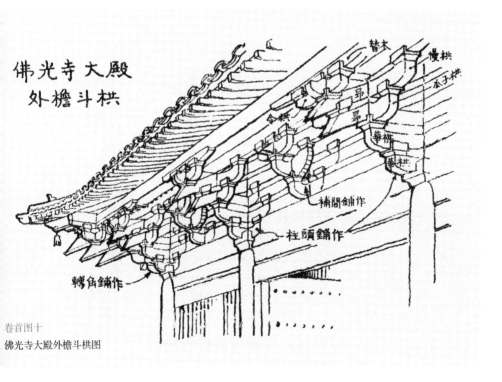

卷首图十
佛光寺大殿外檐斗栱图

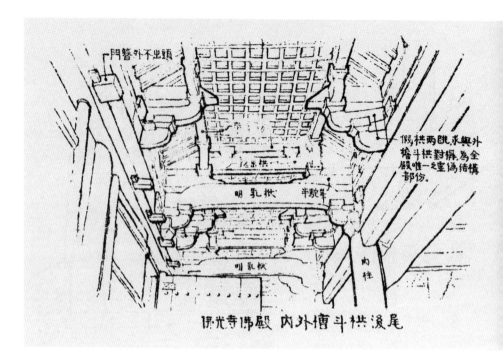

卷首图十一
佛光寺大殿内外槽斗栱后尾图

卷首图十二
佛光寺大殿内槽斗栱、柱头铺作图

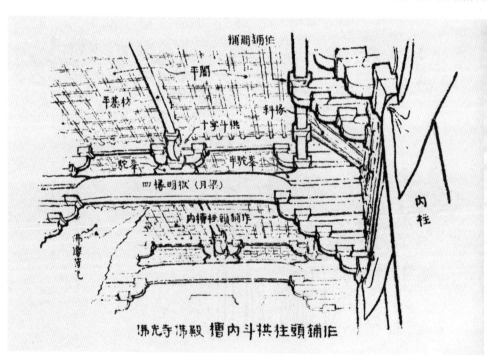

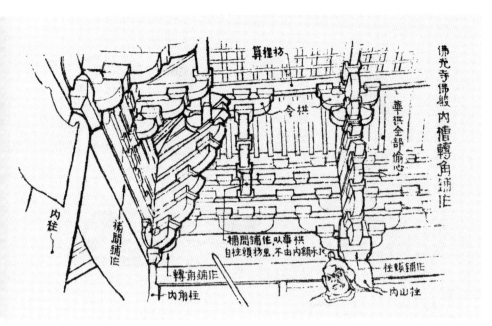

卷首图十三
佛光寺大殿内槽转角铺作图

卷首图十四
佛光寺大殿弥勒像图

卷首图十五
佛光寺佛殿主像图

五臺山佛光寺佛殿主像
（附：敦煌画像供養信女像）

像大僅等身，在佛壇上至為
渺小，謹坐南端天王像旁。
其姿態衣飾與敦煌画中
信女像（上右）頗相似；
其在壇上位置，亦與信女像
在画之下左隅相符也。

卷首图十六
佛光寺愿诚法师像图

五臺山佛光寺大殿護法天王像

此壇北端天王像，雖經後世重裝，大體仍為唐代原塑。其甲冑袍履与敦煌千佛洞中天王像及唐墓出土試甬極相似，而異於宋元明以後寺廟所見之天王像。

臂手劍帶均最近改裝

卷首图十七
佛光寺大殿护法天王像图

五臺山佛光寺大殿天寶十一載白玉釋迦像

釋迦像座銘文

大唐天寶十一載
十一月十五日博陵
郡唐邑縣西子□
□為國敬造臺
山佛光寺無垢淨
光塔玉石釋迦牟尼
佛一軀神王□
總騎都尉劉道期
養比丘融山□
妻崔比丘起貴阿□
婆劉什卽妻張武
騎尉劉什一妻趙陪

戎尉兵部常選張
存信妻劉恩張
尉延芝雲騎尉都
上柱國越芝雲騎尉
德芝孫男國超隅
女大娘二娘趙阿客
劉欽賢劉嘉嗣劉
超運劉零昱郭思
軍劉思再劉德昱
劉選用劉德□
開禮趙定水劉
劉德昌劉幼狗劉
□□□部惠□

釋迦像
銘文

按銘文，疑為祖師塔內本尊，而祖師塔即無垢淨光塔也。
此像雖為佛像，而所表現人的性格至為真肖，唐代造像同此作風者，尚有河北定縣某塔上釋立像等少數五像。

銘文

卷首图十八
佛光寺大殿天宝十一载白玉释迦像图

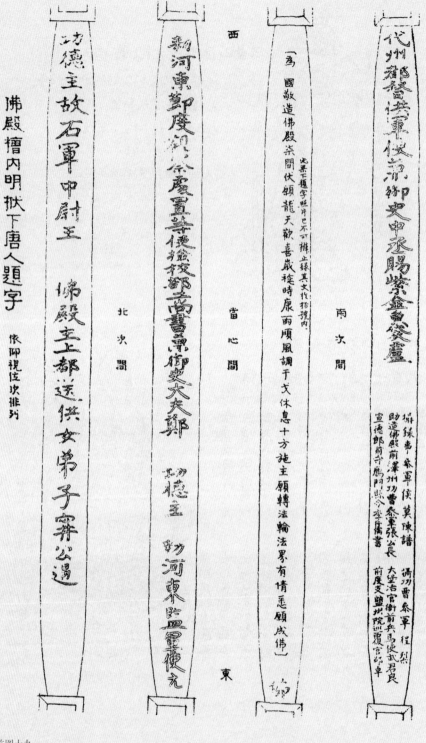

卷首图十九
佛光寺大殿槽内明栿下唐人题字

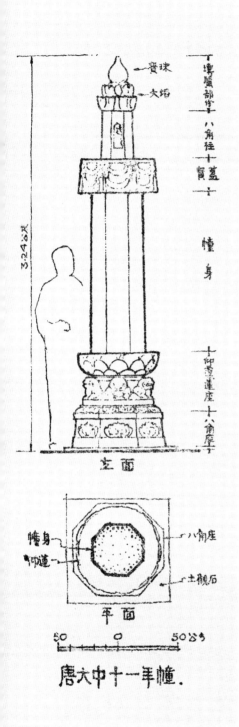

卷首图二十
唐大中十一年幢图

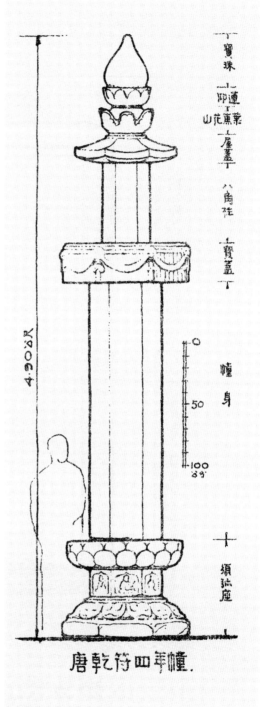

卷首图二十一
唐乾符四年幢图

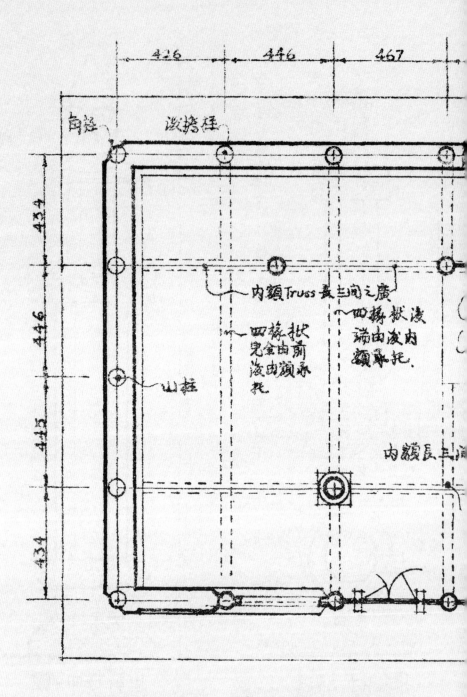

山西五台山 佛光寺文殊殿

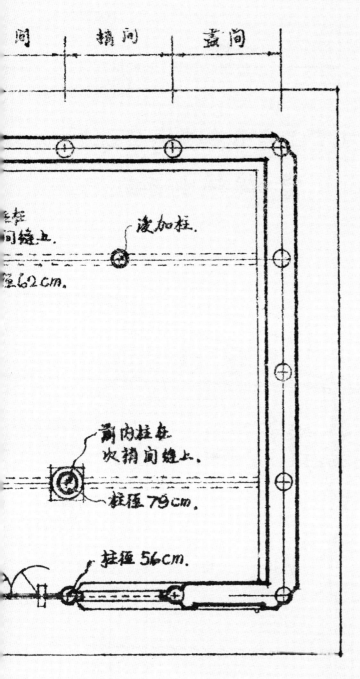

卷首图二十二
佛光寺文殊殿平面图

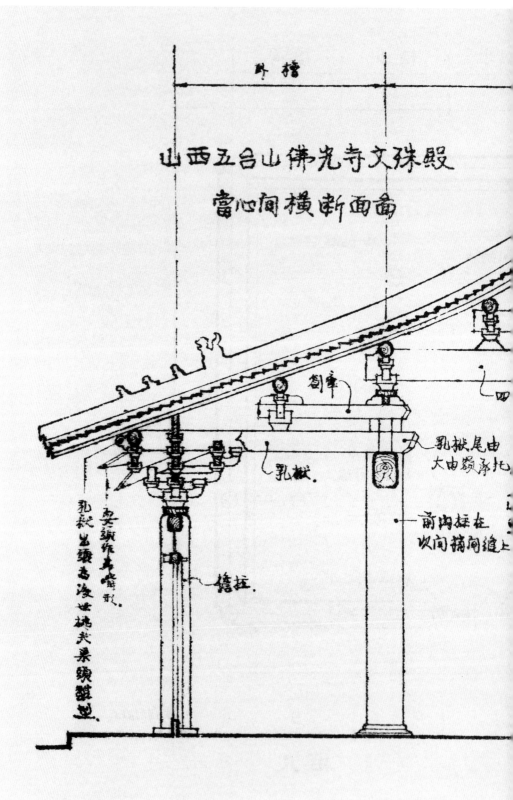

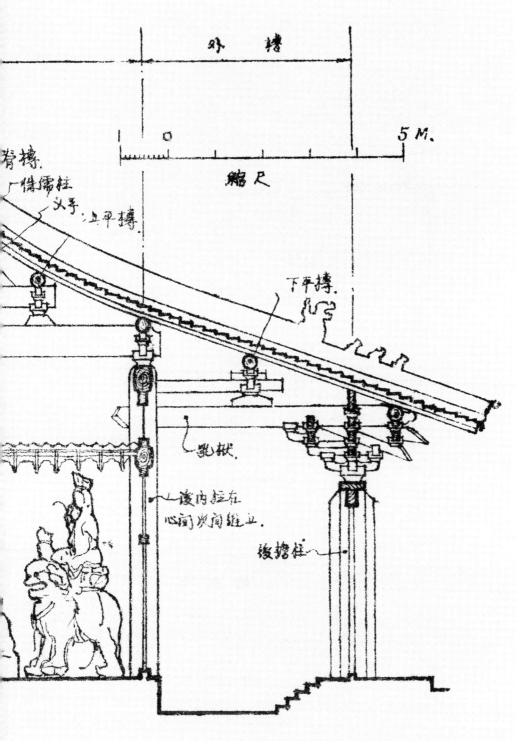

卷首图二十三
佛光寺文殊殿当心间横断面图

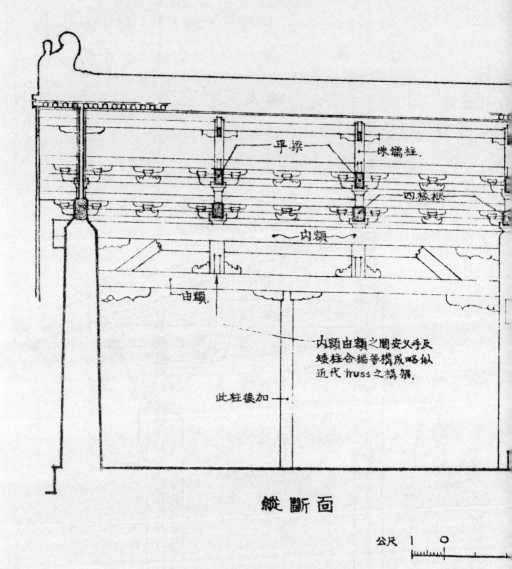

卷首图二十四
佛光寺文殊殿纵断面图

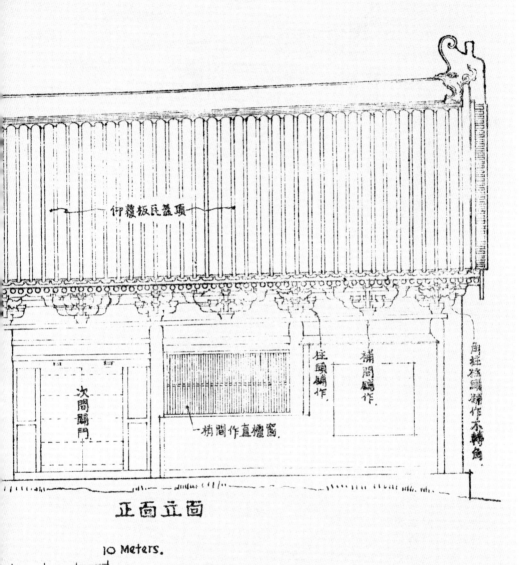

卷首图二十五
佛光寺文殊殿正面立面图

卷首图二十六
佛光寺文殊殿全景图

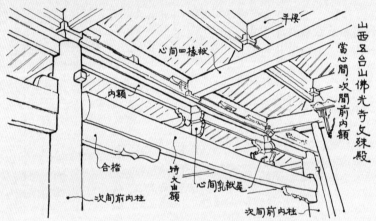

卷首图二十七
佛光寺文殊殿当心间、次间前内额图

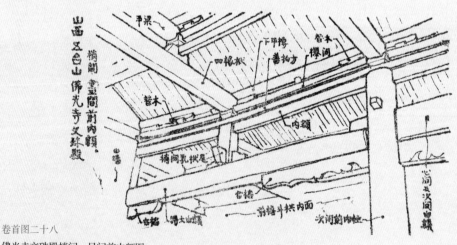

卷首图二十八
佛光寺文殊殿梢间、尽间前内额图

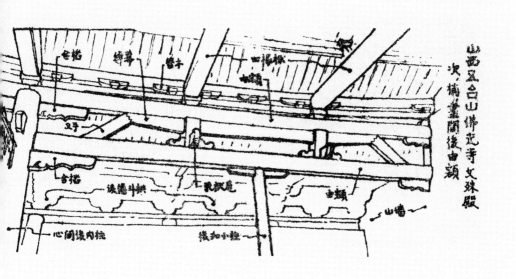

卷首图二十九
佛光寺文殊殿次间、梢间、尽间后由额图

卷首图三十
佛光寺文殊殿尽间前檐斗栱图

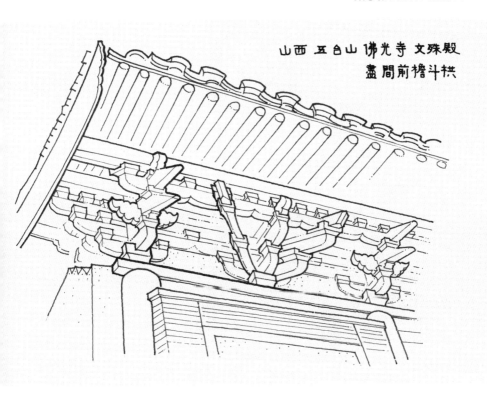

卷首图三十一
佛光寺文殊殿后檐补间铺作图

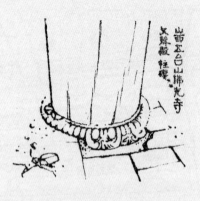

卷首图三十二
佛光寺文殊殿柱础图

卷首图三十三
佛光寺祖师塔全景图

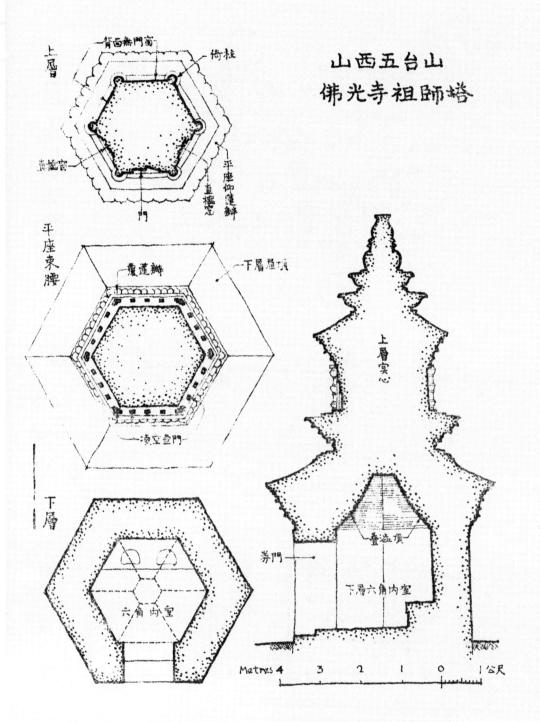

卷首图三十四
佛光寺祖师塔平面图

卷首图三十五
佛光寺祖师塔断面图

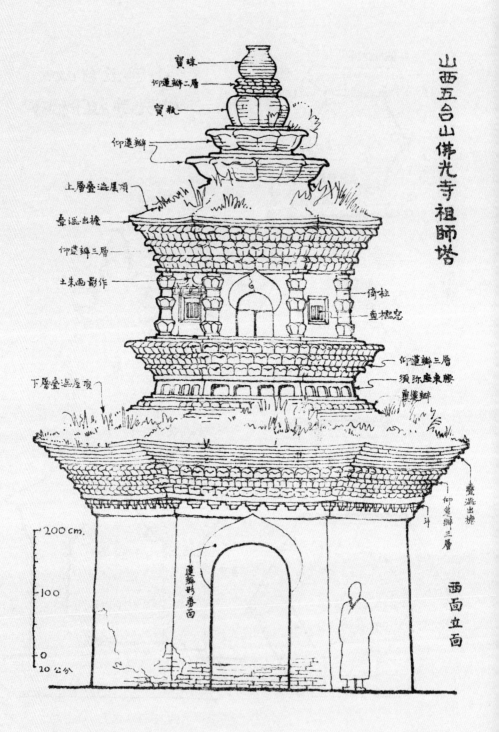

卷首图三十六
佛光寺祖师塔立面图

卷首图三十七
佛光寺祖师塔上层图

卷首图三十八
佛光寺祖师塔上层西北窗面土朱绘"影作"详图

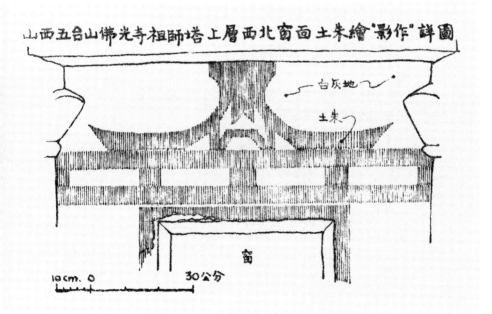

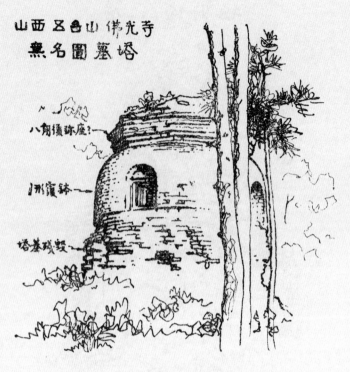

卷首图三十九
佛光寺无名圆墓塔图

卷首图四十
佛光寺无名六角墓塔图

一、记游

山西五台山五峰环抱，盆地居中，镇曰台怀。五峰以内称"台内"，以外称"台外"。台怀为五台中心，附近寺刹林立，香火极盛。殿塔佛像均勤经修建。其金碧辉煌，以炫耀进香俗客者，均近代贵官富贾所布施重修。千余年来文殊菩萨道场竟鲜明清以前殿宇之存在焉。

台外情形与台内迥异。因地占外围，寺刹散远，交通不便，故祈福进香者足迹罕至。香火冷落，寺僧贫苦，则修装困难，似较适宜于古建筑之保存。

二十六年六月，偕社友莫宗江、林徽因及技工一人[1]入晋，拜谒名山，探索古刹。抵五台县城后，不入台怀，折而北行，径趋南台外围。乘驮骡入山，峻路萦回，沿倚崖边，崎岖危隘，俯瞰田畴。坞随山转，林木错绮；近山婉婉，远峦环护，势甚壮。旅途僻静，景至幽丽。至暮，得谒佛光真容禅寺于豆村附近，瞻仰大殿，咨嗟惊喜。国内殿宇尚有唐构之信念，一旦于此得一实证。

佛光寺正殿魁伟整饬，为唐大中原物。除建筑形制特点历历可征外，梁间还有唐代墨迹题名，可资考证。佛殿施主为一妇人，其姓名书于梁下，又见于阶前石幢，幢之建立则在大中十一年（公元857年）也。殿内尚存唐代塑像三十余尊，唐壁画一小横幅，宋壁画数区。此不但为本社多年来实地踏查所得之唯一唐代木构殿宇，实亦国内古建筑之第一瑰宝。寺内尚有唐石刻经幢二，唐砖墓塔二，魏或齐砖塔一，宋中叶大殿一。[2]

正殿结构既珍贵异常，开始测绘唯恐有失。工作之初，因木料新饰土朱，未见梁底有字，颇急于确知其建造年代。通常殿宇建造年月多书于脊檩。此殿因有"平闇"顶板，梁架上部结构均为隐

[1] 即纪玉堂，1902年生，河北人，1931年到营造学社任测工，1936年后升测绘员。抗日战争期间，于1937-1941年留北平，任学社保管员。1946年到清华大学营建系任总务，1949年后在清华大学任基建科长。——王世仁注

[2] 即文殊殿。其后梁思成先生已将年代订正为金天会十五年（公元1137年），后文相关内容请据此参照阅读。此条注释参考王世仁。——编者注

藏，斜坡殿顶之下有如空阁，黑暗无光，唯赖檐下空隙，攀跻匍匐可入。其上积尘数寸，着足如绵。以手电探视，各檩则为蝙蝠盘据，千百群聚，无法驱除。脊檩有无题字，终不可知，令人失望，废然久之。及继续探视，遽见梁架上部古法"叉手"之制，实为国内木构中孤例。似此意外，则又惊诧，如获至宝。

摄影之中，蝙蝠见光振翼惊飞，秽气难耐，工作至苦。同人等晨昏攀跻，或佝偻入顶内，与蝙蝠、壁虱为伍，或登殿中构架，俯仰细量，探索唯恐不周，盖已深惧机缘难得，重游匪易，此时图录未详，终负古人匠心也。

工作数日，始见殿内梁底隐约有墨迹，且有字者左右共四梁。但字迹为土朱所掩，梁底距地两丈有奇，光线尤不足，各梁文字颇难确辨。审视良久，各凭目力，揣拟再三，始得官职一二，不辨人名。徽因素病远视，独见"女弟子宁公遇"之名，甚恐有误，又细检阶前经幢建立姓名。幢上有官职者外，果亦有"女弟子宁公遇"者称"佛殿主"，名列诸尼之前。"佛殿主"之名既书于梁，又刻于幢，则幢之建造应与殿为同时。即非同年兴工，幢之建立要亦在殿完工之时也。殿之年代于此得征。

为求得题字全文，当时遣僧入村募工搭架，思将梁下土朱洗脱，以穷究竟。孰知村僻人稀，僧去竟日，仅得老农二人，既愚且拙，筹划又竟日，始支一架。同人焦灼，裂布单浸水互递，但亦半日始洗两梁。土朱着水，墨迹骤显，但水干墨色复淡，又隐约不可见。费时三日，始得毕读题字原文（卷首图十九）。颇喜字体宛然唐风，无可置疑。"功德主故右军中尉王"自为唐宦官，然尚未知其为王守澄也。

正殿摄影测绘既竟，复探视文殊殿结构，测量经幢及祖师塔等。祖师塔朴拙劲重、质文参半，显示魏齐遗物。文殊殿则纯系北宋手法，唯构架独特，前所未见；前内柱间内额净跨十四公尺余，其长惊人，寺僧称此木材为"薄油树"，但土音难辨，究不解所言。一童子出枥树叶相示，又导登后山丛林中，意或此巨材即为后山枥木，但今林无巨木，幼树离离，终未敢置信。

最后访墓塔于岩后坡上，松林疏落，晚照幽寂；虽峰峦萦抱亘古胜地，而左右萧条，寂寞自如。佛教迹象，如随高僧圆寂。唐代一时之盛，已渺不可追，亦不禁黯然矣。

工作初竟，曾驰书太原赵次陇先生，详陈寺之珍罕，敦促计划永久保护办法。未料游台怀诸寺后，越北台至沙河镇沿滹沱河经繁峙至代县，工作二日，始闻卢桥烽火。时战事爆发，已逾五日。当时访胜所经，均来日敌寇铁蹄所践，大好河山，今已不堪回首。是晚阅报，仅知北平形势危殆，津浦、平汉两路已不通车。归路唯有北出雁门，趋大同，试沿平绥返平。又虑平绥或不得达，而平汉恢复有望，故又嘱技工携图录稿件暂返太原候讯。翌晨发自代县，徒步至同蒲路中途之阳明堡，遂匆匆分趋南北。

图稿抵平，多经挫折。然此仅其发生安全问题之初次。此后与其他图稿由平而津，由津而平，复由社长朱桂辛先生嘱旧社员重抄，托带至沪，再由沪邮寄内地，辗转再三，固无非在困难中挣扎者。

今晋省沦陷已七年，豆村曾为敌寇进攻台怀据点。名刹存亡，已在未知之数。吾人对此唐代木建孤例之惴惧忧惶，又宁能自已？调查报告脱稿，略追记前游如此。

二、佛光寺概略——现状与寺史

现状 佛光寺在南台豆村镇东北约五公里之佛光山中。伽蓝依岩布置（卷首图一），正殿踞于高台之上，俯临庭院，东、南、北三面峰峦环抱，唯西向朗阔，故寺门正殿均西向。寺门内庭院广阔，大部荒顿，左右两侧，南向者为文殊殿五间，结构奇绝，细查各项手法，则属北宋形制。[1] 北向者旧有普贤殿对峙，寺僧已不

[1] 参见后文"文殊殿"。
——编者注

忆毁于何时，今殿址仅立厩舍数楹而已。山门卑小，称韦陀殿，为近世草率重修。旧有山门相传焚于清光绪间。文殊、普贤两殿间庭院中，残砖茂草，经幢屹立，唐乾符四年物也（卷首图二十一）。两殿之东至正殿台下距离颇远，各为四合小院。小院东房皆为砖砌窑室七券，简陋殊甚，南北为清式小阁殿堂，为今僧舍客堂。

窑后地势陡起，依山筑墙成广台，高约十二三公尺，即为正殿之基。正殿七间，总面阔为三十四公尺有余，西向俯瞰全寺及寺前山谷。广台甚高，殿之立面，唯在台上可得全貌。台以上，殿后近接山岩，几无隙地，殿前距台沿约十公尺，仿佛如小庭院。殿之阶基，仅高出台上地面踏道数级而已。殿斗栱雄大，屋顶坡度缓和，广檐翼出，全部庞大豪迈之象，与敦煌壁画净土变相中殿宇极为相似，一望而知为唐末五代时物也。柱额、斗栱、门窗、墙壁，均土朱刷饰，无彩画。

殿前经幢（卷首图二十）高约三公尺余，刻工秀美，与殿阶密通。幢侧双松夹立，苍拙如画，幢建于唐大中十一年。立幢人之一即为殿之施主，又见于殿梁题字，得征建殿与立幢约略同时，故幢为考证寺史之重要实物。

位于殿两山之侧，有左右小配殿各一，为清式建筑，形制卑小。殿后峭岩高与檐齐，盖兴建之初，凿崖开山以辟屋基者，殿内后柱数础有就岩石凿成。殿南侧稍东，崖前乱石杂树之间，有砖塔一座，六角重层，称祖师塔，形式甚古，似为魏齐原物。

殿内部广阔修饬，结构简洁，内柱周匝，分殿身为内外槽。内柱斗栱华栱四层，全部不施横栱，上托月梁如虹，飞架前后内柱间，秀健整丽，为北方宋辽遗物中所未见。内柱与外檐柱之间，即外槽之上，亦以短月梁联系。殿内上部施小方格平闇，其支条方格极小，与日本天平时代（约当我唐中叶）遗构相同；国内则如河北蓟县独乐寺辽代观音阁，亦见此法。梁底题字，初为土朱所掩，经洗涤始出，为"功德主""佛殿主"，及当时当地长官职衔姓名。书法宛然唐风（卷首图十九）。

沿后内柱立"扇面墙",尽五间之长;墙前大佛坛,深一间半。坛上每间供主像一,高约五公尺,颇硕大,胁侍供养菩萨等六,并引兽獠蛮、拂箖、童子等,及坛两端甲胄天王共三十余躯。坛隅供养信女像一躯,殿门南侧有沙门像一躯,均为等身(life size)写实像。两像人性充沛,与诸佛菩萨迥异其趣,初不令人着意,但觉神情惟妙,亦未识像与寺史关系之深也。主要诸像姿势劲雄,胁侍塑法,生动简丽,本皆精湛之作,惜经俗匠重装,轮廓已稍模棱,且色彩鲜缦,辉映刺目,失去醇和古厚之美。所幸原型纹褶改动尚微,相貌线条,尤未尽失原塑趣味及特征。重装以薄纸裱褙,上敷色彩,试剥少许,应手而脱,内部尚见旧色,他日复原工作,或属可能。

佛殿两山墙,后檐墙及佛坛之扇面墙,通常施绘壁画之处,今皆涂白垩,殆原有壁画已渐剥落,后世修葺,遂竟涂刷无遗。今唯内柱额上少数栱眼壁尚有小幅壁画存在,适足以证明殿中原有壁画,而得幸存至今者仅此而已。其中最足珍视者为右次间前内额上之横幅。其构图分为三组:中央以佛为中心,左右以菩萨为中心,各有菩萨、天王等胁侍,似为西方阿弥陀佛及观音、势至二菩萨。画像色泽黝古,除石绿外,所有着色均昧暗成铁青色。衣纹姿态均极流畅,笔意诚富唐风,与敦煌壁画尤相似。其左次间前内额上栱眼壁,画作七圆光,每圆光内画佛像十躯,布局格式与右次间者完全相异,题签为宋宣和四年,色彩尚极鲜焕。两相比较,一望而知右次间横幅年代较古于左次间宋画之年代远甚。

殿后岩以上,松林疏朗,平坡一片,行数丈,有圆形墓塔一,其下须弥座残毁,塔身半圆如覆钵,其上为八角檐顶,亦已残破。形制特殊,为墓塔中罕见样式。沿山径更上,又有墓塔一座,六角单层,叠涩出檐,残毁亦甚。壁嵌石一方,刻《尊胜陀罗尼经》,未见姓名年月。两塔形制及细项手法,皆为唐代作风。

寺史 寺相传为北魏孝文帝(公元471—499年在位)创建。佛光寺之名,见于传记者,有隋唐之际,五台县昭果寺解脱禅师"隐五台南佛光寺四十余年。……永徽中(公元650—655年)卒"(《续高僧传》卷二十六）。

贞观中（公元 627—649 年），有明隐禅师者，"住佛光寺七年"，永徽二年（公元 651 年），代州都督追师还，纲领昭果寺任。（《续高僧传》卷二十五）

大历五年（公元 770 年），法照禅师自衡山至五台，兴建大圣竹林寺，"到五台县见佛光寺南白光数道"，曾止住焉。（《宋高僧传》卷二十）。

敦煌石室壁画五台山图中有"大佛光之寺"（敦煌第六一号窟）。寺当时即得描影于数千里沙漠之外，其为唐代五台名刹，于此亦可征矣。

关于佛光寺建筑事业之努力者，见于传记有中唐以后法兴、愿诚二师。

法兴禅师——

> 七岁出家……来寻圣迹，乐止林泉，隶名佛光寺。……即修功德，建三层七间弥勒大阁，高九十五尺。尊像七十二位，圣贤八大龙王[1]，磬从严饰。台山海众，异舌同辞，请充山门都焉。太和二年（公元 828 年）……入灭。……建塔于寺西北一里所。(《宋高僧传》卷二十七）。

[1] 疑为"尊像七十二位圣贤，八大龙王"。——王世仁注

以师入寂年代推测，其建阁当在元和（公元 806—820 年）、长庆（公元 821—824 年）间。

是时佛光寺颇为兴盛，寺中祥瑞，竟能远达长安，传于宫闱。长庆元年——

> 河东节度使裴度奏五台佛光寺庆云现文殊大士乘狮子于空中，从者万众。上遣使供万菩萨。是日复有庆云现于寺中。（《佛祖统记》卷四十二）

但此后二十余年，即遭会昌毁佛之厄（公元845年），"五台诸僧多亡奔"（《佛祖统记》卷四十二），而佛光寺弥勒大阁，三层七间高九十五尺者，及其他殿堂，殆均遭破坏。

其后再兴斯寺，功在愿诚。愿诚——

> 少暮空门，虽为官学生，已有息尘之志。……礼行严为师。……严称其"神情朗秀，宜于山中精勤效节"。……太和三年落发，五年具戒。无何，会昌中随例停留，唯诚志不动摇。及大中再崇释氏，……遂乃重寻佛光寺，已从荒顿，发心次第新成。美声洋洋，闻于帝听，飚驰圣旨，云绛紫衣。……光启三年……寂然长往，建塔于寺之西北一里也。（《宋高僧传》卷二十七）。

所谓"已从荒顿，发心次第新成"，则今日之单层七间佛殿，必为师就弥勒大阁旧址建立者。就全寺地势言，唯今佛殿所在适于建阁，且间数均为七间，其利用旧基，更属可能。今佛殿门内南侧面坛趺坐之等身像，殆即愿诚之写真塑像（卷首图十六）。假定师受戒之时（太和三年，公元829年）年约十五六，以七十许之高龄（光启三年，公元887）入寂，则殿建立之时（大中十一年，公元857年）师年当四十左右。此像表现年龄与此适当，当为师之中年像也。

佛殿梁下唐人题字，列举建殿时当地官长及施主姓名（卷首图十九），亦为此殿重要史料。其中最令人注意者莫如"佛殿主上都送供女弟子宁公遇"，其名亦见于大中十一年幢，称为"佛殿主"，盖出资建殿之施主也。按理立幢应在殿成之后，因以推定殿之完成应在是年，而其兴工当早此数年，但亦当在大中二年复法，愿诚"重寻佛光寺"以后。佛坛南端天王侧有等身信女像；敦煌壁画或画卷亦有供养者侍坐画隅之例，此当为供养者女弟子宁公遇塑像。

第三梁有"助造佛殿泽州功曹参军张公长"之名，所谓"助造"，则不知为捐资抑监督工程也。

当心间南一缝梁底书："敕河东节度观察处置等使检校部工尚书兼御史大夫郑"。按《旧唐书·宣宗本纪》，大中九年九月：

> 昭义节度使检校礼部尚书兼潞州大都督府长史、御史大夫、上柱国、赐紫金鱼袋郑涓，检校刑部尚书、太原尹、北都留守、御史大夫，充河东节度管内观察处置等使。

其所列职衔，除刑部及礼部尚书与梁底所书工部尚书（误作部工尚书）不符外，其余均无矛盾处，其为郑涓殆无可疑。考涓任斯职，至大中十一年十二月始为毕诚所代，与殿之建造年代相符。刑部尚书作工部尚书，或执笔人李行儒知之未祥，"工部"颠倒为"部工"，亦颇有趣。毕诚新旧《唐书》均有传，郑涓则见本纪而已。

"代州都督供军使兼御史中丞赐紫金鱼袋卢"尚待考。卢钧、卢简方均曾任代、雁一带军职，然年月、官职均与此不符。

"功德主故右军中尉王"最为煊赫。唐自中叶以后，宦官专权。鱼朝恩以观军容使进而专统神策军，吐蕃两犯京师，朝恩均以神策军平定大局，自是神策军恒以中官为帅。贞元中，特置神策军护军中尉，以中官为之，时号两军中尉。是后中尉之权倾天下，人主废立皆出其可否。(《旧唐书》卷四十四)。此功德主殆即元和长庆间宦官王守澄也。守澄元和中监徐州军。宪宗暴崩，实守澄与陈弘志所弑，更杀澧王恽而立穆宗。及刘克明弑敬宗，守澄又杀克明，立文宗；旋拜骠骑大将军，充右军中尉。文宗以元和逆罪未讨，故用郑注、李训谋，擢仇士良为左军中尉，以分守澄之权。至太和元年（公元 827 年）乃遣中使就第赐鸩杀之，仍赐扬州大都督。注、训谋尽除宦官，本拟藉送守澄葬为名，选壮士为亲兵，令宦官集送而尽杀之。后训又恐事成注专有其功，中途变计，另出甘露之谋，酿成巨变，自是宦官之势反更盛矣。(《通鉴辑览》及《旧唐书》卷一八四，《新唐书》二〇八，"宦官列传"）殿之建，上距守澄之死适三十年，故称"故"右军中尉。今推定此功德主即王守澄，或不致误也。

"功德主敕河东监军使元"无可考，殆以阉官而监郑涓军者也。

"佛殿主"宁公遇出资兴建此殿，而受其益之"功德主"则为王、元二阉，可知宁公遇与当时宦官关系颇深，且宁与王同列一梁，或与王关系尤密。考唐代阉官多有娶"妻"者，如高力士娶吕玄晤女，李辅国娶元擢女，见于史籍。(《旧唐书》卷一八四，"宦官列传")。然则宁公遇或即王守澄"妻"或"养女"，至少亦为深受王在世时之恩宠者。所谓"上都送供"则宁公遇本人身在上都（长安），而将财资兴建此殿，并将像送此供养，宁曾亲至与否，未可考也。

唐代阉官专横，危乱国本。其资产殷富，尤过王侯，故阉官之兴建寺观者，如高力士之造宝寿寺、华封观，鱼朝恩之献庄建造章敬寺，在在皆是。今此殿功德主为王、元二阉，观其权富竟影映于宗教遗物，留至千一百年后之今日。益信建筑活动为其时代背景之记录也。

赵宋以后，寺史已无可考；第审文殊殿，似属北宋所建[1]。正殿中既有宣和壁画，则宋时亦有一番建筑重修，为必然事实，惜缺文字记载资料。佛殿乳栿下有宣德重修题名，门额题"佛光真容禅寺，大明万历四十二年十二月日奉旨重修，御马监太监"，则皆明代重修之记录也。他如屋顶玻璃鸱吻，似亦为明代物[2]。清中叶以后，寺日益冷落，较之台怀诸寺，倍觉荒凉。《山西通志》《五台县志》及《清凉山志》中均无详记，仅简书"佛光寺在南台外……里"而已，其冷僻不受注意如此。民国二十年顷，寺僧曾一度重装佛像，唐塑色泽，一旦毁于魔手，虽塑体形状大致得存，然所予人印象艺术价值已减，良可惋惜。

佛光寺一寺之中，寥寥数殿塔，几均为国内建筑孤例：佛殿建筑物，自身已为唐构，乃更蕴藏唐原塑画墨迹于其中，四艺萃聚，实物遗迹中诚属奇珍；至如文殊殿构架之特殊，略如近代之

[1] 参见后文"文殊殿"。——编者注

[2] 据近年山西省文物部门比较研究，大殿琉璃鸱尾为元代物。——王世仁注

truss[1]；祖师塔之莲瓣形券面，束莲柱，朱画人字"影作"；殿后圆墓塔覆钵如印度窣堵坡原型，均他处所未见者，实皆为研究中国建筑史中可贵之遗物也。

抗战军兴，七载于兹。豆村又屡当战事要冲，佛光寺大殿若能经此亘古浩劫而幸存，则我先民遗物之大幸也。谨为默祷，遥祝健存。

[1] 即桁架。——编者注

三、佛殿建筑分析

立面 殿外表（卷首图二）至为简朴，广七间，深四间，单檐四注顶，立于低平阶基之上。柱头施"七铺作双杪双下昂"——即出跳四层，其下两层为"华栱"，上两层为"昂"——斗栱。柱与柱之间，每间用"补间铺作"一朵。殿前面居中五间均装版门，两"尽间"则装直棂窗。两山均砌雄厚山墙，唯最后一间辟直棂窗（卷首图三），殿内后部之光线由此射入。檐柱柱首微侧向内，角柱增高，故所谓"侧脚"及"生起"均甚显著。

平面 殿平面（卷首图四）广七间，深四间，由檐柱一周及内柱一周合成略如宋《营造法式》所谓"金箱斗底槽"者。内槽深两间广五间之面积内，更别无立柱。外槽绕内槽周匝，在檐柱与内柱之间，深一间，略如回廊，沿后内柱中线，依六内柱砌"扇面墙"尽五间之长，更左右折而前，三面绕拥如巨屏，其中为巨大佛坛，上立佛菩萨像三十余尊。扇面墙以外，即内槽左右及后面之外槽中，依两山及后檐墙砌台三级，设五百罗汉像焉。

横断面 佛殿梁架（卷首图五），就其梁栿斫割之方法论，可分为"明栿"与"草栿"两大类。明栿在"平闇"（即天花板）以下，施于前后各柱斗栱之上，为殿中视线所及，均刻削为"月梁"，轮廓秀美（卷首图七）。"草栿"隐于平闇之上，自殿内不见，故用粗木，不施斤斧，由柱头斗栱上之压槽枋承托（卷首图六）。宋《营造法式》所谓"明梁只阁平棊，草栿在上承屋盖之重。……以方木及矮柱敦㪷，随且枝樘固济"，其法盖自唐已用之矣。

就梁栿与柱之关系论，则有内槽与外槽两组。内槽大梁（"四椽明栿"）为前后内柱间之联络（卷首图十一）。此种配合，即《营造法式》所谓"八架椽屋前后乳栿用四柱"者也。内柱与外柱同高，其上均施"七铺作"斗栱（即四跳的斗栱）。檐柱上斗栱出四跳，"双杪双下昂"，以承檐槫及檐部全部结构。内柱上斗栱四杪（无下昂），承檐内四椽明栿。此内外斗栱后尾相向，自第二跳后出为"明乳栿"，即内柱与檐柱间之主要联络材也。

内槽四椽明栿作月梁形（卷首图七、卷首图十二），两端因有华栱四跳承托，其净跨仅及两椽半。梁背上于第六层柱头枋同高度处，由梁首上枋列出半驼峰，于与第三跳华栱头约略相同距离处施斗，承十字相交斗栱，以承算桯枋（即平棊枋）。梁背上正中则以驼峰承十字斗栱，与两端者相应，以承平棊枋。外槽明乳栿亦作月梁形，其两端亦施半驼峰（卷首图十一）。唯因距离短小，故梁正中不用十字斗栱，而更施一枋相联系，枋上则隐出栱形，内外相对。更上始为平棊枋以承外槽平闇。内外槽平闇四周与斗栱相接处，均自平棊枋向下斜施小椽承版，使平闇成为"盝顶"状。

平闇以上均另设草栿，以承屋盖之重（卷首图六）。草乳栿在外槽平闇以上，其梁首（外端）与外檐柱头铺作上压槽枋相交，其重量大部由昂尾挑起。压槽枋大小仅同单材，不若《法式》图中所见者之硕大。草栿梁尾（内端）由内槽柱头铺作上之柱头枋承托。乳栿背上另施"缴背"，其外端仅略过下槫位置，上施方木以承槫下替木，其内端施方木敦㪷以承托草四椽栿。

草四椽栿之上，施敦㮰人斗，以承"平梁"（斗内令栱与梁首相交，令栱上施替木以承上平槫）。平梁隐出月梁形，平梁之上施大叉手而不用侏儒柱，两叉手相交顶点与令栱相交，令栱承替木及脊槫。日本奈良法隆寺回廊，建于隋代，其梁上用叉手，结构与此完全相同；更溯而上之，则汉朱鲔祠亦以三角形石版隐出梁及叉手结构。（宋代梁架则叉手、侏儒柱并用，元明两代叉手渐小，而侏儒柱日大，至清代而叉手完全不见，但用侏儒柱。）佛殿所见为学社多年调查所得唯一孤例，殆亦此法之得仅存者也。

纵断面 自纵断面之结构上观梁架（卷首图二），最复杂及困难部分乃在梢间上部。盖当心间左右两间柱缝上各施齐整对称之梁架，由明栿至草栿，各缝间施长槫和襻间（即槫下之长枋），尽间结构（即纵断面所见之外槽结构），如横断面之外槽，内外柱间施草栿相联系，至为简易明晰。唯梢间之上（第二、第三两缝间）别施丁栿三道。此丁栿背上所负之各部，极为重要，为承托山面与前后两瓦坡相汇处之必须结构，故在解释上稍见复杂（参阅卷首图六）。

丁栿之位置如下：居中一道，内端置于四椽草栿中段之上，外端则置于第二缝中柱斗栱之上，唯其位置尚高于斗栱最上层柱头枋约一公尺余，故须以枋木多层支撑。其他两丁栿内端则置于四椽草栿之两首，外端置于两山内柱内额上之补间铺作之上。丁栿内端，位置略高，外端略低，侧面斜度显然，盖内端搁于四椽栿之上，而外端压于山面之中平槫下也。此三道丁栿之主要功用：（一）在承托山面瓦坡下之上平槫一缝；（二）在距丁栿内端一公尺处，更施太平梁一缝，与第三缝上之平梁并列平行，以承托脊槫之末端及脊吻之重量。盖山面与前后面屋坡之相交点不在第三缝上，而更出约一公尺，故须将脊槫延长以承之，而此挑出部分之脊槫，则须由此增置之太平梁来承托。如此则脊槫之两端及其上鸱吻之重量，乃得经太平梁至丁栿而再转达于其下面各立柱。丁栿之功用重要若此，故第二、第三两缝柱间上部结构之变化，乃步步为实际之需要，亦即步步为解决其上面"四注顶"瓦坡结构所使然者也。

月梁 殿所用月梁其权衡及卷杀之法亦与《营造法式》之法异（卷首图七）。佛殿四椽明栿之广（即高度）为六十公分，约合斗栱用材之二十九分。[1]强（见下文斗栱分析），与《法式》"明栿广四十二分。……四椽栿广五十分。"之规定均相去甚远。因其高

[1] 读如份，即《营造法式》的"材""分"之分，下同。——罗哲文注

度既逊，而同为四橼栿，故唐栿较宋栿为纤瘦。其断面高与宽之比约为五比七，加以月梁中段下颐，故其中段断面近乎四、五之比。因斗栱出跳数多，故斜项奇长，而隐出材栔之区别。四橼栿之梁首引伸为槽外乳栿上之平棊枋，而乳栿梁头则引伸为四橼栿下之华栱。梁背两肩之"卷杀"及梁底之"起颐""瓣数"及"瓣长"均不清晰，仅能以图解与宋式相较（卷首图七）。至于内外柱上之乳栿，其高度仅及一足材，呈现极端纤瘦之外表，与宋《法式》所规定之"两材一栔"，相去更远矣。

平闇 "平闇"及平棊均即后世所谓"天花板"（ceiling）。平棊内所分之方格颇大，形如棋盘，平闇则方格密小。此殿内所用为平闇，其主要木框为明栿以上，每间左右或前后之平棊枋正角相交而成（无论其与每缝梁架平行或与每两缝间之襻间平行者均称平棊枋）。承托此平棊枋者，除四橼明栿月梁正中驼峰上之十字斗栱外，主要者为每缝月梁两端上半驼峰所托之十字斗栱，与第三缝两内柱（及其中柱）柱头斗栱跳头上之令栱。平棊枋间施方椽为方格，其上覆以素版。其椽方约十公分，档空约二十公分，故其方格权衡，至为密小。河北蓟县辽独乐寺观音阁平闇样式与此完全相同，日本现存唐末五代殿宇平闇亦多用此法者，盖当时通用之法也。

斗栱上之平棊枋与柱头枋之间，均向下斜安"峻脚椽"，上施遮椽版，以完成平闇之"盝顶"。槽内每间平闇之中央均以四方格合为一较大之八角小井，以破除小格之单调。

柱及柱础 殿柱之排列已于平面项下叙述。至于柱之本身，有可注意者数点：

（一）全部内外柱除角柱生起所生之轻微差别外，均同高；非若后世之将内柱加高，以迎合屋顶结构者。（二）内柱径约五十七公分，柱高约五百公分约为径之八·八倍，其权衡颇为肥硕。檐柱径约五十四公分，高约为径之九·二五倍。（三）柱上径较下径仅小两公分，收分约五百分之一，柱头虽卷杀作覆盆样，然显然非"梭柱"。

柱础之方微逊于柱径之倍，前檐诸柱均有"覆盆"，饰以宝装莲花（卷首图八）。覆盆约为础方之十分之一，与《营造法式》规定大致符合。莲瓣宝装之法，每瓣中间起脊，脊两侧突起椭圆形泡，瓣尖卷起作如意头，为唐代最通常之作风。后部内柱，有就地下岩石为础者，盖地本凿崖辟出，其就岩作础亦从权之法，颇为有趣。

门窗 佛殿正面中五间全部辟门，两尽间槛墙上安直棂窗。两山墙后部高处亦辟直棂窗。

其造门之制，为现存实例所未见。两柱之间，最下施地栿，扁置地上。地栿之上施门槛，两侧倚柱施门颊，而在阑额之下施门额。其额、颊、槛均用版合成，中空如盒。门槛与地栿合成⊥形。门额内面以门簪四枚安"鸡栖木"，而额外面不出"门簪头"，盖簪头藏于额内空部也。门槛以内，亦在地栿之上更施一枋，与额内鸡栖木对称，以承门下鑁。每门扉均双扇，版门后用五楅，每楅一道在门外面用铁门钉一路，每路用钉十一枚。每扇并装铁铺首一枚。铺首门钉均甚瘦小，与门权衡颇不相称。门部结构恐为明以后物，其结构法是否按最初原形，则待考也。[1]

正面尽间于砖砌槛墙之上辟窗。阑额之下施窗额，其大小与门额相同，亦以版合成。槛墙之上施下串，额下不另施上串，两侧倚柱施立颊，中施版棂，共十五棂，棂中段施承棂串。其权衡形制与《法式》小木作之版棂窗，出入颇多。

屋顶举折 佛殿屋顶之坡度，脊槫举高与前后橑檐槫间距离之比约为一与四·七七之比，较《法式》一与四之比、一与三之比等规定均低，举势甚为和缓。屋顶之坡度，至清代而陡峻至极，其举高更甚于一与三之比，而最上一架，竟有超过四十五度者。清式与此唐例相比，则屋顶之坡度，自古代缓和至近代陡峻之趋向，亦可见一斑矣。

槫、椽、角梁 自脊槫以下，以至檐下，均为圆槫，槫径约一材（三十公分），虽斗栱令栱跳头亦施圆槫，而不施枋。槫上施椽，均为径约十五公分之圆椽。檐部仅用椽一层，不另加飞椽。椽头卷杀甚急，斫成方头，远观所得印象，颇纤小清秀，不似用圆椽

[1] 1964年在佛光寺大殿大门背面发现了多处唐代题记，已证明此版门尚是唐代原物。——罗哲文注

者，其是否原状，不无可疑之点。檐角部分以双层角梁承托。大角梁头刻作㇏形，子角梁短而小，仅向上微翘起。

瓦及瓦饰 佛殿屋顶覆以板瓦。瓦长约五十公分，宽约三十一公分，厚三·五公分，颇为硕大。瓦陇以五十二或五十三公分中至中之距离排列。檐头施重唇板瓦，其重层饰花作双行连珠纹，唇外缘作锯齿形。正脊、垂脊均用板瓦垒叠，其上覆以筒瓦而成。正脊于当沟及线道瓦之上用瓦十九层，垂脊则用瓦九层。正脊两端施庞大鸱尾（卷首图九），虽尾尖已损坏，尚高达三·〇七公尺。鸱尾轮廓颇为简洁，自龙鼻额以上，紧张陡起，迥异于清代作风，其背侧线则垂直上升，然后向内弯曲，颇似山西大同华严寺及河北蓟县独乐寺山门辽代遗例。鸱尾隐起花纹，除龙嘴、眼角及尾上小龙外，其尾鳍及嘴翅隐起均微，呈现极秀致之现象。但就琉璃质泽观之，似为明代物。[1]正脊正中施火珠，连座通高二·六六公尺，珠下座多层，颇为繁缛，恐属清代所造。

垂脊下端施兽头，脊上施蹲兽两三枚不等，戗脊亦施蹲兽一二枚，位置无定，极不合矩。其兽形亦似明清以后粗劣作品。

[1] 参见1497页注〔2〕。——编者注

四、佛殿斗栱之分析

佛殿斗栱分施于内外两周柱之上，共计七种，施于梁栿上之十字斗栱不在内。

外檐斗栱三种：1. 柱头铺作；2. 补间铺作；3. 转角铺作。

槽内斗栱四种：4. 柱头铺作；5. 两山柱头铺作；6. 补间铺作；7. 转角铺作。

1. 外檐柱头铺作（卷首图十）

施于外檐柱头上之斗栱，七铺作双杪双下昂。自栌斗出华栱两

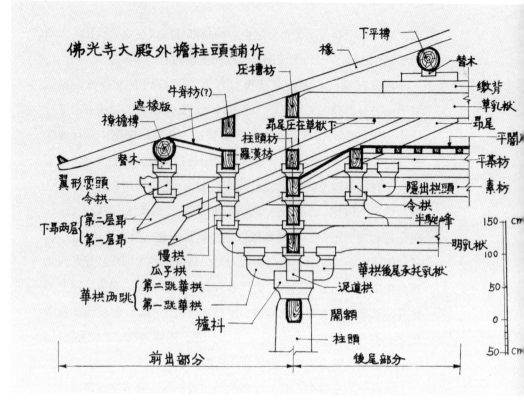

图一
佛光寺大殿外檐柱头铺作图

跳，第一跳"偷心"无横出之栱；第二跳跳头施瓜子栱、慢栱，以承罗汉枋。第三、第四跳为下昂，第三跳偷心，第四跳跳头施令栱，与翼形耍头相交，令栱上施替木，以承橑檐樽。后尾（卷首图十一）第一跳出华栱，第二跳为乳栿（与外出第二跳华栱相连做）。第三跳用一材，其外端至第二跳头交互斗内止，以承第一层下昂。其内端杀作半驼峰形，上施交互斗，其上令栱与隐出华栱十字形相交，以承平棊枋（亦称算桯枋）。第四跳（或第四层）实际上为一枋，其表面隐出华栱，栱头上施斗，以承其上之平棊枋。下昂两层后尾，以约略二十三度之斜度向上挑起，后端压于草乳栿之下。与华栱下昂在柱中线上相交者，最下层为泥道栱，与第一跳华栱在栌斗内相交。泥道栱以上，计施柱头枋四层，第一层隐出慢栱，与第二层华栱相交，以上两层又各隐出令栱（或泥道栱）及慢栱。更上施压槽枋一层，与草乳栿相交。于第二跳华栱中线上，即《营造法

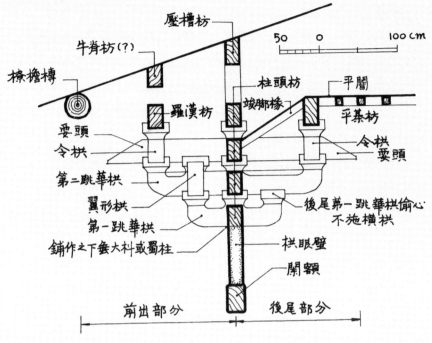

图二
佛光寺大殿外檐补间铺作图

式》用牛脊榑之分位，别施一枋（或可呼为牛脊枋），均直接承托椽下。

2. 外檐补间铺作（卷首图十）

补间铺作仅出华栱两跳，其下不施栌斗，故不置于阑额之上。第一跳华栱与第一层柱头枋相交，跳头施翼形栱，如后世之三福云者。第二跳跳头施令栱，与批竹式耍头相交，以承托罗汉枋。后尾第一跳偷心，余与前面完全相同。

补间铺作因为无栌斗，与阑额无直接联系，故状若虚悬，已失斗栱在结构上原有机能及意义。初视之颇疑其下或原有栌斗而失去者，但全殿绝无遗迹可寻。其槽内栱眼壁上壁画，无疑为唐代原画，亦无栌斗或驼峰矮柱存在之痕迹，故知其原形未改也。

3. 外檐转角铺作（卷首图十）

施之于四角柱之上。其正、侧两面均出双杪双下昂，如柱头铺作。四十五度角线上则出角华栱两杪角昂三层。正、侧两面第二跳华栱上之瓜子栱、慢栱相交于第二跳角华栱之上，在转角毗连之面伸出为华栱两跳，跳头施单斗，与昂上令栱并列以承替木。第二跳昂头施正、侧两面相交令栱，并与由昂相交以承相交之令栱及橑檐枋。由昂头上别施宝瓶以承角梁。

华栱第一跳后尾即与泥道栱相列，第二跳以上即引伸为各层罗汉枋。角华栱后尾第二跳伸出为角乳栿，由第一跳角华栱承托以达内角柱之上。两面昂尾均相交压于转角毗连之面最上柱头枋之下。

4. 槽内柱头铺作（卷首图十二）

内槽斗栱均以正面向槽内，后尾向外。柱头铺作正面自栌斗出华栱四跳以承四椽明栿，全部偷心。其第五层则为四椽栿。第六层施枋一材，其前端做成半驼峰形，与外檐柱头铺作乳栿上所施之半驼峰完全相同。半驼峰之上施斗承令栱，以承平棊枋。第七层又出华栱一跳，与令栱相交，以承栿上之平棊枋。铺作后尾出华栱一跳以承乳栿，与外檐柱头铺作后尾完全相同，并相对称。

与华栱相交者计泥道栱一层、柱头枋五层，枋上隐出栱形。并泥道栱计算为两重栱、一令栱之配合。

图三
佛光寺大殿内槽柱头铺作图

图四
佛光寺大殿内槽山面中柱柱头铺作图

5. 内槽两山柱头铺作（卷首图十三）

虽亦用材七层，但仅出三跳。第四层以上皆于第三跳跳头中线上施斗，成层层相叠之状。第四、五、六层材，则出头部分作六分头、批竹头、翼形头，其第六层斗内施小翼形栱，第七层又出华栱一跳以承纵中线上之平棊枋，令栱与之相交以承平棊枋。

6. 内槽补间铺作（卷首图十二，卷首图十三）

在第三层柱头枋以上出华栱，共三跳，跳头施令栱以承平棊

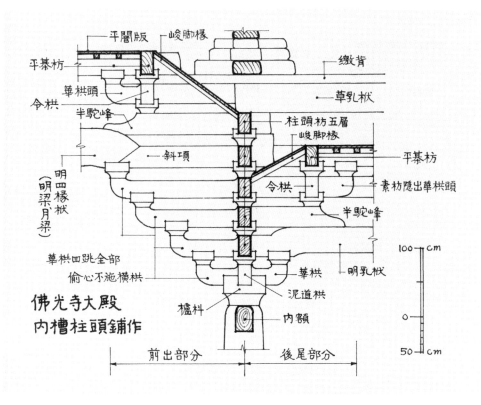

佛光寺大殿 內槽柱頭鋪作

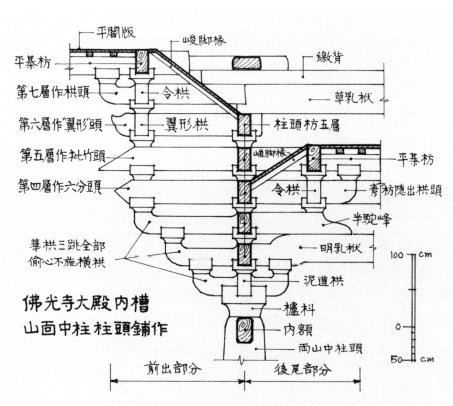

佛光寺大殿內槽 山面中柱柱頭鋪作

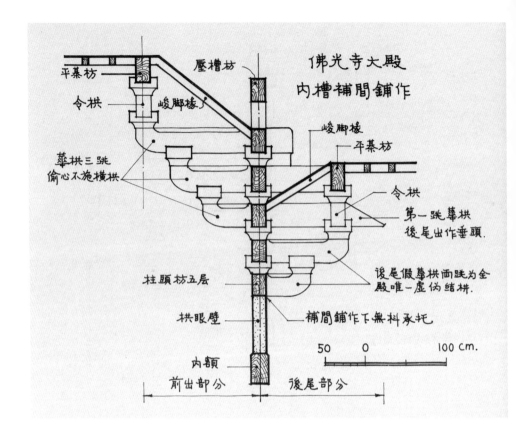

图五 佛光寺大殿内槽补间铺作图

枋。其后尾则在第一、第二层柱头枋出栱两跳，跳头施令栱，与耍头相交以承平棊枋。后尾两跳华栱均不与柱头枋相交，仅如丁头栱，以榫卯安于枋面，以求与外檐补间铺作后尾做形式上之对称；其第三层所出耍头，始为正面第一跳后尾之引伸而与柱头枋相交者。如此矫造，在结构上实为不可恕之虚伪部分。

7. 内槽转角铺作（卷首图十三）

正面仅在四十五度角线上出华栱四跳。第一、第二跳出华栱，第三层出翼形小栱头，其上施斗与第二跳跳头之斗相叠；第四层又出华栱一跳，及小翼形栱头一跳，其上施十字相交翼形栱，与角线上翼形栱相交以承两面相交之平棊枋。角华栱后尾出为华栱一层及角乳栿等，与外檐转角铺作相对称联系。

材栔 殿斗栱所用材约略为三〇×二〇·五公分，其比例与

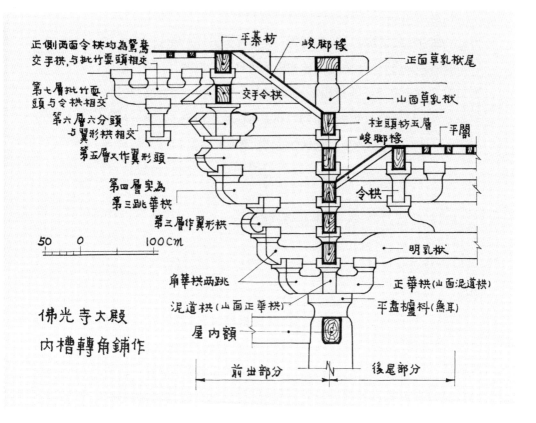

图六 佛光寺大殿内槽转角铺作图

宋《营造法式》所定大致相同；而其实际尺寸较宋《法式》一等材尤大；其栔高约十三公分，约合六·三分°，似较《法式》所定略高。至于栌斗散斗，其长、宽、高及耳、平、欹比例，与宋式极其相似，几可谓相同，其间极微之差数，殆因木质伸缩不匀所致，亦极可能。泥道栱之长，约合六十三分°较宋、清之六十二分°略长；慢栱长至一○七分°，较宋以后之九十二分°所差甚巨；瓜子栱长仅五十八分°余，较宋、清之六十二分°为短，而令栱之长亦为六十三分°，与泥道栱同长，而较宋、清之七十二分°短甚。至于替木长约一二四分°，较宋式之一二六分°微短。因各部比例之不同，其斗栱全部之权衡，遂与后世者异其趣矣。

至于斗栱全部之高，适合檐柱高之半，故所呈外表，至为雄大豪壮。盖古之斗栱本为结构中主要部分，至元、明以后乃日渐纤小而沦为装饰部分焉。但如殿槽内补间铺作后尾之假作两华栱以求外形之对称者，实结构上之欺诈行为，又不禁为当时匠师惋惜也。

槽内斗栱之下面，在照片中尚隐约可见彩画痕迹，而为肉眼所不见者。栱头之下，斗口出处，画作浅色凸字形，其余部分则较深，与宋以后彩画制度完全不同，亦大可注意。惜赖照片之分色作用，仅得见此，肉眼观察，则仅外涂之土朱而已。

五、佛殿附属艺术

塑像

（甲）中三间之主像及胁侍等　　佛殿槽内五间之广，一间半之深，为高七十五公分之大佛坛。坛上主像五尊，各附胁侍像五六尊不等。当心间主像为降魔释迦，袒右肩，右手垂置右膝作"触地印"，左手捧钵腹前，跌坐长方须弥座上。左次间主像为弥勒佛，垂双足坐，左右足下各有莲花一朵。双膝并垂，为唐代最盛行之姿势，而宋后所罕见者（卷首图十四），故最堪注意。右次间主像为阿弥陀佛，双手略如"安慰印"状，跌坐六角须弥座上，衣褶自座下垂。释迦左右迦叶、阿难两尊者并两菩萨侍立，更前则两供养菩萨跪莲花上，手捧果品献佛。弥勒及阿弥陀诸胁侍除以两菩萨代两尊者外，一切与释迦同。释迦、弥勒均螺发；阿弥陀则直发如犍陀罗式之发容。三佛丰满之面颊、弧形弯起之眉、端正之口唇，均为极显著之唐风。弥勒及阿弥陀佛胸腹部衣褶、带结及释迦与阿弥陀垂覆座上部分之衣褶，均为唐代之固定程式。菩萨立像均微向前倾侧，腰部微弯曲，腹部微凸起，为唐中叶以后菩萨像特征，与敦煌塑像同出一范。供养菩萨皆一足蹲一足跪于高蒂莲座之上，衣饰与其他菩萨相同。此式供养菩萨国内已不多见，除敦煌石窟外，仅于山西大同华严寺薄伽教藏见之。诸像均于最近数年间复受重妆之厄。虽形体方面原状尚得保存，但淳古之色泽已去；今日所见为鲜蓝、鲜碧及丹红、粉白诸色，工艺粗糙，色调过于唐突鲜焕。

（乙）两梢间普贤、观音像　　左梢间之主像普贤菩萨，骑象，两菩萨胁侍，"獠蛮"引象。普贤像前为韦陀及一童子像。右梢间主像为观音菩萨，骑狮，"拂箖"引狮，两菩萨胁侍。两梢间坛极端前角均立护法天王，甲胄持剑，两像魁伟，遥立对峙。坛左端天王之右侧有跌坐等身小像为供养者"佛殿主宁公遇"像（卷首图十五）。面对佛坛殿左端（南端）梢间窗下又有跌坐等身像，则沙门愿诚像（卷首图十六）也（见下文）。按通常配置，多以普贤与文殊对称。文殊骑狙居左，普贤骑象居右。今殿中乃以普贤骑象居左，右侧不供文殊而供观音，——盖骑狮（？）者，花冠有阿弥陀化佛，为观音最显著之标志。或因五台为文殊道场，故不使居次要地位欤？普贤与其他菩萨均着披肩，左右作长发下垂。内衣自左肩垂下，以带系结于胸前。腰部以下，以带束长裙结系于脐下。观音衣饰最特殊，作如意头于胸前、螺旋纹于两乳，云头覆肩，两袖翻卷作火焰形，与其他菩萨异。天王像（卷首图十七）森严雄劲，极为生动，两像均手执长剑，瞋目怒视。其甲胄、衣饰与唐武俑多相似处，亦为罕见实例，惜手臂衣带有近世改装之处。

坛上三佛像，并像座通高约五·三〇尺。观音、普贤并坐兽高约四·八〇公尺。胁侍诸菩萨高约三·七〇公尺。跪于莲上之供养菩萨并其像座高约一·九五公尺，约略为等身像，在诸像之前处于附属点缀地位。两天王高约四·一〇公尺，全部气象森伟，唯宁公遇及愿诚两像，等身侍坐，呈渺小谦恭之状。沿佛殿两山及后檐墙大部（在扇面墙后）列"五百罗汉"像，但实际数目仅二百九十尊。塑工庸俗，显为明清添塑，无善足述不赘。

（丙）侍坐供养者像

（一）宁公遇像（卷首图十五）为年约四十余之中年妇人，面貌丰满，袖手跌坐，一望而知为实写肖像。衣大领衣，内衣领自外领上翻出，衣外罩以如意云头形披肩。腰部束带，由多数"田"字形方块缀成。其衣领与敦煌壁画中供养者像，并最近成都发掘前蜀永陵

（王建墓）须弥座上所刻女乐衣饰诸多相似之点，当为当时寻常装束。以敦煌信女像（卷首图十五附图）与此宁公遇像相较则前者为画，用笔婉美，设色都雅，故信女像停匀皎洁、古丽照人；后者为塑，塑工沉厚，隆杀适宜，故宁公遇状貌神全、生气栩栩，丰韵亦觉高华。唐代艺术洗练之概，于此二者均得见一斑。惜插图非如照片，精彩之处未易传达。

（二）沙门愿诚像（卷首图十六）在南梢间窗下，面佛坛趺坐，为诸像中受重妆之厄最浅者。像表情冷寂清苦，前额隆起，颧骨高凸，而体质从容静笃，实写实人像之尤者。英国不列颠博物院（British Museum），美国纽约市博物院（Metropolitan Museum）及彭省大学美术馆（University of Pennsylvania Museum）所藏唐琉璃沙门像，素称"罗汉像"者，均与此同一格调。考十八罗汉之成为造型艺术题材，自宋始见，画面如贯休之十六应真，塑像如甪直保圣寺、长清灵严寺诸罗汉像。唐以前仅以两罗汉阿难尊者及迦叶尊者为佛像之胁侍而已，其最早之例见于洛阳龙门造像。后世所谓十八罗汉，仅有十六罗汉见于佛典，其中二尊，为好事者所添加，其个别面貌多作印度趣，姿势表情均富于戏剧性，而此唐琉璃像数尊，则正襟趺坐，面貌严肃，姿势沉静，为典型之中国僧人，与愿诚像绝相似。相传诸琉璃像来自河北易县，可能亦为易县古刹中之高僧像，处于供养者地位，而被古董商误呼作"罗汉"者。今与愿诚像相较，尤疑施主沙门，造像侍坐殿隅，为当时风尚；但仅此孤例，未敢妄断也。

石像

除诸塑像外，殿内尚存石像两躯。其一为天宝十一载（公元752年）比丘融山等所造释迦玉石像（卷首图十八）。像并座共高约一公尺。佛体肥硕，结跏趺坐须弥座上，发卷如犍陀罗式，右手已毁，左手抚左膝上，其内衣自左肩而下，胸前带系为结。其僧衣下部覆须弥座下垂，自然流畅，有风吹即动之感。其衣下缘饰以垂直褶纹，与殿内释迦阿弥陀两像同。就宗教意境论，此像貌特肥，如酒肉和尚，毫无出尘超世之感。就造像技术论，其所表现乃写实性之型类，似富有个性之个人，在我国佛教艺术中，至为罕睹。现流落日本之定县某塔上释迦立像（Siren：*Chinese Sculpture*, plate 545, London: E. Benn, 1925），其神情手法，与此像完全相同，殆同一匠师所镌耶？

像须弥座下涩铭文（卷首图十八）所称"无垢净光塔"者或即为佛殿东南之祖师塔，亦极可能。塔下层内室无像，或者玉石释迦像本塔中本尊，未知何时移至殿中供养也。

壁画

揆之传记，如《历代名画记》《益州名画录》《图画见闻志》等书，唐代佛殿，鲜有不饰以壁画者。今内柱额上少数栱眼壁尚有壁画存在，殆原有壁画之得仅存者也。

其中最古者在右次间前内额之上。栱眼壁长约四百五十公分，高约六十六公分。其构图分为三组，中央一组，以佛（似为阿弥陀）为中心，七菩萨胁侍，其左第一位为观音，余不可辨。颜色则除石绿色以外，其他设色，无论其为像脸或衣饰，均一律呈深黯之铁青色。左右两组均以菩萨为中心，略矮小，似为观音及势至。两主要菩萨旁又各有菩萨、天王、飞天等诸圣随从。各像衣纹、姿态均流畅圆婉，飞天飘旋之姿势尤富唐风。壁之两极端更有僧俗供养者像。北端一列为僧人，衣袈裟，南端一列则着文官袍服大冠。其中之一，权衡短促，口两旁出胡须。此与敦煌壁画中所见同一格式，画脸、胡须笔法，亦尚含汉画遗风，如营城子墓壁所见。

就构图及笔法论，此壁与敦煌唐代壁画处处类似，其为唐画之可能性，实颇少可疑之点。敦煌以外，唐壁画之存在中原者，吾人能保存此绝无仅有之画壁一区，亦云幸矣。即使倘有存者，亦必附于其他唐时原来建筑物之幸存者，而今日可能存有唐代建筑之处，渺不可寻，故即此二三方公尺长栱眼壁中唐画，亦珍罕可贵之至。

惜本刊现用石印，照片不能印刷，壁画无从表现也。

左次间前内额上栱眼壁画作七圆光，每圆光内画佛像十躯，光下作长方框，内写各佛号。最左一格题"佛光庄信佛弟子刘太矢□……宣和四年三月初……"以笔法及构图格式论，此宋宣和圆光形佛像图，与左次间内额壁画迥异。宋画颜色亦尚鲜焕，绝无黝黑之变。已成黝黑色之彩画，除此右次间内额者外，吾人仅于云冈少数崖顶石窟藻井上见到。此又可佐证右次间者，其时代之早，远过于宋宣和也。

左山前侧内额之上，栱眼壁画密列菩萨约七十躯。各菩萨均有头光，宝冠花饰，颇为繁缛。衣褶笔法虽略嫌烦琐，但尚豪劲，与四川大足北崖摩崖石刻中宋代菩萨之作风颇相似，似亦为宋代物。

前内柱上北端栱眼壁尚有五彩卷草纹，似亦为宋彩画。

题字

佛殿梁下题字（卷首图十九），以地势所限，字形率多横长。笔纹颇婉劲沉着，意兼欧、虞；结字则时近颜、柳而秀（如第二梁之"东""尚""兼"诸字近颜，第四梁"弟"字近柳）。其不经意处，犹略存魏晋遗韵，虽云时代相近，要亦贞观后风气使然，殆亦出于书手之笔。

六、经幢

寺内现存经幢二座，一在佛殿阶前，一在文殊殿前广庭中，均为唐末遗物。

（甲）大中十一年幢（卷首图二十）　立佛殿阶前中线上。幢高三·二四公尺，权衡秀美。最下为正方形土衬石，石面仅高于现在墁砖地面两公分，其上为八角形座。座极简单，仅上下涩及束腰。

束腰部分收分甚锐，每面镌壸门，刻狮子（？）蜷伏其中。座以上为仰覆莲狮子座，其覆莲为单层宝装莲瓣，每面两瓣。束腰镌八狮子，面向八角，两足前伸，头承素仰莲瓣三重，刻工精好。狮子下涩及仰莲之平面皆作圆形。仰莲之上，立幢身，平面作八角形，上镌《陀罗尼咒》及立幢人姓名，为幢之主要部分。幢身之上施八角形宝盖，刻作线纹，每面悬璎珞一束，每角垂带结。宝盖之上为八角矮柱，四正面各镌佛像一龛。更上则为砖质莲瓣及宝珠，为近代补置者。

幢身题立幢人之姓名：

胜愿寺比丘尼宝严发愿
幢立剑南东川卢州浮义县高福寺比丘尼宝阶
女弟子佛殿主宁公遇沙弥妙善妙目
大中十一年十月石幢立

幢上有"女弟子佛殿主宁公遇"之题名与殿内梁底所题"佛殿主"姓名相符，极为重要。盖立幢之时，大中十一年十月（公元857年），宁公遇已称为"殿主"，则殿在此时应已完成。殿内虽无建造年月记录，但以河东节度使郑涓任职之年月（大中九年九月至十一年十二月）与此幢建立年月（大中十一年十月）相较，则可推定殿之建立必在大中九年九月与十一年十月之间。这幢既为佛殿年代最确实之佐证，故其重要性尤在其艺术价值之上也。

（乙）乾符四年幢（卷首图二十一）　幢在山门内文殊殿之前，但为其位置不与山门佛殿中线取直而略偏南。亦不与文殊殿中线取直而略偏西。

幢高四·九〇公尺。土衬之上为八角须弥座。下涩上之覆宝装莲瓣，每面二瓣。束腰八面，每面镌伎乐一龛。其上仰莲两层，平面作圆形。须弥座之上，立幢身，平面亦作八角形，刻《陀罗尼咒》及立幢人姓名。幢身之上施宝盖，表面镌流苏，八角出狮头，口衔璎珞。宝盖之上立矮墩，亦八角形，其上作八角攒尖形屋盖，无椽桷瓦陇之表现，但有显著之翼角及翘起。屋盖之上为八瓣山花蕉叶，其中四瓣较大，四瓣较小。山花蕉叶之内为覆钵，其上出仰莲覆宝珠。

幢之建立年代及姓名有下列题字：

> 佛顶陀罗尼经一卷，唐乾符四年岁次丁酉七月庚子十九日戊午建立毕 都料高怀让明修幢尼宿因 尼法因 尼宝严

此幢年代较佛殿阶前幢迟二十年。其中仅尼宝严之名见于两幢。幢高大虽远过于大中十一年幢，但权衡笨拙，刻工粗糙，在艺术造诣上则远逊也。

七、文殊殿

文殊殿在寺门内南侧，在佛光寺诸殿中，其年代及规模仅次于佛殿。殿广七间，深四间（卷首图二十二），单檐悬山顶，檐下用单杪单昂五铺作斗栱（卷首图二十三至卷首图二十五）。正面的中三间开门，两梢间辟直棂窗，尽间甃以砖墙（卷首图二十五）。山面及后面尽甃以砌砖墙，后面当心间辟门。正殿七间，而以七间之巨殿为配殿，在佛寺中颇为罕见。

殿外表平凡，并无可特书之处，但在结构上则为海内一孤例。盖因殿内柱分布不规则，故内额之长度有跨三间之广者。因为巨材之难得，故后内额乃在内额与由额之间施垂直及斜材，构成近似近代 truss 之构架（卷首图二十四），为我国建筑中所仅见。殿内彻上露明造不施平闇。内额以上施四椽栿及平梁，各梁缝间以襻间相联系。

文殊殿年代无文献可稽，但就其各部作风论，当属北宋中叶所建。[1] 兹分析详论之。

平面　殿平面（卷首图二十二）广七间，深四间，正面见八柱，侧面见五柱，内部纵中线上不用柱，前内柱二，立于次间与梢间间缝上，故其上内额长达三间之广，而两侧内额则长二间。后内柱二，立于当心间，其两侧内额各长三间。不规则之用柱法，自元明以后已不多见。此种分配在宋造物亦属特殊。

梁架　在横断面上，文殊殿属于《法式》所谓"八架椽屋前后乳栿用四柱"（卷首图二十三）之类，但因内柱之不规则排列，遂使四椽栿之重量多由内额承托，于是内额之结构，乃发生极有趣味之变化。

当心间、次间前内额长贯三间之广（卷首图二十七）。在相距三间之两柱头间，施内额一道，其广厚仍如长一间之额，其不胜四椽栿及乳栿各两缝之重，理之必然。故其下增施巨大之由额，其断面至七十五×五十三公分。由额、内额之间施仰覆合楷与乳栿尾相交。内额之上施普拍枋，其上施大斗以承托四椽栿。内额[2]之下，自柱出巨大之合楷以承之。

梢间与尽间前内额（卷首图二十八）长跨两间，亦于内额下施由额，其材较当心间内额小，正中立侏儒柱于由额之上，支撑于内额之下；侏儒柱之下，又辅以合楷，以与乳栿尾相交。普拍枋之上以大斗承四椽栿，如当心间之制。

后内额的结构问题在两侧三间之上。其柱头间内额（卷首图二十四至卷首图二十九）用四十八×三十三公分之构架，较前由额甚小。内额、由额之间亦立侏儒柱，辅以合楷与乳栿尾相交；但两侏儒柱之上别施绰幕枋，以相联系。绰幕的两端更安叉手，将内额上之荷载转引至由额两端，构成在原则上近乎近代truss之构架，然在各材栔之应用及斫割卷杀的手法上则纯为宋式，在实物中为仅见之孤例，极为罕贵也。内额中间之下现支以小柱，恰因此truss已开始弯沉，后世所加作以补救者也。

[1] 梁思成先生在1953年重写此文章时曾补充如下：1950年夏，中央文化部雁北勘查团去复查时，发现了脊榑下有金天会十五年（公元1137年）建的字样。比当时所推测的晚数十年，以时代论，是与南宋初叶同时的。——编者注

[2] 疑为由额。——王世仁注

四椽栿共六缝，其当中四缝均一端在内柱上，一端在内额上。唯梢间、尽间间一缝则两端均在内额上。四椽栿之上以驼峰大斗承托平梁。平梁之上立侏儒柱、叉手以承脊槫，侏儒柱之上不施斗，但施合㭼以承襻间（卷首图二十三）。各缝梁架之间皆施襻间以左右相固济。其四椽栿头大斗内，襻间一材与梁首相交，其上隐出令栱，栱上施斗以承替木，替木上施下平槫。平梁除梁首结构与四椽栿相同外，其下驼峰之间亦施襻间，故成襻间两材之样式。侏儒柱上仅合㭼承襻间一材[1]，其上即脊槫。尽梢间缝侏儒柱与山墙山柱之间，更施顺脊串以资联系。四椽栿以上结构为宋代通常样式，无特殊奇罕之点。

[1] 卷首图二十三横断面图中未绘出合㭼、襻间。——王世仁注

各槫及襻间至两山出际，均较替木略长，两际施博风版，正中施瘦长的悬鱼。

斗栱　文殊殿的斗栱用于前后檐下，因地位之不同可分为四种：

（一）柱头铺作（卷首图三十）：五铺作单杪单昂；第一跳跳头施云形栱与华头子相交以承下昂；第二跳跳头（即昂上）施令栱，与耍头相交，其耍头长大斫作昂嘴形。其衬枋头乃乳栿之延长而更出作麻叶云，与橑风槫下之枋相交，明清之挑尖梁头，其雏形已见于此矣。其第一跳所施之云形栱，与晋冀他处所见者相较，略为纤巧。第二跳跳头之令栱，前檐者均与其邻朵之令栱连栱交隐，其上之替木亦长贯全间之广，托于橑风槫之下，如明清之挑檐枋。其后檐令栱则不相连，但也不用替木而用橑檐枋。

在柱头缝上，栌斗上施泥道栱，其上施柱头枋三层、压槽枋一层。至转角铺作外侧，则于泥道栱上更出栱两层，与居中各朵异。

铺作后尾出华栱三跳，第一、第三两跳均偷心，第二跳施令栱及素枋一层。其令栱前檐者相连，后檐者不连。第三层以上则为乳栿，其外端即伸出为小麻叶头者也。

（二）前檐当心间、次间补间铺作：双杪不用昂。自栌斗口内，出三缝华栱，一正出，二斜出作四十五度角。此三缝华栱之上又各

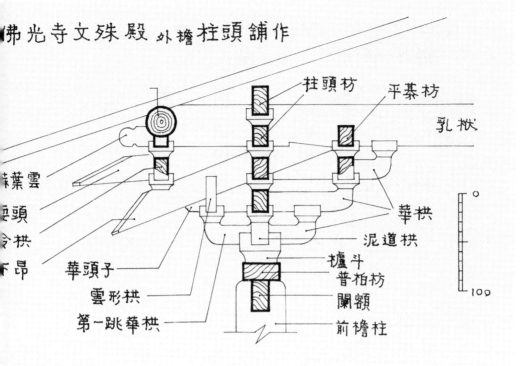

图七 佛光寺文殊殿外檐柱头铺作图

出第二跳，而正中华栱之上，更加以斜栱两缝。于是第一跳共有栱头三缝，其上横施云形栱，第二跳共出栱头五缝，其上横施令栱，每缝上出耍头，与令栱相交，其居中的三耍头作麻叶云头，两侧作蚂蚱头。铺作后尾亦出一正两斜共三缝，第一跳偷心，其正中一缝跳头亦不出斜栱，较为简洁。第二跳跳头施令栱，以承素枋，其令栱皆连栱交隐。

（三）前檐梢间、尽间及后檐当心间的补间铺作与前檐当心间补间铺作大致相同，唯正面中缝跳头不出斜栱。其前面、后尾完全相同对称。

（四）后檐补间铺作（卷首图三十一），华栱两杪，第一跳跳头施云形栱，第二跳跳头施令栱。令栱与耍头相交，耍头作麻叶云形。令栱之上不施替木而用挑檐枋，长贯通间之广。铺作后尾与前面同，唯第一跳偷心不施云形栱。

文殊殿斗栱形制与山西太原晋祠圣母庙大殿斗栱极其相似，尤

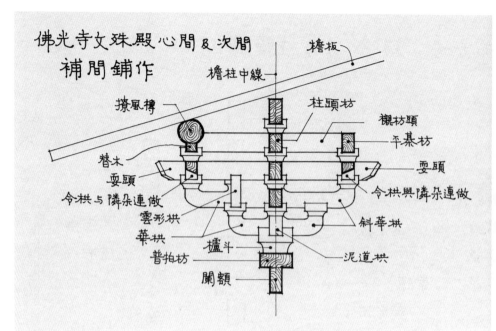
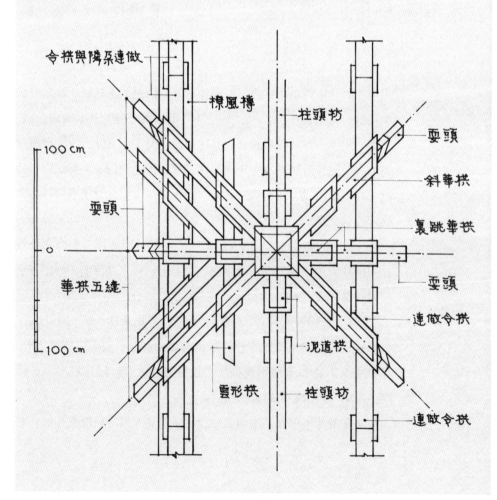

以柱头铺作之第一跳施云形栱，要头出作昂嘴形及其上乳栿出为小麻叶云头，以至昂嘴斫杀之样式，竟如出一辙。圣母庙志称建于宋仁宗天圣间（公元1023—1031年）[1]，则文殊殿之建，想亦当在北宋中叶也。

假定殿建于北宋中叶，其所用的材约为二三·五×一五·五公分，现有宋三司布帛尺，实例最大者三二·六〇公分，最小者三一·一〇公分，平均以三十二公分计算，则二三·五〇公分约合宋尺七寸五分，当为《法式》所规定之的第三等材也。

柱及础 文殊殿所用的柱全部为梭柱，有显著之卷杀。其前后檐柱向角均有显著之生起，其生起之率，七间之中竟达三十公分，约合九寸，较《法式》所规定"七间升起六寸"尤甚。殿内柱仅四根，其高度均达四椽栿之下，直接承托梁下大斗，而不赖斗栱之辗转传递。两山各共见五柱，除前后檐柱外，尚用二柱直达

[1]
据近年山西省文物部门考证，此殿始建于太平兴国九年（公元984年），天圣间（公元1023—1032年）重修。——王世仁注

图八
佛光寺文殊殿当心间、次间补间铺作图（左页）

图九
佛光寺文殊殿前檐梢间及尽间补间铺作图

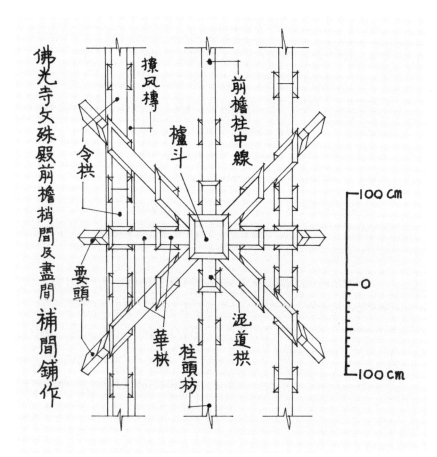

中平槫之下（即四椽栿之下），一柱直达脊槫之下，即清式所谓山柱者也。内柱前后仅各两根，距离远而荷载大，故柱径甚大，前柱七十九公分，后柱六十二公分，而檐柱径则仅五十六公分耳。

内柱之下承以宝装莲瓣柱础（卷首图三十二）。现在殿内地面已高出础面一砖之厚，将覆盆部分掩盖。将面砖掘起，始见覆盆全形。其莲瓣以整瓣者八瓣向四面及四角，每瓣中又隐三小瓣；八整瓣之间又露出八瓣，如两侧被压于整瓣之下者，其上则仅隐出两小瓣。每瓣边缘均极宽重，瓣尖卷起作六卷线，其所呈现象与佛殿柱础迥异。

门窗 前面中心三间设门。在阑额之下约六十公分处施门额，门额之下施立颊及楼柱，地面两柱脚间施地栿。阑额与由额之间安子桯施障日版；立颊、楼柱之间施腰串一道，安余塞版，门额之上以门簪两枚安鸡栖木，立颊之下安木门砧与地栿相交，以安门上下鑽。门每道安扉两扇，每扇由版六七片合成，如《营造法式》"合版软门"之制。门背面用五道楅，其正面则施铁浮枢（门钉）五路，与楅相对，每路六枚。门上并施铁铺首。

门之形制与《法式》所定诸多相似之点，其门额、立颊等，皆较明清样式权衡为纤巧。门簪仅用两枚，亦为宋以前特征之一。盖自金元以后，门簪之数增加，始渐见门簪四枚之实物；《法式》虽有门簪四枚之规定，但本社所调查辽宋遗物，率以两枚为准。以此推之，文殊殿门部的结构想也为宋代原物也。

后面当心间一门，结构与前面的大致相同，但因殿后门外地面高于殿内，故门内设踏道五级，而门额遂直抵阑额之下，无安障日版之需要矣。

正面梢间砌槛墙上安直棂窗。阑额之下施窗额，依柱施立颊。额颊之内施子桯，安直棂二十一根，中段贯以承棂串。

佛像 文殊殿当心间的后内柱之间安版壁作扇面墙，其前为坛，上供文殊菩萨像，两旁菩萨侍立。像作风大致仿唐式，但宝冠和衣褶之繁复与河北宝坻广济寺三大士殿菩萨最相近似，殆约略同时物也。

壁画 殿后檐墙之东半及东面山墙尚保存一部分壁画，缘墙之下半绘五百罗汉像。笔法鄙俗，表情呆板，恐怕是明末乃至清中叶间所作。

八、祖师塔

佛殿南侧略偏东，即殿之左后方，立双层砖塔一座（卷首图三十三），形制奇特，为国内所罕见的，寺僧呼为祖师塔。

塔的平面（卷首图三十四）作等边六角形。下层中空做六角形小室，于西南辟券门。上层实心，西面做圆券假门，西南、西北两面做假直棂窗。

塔之外表（卷首图三十六），下层塔身平素，其正面（即西面）门券非正半圆形，而略扁，券面饰以莲瓣形或火焰形券面。塔身上部微出，叠涩一层，涩面砌出斗，每面九枚（计两角各一枚，补间九枚），其上又出叠涩一层，上出密列莲瓣三层。莲瓣之上又出叠涩六层，构成第一层之檐部。

下层檐之背上，反叠涩为下层的屋顶。其上乃作须弥座式平坐。须弥座下方涩四层，上作覆莲瓣，每面见九瓣。其上束腰，仿木制胡床形式，每角立瓶形角柱，每面做壶门四间，剔透凌空，与内部塔体脱离，如齐、隋以后多数像座之制。束腰上小下大，收分甚紧。束腰上涩之上，又出仰莲瓣三重，以承托上层塔身。

上层塔身六角皆立倚柱（卷首图三十七），柱首、柱脚及柱中均束以仰莲花，富于印度作风。塔身西面砌作假券门，以火焰形作券面饰，近券顶处且饰以旋纹。自券脚以下，做两扇门，左扇微起错缝。西南、西北两面做假直棂窗，窗甚小，仅三棂。

塔身表面有以土朱画出一部分结构以为装饰者（卷首图三十八）。

券内门上尚有画出门额痕迹，隐约可辨。西北面窗以上，于柱头间画额两层，两层之间缀以短椽五。额以上画人字形补间铺作，即《法式》彩画作所谓"影作"者。按人字形补间铺作，见于云冈及天龙山石窟，见于敦煌壁画及画卷，木构实物则见于日本推古奈良时代殿塔[1]，为南北朝时代显著特征之一。宋《营造法式》卷十四彩画作制度说：

> 额上壁内画彩作于当心，其上先画斗，以莲花承之。中作项子，其广随宜；下分两脚，长取壁内五分之三。

为此结构法在宋代所留，仅可稽辨的痕迹，实际上自唐中叶以后似已不复用矣。此处所见唯画饰，但尚保存木构之权衡。[2]斗下两脚之间，更画作垂带形及W字形之装饰。其笔法劲拙，两脚尖翘起，与魏碑书法的撇捺尤相似。对于塔之建造年代，亦为一有力之佐证也。

上层塔身以上，六角柱上作角梁头形，梁头之间出涩一层，其上出莲瓣三层，为上檐。

塔顶砖刹，以仰覆莲为座，其上更施仰莲一层。仰莲之上安六瓣覆钵，或宝瓶，其上又出莲瓣两重，以承托最上之宝珠。刹虽已残毁，但尚可见原形。其莲瓣轮廓线紧劲而有力，不似唐以后物。

塔全部形制，如上所述，为国内仅见之孤例。日本有所谓"多宝塔"者，下部砖砌，上层木构，或即此式所演出。在敦煌壁画中有类此式之塔型。就其部分详部言，如券门之火焰形券面、印度式束莲柱、人字形补间铺作之笔意、刹及各层莲瓣的轮廓（profile），无不指示南北朝之作风。虽无文献可稽，但其年代恐至迟亦唐以前物也。

[1] 在1953年的改写版本中，"木构实物"前加了一句"砖构实物见于嵩山净藏禅师墓塔（公元745年）"。——编者注

[2] 在1953年的改写版本中，尚有"比木构的权衡略瘦"句。——编者注

九、无名两墓塔

在佛殿之东，山坡之上，尚有墓塔两座，其一平面作圆形，其一六角形。

（甲）圆塔（卷首图三十九） 在佛殿之后（东），距殿仅数武。塔全部砖砌，为窣堵坡型墓塔。下部塔基甚高，残破殊甚。其平面似为八角形，但因残破，棱角已失，其为八角抑为圆形，未敢遽定。塔基立面轮廓亦残缺，但其为须弥座式，如嵩山会善寺净藏塔基者，则极有可能。

塔身平面正圆，直径约三公尺弱，实心。塔身作覆钵状，四面各辟圆券假门。门颊及上额为石砌，假门已毁。券以下、额以上为半圆形"门头墙"。当时有无抹灰及彩画，已无可考。覆钵形塔身之上为扁而大之须弥座。座平面八角形。须弥座之叠涩出入尚清晰可见。座以上似曾有刹顶或类似部分，但其结构已全部倾圮。

塔身无只字铭刻。按其砖式及外表轮廓论，当属唐末五代的遗物。其形式曾见于敦煌壁画中。其覆钵形式酷似印度三齐（Sanchi）[1]窣堵坡。盖元明喇嘛塔之先型，亦现存此型之最古者，我国建筑史中之重要资料也。

塔既无铭文，其史无可稽，最可能为唐末寺僧之墓塔。但今僧相告为刘知远墓。按《五代史》汉高祖葬于睿陵，在河南告成县即今登封县告成镇，此墓绝非知远墓可知。

（乙）六角塔（卷首图四十） 塔亦在佛殿后山坡之上，距殿约百余公尺。塔平面作六角形，中空为小室，东面辟门。塔身单层，通高约四米余。塔身下无高基。东面门为券门，但崩毁殊甚。塔身之上，叠涩为檐，檐下托以宋《营造法式》所谓"山花蕉叶"者，每面正中及每角各一叶。檐以上为塔顶斜坡，似有塔刹、须弥座之

[1] 现通译为桑吉。——王世仁注

迹，然砖砌部分残毁，蔓草丛生，难以考其原状。

塔身东南及东北两面，各嵌一石，镌《佛顶尊胜陀罗尼》，无任何姓名年月，要亦寺僧之墓塔。塔心小室内或者曾供养僧像或神主，今已佚无可考矣。就形制而论，塔身单层单檐的，为唐代常见样式，如嵩山少林寺之同光塔、普通塔及法王寺无名墓塔等。但之数塔者，平面均正方形，唐代墓塔之作六角或八角形者，虽有嵩山会善寺净藏塔及济南九塔寺塔等罕例，然而塔身形制又不同。宋金墓塔虽多六角或八角的，但多单层多檐，故此塔之究属何代，尚未敢遽定。然分析综合各时代特征观之，其为宋代遗构之可能性最大。[1] 就其史料价值论，则不可以与上述圆塔并论也。

按上文所引宋《高僧传》，法兴、愿诚两师均"建塔寺西北一里"，而此两塔均在寺东数十步内，其非两师墓塔绝无疑问。两师墓塔，则有待于重游名山时，再行访求瞻谒也。

[1] 1973年在这塔上发现有塔铭一方，为唐贞元十一年（公元795年）所建的方便和尚塔。——罗哲文注

五台山佛光寺全景

佛光寺东大殿之一
佛光寺东大殿之二
佛光寺东大殿之三

佛光寺寺匾

佛光寺大殿柱头及补间铺作

佛光寺大殿转角铺作

佛光寺大殿柱础

佛光寺大殿塑像

佛光寺大殿外槽梁架全景

佛光寺大殿内槽柱头后面结构

佛光寺大殿内槽转角铺作后尾

佛光寺大殿内槽四椽栿骑栿栱

佛光寺大殿内槽柱头转角铺作

佛光寺大殿梁下唐代题字

佛光寺大殿梢间梁架

佛光寺大殿正脊

佛光寺大殿正脊鸱尾

佛光寺大殿明间塑像

佛光寺大殿次间
塑像

佛光寺大殿梢间观
音像

佛光寺大殿胁侍菩萨与迦叶像

佛光寺大殿供养菩萨像（左）

佛光寺大殿天王像（右）

佛光寺大殿塑像（五百罗汉之一角）

愿诚像

宁公遇像

大唐天宝石刻

佛光寺大殿栱眼壁
唐代壁画之一

佛光寺大殿栱眼壁
唐代壁画之二

佛光寺唐乾符四年幢

佛光寺唐大中十一年幢

佛光寺文殊殿正面

佛光寺文殊殿前檐明间斗栱

佛光寺文殊殿内景
(左页)

佛光寺文殊殿梁架
仰视之一

佛光寺文殊殿梁架
仰视之二

佛光寺文殊殿
结构之一

佛光寺文殊殿
结构之二（

文殊殿明间

佛光寺文殊殿塑像
全景（左页上）

佛光寺文殊殿柱础
（左页下）

佛光寺文殊殿塑像

佛光寺文殊殿壁画之一

佛光寺文殊殿壁画之二

佛光寺祖师塔（左上）

佛光寺祖师塔上层（右上）

佛光寺祖师塔细部

佛光寺后山墓塔
（圆塔）

广西容县真武阁的"杠杆结构"

本文原载于《建筑学报》1962年第7期。——左川注

目 录

一、台和阁的环境及现状 · · · 1558

二、经略台和真武阁的历史 · · · 1561

三、真武阁的"杠杆结构"建筑 · · · 1566

四、真武阁建筑的艺术特征 · · · 1575

五、真武阁的历史和艺术价值 · · · 1582

六、对于经略台、真武阁的研究、维护及其环境布置的一些建议 · · · 1584

[1] 今改作"壮族"。
——编者注

1961年12月末,我和黄报青同志到广西僮族[1]自治区参观访问,承蒙自治区党委调查研究室贺亦然同志的指点,知道容县有一座在二层楼上内部有四柱悬空不落地、柱脚离楼板面约一寸的奇特结构。我们在广西建筑科学研究室杨毓年工程师陪同下,于新春1月4日到达玉林;翌晨在玉林地委严敬义同志陪同下转容县,并在浦觉民副县长引导下,来到东门外人民公园,登经略台,攀真武阁,亲眼看到了这一带遐迩称颂的悬空柱的罕见结构。的确名不虚传,百闻不如一见。我从1931年从事中国古建筑的调查研究以来,这样的结构还是初次见到。我们上下巡视一周,决定这次调查以研究这座建筑的结构为主题,艺术处理的细节手法则在时间条件下给予必要的注意,在一天的时限内,做一次尽可能详尽的测绘。测绘工作主要由黄报青同志操劳,我不过做了些摄影和细部的描画、零星测绘等杂活而已。由于在经略台和真武阁工作的时间实际仅仅七个小时,文献资料也仅凭一部《县志》,而且结构和力学又不是我的专业,差错遗漏,势所必然,恳求读者指正。

一、台和阁的环境及现状

经略台在容县县城（城墙已拆除）东门外人民公园内，在距城里许绣江岸上；台上建三层高阁——真武阁（图一）。

台阁面向南，偏西约二十六度。绣江是容江的别名，是黔浔江的支流，由西南来，流到这里，在城西略转向东南，又在台下转向东北。经略台就筑在江北岸这个微微凸出的弧形转角上。台的两侧，沿江有土堤，高出台后地面约三至四米，显然是一道防洪堤坝。台面又高出堤面约三米，高出冬季枯水的江面目测约十余米。

图一 真武阁全景

在这里目测江面,宽约二百余米。这一带江面叫作龙潭,但枯水季节,水流宽不及百米,对岸沙滩广阔,并不给人以"潭"的印象。从台上登阁远眺,对岸平原宽约十公里,东南远处都峤山巍峨矗立、奇峰参天,气势极为雄壮。

经略台左右和后面(即东、西、北三面)现在辟为人民公园,面积约一公顷半至两公顷(图四)。台西就原有水塘(现在抽涸),以水泥墁地,做成"溜冰场",并利用塘边做成四五级的"看台";

图二
中层金柱及其上的承重梁和斗栱后尾的枋子

图三 中层金柱悬空的柱脚、柱底离楼板约二至三厘米

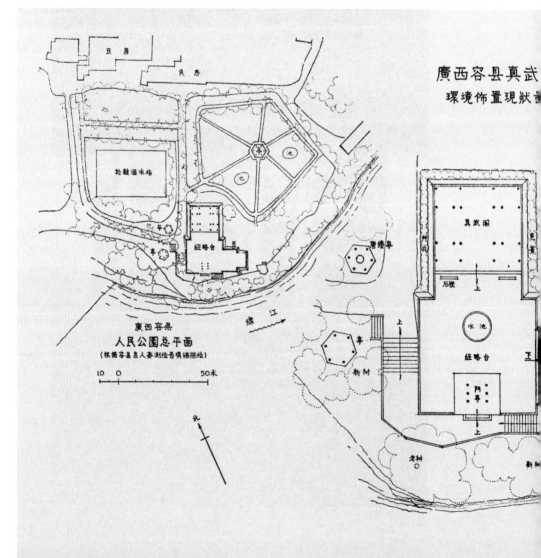

图四 容县人民公园及经略台总平面图

场的四周植树已成荫。台东迤北一片平地，布置成不等边五角形图案的花园，中心建六角亭一座。更东堤坝上沿江新建廊屋一列。溜冰场与花园之间以一条路为界，路与台的轴线平行。由公园门经此，直到台的西侧，拾级东转达台上。台之西，溜冰场之南，有两个亭子：北面一个在缓坡上，内有唐代铜钟一口；南面一个在堤上，大致在经略台前部的纵轴线上。台的西南，堤顶有老榕树一株，其他树木则多是幼树。临江陡岸上的树都是解放后为护堤而种植的。总的说来，西面树木多而东面比较少。

台下江面上停泊着十几只木船，看来台以西一段江岸也是容县东门外的码头所在。

高约五米的经略台和它上面高约十三米余的三层楼阁真武阁就矗立在这样一个环境里。

二、经略台和真武阁的历史

"经略台"是由唐代诗人元结而得名的。元结于乾元、大历间（公元760年前后）曾任容筦经略史。明清以来的《梧州府志》《容县志》以及台上一些碑文，都把他和台扯在一起，并且把台叫作"经略台"。想来只因他是唐代著名诗人，政绩比较昭著，好事之徒便牵强附会，把他和台联系起来。这样的事情实在太多：山西就有数不完的"豫让桥"！广西还有更多的"刘三姐歌台"！

就台的现状推测，显然是利用江岸防洪堤修筑的。可能远在唐代以前，为了保护容州城免于绣江洪水的威胁，就已沿江筑堤。台的位置，如前所述，正在一个弧形凸出部分，无论从军事上、防洪上乃至游观风景上，都很自然地成为一个最有利的地点。在这里筑这样一个台是很恰当的。即使它和元结确曾有些关系，我们也无须深入考证了。

按我国古代传统,从曹操的铜雀台到今天还存在的北京北海团城等等推测,台之上大多有楼阁,所以从一开始,台上就很可能已有楼阁殿堂。从《县志》的各种记载可以推论,明代以前,这台可能平时仅供游乐,有事亦可作军事上瞭望指挥之用。但按清康熙间知县徐发的碑记:"明洪武十年(公元 1377 年)……经略一台遂改为真武阁矣。"其原因是:"容俗民居缉篱编茅,往往不戒于火,谓南山(想指都峤山——梁)耸峙,实为火宿,祀北帝(按即'四神'中的玄武,亦即龟蛇——梁),所以镇离火也。"从那时起,经略台上的殿阁便成了奉祀真武大帝的真武阁。我认为有必要明确分清台和阁是两回事。像徐发以及后来许多人那样把台和阁混为一谈是不对的。

台上原有的建筑已难考。《县志》录嘉靖三十一年(公元 1552 年)的"武当宫碑"提到"匝厥麓,梯厥蹬,入厥阈,陟厥堂……""迨嘉靖庚戌(公元 1550 年),颓敝芜秽,乡耆……等力募葺修完固,黝丹垩饰,鲜明艳直,门堂寝室,神栖有几,鼎丹炼气,道术有处……"但到了万历四十八年(公元 1620 年),杨际熙"重修武当宫碑"则谓"嘉靖庚戌……集众募修,财制狭,仅取栖神而已"。这些文献虽记述含糊,但可由此推测台上原有的不是像今天这样仅仅一阁,而是一组建筑,但只有"堂""室"而没有楼阁,且规模不大。

杨碑接着写道:"万历元年(公元 1573 年)……复憾前修之未备,思以旧贯而扩充之……募就多金,于是大兴工役……扩基寻丈,筑土坚乔;创造楼阁三层,隆栋虿梁,斗窗云槛;辇神象,安置仙人,好楼仙将,帅列傍侍;而钟磬,而鼎炉,而廊舍,而垣墙,而庖厨,巍乎其有成也……"从这篇记录里可以看到,这次工程把原有台基扩大了一丈左右;台是夯土的;台上创造了楼阁三层,那就是今天我们见到的这座阁;阁内安置了神像、胁侍的仙人像和钟、磬、鼎、炉;而且还修了廊舍、垣墙乃至厨房。比起原有建筑,这显然是一个规模更大的组群,而且是按照宗教仪式和道士生活的需要而布置的了。在这组群之中，当然以三层楼阁为主体。从《县志》的"城郭全图"（图五）看，"古经略台"大阁周围还有些附属建筑，这和其他地区所见的台上组群，例如河北安平县圣姑庙、涿县普寿寺、北京团城等的传统做法是一致的。台东部凸出的部分，可能就是廊舍、庖厨所在。但是今天所见，台上仅一阁矗立，神像仙人固已无存，连那些廊舍、垣墙、庖厨也不存在了。

到了清初，这座道教的真武阁可能就已成为佛寺。尔后曾有"心斋禅师，北流人，咸丰二年（公元1852年）住持古经略台，清修梵行……"千百年来，在中国宗教史中，释老之间，有时固然相互斗争，但更多的是"互助合作"。和尚、道士也往往可以相互"转业"。所以由和尚来住持一座真武庙，或者以一座真武庙用作佛寺，也不是什么稀奇的事。

查《县志》所载，自从明万历元年（公元1573年）楼阁三层建成后，万历四十八年（公元1620年）、清康熙四十年（公元1701年）、雍正十年（公元1732年）、乾隆八年（公元1743年）、乾隆五十六年（公元1791年）、同治十二年（公元1873年），见于记录的修建共六次。解放以后，据浦觉民副县长说，中央文化部于1956年曾拨款重修。

现在台上仅有的建筑就是那座三层的真武阁（图一）。阁内神像已全部无存；阁的本身也没有任何墙壁、槅扇，事实上是一座四面通风、高达三层的庞大"亭子"；台上更没有廊舍、垣墙、庖厨等等阻碍视线，的确是一个登高远眺的好去处。台上也平坦修洁，唯一的附属建筑是解放后所建的对着登台石阶迎面矗立的一座六柱重檐、形似牌楼的"门亭"。"门亭"的大小、权衡、风格和阁本身很和谐（图六），为台阁增置一个恰如其分的小"序曲"。

城郭

图五
《容县志》城郭全
图（东半）(左页)

图六
台上阁前的"丁亭"

三、真武阁的"杠杆结构"建筑

真武阁建于 1573 年，到今年（1962 年），已将近四百年了。但在中国建筑史上，它却默默无闻。这次偶然的机会，得一瞻"风采"，我认为它应该引起我们极大的重视。它的价值不在于经略台和元结的关系，也不在于它的三百八十九岁的高龄，而在于它的罕有的结构方法。

阁高三层，高出台面约 13.20 米。底层平面总面阔（柱中至柱中）13.80 米，进深 11.20 米。就其底层檐柱来说，面阔是三间，进深也是三间。但底层内部前后各有四根金柱，形成底层的内槽。这八根金柱直通到上层檐下，到了中层和上层就成了檐柱。因此底层的檐柱事实上等于一周回廊柱。这样的用柱方法就在很大程度上决定了阁的特殊的外形轮廓。

但是进一步分析，就可以发现这座阁的柱网布置（图七）特殊之处。先从侧面看，当心间宽 5.60 米，次间各宽 2.80 米；次间刚刚是当心间的一半。但在正面，当心间虽然也宽 5.60 米，而次间则宽 4.10 米，呈现比较宽阔的气概。但再看内部金柱，当中的四根与正面和侧面的檐柱纵向取中并列，形成 5.60×5.60 米的正方形，但在其左、右两侧，在距离侧面檐柱 2.80 米（实测仅东侧一个尺寸，为 2.77 米，恐有测误，否则施工有微差）的位置上，又加金柱一根，成为上两层的角柱，而在底层正面没有和它相应的檐柱。这样的柱网，是由于上面特殊结构的需要而布置的。同时也可以看到，2.80 米是平面柱网的模数，它是四面廊檐的宽度，而当心间则恰恰是它的一倍。由于内槽增加了一缝金柱，就在外立面上取得了传统的当心间比次间仅略宽少许的比例。

这几根金柱是上两层全部荷载的支柱。它们所形成的长方形非

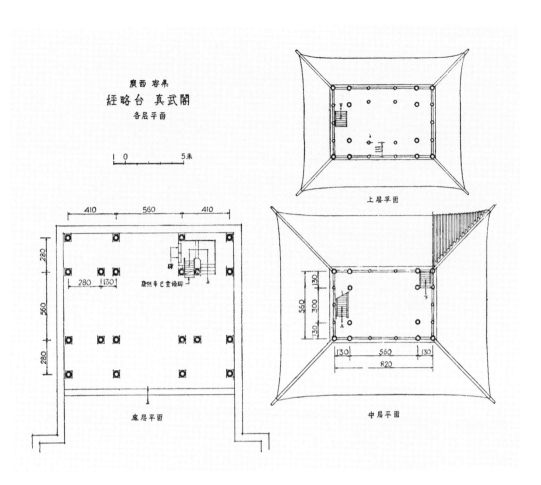

图七　真武阁各层平面图

图八　底层内槽当心间上承楞斗栱及驼峰

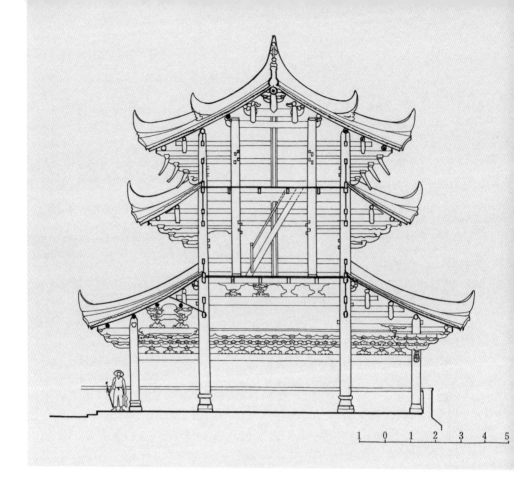

常接近我国传统的平面五与八的长宽比。由底层通向中层的楼梯位置在阁的东北隅，下面砌石台，北上五步，折而西上两步，然后再折而向南，由两金柱之间上十四步，到达中层。

在中层楼板之下，八根金柱之间，相互以梁枋联系，形成"目"字形平面，当心间左右（南北向）的梁上，各施斗栱四朵，上承楞木四根，以承托中层楼板（图八）。前后（东西向）的枋上没有斗栱，但在枋下又加类似由额的枋一根。

环绕着八根金柱所形成的内槽一周的回廊以"一面坡"的屋顶形成阁的宽大的下层檐，在结构上起着扶持八根金柱的作用（图九，图十）。

中、上两层的结构是我们所要研究的重点。中层内部有四根很大的金柱，柱脚却离楼板面约二至三厘米，悬空不落地（图二，图

图九
真武阁横断面图（未经实测而仅仅根据照片、速写，或者以意为之的部分：1.各层柱的收分、卷杀；2.大部分梁的宽度和断面处理手法；3.各层侏儒柱的直径和卷杀；4.栱和昂的曲线及艺术处理手法；5.脊檩和各层檐部檩的直径；6.所有的雕饰花纹；7.所有各层瓦和脊饰）

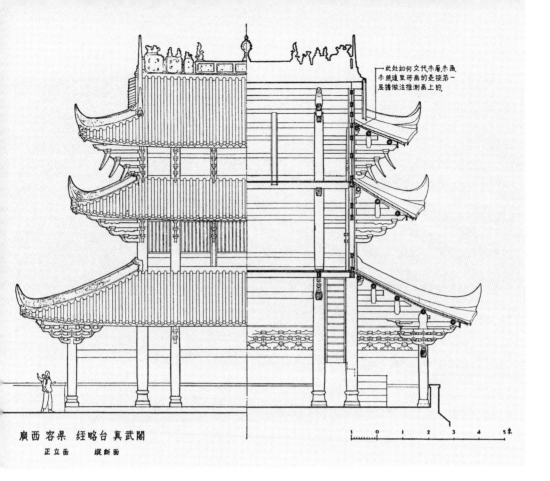

图十
真武阁正立面及纵断面图

三）。但因柱脚离楼板极近，乍看并不给人以悬空的印象；然而一经指出，就不能不使每一个上楼的人为之惊叹！

上得楼来，底层的八根金柱已经变成中、上两层的檐柱，而在阁室里面，又添了四根金柱。由下向上看，可以看见这四根金柱穿过上面的楼板，直上上层。前、后两金柱之间，还有承重梁一道，上安楞木，以承上层楼板（图二）。从这四根悬空的金柱上，还伸出三层枋子（图二，图九），穿过檐柱（即底层的金柱）的上部，向外伸出为斗栱，以承托外面宽深的瓦檐。看这四根金柱上面有这样沉重的荷载，而脚下悬空，乍看确是颇为费解。

更上一层楼，到了上层，就更令人为脚下的悬空柱捏一把汗了。柱头上承托着大梁一道，上面还有二梁，更上则立脊瓜柱以承托巨大的脊檩（图十一）。同中层一样，从柱上也伸出枋子三层，穿

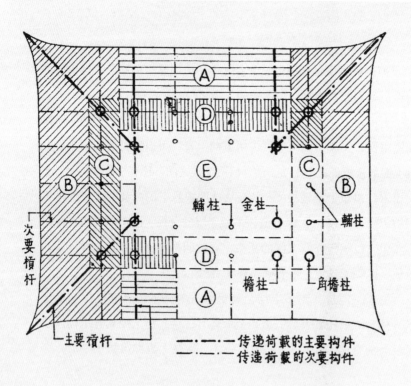

图十一 上层内部金柱柱头及梁架

图十二 中层、上层荷载分析示意图

过檐柱成为斗栱以承托上层檐。想到瓦上还有那么多条很大很重的琉璃正脊、垂脊、戗脊和脊上附加的花饰，还有那大面积的"望板瓦"、板瓦和筒瓦等等，就更加感到这四根柱上的荷载实在不轻，因而悬空的柱脚更显得"神乎其神"了。

这座阁的结构的确是很巧妙的。上文已经提到，底层的八根金柱承托着中、上两层的全部荷载，到了中层和上层，这些金柱又成为檐柱和角檐柱；而另外又出现了四根悬空的金柱。在下面的分析中，"檐柱""角檐柱"和"金柱"一律以各柱在中、上层的位置为准，以免与底层的檐柱、金柱（亦即中、上层的檐柱）混淆。有必要在此先"正名"。

我们若按中、上两层楼板和屋檐、屋顶的荷载与各柱的关系划分一下，可以大致划分如图十二。A 和 D 范围内的荷载是由檐柱承托的；其中 D 范围内的荷载由檐柱直接承托，而 A 范围内的荷载则通过挑出的斗栱转到檐柱。B 和 C 范围内的荷载是由角檐柱承托的；其中 C 范围内的荷载由角檐柱直接承托，而 B 范围内的荷载则通过角斗栱转到角檐柱。E 范围内的荷载全部集中到四根金柱上，再通过各层栱的后尾，转到檐柱和角檐柱。金柱本身既然不是"脚踏实地"的柱子，所以它本身也就成了檐柱和角檐柱的荷载。金柱和檐柱、角檐柱的关系就是问题所在。

金柱是通过两种方法由檐柱承托起来的：

（1）在金柱本身通长大约一半的高度的位置，用梁一道，断面约为 30 厘米 ×30 厘米，但两头都削成约 7 厘米 ×28 厘米的长榫（如下图），穿过金柱，两端插入檐柱，梁上安置楞木以承托上层楼板。显然，要让这 7 厘米 ×28 厘米断面的榫头来承托直径 33 厘米，高达 6.10 米的金柱和它上面的梁架、檩、椽和瓦面、脊饰以及上层楞木、楼板的沉重荷载，显然是绝对不能胜任的。因此，同时还采用了另一办法，我认为是主要的手段，那就是：

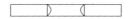

（2）利用斗栱结构，将很长的栱身穿插通过檐柱，尾端插入金

柱。由于外面挑出较长，里面较短，以檐柱为支点，把长栱当作杠杆使用：杠杆较长的一端挑起较轻但面积较大的檐部荷载，较短的一端挑起较重但集中在较小面积内的金柱、梁架和 E 部分的屋顶和楼板的荷载，以取得平衡。

　　这两种方法是同时并用、相辅相成的。穿插的梁固然分担了一部分荷载，但由于长榫的断面难以独胜全部荷载的重任，因此在四根檐柱和四根角檐柱上同时在上层和中层檐下部穿插长栱。这两层各以二层栱组成的杠杆就共同将金柱挑了起来，使荷载的分布得到平衡，甚至可以说这些杠杆"挑起了"荷载的绝大部分"担子"。而在这里，那根梁所起的主要是一个梢子的稳定作用，但是，这稳定作用也是不可忽视的。

图十三
上层斗栱

　　在我们进一步深入调查，掌握更多的资料，如瓦面和脊饰的重量、木材的强度、木材的比重及实际重量等等以前，我们是无从对这座结构做具体计算的。

　　这座结构给人以一种极不稳定的感觉。当我们观察到上、中两檐的斗栱的重要作用的时候，再看斗栱本身（图十一），栱的断面事实上一律是 5.5 厘米×19 厘米的薄板条，而且还被一些曲线花纹所削弱；中层西南角的一组，其中最下层起杠杆作用的一根还为了便于让人上楼梯而挖去了一半。再看看外檐各跳的栱头上，所挑的斗的斗底都比栱身宽得多，两旁悬着，好像轻轻一碰就会掉下来；而斗上的斗口更是浅得惊人，好像根本"咬"不住上一层的栱。更令人吃惊的是，上层檐的栱头都钉上一条像尾巴下垂的假昂，而它所挑着的斗并不是放在比较牢固的栱头上,而是放在这钉上去的假昂上(图十三)。挑檐枋(亦即斗栱一组中起杠杆作用最主要的一道枋子)头上的挑檐桁,就是一根圆木浮放在上面,既没有"桁",也没有垫托使之固定的辅助构件。许多瓜柱上的檩条也是这样没有扶持地顶着的。就连把金柱架在檐柱上的梁的长榫也那样单薄。整座建筑,从主要梁架到这些极为重要的斗栱细部,都像杂技演员顶大缸或踩钢丝那样,令人为之捏一把汗。

尽管如此,这座真武阁却是真正受过漫长岁月的折磨考验的。到今年(1962年)它已经三百八十九岁了。在这将近四百年的期间,它曾经受过多次地震和大风的考验。仅就《县志·舆地志》"祆祥"篇所载,就有地震记录五次,大风记录三次。其中清咸丰七年(公元1857年)"地震有声,屋宇皆摇";康熙四十五年(公元1706年),"武庙前旗杆三丈,大风拔起……所过垣墙皆塌,同时经略台东偏一柱为雷震击,状如斧斫";光绪二十年(公元1894年)"大风雨雹,拔树坏民舍",而这座以微妙的杠杆作用,像一把天秤那样维持平衡的真武阁却没有被吹垮震塌,就不能不令人惊叹了。

我们还可以假设,在这杠杆化的斗栱两头,应力必须平衡。假使内部(即E部分面积)太重,则外部一周的檐子会被挑翘起来,相应地内部就下沉。如果太轻,则外面一周檐瓦的重量,除了使檐部下沉、内部上升外,还会由于杠杆作用产生另一应力,使檐柱向外倾侧,将这个整体"扯"开拆散,虽有下层回廊一周的扶持,也难稳定全局。

即使在今天看来,这样一座结构的力学分析(当然,我对力学是个特大外行)并不是很简单的,其中许多因素互为因果地相互制约着以取得平衡稳定。其中任何一个因素的增减改动,如果超过了一定的限度,就可能使整座建筑土崩瓦解。这样一个结构方案是一个极为大胆的创作。四百年前的这位无名匠师是怎样把它计算出来的,更是不可思议。我们除了对他表示无限敬佩外,还可推想在他以前，当地可能已有这样的传统，由他加以发扬提高。据说附近某县还有一座类似的但较小的建筑。

我们也可以想象一下这座阁的施工方法，其中可能有这样几个关键性的步骤。在四根檐柱和四根角檐柱立起来之后，再将那道"长桿梁"穿插入金柱，成为一个"+++"字形；金柱脚下用临时柱或架子撑起，到比现在悬空位置略高一点的高度；再将梁桿两头插入檐柱；然后在檐柱上、中二层檐斗栱的预定位置上，将各层栱从外面穿过檐柱，栱尾插入金柱，组成一组组的斗栱。到金柱上面的梁架安装完毕并钉好椽子之后，才逐垄（可能从前后左右的中轴上开始）窎瓦。窎瓦必须每垄由檐口窎到脊下，由中轴向两侧同时以相等的进步推进，而且前后左右四坡也必须配合保持同样的进度，务使各部分的荷载均匀地逐渐增加，不能使其某一部分相对地太重或太轻。等到窎瓦及脊饰工程完毕，再拆除金柱下的支撑架，如同我们今天拆除钢筋混凝土的模板一样。

还可以想象，在施工过程中，这位匠师必须十分注意四根金柱的升降，很可能拉了若干根水平线来仔细观察，并且随时控制内外两部分的重量，使其平衡。否则支撑拆除之后，整个构架变形走动，屋面一部分鼓起或凹下，事情就不好办了。

当然，我们还可以设想，当时这位匠师除了用这"杠杆结构"方案之外，至少还可以有另外三个方案。第一方案是将金柱一直引伸到底层，如同檐柱一样立在底层的地面上。但这样就会使底层内槽奉祀神像的厅堂内增加四根大柱子，使空间局促，无回旋余地。这无疑是这位匠师当时所要避免的。这也就是他的前提。

第二方案是在中层楼板的高度，在前后两檐柱之间用大梁承托金柱。这样金柱既可"脚踏实地"，底层厅堂空间也不受影响。

第三方案最简单，就是在现在金柱柱头的高度用一道大梁，直接用前后檐柱柱头承托。这样就可以完全少了四根金柱，连中、上两层内部也没有柱子，空间更为开朗。而且只用金柱的木材两根，就可以解决问题，还可以省下两根金柱的木材。看来像是最简单合理的结构方案。

但是这位匠师偏偏摒弃了这些方案而采用了这"杠杆结构",原因何在?如果妄加推测,则可能是他早已有了这样一个大胆的设想,他的创作欲望恰巧遇到这样一个"任务",所以他就乘机进行了一次创造性的试验。我们甚至可以说,这位富有想象力的天才匠师很成功地耍了一通非常漂亮利索的"结构花招",将近四百年后,还博得了我们这样的初见者的热烈喝彩和掌声。

四、真武阁建筑的艺术特征

从艺术方面说,真武阁的建筑也是独具一格的。

首先从它的总体轮廓看,耸立在江边高台上,三层,歇山顶;阁身不大,但每层檐却都那么深远,整体上各层檐都显得特别凸出。这就首先给人以一种豪放不羁的印象。

在檐层水平线条的分布上,它不拘泥于一般传统的节奏、韵律。上两层相距近一些,但又不作为传统的"重檐"来处理。上两层也没有每层"阁身"和阁身以上的额枋、斗栱部分的明显区别。这是由于上两层的檐柱、角柱都由地面一直贯彻全高,而不是一般的柱、额、斗栱等等每层自成一套的柱子,因而可以使用这"杠杆式"的穿插栱,不受一般斗栱位置和高度的局限。所以在中层,第一跳(即最下一层)华栱是在离楼板高一米的位置上开始"出跳"的,而上层则从楼板的高度上就开始"出跳"。这样,各层窗都处在一般传统结构的"栱眼壁"(即两朵斗栱之间的空档)的位置上,从根本上改变了斗栱和柱、窗的关系(图九、图十)。

斗栱　　这座建筑上两层斗栱本身的处理手法也是比较"不正规"的。一般的斗栱都在每跳或隔跳的栱头上放一个小斗,小斗上开"十"字口,承托上一跳的华栱和与之十字相交的横栱——"瓜子栱"（或简称"瓜栱"）；瓜子栱上再放三个小斗（中间及两头各一个）以承托又一层较长的"慢栱"或横枋，从而将左右并列的各朵（即各组）斗栱联系起来，取得彼此扶持的稳定作用。但在这阁上，各跳华栱都没有左右联系的栱、枋，层层相叠挑出，越挑越远，到了最远最高的一跳上，又不用任何枋子或替木之类辅助稳定的构件，就把挑檐的圆材——挑檐桁——直接放在上面，好像轻轻一推就可以滚下来的样子。此外就在更高一层的枋子上，在檐深一半的位置，立一根瓜柱（矮柱），上面又放一根圆材。这两根圆桁都是各组斗栱间仅有的左右联系的构件。

中层檐的斗栱由华栱三跳组成。最上一跳的一面还有一层耍头（枋），以代替一般的梁头。在耍头的枋头安放挑檐桁；但在耍头枋身长约一半处又立瓜柱，瓜柱上端又穿插一枋，穿过檐柱直至金柱；瓜柱顶上又安放一桁（檩）。下两跳华栱栱尾仅仅插入檐柱，第三跳华栱尾和其上两层枋的尾端都穿过檐柱，再插入悬空的金柱。华栱出跳的长度都比一般传统比例长得多。栱的断面不是一般的一与二之比，而接近一与四之比。因此宋《法式》的"材""栔"和清《做法》的"斗口"等模数都难以适用。栱斗不分瓣卷杀，而是一道光滑的弧线，第二、第三跳栱身的前半还剜刻⌒⌒形的栱眼。

上层檐的斗栱共出四跳，第一跳是华栱，以上三跳是昂。但这些昂都是假的，实际上它们和中层檐的华栱一样，是三层水平的栱（或枋），仅仅在栱头（或枋头）上另加一条像尾巴那样下垂的昂嘴（图十三）。最上层昂之上还有两道枋，与中层檐的两道枋完全相同。

两层比较起来，上层斗栱的出跳较短较促，因为中层檐仅三跳而挑出较长（由柱中至遮檐版里皮 2.11 米），上层檐多一跳而挑出反短（1.75 米），因此也呈现了不同的艺术效果。

由于上两层檐斗栱在结构和功能上的这些特点，就使得它们在形象上反映出来，从而给了这座三层楼阁以它独树一帜的风格。

下层檐的处理手法也是别开生面的，其特点在于两侧和后面都用极其繁复的如意斗栱（图十四），全部以斜栱相互交错连接，连成一个 U 字形连续不断的整体（图九、图十三、图十五），而前面则仅在当心间两柱上直接出插栱两跳以承托乳栿的梁头（图十六）。柱头直接承托正心桁（即在柱中心上与立面平行的檩子），而在正心桁下相隔约二十厘米处用额枋一道。因此正面异常开朗，与侧面、后面极低的额枋（下皮距地仅 1.90 米）及其上繁复沉重的斗栱呈现的闭塞感形成极其强烈的简繁、轻重、虚实、高低的对比，并且借以显示了真武阁主要立面、侧面和后面的区别。在我国无数古建筑中，用一些手法来突出正面立面的虽然很多，但多借助于门、窗、墙壁等增添上去的构件、材料，或用更加强烈的彩画、雕饰等等。像这座真武阁这样，完全没有门窗、墙壁、彩画、雕饰，而从梁架、斗栱等主要结构方法和配置上，特别是采用简化的手法，给予截然不同的对待，"一是一，二是二"，毫不含糊，丝毫不拘泥于陈章旧法，我不得不承认自己是"少见多怪"。

至于下层檐的如意斗栱本身的做法，也应叙述分析一下。由于檐柱都是直接承托正心桁，挑檐也是由一根穿插在柱上的枋子承托，摒除了在柱头之上安放大斗和成朵的斗栱的做法，所以檐柱上的各跳栱都直接由柱身挑出。如意斗栱的栱在平面上一律与正、侧立面成四十五度角，外出三跳，里出两跳，构成正方格形网。柱间用额枋一道，上用驼峰承大斗，以约七十厘米的间距排列，以承托最下一跳栱。由于正面没有斗栱，如意斗栱在前角柱上就用三面包围的形式结束（图十七），在殿阁建筑中用这样的处理手法也是别开生面的。

我们还可以看到，不但这座阁的许多构件、构材都是经过细致的艺术加工，而且无论建筑物的内部还是外部，也按其部位和重要性给以不同的处理。除上述正面檐部与两侧和背面的檐部的不同处理外，还可以看到当心间和次梢间的一些不同处理。例如底层的周回廊，两侧和背面都在檐柱顶端安放一道"三椽栿"以及上两层

图十四
底檐角檐柱上的如意斗栱侧面

图十五
底檐檐柱上的如意斗栱

图十六
底檐当心间檐柱上出跳的斗栱

图十七
底檐角檐柱上的如意斗栱正面

梁；由角檐柱至金柱（到中、上层为檐柱）之间也用同一方式安放"三椽角栿"；"彻上露明造"，仰望可以看到椽条和椽上板瓦的底面，但到前面当心间，则改用一道"乳栿"，做成"月梁"形状；其上用雕作卷草花纹的两个"驼峰"，承托两组斗栱，与一道短短的月梁相交。短月梁两端又刻作栱形，成为斗栱的一部分；其上又安放十字叉的第二跳栱，以承托一道"元宝梁"和与之相交的两道"元宝脊檩"。通过这些艺术处理，将前面廊当心间内部装饰成"元宝脊"的形式，把这部分强调起来（图九，图十八）。在许多构件相交

图十八 底层当心间的月梁式乳栿

图十九 底层金柱柱脚及柱础

图二十
悬空柱（上层金柱）柱头

接的地方都用了这类似"雀替"或"麻叶头"的辅助构件。这些构件上的雕刻都是十分精美细致的，"驼峰"上的卷草纹不但曲线圆和流畅，而且在比较光润的面和细密的线的配合上既有区别又很协调，圆与尖相互交接，处理得很成功。长江下游地区的建筑中也常见类似的手法。

柱　　我们再看各种不同构件的艺术处理。首先从柱子看起。内外各层柱都有精确、细致的"卷杀"。这些"卷杀"不是像清朝《工程做法》所规定的简单的"收分"，而是类似宋朝《营造法式》所规定的"卷杀"。所有圆柱的柱脚都微微"杀"小一些（图二，图十九）。柱础都按不同的位置得到不同的处理。当心间前面的檐柱和内槽的金柱的柱础最下层都刻作八角形，而金柱柱础更有"壸门"和花饰。这几根位置显要的柱的柱脚与柱础之间都加垫一层木櫍。底层其他三面檐柱（包括前面的角檐柱）则一律用比较简单无饰的圆柱础，且不用櫍。

悬空柱柱头的处理手法也十分别致（图二十）。在柱的上端穿插着"四椽栿"（大梁）的梁头，梁头伸出作短栱，栱头安放一个小斗以承托一道檩子。梁头上皮距柱头上皮约半个柱径。柱上端也有"卷杀",但最上端却做成一个圆饼形盖的样子,柱头至此"急杀"至"圆盖"之下结束。同时在柱头内侧,与外侧承檩的斗相对的位置上则作云形花饰一朵。这样处理柱头的手法也是别处所没有见过的。

梁架　　真武阁所用的梁大多是断面接近圆形的梁,但上下两面削平。梁与柱相交处多砍削成枋形或栱形的长榫,插入或穿过柱身。由圆形断面过渡到长方形的枋(或栱)断面的部分,则斜削成半圆形的斜面。但在艺术要求较高的地方则用"月梁"的手法(图十八)。各层梁及枋上的瓜柱(矮柱,亦称"侏儒柱")多做成下大上小的胆形,下端也是圆的,"骑"在梁枋上。瓜柱的轮廓显示了精美柔和的"卷杀"(图十一)。

从结构上看,这些瓜柱不同于传统(特别是北方官式)的"柁墩"和"瓜柱"。北方传统手法多用柁墩承梁,然后将檩子放在梁头上。这里却将梁头穿插在瓜柱上,而瓜柱顶端直接承托檩子。由于这种不同的结构方法,结果也呈现了迥然不同的艺术形象和艺术效果(图十一)。

从大构件的卷杀到许多细部的雕刻装饰,都可以看到这座阁的艺术加工都是经过匠心经营的。除前面已经提到的许多精致的处理手法外,甚至檐椽的外端也做成⁊形(图十六)。屋脊上的瓦饰,特别是正脊、垂脊、戗脊,都用了许多琉璃配件。可惜由于时间匆促,对于所有细部雕饰,我们都没有来得及详细测绘分析,不过从照片里也可以看到这一方面毫不苟且的严肃态度。

五、真武阁的历史和艺术价值

容县真武阁的杠杆结构在建筑史中是一个罕见的例子,以我的孤陋的见闻，是从来没有见过的结构类型。在木构建筑中，乃至在任何现代的金属结构中，主要依靠这种杠杆作用来维持一座建筑物的平衡，是从来没有看见过的。

在许多其他建筑中，虽然也利用两种方向相反的推力相互对抗以取得平衡，但一般都是固定不动的。在真武阁中两个相反的推力却都来自构件本身的内部，像一把天秤那样，是"活"的而不是"死"的，是动的而不是静的。从这一意义来说，我们可以说它是建筑结构中的一个"绝招"。当时这位无名匠师必然具有极其丰富的力学知识，而且在整个施工过程中，对如何经常保持这平衡也必须做出妥善的安排。将近四百年来，大自然年复一年的各种考验证明他是一位卓越的工程师。这是我们后代所不得不深为敬佩的。

但是他的这个"绝招"是不是我们的榜样呢？我们是不是也可以设计一些类似的"杠杆结构"呢？不言而喻，"依样画葫芦"是不应该的。但是利用这种杠杆原理，利用建筑物本身的一些相反应力的"内部矛盾"，以减轻某些构件上的应力，这一原则对我们是一个启发。

在建筑的艺术手法方面，有许多极"不规矩"甚至"荒唐"的处理手法。在这方面这位无名匠师真可以算是"打破框框"，"敢想敢做"（当然，在结构上这一点更加突出），但一切又是传统手法的发展。在艺术加工以至装饰雕刻方面，每一个构件的卷杀、每一花饰的图案都那样优美，面和线的刀法又都那样工整，丝毫不苟。这都是值得我们师法的。

六、对于经略台、真武阁的研究、维护及其环境布置的一些建议

这座建筑在我国建筑史中占着一个很重要的位置。它的历史和艺术价值是极高的。建议文化部把它加入全国重点保护文物之列。为了安全，应严格限制登楼人数。

真武阁的木材是两广特产的铁黎木。这种木材节疤少，纹理细匀，十分坚硬，不受蛀蚀，木色深灰微赭，颇似铁色，极为美观。但是后代重修，有些地方曾涂上一些（不太多）红土粉刷，既不符合南方建筑风格，又掩盖了这木材的"天生丽质"。建议把这些粉刷洗刷掉，恢复"庐山真面目"，并用清桐油一层保护。

铁黎木是一种高级木材，建议两广林业负责同志考虑大量培植，并建议广西土木建筑研究单位对它的性能进行研究试验。这也可有助于真武阁结构的进一步深入研究。

台阁环境幽美，面临绣江，是容县一个理想的游息胜地，现已辟作人民公园。人们对于所谓"公园"，一般有两个要求或概念：一是绿化，一是有些可供文体活动的场所。关于如何满足这些要求，要根据公园的规模及其自然环境和条件去设计。

按容县人民公园的规模来说，面积不到二公顷，实在不算大。目前台阁西面树比较多，东面比较少，这是很好的。东面就不必再大量绿化了。像真武阁这样一座优秀的文物建筑，必须给游人留下足够的视野，让人们能够至少从一面见其全貌，若是四面都用密茂的树林包围起来，就不能得此效果。目前东面河堤上靠近经略台处有不少新植的幼树，建议移植它处，以免长成后将台阁遮掩。但紧沿堤边，仍可保留一些。这些树也不要种得太密，可三两成丛，中间留出适当空隙，以免阻碍从阁上观眺江景。

至于属于文体活动的场所，台西已有溜冰场一处，建议不再增设性质"热闹"的场所。在这样小的公园里，特别是考虑到台阁的性质，应多留些幽静的地方。

台东一片地，现在做成五角形的几何图案，亭子居中，显得呆板一些。不如改成一片平地，铺种草皮，不规则地种几丛灌木小树，铺几条曲径，使得它更自然些，也许比这五角形图案更饶风趣。这里正是瞻览真武阁全貌的最好的地方。

东侧河堤上现有廊式长亭一座，看来体积太大，形式笨重。建议改建为较小较轻巧的廊亭。

经略台西侧现有亭子两座。一座在河堤上较高处，可以俯瞰绣江；一座在"溜冰场"的东南角上，位置较低，内有唐贞元十二年（公元796年）铸铜钟一口。这两座亭子之一可能是《县志》中提到的面面亭（图五）。现在两亭都有点"半中不西"，比例笨拙。建议用传统手法改建为比较灵巧的样式，使与真武阁和阁前门亭的风格取得协调。

现在铜钟直接放在亭子地面上，易使钟口受到损害。建议用高约五十至六十厘米的六角形（随亭子平面）石台将钟垫起，既有利于保护，亦便观赏。

最后，让我在这里向帮助我做这次调查研究的同志们表示衷心的感谢。没有他们的帮助，就是这样一篇肤浅的调查报告也是难以完成的。